"法治中国研究"编辑委员会

顾　问：王家福　刘海年
主　任：李　林　陈　甦
副主任：莫纪宏　周汉华
委　员（以姓氏拼音为序）：
　　　　陈　洁　管育鹰　贺海仁　胡水君　李洪雷
　　　　李明德　梁慧星　刘洪岩　刘仁文　吕艳滨
　　　　孙宪忠　田　禾　谢鸿飞　谢增毅　熊秋红
　　　　徐　卉　薛宁兰　翟国强　张广兴　张　生
　　　　邹海林

学术秘书：张锦贵　卢　娜

60TH ANNIVERSARY OF
INSTITUTE OF LAW, CASS

法治中国研究

丛书主编／李 林 陈 甦

中国特色社会主义法制通论
（第二版）

李步云／主编

General Introduction to
the Socialist Legal System with Chinese Characteristics
(Second Edition)

社会科学文献出版社
SOCIAL SCIENCES ACADEMIC PRESS (CHINA)

"法治中国研究"总序

  法治为现代社会基本共识，体现政治文明精微之道。以规矩绳墨规范集体行动，以基本规则匡助组织社会，以正当程序划分群己权界，万方竞进而有序，公私并行而不悖，人类因有法律而得以维系纲秩于不坠。

  理一分殊，月映万川。法治虽为古今中外对优良治理机制的共同探索，但它既非僵硬教条，亦非静态枯石，恰为与时代俯仰、随国情损益、可与时俱进的动态过程。在西方，它萌发于古希腊，沉寂于中世纪，至近代而规模初具。在我国，法治同样飘忽浮沉。三千年风骚一朝雨打风吹，创巨痛深，蒿目时艰，迍邅之世停辛伫苦。造肇于晚清，重启于民国，困顿于"文革"，从"必须加强社会主义法制"，到"依法治国，建设社会主义法治国家"，再到"全面推进依法治国"，这是中国法治蛇行旋升的一段光辉岁月，也记录了中国法治建设者与研究者的一叶澎湃心史。

  海纳江河，惟学无际。参横斗转间，中国社会科学院法学研究所已燃薪六十年矣。既蕴藉两千年燕京浩瀚王气，又充盈新文化运动青春气息，依书山，襟学海，在这座典雅的院落中，鹅湖频会，彬彬济济，四方辐辏，兰玉同班。几代法学家，立地成橱，腾蛟起凤，与法治建设同呼吸，为法治擘画献美芹。继晷焚膏，兀兀穷年。一甲子清泉汩汩，流出了今天中国法学的繁花似锦。

  经始大业，开阶立极。为激扬法治，阐幽发微，十五年前"中国法治论坛"系列丛书风行于世。时移势迁，疾如旋踵。十八大以来，民族复兴可期，理论自信倍增，全面推进依法治国蹄疾步稳。为纪念中国社会科学院法学研究所成立六十周年，巩固前期研究成果，整合以往研究资源，服务于中国特色社会主义法治理论完善，推进我国法治研究的理论化和国际化，为构建中国特色法治理论体系、话语体系、学术体系和教材体系提供支持，中国社会科学院法学研究所、国际法研究所决定设立"法治中国研究"系列丛书。丛书既要重新编辑加工出版二十余年来有重要文献和学术价值的专著、论文集、译著、研究报告等，也要面向未来法治理论和对策研究继续编辑出版有关法治研究成果，还要适时以英、德、法等外文出版相关成果，努力使之成为法学研究所和国际法研究所作为国家级法学研究机构和人权法治智库的标志性品牌。

"法治中国研究"编辑委员会

2017 年 8 月

序

  1997年9月12日，江泽民同志在中国共产党第十五次全国代表大会上所作的《高举邓小平理论伟大旗帜，把建设有中国特色社会主义事业全面推向二十一世纪》的报告中指出："我国经济体制改革的深入和社会主义现代化建设跨世纪的发展，要求我们在坚持四项基本原则的前提下，继续推进政治体制改革，进一步扩大社会主义民主，健全社会主义法制，依法治国，建设社会主义法治国家。"报告十分明确地将依法治国作为治理国家的一项基本方针，将建设社会主义法治国家作为党和国家的奋斗目标，这是党的十一届三中全会以来实行依法治国这一历史性进程中一个重要的里程碑。它是邓小平理论的重要组成部分，也是邓小平理论进一步的丰富和发展，是一项具有全局性和深远历史意义的战略决策。

  在"依法治国，建设社会主义法治国家"的理论和方针的指引下，建设有中国特色社会主义法制，涉及一系列理论的更新和制度的改革，因而是一项重大的研究课题。本书所作的研究和分析，就是试图对这一课题所涉及的若干基本问题作一些探讨。社会主义法制的内涵十分丰富，但由于篇幅所限，为了突出重点，它的一些重要制度，如监狱制度、律师制度、仲裁制度等，本书未曾涉及。这是需要说明的。

  本书是中国社会科学院有中国特色社会主义理论研究中心所支持的"有中国特色的社会主义法制"项目的研究成果。王保树、李步云为该项目课题组的负责人，负责本课题的设计，组织课题组成员完成本课题的研究工作，并审阅了全部稿件。本书的撰稿人为：李步云（第一章）、李林（第二章）、徐益初（第三章）、傅宽芝（第四章）、叶自强（第五章）、莫纪宏（第六章）、冯军（第七章）。李步云为本书的主编，并统一修改、定稿。

本书对现行制度的阐述，对理论更新与制度改革的理解和主张，纯属作者个人的认识，但其本意是希望为在中国实现社会主义法治作出自己的一点贡献。至于本书的长短之处，需要由读者读过此书后评说。同时，既然本书是探索，就难免有错误和疏漏。对此，敬请读者批评指正。

以上，是我对本书问世过程的一些说明。是为序。

王保树

1998年4月25日

再版序言

中国社会科学院法学研究所为了庆祝建所60周年，决定再版我负责主编的这本书。最突出的感慨是，自建所以来，自张友渔、韩幽桐正副所长以来的历任所领导有一个共同的传统，就是充分尊重和调动所里每位同志的工作积极性，也善于团结全国各方面的专家学者共同奋斗，形成合力。用一个词叫作协同创新。这自建所至今已成为一个优良传统。法学所之所以有今天这样的丰硕成果，是同这一点密不可分的。远的不说，近二十年内法学所为党中央政治局讲课的讲稿起草工作就集中了多数人的智慧，如《社会主义市场经济法律制度建设问题》的作者就有王家福、刘海年、王保树、李步云、梁慧星、肖贤富等七人，《论依法治国》的作者有王家福、李步云、刘海年、刘瀚、梁慧星、肖贤富等六人。这次再版的文集《依法治国与精神文明建设》也由刘海年、刘瀚、李步云、李林主编。我任主编的这本通论的七位作者，都是当时法学所各个学科的领军人物。这种协同创新的精神是值得今后继续发扬光大的！

李步云
2017年9月1日

目录

第一章　依法治国论 ……………………………………………… 1
一　依法治国的历史考察 …………………………………… 1
二　依法治国的科学含义 …………………………………… 7
三　依法治国的重要意义 …………………………………… 10
四　法治国家的主要标志 …………………………………… 17

第二章　立法论 …………………………………………………… 31
一　新中国立法的历史发展与现状 ………………………… 31
二　立法的价值及其选择 …………………………………… 36
三　立法的权力配置 ………………………………………… 45
四　立法的程序设计 ………………………………………… 54
五　立法的解释和监督机制 ………………………………… 64

第三章　司法体制论 ……………………………………………… 75
一　新中国司法体制的构成及其特点 ……………………… 75
二　建立适应市场经济的司法体制 ………………………… 96
三　改革与强化司法监督和制约机制 ……………………… 103

第四章　刑事诉讼论 ……………………………………………… 112
一　刑事诉讼法的历史发展 ………………………………… 112
二　刑事诉讼法的特点 ……………………………………… 117
三　刑事证据的可采原则 …………………………………… 123

四　刑事审判的公正与效率 …………………………………… 132
　　五　死刑复核制度 ……………………………………………… 145
　　六　刑事诉讼法的完善 ………………………………………… 158

第五章　民事诉讼论 ……………………………………………… 164
　　一　我国民事诉讼制度的主要特点和现状 …………………… 164
　　二　民事诉讼的公正原则 ……………………………………… 169
　　三　民事诉讼的效益原则 ……………………………………… 179
　　四　民事诉讼的诚信原则 ……………………………………… 189
　　五　民事判决、裁定的执行 …………………………………… 199
　　六　外国法院判决在中国的承认和执行 ……………………… 212

第六章　行政诉讼论 ……………………………………………… 227
　　一　新中国建立行政诉讼制度的特殊意义 …………………… 227
　　二　行政诉讼制度的基本原则 ………………………………… 232
　　三　行政诉讼的受案范围 ……………………………………… 235
　　四　行政诉讼案件的审理程序 ………………………………… 244
　　五　行政诉讼的判决及其法律适用 …………………………… 250
　　六　行政诉讼的执行及赔偿责任 ……………………………… 253
　　七　健全和完善我国行政诉讼制度的若干建议 ……………… 255

第七章　行政执法论 ……………………………………………… 268
　　一　行政执法的含义与行政执法行为 ………………………… 268
　　二　行政执法与法治行政 ……………………………………… 285
　　三　对中国行政执法状况的分析 ……………………………… 303
　　四　推进行政执法法治建设的若干措施 ……………………… 326

参考文献 …………………………………………………………… 339

索　　引 …………………………………………………………… 344

再版后记 …………………………………………………………… 347

第一章　依法治国论

1996年2月8日，江泽民同志在中共中央法制讲座上，就"依法治国，保障国家长治久安"问题发表了长篇讲话。在同年3月召开的八届全国人大四次会议上通过的一系列重要文件，郑重地将"依法治国，建设社会主义法制国家"作为国家的一项根本方针和奋斗目标确定下来。1997年9月召开的中国共产党第十五次全国代表大会的报告又进一步对"依法治国，建设社会主义法治国家"这一治国方略和目标作了更为全面、深入、准确的阐述。1999年3月九届全国人大二次会议又将这一治国方略和目标写入宪法。这是1978年党的十一届三中全会开始的实行依法治国、建设社会主义法治国家的历史性进程中一个新的重要里程碑。

依法治国是邓小平同志中国特色社会主义理论的重要组成部分。虽然邓小平同志在著作中没有用过"依法治国"和"法治国家"这样的提法，但是他对如何才能保证国家的长治久安作了最全面最深刻的阐述，从而为实行依法治国的方针奠定了坚实的理论基础。他提出的健全社会主义法制的一整套原则，为我们确立建设社会主义法治国家的奋斗目标，勾画出了一幅准确、完整和清晰的蓝图。

在这里，笔者将就这一问题的理论和实践，从依法治国的历史考察、科学含义、重大意义和法治国家的主要标志等方面，谈一些个人的认识。

一　依法治国的历史考察

依法治国（或"以法治国"）简称法治。法治与人治是一组相对应的概念。法治与人治这两种不同的治国理论、原则的对立与论争，在中外历史上已经存在了几千年。

古希腊的柏拉图早期是主张人治的,即所谓"贤人政治"。他提出:"除非哲学家成为国王,……国家就不会解脱灾难,得到安宁。"在他看来,政治好比医学,统治者好比医生,被统治者好比病人,只要有个好医生,就能把病人治好。如果强调运用法律治理国家,那会把哲学家的手束缚住,就好比让一个高明的医生硬要依照教科书去看病一样。

亚里士多德不同意他的老师柏拉图的看法。在回答"由最好的一人或由最好的法律统治哪一方面较为有利"① 这个问题时,亚里士多德认为"法治应当优于一人之治"。② 其理由主要有以下五个。

第一,法律是由许多人制定出来的,多数人的判断总比一个人的判断要可靠。他说:"大泽水多则不朽,小池水少则易朽,多数群众也比少数人为不易腐败"。③

第二,人难免感情用事,实行人治易出偏私。他说:"凡是不凭感情因素治事的统治者总比感情用事的人们较为优良,法律恰正是全没有感情的。"④

第三,实行法治可以反对专横与特权。他说:"为政最重要的一个规律是:一切政体都应订立法制……使执政和属官不能假借公职,营求私利……取得特殊的权力。"⑤

第四,法律有稳定性和连续性的特点,并不因领导人的去留而任意改变。法治可以防止因君主继承人是庸才而危害国家。

第五,法律比较原则,但不能成为实行人治的理由。他说:"主张法治的人并不想抹杀人们的智慧。他们就认为这种审议与其寄托一人,毋宁交给众人。"⑥

作为治国的原则,亚里士多德提出:"法治应包含两重意义:已成立的法律获得普遍的服从,而大家所服从的法律又应该本身是制定得良好的

---

① 〔古希腊〕亚里士多德:《政治学》,吴寿彭译,商务印书馆,1965,第162页。
② 〔古希腊〕亚里士多德:《政治学》,吴寿彭译,商务印书馆,1965,第167页。
③ 〔古希腊〕亚里士多德:《政治学》,吴寿彭译,商务印书馆,1965,第163页。
④ 〔古希腊〕亚里士多德:《政治学》,吴寿彭译,商务印书馆,1965,第163页。
⑤ 〔古希腊〕亚里士多德:《政治学》,吴寿彭译,商务印书馆,1965,第269页。
⑥ 〔古希腊〕亚里士多德:《政治学》,吴寿彭译,商务印书馆,1965,第171页。

法律"。① 这同柏拉图主张的国王的命令就是法律,他可以不按法律办事是有原则区别的。在西方,亚里士多德是第一个系统阐述法治理论的人。他的观点反映了当时中小奴隶主阶级的利益,是进步的。而柏拉图的看法代表着奴隶主贵族的利益,是落后的。

我国春秋战国时期,法家主张法治,儒家主张人治。儒家讲的"礼治""德治",实际上是"人治"。作为治国的理论,儒家认为,"为政在人","其人存,则其政举;其人亡,则其政息"。② 法家反对这种看法,认为国家的治乱兴衰,关键的因素不是君主是否英明,而是法律制度的有无与好坏。其主要理由有以下四点。

第一,所谓"圣人之治",是一人之治,治国方略来自他个人的内心;而"圣法之治",则是众人之治,治国方略来自事物本来的道理(即"圣人之治","自己出者也";"圣法之治","自理出者也";故"圣人之治,独治者也;圣法之治,则无不治也"③)。

第二,所谓人治,也即心治。"赏罚从君心出",是"以心裁轻重",结果必然造成"同功殊赏"和"同罪殊罚"④ 的不良后果。

第三,尧舜这样的圣人,上千年才出现一个。把国家治理的希望完全寄托在这样的圣人身上,那在很长时期里国家都会处于混乱中(即"今废势背法而待尧舜,尧舜至乃治,是千世乱而一治也"⑤)。这也好比一个饥饿的人,宁可饿着肚子也要等好肉吃,那是不切实际的("今待尧舜之贤乃治当世之民,是犹待粱肉而救饿之说也"⑥)。

第四,即使出现像尧舜那样的圣主贤君,如果办事没有准绳而全凭心治,国家也治理不好。而一个只有中等才能的国君,只要"以法治国",也能够治理好国家("释法术而心治,尧不能正一国;去规矩而妄意度,奚仲不能成一轮。……使中主守法术,拙匠守规矩尺寸,则万不失矣"⑦)。

正是基于这种理论认识上的对立,儒法两家对法的态度也就完全不一

---

① 〔古希腊〕亚里士多德:《政治学》,吴寿彭译,商务印书馆,1965,第199页。
② 《礼记·中庸》。
③ 《尹文子·大道下》。
④ 《慎子·君人》。
⑤ 《韩非子·难势》。
⑥ 《韩非子·难势》。
⑦ 《韩非子·用人》。

样。儒家主张"道之以德，齐之以礼"①，反对铸刑鼎。儒家要求用西周的"礼"来"定亲疏，决嫌疑，别异同，明是非"。② 它强调"刑不上大夫，礼不下庶人"。法家则主张公布成文法，强调"刑无等级""君臣上下贵贱皆从法"。③ 虽然儒家的民本思想可以继承，法家的严刑峻法需要抛弃，儒法两家都主张君主专制主义，但是在当时的历史条件下，法家的法治主张代表着新兴地主阶级的利益，反映了他们的改革的希望，适应了社会发展的要求；儒家的人治主张则反映了没落奴隶主贵族维护旧制度的愿望，阻碍了社会的进步。

建立在民主基础上的近代或现代意义上的法治，是资产阶级革命的产物。在西方，法治作为一种理论，它反映在资产阶级启蒙思想家的著作中；作为一种社会实践，它体现为西方法治国家的一些制度和原则。资产阶级法治的对立面是封建君主专制主义的人治。英国詹姆斯一世说："国王在人民之上，在法律之上，只能服从上帝和自己的良心。"查理一世说："只要有权，没有法律可以造出一条法律来。我不知道在英国有什么人能使他的生命以及任何可称为他自己的东西安然无恙而不受侵犯。"④ 法国路易十四说："法国的统治权全在我一身：唯吾有立法之权，唯吾有维持秩序之权。"⑤ 对此，启蒙思想家们作了深刻的批判。孟德斯鸠说："专制政体是既无法律又无规章，由单独一个人按照一己的意志与反复无常的性情领导一切。"⑥ 洛克说：使用绝对的专断权力，或不以确定的、经常有效的法律来进行统治，两者都是与社会和政府的目的不相符合的。⑦ 法治作为治国的原则，启蒙思想家所强调的是以下几点。

第一，法律要有至高无上的权威。潘恩说："在专制政府中国王便是法律，同样地，在自由国家中法律便应该成为国王。"⑧

第二，要摆正人民与政府的关系。罗伯斯庇尔说："人民是主权者，

---

① 《论语·为政》。
② 《礼记·曲礼》。
③ 《管子·任法》。
④ 龚祥瑞：《比较宪法与行政法》，法律出版社，1985，第77页。
⑤ 龚祥瑞：《比较宪法与行政法》，法律出版社，1985，第77页。
⑥ 〔法〕孟德斯鸠：《论法的精神》（上册），张雁深译，商务印书馆，1978，第8、129页。
⑦ 〔英〕洛克：《政府论》（下篇），叶启芳、瞿菊农译，商务印书馆，1982。
⑧ 〔美〕托马斯·潘恩：《常识》，马清槐译，商务印书馆，1959，第54页。

政府是人民的创造物和所有物，社会服务人员是人民的公仆。"①

第三，法律面前人人平等。洛克说："国家的法律应该是不论贫富、不论权贵和庄稼人都一视同仁，并不因特殊情况而有出入。"②

第四，立法、行政、司法三权要分立。孟德斯鸠认为，"从事物的性质来说，要防止滥用权力，就必须以权力约束权力"。③

我国在从封建社会向近代资本主义发展演变的历史时期，一些杰出的思想家和政治家都曾对法治作过很多很好的论述。例如，黄宗羲提出要以"天下之法"取代"一家之法"，法应是"天下之公器"，而封建专制下的法律却无"一毫为天下之心"。他认为"有治法而后有治人"，如果不打破"桎梏天下人之手足"的君主"一家之法"，虽有能治之人，也不能施展其聪明才智治理好国家。梁启超提出，立法是"立国之大本大源"，要以"多数人治"代替"少数人治"，必须讲"法治主义"。民主革命先行者孙中山先生也是以法治国的倡导者，他对儒家人治思想持批判态度。他说："吾国昔为君主专制国家，因人而治，所谓一正君而天下定。数千年来，只求正君之道，不思长治之方。而君之正，不可数数见，故治常少，而乱常多，其弊极于清季。"国家只能长期处于混乱。④ 他认为军阀混战时期，"法律不能生效，民权无从保障，政治无由进化"，原因就是"蔑法律而徇权势"。所以他认为，"民国若不行法治之实，则政治终无根本解决之望，暂安久乱，所失益多"。⑤ 正是基于这一认识，他提出了一系列法治原则，如："凡事都是应该由人民作主""用人民来做皇帝"⑥ 的人民主权原则；"只有以人就法，不可以法就人"⑦ 的依法办事原则；宪法和法律是"人民权利之保障书"⑧ 的人权保障原则；以及人民享有选举、罢免、创制、复决四大权利的"以权利制约权力"和五权分立的"以权力制约权力"的原则；等等。

---

① 〔法〕罗伯斯庇尔：《革命法制与审判》，赵涵舆译，商务印书馆，1965，第138页。
② 〔英〕洛克：《政府论》（下篇），叶启芳、瞿菊农译，商务印书馆，1982，第58页。
③ 〔法〕孟德斯鸠：《论法的精神》（上册），张雁深译，商务印书馆，1978，第54页。
④ 《元旦》，载《孙中山全集》第4卷，中华书局，1985，第285页。
⑤ 《复蔡元培函》，载《孙中山全集》第4卷，中华书局，1985，第520页。
⑥ 《民权主义第五讲》，载《孙中山全集》第9卷，中华书局，1986，第325页。
⑦ 《接见国会议员代表的谈话》，载《孙中山全集》第4卷，中华书局，1985，第444页。
⑧ 《〈中华民国宪法史〉前编序》，载《孙中山全集》第5卷，中华书局，1985，第319页。

由于后来蒋介石完全背离了孙中山提出的这些思想和原则，搞个人专制独裁，残酷压迫人民，政治极端腐败，他的统治被人民革命所推翻，是一种必然的结局。中国近代一些进步思想家、政治家的法治思想，属于资产阶级法治思想的范畴，在中国历史上起过进步作用。

二百多年来，经过漫长的发展过程，现在不少西方发达资本主义国家已经逐步建立起自己的法治国，并凭借这一基本条件，保证了政治与社会的长期相对稳定，促进了经济的发展。马克思、恩格斯等无产阶级革命领袖，从维护广大劳动人民利益和争取人类解放的根本立场出发，运用辩证唯物论与历史唯物论原理，曾对资产阶级的民主、自由、人权与法治进行过深刻的批判，揭示了它们历史的和阶级的局限性，同时肯定了它们在人类发展史上的历史必然性与进步意义。例如，恩格斯在批判资产阶级"法治国"时，主要是揭露它在理论上和实践上处于惊人的矛盾中，对资产阶级有其真实性的一面，对劳动人民又有其虚假性、欺骗性的一面。无产阶级革命领袖对历史上政治和法律领域的思想和制度，从来都不是采取一概否定的态度，而是去其糟粕、取其精华，继承与借鉴其人民性、民主性和科学性的成分。

无产阶级领导的社会主义革命和建设是人类历史上一场最广泛最深刻最伟大的社会变革。正是由于这个原因，已经取得革命胜利的社会主义国家，在经济、政治、文化、法律等具体制度的建设和党领导人民治理国家的方针、原则的确立与方式、方法的选择上，必然经历一个长期的实践过程。在依法治国这一问题上情况也是如此。过去，在一些社会主义国家里，都制定有社会主义的法律，它们在保证社会改革与经济、政治、文化的建设上发挥了一定的积极作用。但是，由于各种复杂的原因，在是否实行社会主义法治的思想理论与指导方针上，在确立与实施以法治国应当具有的一系列重要原则上，又存在着严重的缺陷，以致发生了不应当存在和本来可以避免出现的种种严重问题。

在新中国成立到"文革"前的时期里，政治协商会议共同纲领、1954年宪法以及其他法律的制定和实施，对我国当时的革命和建设曾经起过重要的保障作用。但是，由于经济与政治体制上权力的过分集中，党的八大后仍然执行"以阶级斗争为纲"的政治路线以及其他一些思想的、历史的主客观原因，我们也并没有充分认识民主与法治建设的重要意义，甚至在某种程度上存在过法律虚无主义和人治主义的思想倾向，普遍存在过权大于法、办事依人不依法、依言不依法的局面，以致民主与法制的不健全终于成为十年"文革"得以产生与发展的一个重要原因。这种状况直到党的十一届三中全会以后才有了根本性转变。

二 依法治国的科学含义

依法治国（或"以法治国""法治"）的确切含义究竟是什么？法治和人治能不能结合？法治的概念是否科学？法治同法制有没有区别？主张"依法治国"有没有片面性或者是不是一种超阶级的观点？依法治国是否会否定领导人的作用？实行"依法治国"是否同党的领导有矛盾？所有这些问题，直到现在，不仅在理论界还存在一些意见分歧，在广大干部中也有各种不同看法甚至疑虑。这就需要我们从理论与实践的结合上对此作出更深入的研究和探讨。

1979～1982年我国法学界曾在法治与人治问题上开展过一场学术争鸣。许多法学界的权威人士都参与过这场大讨论，这场争鸣也引起了各级干部和广大群众的关注和反响。当时出现过三种明显不同以至根本对立的观点，即：要法治，不要人治；法治与人治应当结合；法治概念不科学，必须抛弃。人们简称为："法治论"、"结合论"和"取消论"。

"结合论"认为，"徒法不足以自行"，法是人制定的，也要人去执行；我们既要重视法的作用，也要重视人的作用。这就好比法是"武器"，人是"战士"，只有人和武器相结合，才能产生出战斗力。我们认为这种理解不符合法治与人治的原意，不符合从古代至现代思想家与政治家们使用这一组对立概念的内涵，不应当简单地在"法治"与"法的作用"、"人治"与"人的作用"之间画等号。法治与人治既是一组对立的治国理论，也是一组不同的治国原则和方法。作为治国理论，"法治论"认为，一个国家的长治久安和兴旺发达，主要应依靠建立一个完善的法律制度，而不是国家领导人的贤明。"法治论"并不否认领导人的作用，只是认为，国家长治久安的关键在于建立一个完善的良好的和具有极大权威的法律制度并加以贯彻实施。"人治论"主张则与此完全相反。它认为，国家的长治久安和兴旺发达的关键不在于有完善的法律制度，而在于有贤明的国家领导人。作为一种治国原则,法治要求法律具有至高无上的权威,任何组织和个人不能凌驾于法律之上,都要严格依法办事。"人治论"则相反,它主张或默认某个或某些组织和某些人或某个人的权威高于法律的权威,权大于法。

主张"结合论"的同志认为,任何统治者都不可能完全不要法律,也不可能不重视领导人的作用,因此历史上任何国家都是"法治"与"人治"相结合的。如果这样去理解,那我们今天讲"依法治国"就没有什么意义了。

如果我们把法治与人治看成两种不同的、对立的治国理论和治国原则(或制度)与方法(或方略),而倡导法治、反对人治,那就具有重大的理论与现实意义,因为它能解决我国法制建设(也包括民主建设)中两个最根本的问题:一是长期以来我们总是将国家的兴旺发达和长治久安主要寄托于一两个领导人的英明和威望上,因而在指导思想上很不重视法制建设;二是权大于法,办事依人不依法、依言不依法根深蒂固。倡导法治、反对人治,其根本的理论和实践意义就在于此。①

一些同志认为,"法治"与"法制"是一回事,"法治"这一概念可以不用。这是一种误解。法治与法制这两个概念,当然有联系。实行法治,需要有完备的法律制度。但是,两者也有区别。这种区别主要表现在以下三个方面。

第一,依据现在人们通常的理解,法制是法律制度的简称,它是相对于经济、政治、文化等制度而言的;法治则是相对于人治而言的,没有"人治",无所谓法治;没有法治,也无所谓"人治"。我国的一些领导人如毛泽东、刘少奇、邓小平、江泽民也都是从这个意义上使用法治这一概念的。

第二,法制的内容指一个国家的一整套法律及其相关的各项制度,如立法制度、司法制度等,而法治则是同人治相对立的一种治国的理论和若干原则。法治作为一种与人治相对立的治国理论,是法治的应有之义,而"法制"通常不涉及这个问题。同时,一个国家法律即使很多,很完备,但如果不具有法治所要求的若干基本原则,它也只有法律制度,而无

---

① 李步云:《法治和人治的根本对立》,《西南政法学院学报》1981年第2期。

法治。

第三，任何国家在任何时期都有自己的法律制度，如"中国法制史"就是要研究中国历代的各种法律制度；但不一定是实行法治，如希特勒统治的德国和蒋介石统治的中国也有法律制度，但它并不是实行法治。国民党时代的旧中国有相当完备的"六法全书"，但它并不是实行依法治国。

如果认为"法治"同"法制"没有什么区别，那么我国早已有健全社会主义法制的基本口号，今天再提依法治国就没有什么新的意义了。因此，八届全国人大四次会议提"法制国家"后，党的十五大报告改提"法治国家"是很有意义的。[①]

提"依法治国"，并没有什么片面性。法治同任何概念一样有自己特定的科学内涵、社会作用和适用范围。依法治国的基本含义是：要坚持依照一整套完备的符合时代精神、反映客观规律、体现人民意志和具有极大权威的法律来治理国家。国家的政治、经济、文化活动和公民的社会生活都应依照法律进行，而不受任何非法的个人意志的干预、阻碍和破坏。提"依法治国"，并不排斥我们国家还可以有其他的口号和方针，如"坚持四项基本原则"、"改革开放"、"科教兴国"和"双百"方针等。我们说实行法治能保证国家长治久安，但它并不否定道德教化、行政手段等的作用。

主张"法治"，并不否定领导人的作用和权威。例如，现今美国被认为是一个法治国家，但总统的权力却很大，以致有人戏说，美国总统除了不能生孩子，什么事情都可以做。其他西方法治国家的情况大致类似。事实上，领导人在立法、执法和司法中起着核心作用，大量政治、经济、文化方面的组织工作需要领导人的聪明才智，领导人在法之外也还有广泛的活动空间。依法治国也不否认各级领导应有的权威，只是要求各级国家机构及其领导人员应当依照宪法和法律赋予它们的职权与职责以及行使权力应当遵循的程序办事，既不能失职，也不能越权，依法治国所反对的只是权大于法，办事依人不依法，依言不依法。

"依法治国"并不是一个超阶级的观点。法律作为一种调整社会关系的工具，法治作为一种治国的方法，是没有阶级性的。资本主义社会可以

[①] 李步云：《法治概念的科学性》，《法学研究》1982 年第 2 期。

用，社会主义社会也可以用。法律的内容和法治的原则情况有所不同：它们既包含人类共同的道德价值，是人类共同创造的文明成果，因而是没有阶级性的；同时它们也反映和体现了不同阶级的利益和意志，所以又是有阶级性的。我们要建立的是社会主义法治国家。我们的法律具有社会主义的性质，这种法律制度所赖以建立并为其服务的经济基础是以公有制为主体、以人民共同富裕为目的；我们国家的根本政治制度是以人民当家作主为本质特征的人民代表大会制度，国家的领导权是由共产党执掌，这就能保证我国社会发展的正确方向，就能保障广大人民的根本利益，就同资产阶级法治国家有着本质的区别。

依法治国同党的领导并不矛盾，而是有利于坚持和改善党的领导。党的领导已经得到宪法的认可。党领导人民制定法律，党也领导人民实施法律。党的政策对法的制定和实施起着指导作用。社会主义的法律是党的主张与人民意志的统一。把党的政策转变为法律，从而使党的意志上升为国家意志，有利于保证党的政策在全国范围内得到最有效的贯彻和实施，有利于加强党的领导地位。党的政策转变为法律的过程，实际上是一个民主的过程。在制定法律时，党外人士和广大人民群众可以对党的政策作出一定的补充和修改，使其更加完善，也可以提出某些新的政策主张。这样做，能更好地保证党的领导的正确性。在全体人民中，党员只是少数。撇开国家机构和宪法与法律，而由党向人民直接发号施令，是不符合现代民主原则的，也是同马克思主义基本原理相背离的。正如党的十五大报告所指出："党领导人民制定宪法和法律，并在宪法和法律范围内活动。依法治国把坚持党的领导、发扬人民民主和严格依法办事统一起来，从制度和法律上保证党的基本路线和基本方针的贯彻实施，保证党始终发挥总揽全局、协调各方的领导核心作用。"

三　依法治国的重要意义

在我国，实行依法治国，并不是哪些人的心血来潮，也不是某种权宜之计，而是历史发展的客观规律，是社会进步的现实要求，是全国人民的共同愿望。正如党的十五大报告所指出："依法治国，是党领导人民治理国家的基本方略，是发展社会主义市场经济的客观需要，是社会文明进步的重要标志，是国家长治久安的重要保证。"笔者拟从如下四个方面进行具体分析。

（一）依法治国是实行市场经济的客观要求

依据马克思主义基本原理，上层建筑最终是由经济基础所决定，并必须也必然为经济基础服务。我国现在实行的市场经济，既为依法治国提供了现实的经济条件，也为实行这一方针提出了客观要求。

与生产力水平低下和社会分工不发达相适应的自然经济，其经济活动特点是自给自足。这种经济活动的单一性，决定了复杂与完备的经济法律规范没有产生的客观条件和需求。这种经济关系通过和运用宗法伦理、道德规范和传统习惯就完全可以调整和维系。自然经济条件下的农民在政治上也不可能提出民主与法治的要求，而必然把自己和家庭的命运寄希望于国家出现少数明君贤相。

计划经济是建立在经济主体之间具有隶属关系，其特殊的物质利益被忽略，经济自身的价值规律、竞争规律等不被尊重的行政经济，维系这种经济关系的主要方法是行政手段。在计划经济体制下，经济权力高度集中，伴随而来的是政治权力的高度集中，计划就是法律，法律手段本身也丧失了独立的品格，其作用是十分有限的。因此，计划经济在本质上不是"权利经济"而是"权力经济"，它内在地、本能地要求人治而不是法治。

市场经济是一种以交换为基础的经济形式，一切经济活动和行为都要遵循价值规律，各种生产要素都要作为商品进入市场，通过竞争机制和价格杠杆的作用，实现各主体之间的平等、自由交易和各类资源的优化配置。市场经济是建立在各经济主体之间具有自主性和平等性并且承认其各自物质利益的基础之上。利益主体多元化、经济产权明晰化、运行机制竞争化、市场行为规范化、宏观调控科学化是它的主要特征。具有自主、平等、诚信、竞争等属性的这种经济形态，除了依赖经济规律来运作，同时又主要依赖法律手段来维系，它必然从客观上要求法律规范、引导、制约、保障和服务。社会主义市场经济建立和完善的过程，实质上是经济法制化的过程。具体表现为五点。第一，市场主体的资格、它们之间的平等地位，需要依法确立。市场主体多元化所产生的复杂的产权关系和产权的经常性的流动和重组，需要法律规则加以规范和明确。市场经济的微观基础是政企分开、自主经营、自负盈亏的企业,企业是独立的商品经营者。市场经济条件下法律的主要任务之一,是确认和保护各类市场主体人格独立,确认和保护他们意志的自由,确认和保护他们地位的平等。第二,市场主体的行为,各主体在经营、交换中彼此的权利和义务需要法律规范和保障。通过规定人们的法定权利和义务来调整社会关系,是法的一个基本特征。市场经济是一种权利经济,是以权利为本位,企业的义务由其所享有的权利所派生。如果在计划经济体制下,经济主体是义务主体,那么在市场经济体制下,经济主体就应成为权利主体。市场经济行为的自主性、平等性、竞争性、契约性,必然要求运用法律手段来规范和保障市场经济的正常运行,保证意思自治、交易公平、竞争平等、经营正当。第三,统一的市场规则、有序的市场活动需要依法确认和保障,以建立公正的市场法律秩序。优胜劣汰是市场经济的客观需要,也是它的自然法则。市场经济作为竞争性的经济形态,它在合法运作与公平竞争的同时,也会出现种种非法运作和不公平竞争,如坑蒙诈骗、假冒伪劣、权钱交易、地区封锁、行业垄断,以至行贿受贿等等,这些只有通过法律手段才能预防和消除。法的规范性、明确性、公开性、公正性、稳定性、权威性等特性,使法律在规范市场活动中具有其他手段都无法替代的功效。第四,健全的经济宏观调控系统需要法律的建立、完善和保障。市场经济具有自发性和盲目性的特点,这是其自身的弱点和消极面。国家加强对经济的宏观调控是当今世界各国现代市场经济的重要特点之一。社会主义市场经济在宏观调控上有强大的物质基础,它有必要也有可能运用宏观调控来解决市场经济的自发性和盲目性,以保持经济总量的基本平衡,促进经济结构的优化,调节好种种利益关系,引导国民经济持续、快速、健康地发展和生态环境的有效保护,推动社会的全面进步。法律手段可以保证宏观调控的客观性、科学性和稳定性,这是行政手段难以做到的。第五,社会保障体系需要依靠法律手段建立和完善。市场经济条件下的自由竞争,保证起跑线上人人平等,但由于各种主客观条件,结果是不同的,它必然导致一些企业的破产和部分劳动者的失业,两极分化的趋势也不可完全避免。因此建立社会保障体系,包括医疗保险、养老保险、失业保险、工伤保险等制度,以保障劳动者的基本生活需要,减轻企业负担,促进产业结构调整,优化资本重组,提高企业竞争力,保障社会安定,都是十分重要的。这比计划经济条件下的社会保障体制情况复杂，也需要有法律手段调整。

此外，对外开放是我国的一项既定国策。在今天世界经济一体化的趋势和格局下，我国的经济必须参与国际大循环，必须成为国际市场的组成部分，必须扩大对外贸易，引进先进技术和国外资金，开展科技文化的广泛交流。这就要求我们一定要有健全的法律制度，要求我们的法律按国际经贸和民商事领域的国际惯例和国际通行的规则办的事，这是行政手段无济于事的。

（二）依法治国是建设民主政治的基本条件

民主与法制是密切联系在一起的。概括地说，民主是建立法制的前提和基础，法制是对民主的确认和保障。

民主是个抽象的概念，但包含丰富的具体内容。现代民主大体上包括一个核心、四个内容。一个核心是指人民主权或主权在民原则。我国宪法规定，"国家的一切权力属于人民"。四个内容是指，公民的民主权利和自由；政治权力的民主结构，如执政党和合作党或在野党的关系、执政党和国家机构的关系、国家机构内部立法、行政、司法机关的关系等；国家权力的行使和公民权利的保障的民主程序；民主方法，如群众路线的工作方法、少数服从多数、保护少数、批评与自我批评、不搞"一言堂"等。现代民主的实现必须依靠法制作保障。在现代，通过法律保障人民主权原则的实现，已成定理。在我国，人民怎么当家做主呢，绝不可能人人都去执掌政权，而只能实行代议制，通过自由公正的选举产生政权机关，代表人民行使权力。为了保证这种权力的行使能符合人民的利益，根本的办法就是通过制定和实施体现人民意志和利益、符合社会发展规律的法律，并保证这种法律具有极大的权威，来确保政府为人民服务，为公众谋利益。在这种情况下，政权机构严格依法办事，就是体现了人民当家做主。

在国家和社会生活中，公民的各种权利，没有完备的具有极大权威的法律予以全面确认和切实保障，是根本靠不住的。十年"文革"的悲剧就充分说明了这一点。当时，人代会有十年之久没有召开，宪法这一根本大法成了一张废纸，广大人民群众的各种权利遭到践踏是必然的结局。鉴于这一教训，邓小平同志十分重视运用法律手段来保护公民的民主权利。他提出："为了保障人民民主，必须加强法制。必须使民主制度化、法律化，使这种制度和法律不因领导人的改变而改变,不因领导人的看法和注意力的改变而改变。"① 在法制健全的条件下,公民权利的行使,可以得到有效的保障;公民的权利如果遭到侵犯,也可以得到有效的救济。

邓小平同志曾指出,我们过去"从党和国家的领导制度、干部制度方面来说,主要的弊端就是官僚主义现象,权力过分集中的现象,家长制现象,干部领导职务终身制现象和形形色色的特权现象"。② 18 年来,我国政治体制改革的一个重要任务就是解决这方面存在的问题,现在这一任务尚未完成。国家政治权力的合理配置,各种政治权力依照法定程序的正确行使,以及官僚主义和特权现象等政治弊端的克服,都需要有健全的法制来作保障。

党的十五大报告提出,依法治国"是党领导人民治理国家的基本方略",实际上讲的是依法治国与民主政治建设的关系。党凌驾于国家之上、法律之上,直接向人民群众发号施令,而不是通过国家政权机关执政,通过制定宪法和法律把自己的主张同人民的意志统一起来,去贯彻自己的方针政策,是同现代民主政治相背离的。因此,依法治国是加强与改善党的领导的决定性条件,是国家治理方式的根本性转变。

(三) 依法治国是人类社会文明的重要标志

在中外历史上,从字源看,"法"字一出现就具有正义、公正等含义。中国古代,"法"字象征一种可以判明是非曲直和正义与否的独角兽。每一历史时代,法的内容与形式以及法的精神,都同该时代的物质文明与精神文明息息相关,密不可分,彼此适应,是该时代人类文明发展水平的综合性标尺。一部由低级状态向高级状态演变的法律制度和思想史,是整个人类文明由低级状态向高级状态发展历史的一个缩影。当然,理想和现实是有矛盾的。在阶级社会中,一方面,法律必须也必然为全体社会成员的共同利益服务;另一方面,法律又往往为在经济上因而也在政治上占统治或优势地位的阶级所利用,为其狭隘的一己私利服务。但是,我们既是现实主义者,也是理想主义者。如果我们不承认全体社会成员应当是平等

---

① 《邓小平文选》第 2 卷,人民出版社,1994,第 146 页。
② 《邓小平文选》第 2 卷,人民出版社,1994,第 327 页。

的，法律应当是人类的共同财富，法律应当平等地对待每一个人，我们又有什么根据和理由，去批判奴隶制和封建制法律的不合理性，去批判当代诸如前南非种族主义法律的非正义性呢？

法制文明是属于制度文明的范畴。我国现代化事业的宏伟目标，是建设一个富强、民主、文明的社会主义国家。这里所说的"富强"，即物质文明，是指社会生产力发展水平的极大提高和人们物质生活需求的极大满足。"文明"是特指精神文明，包括社会文化教育科技事业的高度发展和人们文化科学与思想道德水准的极大提高。这里所说的"民主"，从广义上说，包括法制在内，民主与法制是属于制度文明的范畴。在现今的历史条件下，家长制、"一言堂"、搞特权、权大于法、政府权力不受任何制约，公民权利得不到有效保障，当然是不文明的。一个社会如果没有法律，要么专制主义盛行，要么无政府主义猖獗，自然也是不文明的。

长期以来，人们习惯于把民主与法制看作精神文明的一个组成部分。这种观念是不准确与不科学的。民主思想与法制观念是属于精神文明的范畴。但民主制度和法律制度包括其设施、规则、活动和运作，是存在于现实社会生活中的。它们的存在并不以人们的意志、认识、评价为转移，它们应是属于社会存在而不是社会意识的范畴，是一种独立于物质文明与精神文明之外的文明形态，即制度文明。党的十四届六中全会关于精神文明建设的决议明确了这一问题，指出，"精神文明建设包括思想道德建设和教育科学文化建设"。党的十五大报告又进一步解决了这一问题。它提出党的"三大纲领"是指建设有中国特色社会主义的经济、政治和文化。社会主义经济相当于物质文明，社会主义文化相当于精神文明，而民主与法制属于社会主义政治这一范畴。[1]

在物质文明和精神文明的建设中，法律有其特殊的功能。法律的制定和实施，集中了人民的智慧，反映了人民的愿望，较之个人独断专行无比优越。法律能反映事物的发展规律，少数人决定问题难免主观臆断。依法治国就可以保证两个文明的建设高效而持续地得以发展。我们要铲除封建主义残余思想的影响，要抵制拜金主义、享乐主义的渗透，要消除腐朽生

---

[1] 李步云：《依法治国与精神文明建设的关系》，载刘海年、刘瀚、李步云、李林主编《依法治国与精神文明建设》，中国法制出版社，1997。

活方式的侵蚀，除了思想教育，法律应是最重要的手段。

（四）依法治国是实现国家长治久安的根本保证

如果说，市场经济和民主政治是现代法治（即严格意义上的法治）的经济和政治基础与条件，制度文明是现代法治的重要特征，那么，依法治国能够保证国家的长治久安，则是现代法治与古代法治共通的道理。

在我们党和国家的历史上，对于这个问题的认识，曾经历过一个曲折的过程。1946年，毛泽东同志在延安回答黄炎培先生提出的共产党在执掌全国政权后怎样才能跳出"其兴也勃焉，其亡也忽焉"的历史周期率这一问题时，曾经正确地指出："我们已经找到新路，我们能跳出这周期率。这条新路就是民主。只有让人民来监督政府，政府才不敢松懈。只有人人起来负责，才不会人亡政息。"新中国成立后到1956年这一时期，民主与法制建设发展顺利，成就显著。但是由于国际与国内的复杂原因，自1957年后，"左"的指导思想与方针开始抬头并愈演愈烈，导致民主与法制不健全，终于酿成十年"文革"这场历史性悲剧。

1978年党的十一届三中全会以来，邓小平同志总结了国际和国内的经验教训，就如何才能保证国家的长治久安和兴旺发达，发表了一系列精辟的见解和科学的论断。他在《党和国家领导制度的改革》这篇极为重要的讲话中指出："我们过去发生的各种错误，固然与某些领导人的思想、作风有关，但是组织制度、工作制度方面的问题更重要。这些方面的制度好可以使坏人无法任意横行，制度不好可以使好人无法充分做好事，甚至会走向反面。"[①] 邓小平同志在不同场合和从不同角度曾一再反对和批判那种把一个国家的前途和命运寄托在一两个人的威望之上的人治思想。如1988年他说："我有一个观点，如果一个党、一个国家把希望寄托在一两个人的威望上，并不很健康。那样，只要这个人一有变动，就会出现不稳定。"[②] 不久，他又指出："我历来不主张夸大一个人的作用，这样是危险的，难以为继的。把一个国家、一个党的稳定建立在一两个人的威望上，是靠不住的，很容易出问题。所以要搞退休制。"[③] 他在回答一意大利记者

[①] 《邓小平文选》第2卷，人民出版社，1994，第333页。
[②] 《邓小平文选》第3卷，人民出版社，1993，第272页。
[③] 《邓小平文选》第3卷，人民出版社，1993，第325页。

的问题时指出，我们今后可以防止"文革"悲剧重演，办法就是"认真建立社会主义的民主制度和社会主义法制"。①他在谈到政治体制改革时还指出，"要通过改革，处理好法治和人治的关系，处理好党和政府的关系"。②这是邓小平同志关于健全民主与法制的理论基础和指导思想，是他的民主与法制思想的精髓和灵魂。这是在国际共产主义运动史上，在理论与实践两方面都长期没有能够解决的一个问题，邓小平同志科学地深刻地作了回答。很显然，如果这一指导思想不明确和得不到贯彻执行，所谓发展民主与健全法制就只能是一句空话。

四　法治国家的主要标志

西方发达资本主义国家在取得革命胜利以后，经历了一个漫长过程，通过宪法和法律的一系列具体规定，已逐步建立起比较完备的法律制度。实行法治的必要性和重要性在很多国家的政治家和学者中已经达成一定程度的共识，在国际范围内也已被公认为一项基本的原则。美国马萨诸塞州宪法规定，该州政府是"法治政府而不是人治政府"。《世界人权宣言》的序言规定"人权受法治的保护"。由于这种情况，在当代西方一些发达资本主义国家中，学者们讨论的热点是"法治"究竟包括哪些原则和具体内容；政治家们关注的是如何实施法治。英国学者戴西认为，法治有三项标准，即：法律具有至尊性，反对专制与特权，否定政府有广泛的自由裁量权；法律面前人人平等，首相同邮差一样要严格遵守法律；不是宪法赋予个人权利与自由，而是个人权利产生宪法。美国教授富勒曾提出过法治的八项原则，它们是：法律的一般性、法律要公布、法不溯及既往、法律要明确、避免法律中的矛盾、法律不应要求不可能实现的事、法律要有稳定性、官方的行动要与法律一致。③1959年在印度新德里召开的国际法学家会议的主要议题是法治，其主题报告曾征询过75000名法学家及30个国家法学研究机构的意见，会议形成的《新德里宣言》把法治原则归结为四个

---

① 《邓小平文选》第2卷，人民出版社，1994，第348页。
② 《邓小平文选》第3卷，人民出版社，1993，第177页。
③ 〔美〕富勒：《法律的道德性》，耶鲁大学出版社，1977。

方面。①立法机关的职能是创造和维持个人尊严得到维护的各种条件,并使《世界人权宣言》中的原则得到实施。②法治原则不仅要规范行政权力的滥用,也需要有一个有效的政府来维持法律秩序,但赋予行政机关以委任立法权要有限度,它不能取消基本人权。③要求有正当的刑事程序,充分保障被告辩护权、受公开审判权、取消不人道和过度的处罚。④司法独立和律师自由。司法独立是实现法治的先决条件,法律之门对穷人和富人平等地开放。

邓小平同志根据马克思主义的基本原理,特别是总结了社会主义革命和建设的实践经验,为在我国实现依法治国提出了一整套原则。深刻理解他所提出的各项原则,具体探讨我国实际生活中存在的一些观念更新与制度变革方面的问题,以逐步建设中国特色社会主义法治国家,是我们面临的一个重要课题。概括起来,在我国建设社会主义法治国家,主要应具有以下一些原则与内容。

第一,要建立一个部门齐全、结构严谨、内部和谐、体例科学的完备的法律体系。

有法可依是依法治国的基础和前提。同时,法律还必须制定得好,应当充分体现社会主义的价值取向和现代法律的基本精神。好的标准,一是形式,二是内容。不好的法律可以对社会的发展和人民的利益起相反的作用。这里所谓"部门齐全"是指,凡是社会生活需要法律作出规范和调整的领域,都应制定相应的法律、行政法规、地方性法规和各种规章,从而形成一张疏而不漏的法网,使各方面都能"有法可依"。现在我国的法律法规虽然已初具规模,但离法律完备和部门齐全还有很大差距,立法工作仍任重道远。党的十五大报告提出,我们要"加强立法工作,提高立法质量,到二零一零年形成有中国特色社会主义法律体系"。今后任务仍然十分艰巨。有的同志认为,现在立法主要不是速度,而是质量。这个问题虽然值得注意,但是小平同志提出的"有比没有好""快搞比慢搞好"的指导思想仍然符合我国今天的实际。当然,今后立法工作的重点是提高质量,只要我们加强计划性,注意上下沟通,充分调动各方面的积极性与人力资源,我们就可以把立法速度与质量统一起来。也有同志提出,问题不是法律少,而是法律太多,在立法中有"浪漫主义",使法律得不到严格执行与遵守。这是一种模糊认识。法的执行与遵守不理想有多种原因,需要综合治理,它同法的多少没有什么必然联系。我们现在根本不存在西方有些国家法律过于庞杂烦琐的情况。法的"结构严谨"是指法律部门彼此之间、法律效力等级之间、实体法与程序法之间,应做到成型配套、界限分明、彼此衔接。例如,宪法的不少原则规定需要有法律法规使其具体化和法律化,否则宪法的某些规定就会形同虚设,影响宪法的作用和权威。又如,从宪法、基本法律和其他法律直到省会市、国务院批准的较大市制定的地方性法规和政府规章,是一个法的效力等级体系,上位法与下位法的关系和界限必须清楚。这方面也有一些问题需要解决。省级地方法规与部门规章哪个效力高?出现矛盾怎么办?看法就不一致。立法权限的划分也有这个问题,包括中央究竟有哪些专属立法权,地方不能搞;哪些是中央与地方所共有?省级人大与省政府之间、全国人大和省级人大与它的常委会之间,其立法权的界限也不是很清楚,需要明确解决。法的"内部和谐"是指法的各个部门、各种规范之间要和谐一致,前后左右不应彼此重复和相互矛盾。现在地方立法中相互攀比、重复立法的现象比较严重。有的实施细则几十条,新的内容只有几条,既浪费人力物力,也影响上位法的权威。应当是有几条规定几条,用一定形式加以公布就可以了。法律规定彼此之间相互矛盾的情况时有发生,我们也还缺乏一种监督机制来处理这种法律冲突。最高人民法院在法律适用中作过大量法律解释,起到了很好的作用,但同时也应看到立法解释没有得到很好执行,而最高人民法院的个别解释存在有改变法律规定的情况,这虽是不得已而为之,但有可能伤害法律权威性,法律都是比较概括的、原则的,而社会生活却是复杂多变的,这就要求进一步完善和丰富我国的法律解释制度。法的"体例科学"是指法的名称要规范,以便执法与守法的人一看名称就知道它的效力等级;法的用语、法的公布与生效等也都需要进一步加以规范。以上这些问题都需要通过我们将要制定的立法法加以解决。

  我们的法律应当充分体现和反映社会主义的价值观念。法是社会关系的调节器。它通过自身固有的规范、指引、统一、评价、预测、教育及惩戒等功能,来认可、调节以至新创种种社会关系,这是法的独特作用。任何社会关系实际上都是一种利益关系。因此,依一定的伦理道德观念来处理与调整个人与个人之间,集体与集体之间,国家、集体与个人之间的利益追求、分配和享有,是所有法律的共同本质。兼顾国家、集体与个人的利益，并使其协调发展，是我们党和国家的一贯主张。现在，部门立法较为普遍，部门之间争权夺利，或只考虑部门利益而不顾整体利益的现象是比较严重的。可以考虑的解决办法是，凡权力或权利涉及几个部门的，应实行回避制度，即法案不应由这些部门起草。法案起草的主管单位，应当是中央与省级立法机构（包括专门委员会和法制工作机构）；起草小组应有各方面的人士参加，有条件的还可以专门委托法律专家或其他方面专家组成小组负责。

现代法的精神的一个重要内容应当是以权利的保障作为基础和中心环节。法律关系是一种权利义务关系，在这个意义上说，法学也可以称为"权利之学"。从宪法所规定的公民基本权利与义务到各种实体法和程序法，特别是以民法、商法和经济法为主要内容的市场经济法律体系，无不以权利的保障作为中心和出发点。权利与义务不可分，但是在两者的关系中，权利应处于主导地位。法的目的应当是为全人类谋利益。权利是目的，义务是手段，权利是义务存在的根据和意义，法律设定义务就在于保障人们的人身人格权利、经济社会文化权利、政治权利与自由。立法中，规定政府的管理权力，公民义务履行、权利行使的界限，都是必要的。但是立法的重心和它的基本出发点应当是保障权利。现在有些部门的立法并没有完全贯彻这一精神，如只强调公民（还有法人）应尽的义务，而不重视对他们的权利的保障；只关注本部门职权的扩大，而不重视自身权力的监督和制约。这种倾向值得注意，亟须加以解决。

第二，要坚持社会主义法制的民主原则，实现民主法制化与法制民主化。

所谓民主法制化是指，民主政治的一切基本要素、成分，都应通过法律加以确认和保障。法制民主化是指，立法、司法、执法、护法等环节都应贯彻民主原则。这是现代法治与古代法治的一个重大区别。邓小平同志说："没有民主就没有社会主义，就没有社会主义的现代化。"[①] 现代民主与现代法制的关系是十分密切的。概括地说，民主是法制的基础，法制是民主的保障。在我国，不建立人民当家做主的政权，也就不可能存在体现人民意志的法律；国家没有健全的民主体制和程序，就不可能制定出反映

---

① 《邓小平文选》（一九七五——一九八二年），人民出版社，1983，第154页。

人民意志和愿望、符合客观事物发展规律的良好法律；同时，法律得不到贯彻实施就会成为一纸空文。如果民主缺少具有很大权威的法律作保障，它也很难实现，就会出现权大于法、一切都是个人说了算等种种弊端。

现代民主的精髓是"人民主权"原则。我国宪法规定："国家的一切权力属于人民。"我们能否在实际上真正做到这一点，决定着我们国家能否在政治上保持最大的优势。

现代民主主要内容包括四个方面，即公民的民主权利、国家的民主体制、政治运作的民主程序和国家机关及其工作人员的民主方法，内容上有主次之分，时间上有先后之分。

新中国成立后人们曾认为，既然我们已经建立起人民的政权，民主权利、民主体制及民主程序的问题就已经解决或基本解决。因此，在一个时期里，我们主要是强调干部要有民主作风，要走群众路线，不搞"一言堂"，等等。经过十年"文革"，我们的观念有了一个根本的改变，开始认识到社会主义民主制度的建设要经历一个很长的历史过程，认识到民主主要不是方法问题而是制度问题。我们开始采取一系列措施，如制定和修改宪法、刑法、民法、刑事诉讼法、民事诉讼法与行政诉讼法等一系列法律，来保障公民的各项权利；如完善人民代表大会制度和多党合作的政治协商制度以及选举制度、民族区域自治制度、监督制度、基层民主自治制度等，来完善民主体制与民主程序。这些都取得了长足的进步。但是，今后的任务仍然十分艰巨。党的十五大报告从"健全民主制度""推进机构改革""完善民主监督制度"等方面对此作了全面阐述。它们是我们今后一个时期里加强民主制度建设的具体行动纲领。过去，我们在政治上、体制上存在的主要弊端是权力过分集中。其具体表现是：在个人与领导集体的关系上，权力过分集中在个人；在党和国家机构与社会组织的关系上，权力过分集中在党；在中央与地方的关系上，权力过分集中在中央。这些年来，我们政治体制改革的最大成就主要也是集体领导得到了加强，努力克服党政不分和以党代政的问题，地方有了很大的自主权力。但是，这方面的改革并未最后完成，它们仍然是以后各项制度改革中需要着重解决的问题。

正确认识和处理国家权力与公民权利的关系，是民主政治建设的一个重要理论与实践问题。公民权利的内容非常广泛，主要包括人身人格权利、经济社会文化权利、政治权利与自由。公民权利是一个国家里人权的法律化中最重要的部分。人权是人依其自然属性和社会本质所应当享有和实际享有的权利。它是人作为人和依据人的尊严和人格（做人的资格）所理应享有的，而不是任何国家、政党、个人或法律所赋予。人民组成国家，制定法律，其唯一目的是为人民谋利益，是创造条件（主要是发展生产力）和采取措施（主要是法律的制定和实施）来实现公民的权利。人民通过宪法和法律赋予国家机关和领导人员以权力，这既是一种授权，也是一种限权；既不允许越权也不允许滥用权力。因此，是公民权利产生国家权力，而不是国家权力产生公民权利。权利是目的，权力是手段；人民是主人，国家工作人员是公仆。1982年宪法改变了过去的做法，把"公民的基本权利和义务"一章放在总纲之后和国家机构之前，也正是基于这样的认识和指导思想。彻底实现人的全面解放、人的全面自由发展，全面满足人要求享有物质文明、精神文明与制度文明的需要，这是社会主义实践的中心内容，也是社会主义的最终目的。因此，马克思主义者应当是最有资格讲人权，社会主义制度理应是人权能够得到最彻底实现的制度，社会主义国家应当高举人权的旗帜，一些同志应当从害怕讲人权的思想禁锢中解脱出来。

民主法制化是指社会主义民主的各个方面，它的全部内容，都要运用法律加以确认和保障，使其具有稳定性、连续性和极大的权威性，不因领导人的更迭和领导人认识的改变而改变。民主制度的建设是一个发展过程，法律可以也应当为民主制度的改革服务。党政各级领导以及广大人民群众在实践中创造的民主的新内容与新形式，只有用法律和制度确认与固定下来，民主才能不断丰富和发展。民主的法律化制度化包括两层含义。一是法制对公民权利的确认，既保证它不受侵犯，也防止它被人们滥用。二是法律赋予各级领导人员以种种权力，既保证这种权力的充分行使，也限制他们对权力的滥用。邓小平同志反复强调：民主与法制不可分离，民主要法制化，既反对专制主义，也反对无政府主义。

法制民主化是指法律以及相关的立法、司法、执法等方面的制度，都要体现民主精神和原则。这是保障我国法律具有社会主义性质和实现法制现代化的基本标志和重要条件。在这方面，我们已经建立起比较完备的体现民主的体制，但在具体制度上还有待进一步健全和加强。例如，在立法中，需要调动中央和地方两个积极性；法律起草小组要有各方面人员包括专家参加；法在起草过程中要广泛和反复征求各方面人士、利害相关者和群众的意见，举行必要的专家论证会和利害关系人听证会；要让人大代表或常委会成员提前得到法律草案及各种资料以使他们有足够时间作审议法律草案的准备；审议法律草案时除小组会、联组会外，还要在全体会议上进行必要的和充分的辩论；修正案的提出和讨论、审议需要有具体的程序；省级（自治区除外）人大立法不能全由常委会通过而人大会从不讨论制定地方性法规；规章的制定不能只是某一市长或副市长签字而不经领导集体讨论就公布生效；等等。所有这些都还有待进一步完善。民主立法既是社会主义的本质要求，也是科学立法、提高立法质量的保证。司法和执法中的民主原则，也都需要通过不断提高思想认识和进行具体制度的改革逐步完善。党的十五大报告明确提出，要"推进司法改革"。多年来，党的纲领性文件很少这样提。这是为我国法学理论工作者和实际工作者提出的一个重大课题，是建设法治国家中必然作出回答和经过实践加以解决的问题。

第三，要树立法律至高无上的权威，任何组织和个人都必须严格依法办事。

在社会主义制度下，"法律至上"就是人民意志至上，法的权威至上。古往今来讲法治，往往把这一条作为必备的基本标志。道理很简单，法得不到严格执行和遵守，就等于一张废纸。一些学者和实际工作者对"法律至上"的科学性提出质疑，理由之一是：应当是"人民意志至上"。其实，"法律至上"就是法律应当具有至高无上的权威，任何组织与个人都要切实遵守。在现代，尤其在我们的国家里，它同"人民意志至上"实际上是一个意思。因为，只有政府依法民主选举产生，法律依法民主制定、政府严格依照体现人民意志与利益的法律办事，人民意志至上才不是一句空话。邓小平同志多次讲，"我们要在全国坚决实行这样一些原则：有法必依，违法必究，执法必严，在法律面前人人平等"。[①] 现在群众对法制议论和担心较多的就是法还得不到严格执行和遵守。形成这种状况的原因是多方面的，解决办法必须是综合治理。

[①] 《邓小平文选》（一九七五——一九八二年），人民出版社，1983，第219页。

党的各级组织、各级领导人以及广大党员模范地遵守法律，严格依法办事，对维护法律的权威与尊严具有至关重要的作用。这首先是由我们党是处于执政党的地位所决定的，也同我们党内不少同志过去不大重视依法办事的传统和习惯有关。"党必须在宪法和法律的范围内活动"已经写进党章，其精神在现行宪法中也有明确规定。我们的法律是党的主张和人民意志的统一。党领导人民制定法律，也要领导广大干部和人民群众严格执行与遵守法律。这既是实现和保障人民利益的根本途径，是对人民意志的尊重，也是贯彻执行党的路线与政策的重要保障。1989 年 9 月 26 日，江泽民总书记在中外记者招待会上就郑重宣布和庄严承诺："我们绝不能以党代政，也绝不能以党代法。这也是新闻界讲的究竟是人治还是法治的问题，我想我们一定要遵循法治的方针。"① 正确处理党的政策与国家法律的关系是十分重要的。法律的制定和实施都要有党的政策作指导，这是一条原则。在西方也是这样，执政党的政策总要通过这样那样的途径贯彻到法律中去。但有些法理学教科书说"党的政策是法律的灵魂，法律是实现党的政策的工具"，就不确切。党的政策和国家法律的灵魂都应当维护人民利益、实现社会主义理想、尊重客观规律，但党的政策和国家政策也应当有区别。除制定机关、表现形式不同外，党的政策是党的主张，国家政策则应是党的主张和人民意志的统一。当党的政策转变为国家政策，特别是上升为国家法律时，要充分发扬民主，尊重党外人士意见，并要有一定制度和程序作保证。党外人士可以同意党的政策，可以提出修改意见，也可以不同意某些具体政策或提出某些新的政策和建议。这是正确处理党和国家关系中值得重视和研究的。十多年来，我们党一直是这样做的，但也不是所有党的干部都认识到了这一点。

邓小平同志在《党与抗日民主政权》一文中曾尖锐指出，我们绝不能像国民党那样搞"以党治国"，因为那"是麻痹党、腐化党、破坏党、使党脱离群众的最有效的办法"。② 为此，他提出了三个基本的观点，在今天仍有重大的现实指导意义。一是党的"真正的优势要表现在群众拥护上"，"把优势建筑在权力上是靠不住的"。有的同志以为，党组织的权力越集

---

① 《人民日报》1989 年 9 月 28 日。
② 《邓小平文选》第 1 卷，人民出版社，1994，第 10 页。

中、越大就是坚持党的领导,这是一种误解。要保持党在政治上的优势,关键要靠我们自己路线和政策的正确,从而得到人民的衷心拥护。二是不应把党的领导解释为"党权高于一切",如果非党干部称党为"最高当局",那是"最严酷的讽刺"。现在听了这种话而"沾沾自喜"的同志也是有的。三是办事不能"尚简单避复杂",不能"以为一切问题只要党员占多数,一举手万事皆迎刃而解"。现在有些同志对搞差额选举忧心忡忡,实际上是没有必要的。总之,实行依法治国,就不能搞"以党治国"。实现党的领导方式的转变,是在我国实行依法治国的关键一环。

政府依法行政是法治的重要环节,对维护法的权威和尊严意义重大。西方有的学者把"法治"这一概念归结为一条,即政府依法行政。这当然是不全面的,但也足见在西方对依法行政的重视。相对于立法和司法来说,行政具有自身的特点:它内容丰富和涉及领域广阔,工作具有连续性,是国家与公民打交道最多的领域。在我国,大致有80%的法律是要通过行政机关去具体实施的。行政机关实行首长负责制,行政权还具有主动性。为了适应迅速多变的客观现实,行政权的行使还具有快速性和灵活性的特点。所有这些都使行政机关比较容易侵犯公民的权利。因此,行政必须受法律的限制和约束便显得尤其必要。依法行政应是我国行政机关的一项最根本的活动原则。我国已先后制定了行政诉讼法、行政复议条例、国家公务员暂行条例、国家赔偿法和行政处罚法,立法实践已经取得了长足进步。今后,行政领域立法任务仍然很重,特别是行政程序法应优先考虑。但是,今后最根本的还是要采取各种综合性措施如培训、考试以及行政执法责任制等来保证行政机关能依法行政。需要指出的是,二战以后行政权的扩大是一种世界性的趋势,行政负有促进社会全面进步的积极社会职能,在我国行政的作用更显重要。因此,一方面我们必须给予行政机关以充分的权力,加强执法力度;另一方面必须要求严格依法行政,防止和纠正行政机关违法行政,损害公民、法人或其他组织的合法权益。

经过多年努力,我们已经建立了一个有中国特色的和富有成效的法律监督体系。它的内容主要包括权力机关的监督,党的监督,专门机关(国家检察系统、行政监察系统、审计系统等)监督,政协、民主党派和社会团体的监督,人民群众的监督和社会舆论的监督等。在国家机构各个组成部分(权力机关、行政机关、司法机关、军事机关)的内部也建立有上下左右之间的监督机制。这一监督体系对维护国家法律的统一和尊严,保证法律的切实实施,已经发挥了巨大的作用。这一法律监督体系的机制和功能现还在处于不断发展和完善的过程中。特别是权力机关的四大主要职能之一的监督职能,从中央到地方,其机制、内容与形式近年来正在不断丰富和强化,取得了不少新的经验。今后的问题,一方面是要提高全党同志和广大干部的认识,加强各级党组织的领导作用,充分发挥现有各种法律监督制度的作用;另一方面,还需要进一步从制度上发展和完善我国的法律监督体系。党的十五大报告对"完善民主监督制度"予以特别的关注,并作为民主政治建设一个基本的环节提出来,报告指出:"我们的权力是人民赋予的,一切干部都是人民的公仆,必须受到人民和法律的监督。"要深化改革,完善监督法制,建立健全依法行使权力的制约机制。坚持公平、公正、公开原则,直接涉及群众切身利益的部门要实行公开办事制度。把党内监督、法律监督、群众监督结合起来,发挥舆论监督的作用。加强对宪法和法律实施的监督,维护国家法制的统一。加强对党和国家方针政策贯彻的监督,保证政令畅通。加强对各级干部特别是领导干部的监督,防止滥用权力,严惩执法犯法、贪赃枉法。从1982年宪法制定开始一直到现在,法学界不少同志都认为我们需要尽快建立宪法委员会。多数人主张,宪法委员会的性质和地位可以同其他八个专门委员会一样,受全国人大及其常委会领导并对它们负责。它的职责主要是对现行法律法规是否同宪法和基本法律相抵触、对报送全国人大批准或备案的法、对法规相互冲突提请裁决、对宪法和法律的解释等事项,提出审查意见,报全国人大常委会作出决定。这一机构的建立有利于上述工作的加强。现在世界上绝大多数国家都建立有宪法监督制度及相应程序,这些国家的实践证明,它对维护宪法的权威和国家法制的统一,起到了举足轻重的作用。

　　法律面前人人平等是我国宪法的一项重要原则。我国现行的各项实体法和程序法也都贯彻和体现了这一原则。在经济、政治、文化各个领域以及在法律上实现真正的平等,是社会主义最基本的价值观念和理想追求;坚持这一原则,也是维护法律权威的重要条件。由于党和国家的高度重视,这一原则在我国现实生活中有力地反对了各种特权思想和特权人物,维护了公民的权益,充分显示了社会主义制度的优越性,这一原则在1975年和1978年宪法中曾被取消,理由是"没有阶级性"。1982年宪法改为

"公民在法律面前一律平等"。由于历史传统及其他方面的原因，在实际生活中坚持"法律面前人人平等"原则，仍然是今后的一项重要任务。

第四，要进一步改革和完善司法体制和程序，从制度上保证司法机关独立行使职权，切实保证案件审理的客观性和公正性。

新中国成立后，1954年宪法规定"人民法院独立审判，只服从法律"。1982年宪法规定："人民法院依照法律规定独立行使审判权，不受行政机关、社会组织和个人的干涉。"对检察院独立行使检察权也作了内容相同的规定。在叶剑英同志关于起草1982年宪法的讲话以及体现中央精神，评论审判林、江反革命集团的《人民日报》特约评论员文章中，也都强调了这一点。目前需要解决的主要问题是：要正确处理好加强党的领导和坚持司法机关独立行使职权的关系。邓小平同志指出："纠正不正之风、打击犯罪活动中属于法律范围的问题，要用法制来解决，由党直接管不合适。党要管党内纪律的问题，法律范围的问题应该由国家和政府管。党干预太多，不利于在全体人民中树立法制观念。这是一个党和政府的关系问题，是一个政治体制的问题。"[1] 党对司法工作的领导主要是路线、方针、政策的领导，是配备干部，教育和监督司法干部严格依法办事，但不宜参与和干预具体案件的审理。以前，检察院逮捕人，先要经同级党委批准；三五年刑期的案件，要同级党委讨论同意后才能判决，在不少情况下还是"先批后审"。1979年中央64号文件明确宣布取消了这一制度，这是一项重大改革。我们的法院和检察院系统都是在党组织具体领导下，法律又是党的主张和人民意志的统一。因此，法院、检察院依法独立行使职权，同党的领导并不矛盾。现在地方保护主义很严重，是妨碍法院、检察院独立行使职权的重要原因。解决的办法是：首先，要采取措施解决好两院的"人权和财权"问题，具体办法可以研究，但"人权和财权"不相对独立于地方，地方保护主义是难以解决的。其次，各级党组织和政府部门对下一级的地方保护主义采取坚决态度是支持两院抵制地方保护主义的重要因素，这需要全党来抓才能奏效。再次，是增强两院自身抵制地方保护主义的能力。这需要提高两院在国家政治生活中的地位或威望，提高两院干部的待遇，提高两院干部的素质，要强化两院内部的监督机制。

---

[1] 《邓小平文选》第3卷，人民出版社，1993，第163页。

第五，提高执行各种程序法的严肃性是当前需要注意解决的一个重要问题。

长期以来，我们对实体法的适用与执行是比较好的，但对程序法的执行和遵守却比较差，有些地方有的时候甚至是很不严肃、很不严格的。这有思想上和制度上的原因。任何法律制度中都有程序法与其实体法相配合。实体法好比设计图纸，程序法则像工厂的工艺流程。没有后者，生产不出好的产品。马克思说过，审判程序是法律的生命形式，也是法律内部生命的表现。在一定意义上，程序法比实体法还重要。过去人们往往把法律程序视为纯形式的东西，甚至看成形式主义，或者认为它束手束脚。实际上，错案的发生多数不是适用实体法不正确，而是程序法执行不严或程序法本身不完善。现代西方国家对程序法的执行是相当重视和严肃的。我国的程序法涉及一系列民主原则和权利保护，应当更为重视程序法。我国三大程序法制定后，程序制度还在不断完善中。

第六，建设现代法律文化，提高广大干部和民众的法学理论水平和法制观念，是实现社会主义法治的重要内容和基本保证。

邓小平同志指出："加强法制重要的是要进行教育，根本问题是教育人。"[①] 任何一种制度要想在实际生活中行之有效，必须同广大干部和民众的文化观念之间形成一种相互配合和彼此协调的关系，否则，再完善的制度也会在一种不相适应的文化氛围中发生扭曲甚至失去意义。建立社会主义法治国家，必须高度重视社会主义现代法律文化建设。法律文化反映了人们对法律的性质、法律在社会生活中的地位和作用以及其他各种法律问题的价值评判，并表现在人们从事法律活动的思维方式和实际行为模式中。建立社会主义现代法律文化，就是要建立与社会主义市场经济和民主政治建设的需要相适应的法律文化，就是要在人们中间形成符合社会主义法治根本要求的价值观念、法律思维方式和法律行为模式。法律文化的形成受制于特定的历史条件和现实条件。从中国实际出发，我们已经在建立社会主义现代法律文化方面取得了重要成就，但如何进一步加强法律文化建设，是我们面临的一个重要课题。

我们正在建立具有中国特色的先进的法学理论，并逐步为广大干部所

[①] 《邓小平文选》第3卷，人民出版社，1993，第163页。

掌握。要建立先进的社会主义法律制度，必须有先进的法学理论作指导。我们的法学理论是以马克思主义为指导，但是这种理论应当是运用马克思主义的世界观和方法论，从历史的尤其是现实的法制建设实践中得出应有的结论。因此，我们既要坚持马克思主义各种正确的结论和观点，又不能照抄照搬现成的词句，对于西方的法学理论要吸收其某些科学的合理的成分和因素，又不能照抄照搬那些并不科学或不符合中国国情的思想和原则。在这个问题上，邓小平同志坚持的实事求是的思想路线为法学研究和法学教育树立了最好的榜样。在我国，各级领导干部，尤其是从事法律实际工作的同志，掌握先进的马克思主义法学理论极为重要，这是做好立法工作、司法工作、行政工作及其他法律工作的重要保证。现在中央领导同志大力倡导并亲自带头的学习法律理论和知识的创举，对在我国实行依法治国将会产生深远影响。

要正确对待中国的传统法律文化。建立社会主义现代法律文化意味着对中国传统法律文化的超越，但这种超越是在批判继承基础上的超越。中国传统法律文化有几千年的历史，它以自然经济为基础，其中所包含的专制主义思想、宗法伦理观念、等级特权思想以及人治思想、家长制思想，无疑与市场经济和民主法治所要求的现代法律文化相抵触和背离，必须抛弃。但是，我国古代也有很多好的东西，如人本主义、大同思想、注重道德教化、重视社会整体利益、强调人际关系的和谐等等，可以也需加以批判的继承，为我国今天建设社会主义的法律文化服务。

要继续开展普法宣传工作，不断提高从中央到地方的各级干部和广大公民的法律意识，以形成良好的社会法治心理环境。自1985年以来，我国持续开展普法宣传活动。据统计，仅"一五普法"，全国就有7亿多人参加了"十法一条例"的普法学习，其中县团级以上干部48万人、一般干部950万人。"二五普法"期间全国各地方、各系统、各部门学习的法律法规就有300多部，全国8.1亿名普法对象中约有7亿接受了法律常识教育。如此规模巨大的法律传播运动，在世界历史上也是罕见的。如果我们把这一工作坚持开展下去，广大干部和群众的法律意识将会发生根本变化，并为我国建设社会主义法治国家提供最广泛的群众思想基础和最良好的法律文化环境。

我国自1986年以来在普法教育基础上发展起来的"依法治理"活动，

是一种很成功的实践。现在全国已有一部分省，由省委作决定、人大作决议、政府作规划，比较系统地开展了依法治省工作。依法治理包括区域治理、行业治理和基层治理，内容涉及立法（还有行业与基层的建章立制）、执法、司法、护法（法律监督）、普法和社会治安综合治理等方面，是一个多层次、全方位的系统工程。一个以基层依法治理为基础，行业依法治理为支柱，各地方依法治理为主体的依法治理网络已初步形成。它已经或正在超越"学法必须用法"的视角和把依法治理仅仅当作普法的一个环节的眼界，发展成为一个把依法治国方针和措施从中央推向各级地方、各行各业和所有基层单位的宏伟局面，这是党、人大和政府必须高度重视并下大力气加以推进的一项重要工作。有的学者对依法治省、依法治市等口号不理解，认为不科学，冲淡了依法治国，这是不正确的。把依法治国变成全党、全国、全民的指导思想、具体行动和丰富实践，必将使我们能以比西方更快的速度实现建设法治国家的目标。

建设社会主义法治国家，是一项艰巨的长期的历史任务。它同我国的物质文明、精神文明和民主政治建设必然是同步进行，并相互依存、相互影响、相互制约的。我国的经济和文化发展水平还不高。法治国家建设涉及一系列观念的更新和制度的变革，其深度和广度都是前所未有的。我们的国家人口众多，幅员辽阔，情况复杂，人们认识水平的提高和实践经验的积累也需要一个过程。但是，社会主义制度有着强大的生命力。实行依法治国是历史发展的客观规律，是人类进步的必然要求，深得广大人民群众的拥护。因此，在党中央的正确领导下，我们一定能够坚定地沿着建设社会主义法治国家的道路前进，并达到我们的目的，为中国人民的幸福和人类文明的进步作出贡献。

第二章 立法论

一 新中国立法的历史发展与现状

（一）新中国立法的历史发展

中华人民共和国的立法制度发端于20世纪30年代初期。1931年11月，在江西瑞金召开的第一次全国苏维埃代表大会，通过了中国共产党建立的政权的第一个宪法性文件——《中华苏维埃共和国宪法大纲》。1934年1月的第二次全国苏维埃代表大会，对这部《宪法大纲》进行了修改。修改后的《中华苏维埃共和国宪法大纲》规定，全国苏维埃代表大会制定和修改宪法，制定和修改其他法律，并规定了苏维埃的选举制度、会议制度等。这些制度的产生，被认为是中华人民共和国立法制度的雏形。

抗日战争时期，在国民党与共产党联合抗日的特定历史条件下，共产党领导的抗日根据地没有统一行使立法权，而是各根据地的区、县按照"三三制原则"[①]组成参议会，行使该辖区的最高权力，制定单行法规。抗日战争结束后，随着国共合作统一战线的解体，参议会制度被人民代表会议制度所取代，根据地的立法权由"基于真正广大人民群众的意志建立起来的人民代表会议"[②] 行使。

---

① "三三制原则"，即在参议会的人员组成上，共产党员占1/3，代表无产者和贫农；非党进步分子占1/3，代表广大小资产阶级；中间分子占1/3，代表开明绅士和中产阶级。
② 《毛泽东选集》第4卷，人民出版社，1991，第1308页。

1949年9月，在中国共产党的主持下召开的中国人民政治协商会议，制定了《中国人民政治协商会议共同纲领》（以下简称《共同纲领》）、《中国人民政治协商会议组织法》、《中央人民政府组织法》。这次会议还宣告了中华人民共和国的成立。依照《共同纲领》的规定，中国第一次建立了中国共产党领导的全国性的立法制度。《共同纲领》规定，在普选的人民代表大会召开以前，由中国人民政治协商会议代行全国人大的职权。中央人民政府依据《共同纲领》，有权制定并解释国家的法律，颁布法令并监督其执行。此外，政务院有权颁发决议和命令；废除或修改各委、部、会、院、署、行和各级政府与国家的法律、法令，以及和政务院的决议、命令相抵触的决议和命令。大行政区人民政府有权拟定与地方政务有关的暂行法令，报政务院批准或备案。省人民政府有权拟定与本省政务有关的暂行法令、条例；直辖市、大行政区辖市和省辖市的人民政府，有权拟定与市政有关的暂行条例，报上级人民政府批准；县人民政府有权拟定与县政有关的单行法规，报请省人民政府批准或备案；民族自治地方的自治机关，有权制定本自治地方的单行法规，呈报上两级人民政府核准并报政务院备案。到1954年宪法颁行前，我国的立法制度表现为多级化立法的特点。

1953年，中央人民政府公布了《中华人民共和国全国人民代表大会和地方各级人民代表大会选举法》。以这部法律为依据，进行了第一次全国性的普选。在普选的基础上，1954年9月，召开了第一届全国人民代表大会，通过了1954年宪法和其他一些重要法律。1954年宪法明确规定：中华人民共和国的一切权力属于人民。全国人民代表大会是国家最高权力机关，也是行使国家立法权的唯一机关。它的立法权包括：修改宪法，制定法律，监督宪法的实施等。全国人大常委会是全国人大的常设机关，有权解释法律，制定法令，撤销国务院的同宪法、法律、法令相抵触的决议和命令，改变或撤销省、自治区、直辖市国家权力机关的不适当的决议。1955年一届全国人大二次会议通过的《关于授权常务委员会制定单行法规的决议》，授权人大常委会可根据宪法精神和实际需要，制定部分性质的法律即单行法规。在1954年宪法基础上建立的我国立法制度突出地体现了中央集权的特征。

从1966年5月到1976年10月的"文化大革命"时期，国家的立法制度遭到严重破坏，选举完全停止，立法机关除于 1975 年召开第四届全国人民代表大会修改了宪法外，立法工作被迫中断。

1982 年宪法的颁行，确立了现行的中央和地方适当分权的立法体制的基础。宪法和地方人大组织法等有关法律，对我国的立法制度作了规定：全国人民代表大会有权修改宪法，制定和修改刑事、民事、国家机构的和其他基本法律；全国人大常委会解释宪法，监督宪法的实施，制定和修改除应当由全国人民代表大会制定的法律以外的其他法律，在全国人大闭会期间，对全国人大制定的法律进行部分补充和修改；国务院根据宪法和法律，制定行政法规；各省、自治区、直辖市的人大及其常委会、省会市的人大及其常委会、较大市的人大及其常委会有权制定地方性法规；自治州、自治县的人民代表大会有权制定自治条例和单行条例。全国人民代表大会还两次通过授权决定，授予国务院在某些事项上享有制定暂行条例的立法权；全国人大常委会授权广东、福建两省制定所属经济特区的各项单行经济法规，全国人大常委会授权海南省人大及其常委会制定海南经济特区法规；全国人大常委会则先后授权深圳、厦门、珠海、汕头经济特区的人大及其常委会制定法规。

通过上述体制的运作，中国从 1949 年到 1978 年底，中央立法（1954 年 9 月以前是中国人民政治协商会议、中央人民政府和政务院，1954 年宪法颁行后是全国人大及其常委会、国务院）共 1550 件，平均每年 53 件。从 1979 年到 1998 年 3 月，全国人大及其常委会制定了 328 件法律，平均每年 17 件；国务院制定行政法规 800 余件，平均每年 42 件；地方人大及其常委会制定地方性法规 5000 余件，平均每年 260 余件。

（二）对新中国立法的评价

尽管以上事实和数字表明，新中国的立法制度业已建立并在完善发展的过程中，立法工作亦取得了不可否认的成就，但是，如何看待和评价这一时期的立法，仍是一个考察我国立法得失和在"依法治国，建设社会主义法治国家"中必须回答的重要问题；而对这个问题认识的不同，则直接影响到对中国立法制度是否需要改革和怎样改革的整个思路。

对现代国家立法的评价，至少应从三个方面着眼。第一，价值评价，即立法（立法制度及其运作）是否以正义、民主、自由、人权、法治为其取向，是否以实行或导向社会主义宪制为其目标。世界法制史告诉我们，几乎所有的国家都有自己的立法，甚至有一整套从宪法到法律的体系和制度，但如果这种法律制度和法律体系背离了民主宪制的目标，则立法越多，立法制度越"完备"，就越是对人民民主和自由的反动和对法治人权的践踏。第二，结构评价。包括立法制度在国家体制中的构成状况，立法运作状况和法律体制本身的构架状况。第三，功能评价。主要是立法过程是否体现民意，立法结果能否在社会中产生实效，达到立法的预期目的。

以上述条件评判我国的立法，不难看出，两者是有相当差距的。在我国的立法中，正义、民主、自由、人权和法治尚未成为自觉的价值观，尚未成为四项基本原则基础上的立法指导思想的一个完整部分而为立法提供精神指引和价值导向。表现在立法过程中，有时就出现了以意识形态标准取代立法本身所具有和应遵行的价值标准的现象，由于意识形态标准往往是由领导人的意志来决定的，有时具有较多的主观性，因而，在有些情况下，领导人的意志变成了法律，领导人的好恶决定着某些立法的价值生命。立法价值的缺失在某些立法的内容中亦不难发现。如某部法律的立法价值在于保障公民的某项基本权利的实现，但实际的立法结果却背离了这一目标。

从结构来看，我国的立法同样有不尽如人意的地方。例如，中央和地方立法权限的划分，全国人大和国务院在立法事项上的权限划分，仍有许多含混不清、界定不明的地方，远不能适应依法治国、建设社会主义法治国家的需要。立法内容选择的失衡，也反映了我国立法结构的不合理。主要表现是：①经济立法与民主政治立法不均衡，前者占我国近10年来这两项立法的60%多，后者仅不到40%；②管理性立法与监督性立法不均衡，前者占80%以上，后者仅为0.87%；③管理性立法与行政程序性立法不均衡；④自主性立法与从属性立法不均衡。[①] 全国人大办公厅1994年对全国29个省级人大及其常委会制定的现行有效的2352件地方性法规的调查显示：经济方面的立法877件，占37.29%；行政管理方面的立法761件，占32.35%；而关于保障基本人权和自由以及其他方面的立法仅有714件，

---

① 汪永清：《立法结构均衡问题初探》，《中国法学》1990年第4期。

占 30.35%。① 这种以经济建设为中心的立法结构不仅反映在已制定的法律、法规中，在未来几年的规划中，亦有突出反映。全国人大及其常委会制定的 1993~1998 年的五年立法规则，共拟审议 115 件法律，其中，有关市场经济的法律 53 件，有关国家机构组织的 25 件，有关教育、科技、卫生、环境保护的 16 件，有关刑事和司法制度的 11 件，其他的 10 件。② 在 24 个省级人大常委会制定的立法规划中，拟制定的地方性经济法规为 1291 件，占立法总数 2179 件的 59.25%。③ 这些数字只能从形式上反映立法结构的一般状况，如果从内容来考察，则问题会更严重。因为随着我国经济由计划经济向市场经济转变，原来的计划经济体制下制定的许多法律（包括直接控制或管理经济的和其他方面间接涉及经济管理的法律）已全部或部分过时，严重不适应建立市场经济的需要甚至阻碍市场经济的培育，亟待修改或废止。尽管我国制定了许多法律，但市场经济建立时所面临的困境却是在许多方面无法可依，所以在八届全国人大一次会议确定的 100 多件立法规划中，关于市场经济的立法占了大头。

就立法功能而言，我国是在由人治向法治过渡与转型的体制下进行的立法建设，法律的至高地位和至上权威尚未得到认同，立法所追求的主要是法律的工具性价值，因而不论是对立法功能的认识还是立法实施的实践，都明显地带有人治的印记。在"法律是统治阶级工具"的"法律实用主义"的影响下，立法也被视为一种工具、一种手段，立法的民意基础不时地被忽略，体现在立法效果——法律的实现上，至少导致两种情况发生：一是有的法律不得不使用极严厉的手段去实施，即所谓的"治乱世用重典"，例如实施刑法采取的一些"从重从快"的办法；二是包括宪法在内的一些法律得不到较好地执行。一位学者在分析我国的执法情况时指出："在许多地区，得到认真执行的法律仅有 20%，有的地方甚至只有 10%。在浙江、上海、黑龙江这些经济比较发达的省市，法律执行得较好的比例，也不过分别为 30%、43% 和 30%，而执行得较差的则分别为

---

① 全国人大办公厅新闻局：《省县两级地方人大情况问卷调查报告》，《法制日报》1994 年 9 月 14 日。
② 郑文：《全国人大及其常委会四十年立法工作历程》，《法制日报》1994 年 9 月 10 日。
③ 全国人大办公厅新闻局：《省县两级地方人大情况问卷调查报告》，《法制日报》1994 年 9 月 14 日。

20%、7%和20%"。① 现在有法不依、执法不严或不当的实际情况可能比上述测评数字要严重得多。

我国立法存在的问题不可轻视，现状不容乐观。要改变这种状况，实现依法治国，建成社会主义法律体系，首先要有良法可依。欲达此目的，必须强调立法的价值内涵，配置好立法的权限，设计好立法程序，解决好立法的解释运用、立法的监督机制等问题。

二 立法的价值及其选择

（一）问题的提出

依法治国、建设社会主义法治国家的方针得到中央确认以后，需要进一步解析的认识问题是，依据什么样的法来治国。是代表人民利益、反映人民意志的"良法"，抑或是其他的法？站在立法者的角度来审视和思考这个问题，势必要问，我国立法的价值是什么？价值是立法的灵魂和精神，内含于法律条文之中。无论是程序性立法，还是实体性立法，都必须解决一个价值选择和价值定位的问题。这是自十一届三中全会始我国立法发展到今天所面临的一个亟待解决的深层次问题。

实践中，有关立法价值的问题随处可遇。例如，某地方人大通过的关于公民义务献血的地方性法规，我们且不问该法规的制定是否有宪法依据，地方人大是否有权力为公民设定此类义务，即法规的合法性如何，单就法规的价值根据（合理性的主要部分）而言，就颇值得推敲。该法规的第1条对设定公民献血义务的理由和目的作了解释性规定：为了保证医疗用血的需要，保障公民身体健康……促进精神文明建设……。该条规定的核心是为了保障公民身体健康。这本无可厚非。但是，问题在于，健康是每个人生存的基本权利，法律有何理由可以为了一部分公民的健康而强迫另一部分公民献血，并且是无偿奉献。它的立法价值何在？如果为了一部分人健康地生存而可以用法律强迫另一部分人尽献血义务的话，那么，是不是也可以用法律强迫人们在不危及其生命的前提下进行器官移植，以挽

---

① 石泰峰：《社会需求与立法发展》，《中国法学》1991年第1期。

救那些生命垂危的人；或者强迫人们捐献骨髓，以便救死扶伤。既然生命中最宝贵的东西都可用以尽义务，那么财产等身外之物更可以随意规定用来尽义务，如规定公民对尚未脱贫者的扶助义务。一般来讲，法律设定公民义务须有合理性的价值根据：家庭成员间的义务是基于血缘或特殊的法律关系而产生；公民对国家的义务是基于国家存在的必要性以及国家对公民权利的确认和保护的前提。而一部分公民（通过法律这个具有政权意志的中介）对另一部分公民的积极行为的"作为义务"是根据什么产生的，似乎找不到它的价值依据。

（二）什么是立法价值

这个命题是以承认立法价值的存在为前提条件的。然而对于立法或者法律能否进行价值的分析与判断，在西方法律思想家中却有着不同的看法。分析法学的创始人之一的约翰·奥斯丁（John Austin）主张，对法律的评断仅仅是对法律规范结构的分析，特别是进行逻辑关系上的分析，而不必对规范本身的好与坏进行价值上的判断。正如他所说的那样，"法律的存在是一回事，它的功过又是另一回事"。不过奥斯丁认为，应当充分考虑功利原则对立法的指导作用，立法者在立法时对功利已作了必要的考虑和分配，法学家所要研究的只是"法律是什么"而非"法律应当是什么"的问题。汉斯·凯尔逊（Hans Kelsen）创立的纯粹法学则强调，只需对法的规范进行客观的实在研究，而排除任何价值判断的因素。赫伯特·哈特（Herbert Lionel Aclolphus Hart）运用逻辑实证主义的哲学，提出了只需研究"实际上是这样的法"的观点，一般不主张对法律的价值进行道德判断，竭力反对立法伦理主义。就倾向性观点而言，上述学者反对对法律进行价值分析，对认同"立法价值"亦持保留态度。

承认法律价值并主张对之进行立法价值的分析与评判的学者大有人在。主张以正义为立法内在价值的学者，如古希腊的亚里士多德和现代的约翰·罗尔斯（John Rawls），尽管他们对"正义"的解释不尽一致，但都承认有一种价值尺度作为立法的依据，法律不过是通过立法的正义的体现。其他一些坚持自然法学说的学者也都把"理性""公平""平等"视为法律的内在价值，而立法只是遵循并且再现这些价值原则的活动。把属于道德哲学范畴的价值观运用于立法和对法律的评价，是支持立法价值论的主要特征。因为在立法过程中对行为的价值认同或排斥、对社会关系的价值定位,都显现了一个特定社会中人们对社会道德观念和价值取舍的要求。主张以利益作为立法内在价值的功利主义,实质是把利益需要当作一种核心价值尺度,来要求和评判立法活动,并以立法对"最大多数人的最大利益"的确认为其价值取向。

作为价值的正义和作为价值的利益的提出,是对否定立法价值的否定。事实上,"恶法亦法"的形而上学观点在被法西斯分子利用之后,对人类社会造成的伤害是有目共睹的。现在,不顾立法价值取向的合理性与科学性,仅仅强调合法性的立法,同样潜藏着某些否定人类美好价值的危险。有的国家利用立法形式推行反人权的政策,或者通过立法使不公平的财产分配合法化即是明证。

什么是价值和立法价值? 在哲学范畴,"所谓价值,就是客体与主体需要之间的一种特定(肯定与否定)的关系"。[①] 在人与外界事物的关系中,作为客体的外界事物对作为主体的人的有用性和有益性,构成了价值的基本关系。立法价值通常不是指立法的作用或立法的有用性,而是指立法主体的需要与立法对象(法律所要调整的对象)间的相互关系,表现为立法主体通过立法活动所要追求实现的道德准则和利益。所谓立法主体,在民主政体下是指立法权效力范围内的全体人民,特别是他们的立法代表。立法者作为全体人民的代表所要谋求实现的,不仅是立法内在的崇高道德准则——正义、公平等,同时也是立法外在的利益形式。这种正义与利益的结合,构成了现代立法价值不可分割的两个方面。

在有的西方学者看来,"'公平'一词常被用来解释'正义',但是与'正义'一词的一般意义最为切近的词是'应得的赏罚'。一个人如果给了某人应得的或应有的东西,那么前者对后者的行为便是正义的行为"。[②] 对正义的理解和认识,往往表现为一种"应当"的评价。而是否应当,则来自一个社会的文化传统中形成的道德体系。

利益能否成为立法的价值而存在,这是一个需要进一步讨论的问题。自然法学家主张理性、公平、正义等是立法的价值内容,利益不一定能纳

[①] 李连科:《哲学价值论》,中国人民大学出版社,1991,第62页。
[②] 〔美〕汤姆·L. 彼彻姆:《哲学的伦理学》,雷克勤、郭夏娟、李兰芬、沈珏译,中国社会科学出版社,1990,第327~328页。

入立法的价值体系。不过,另一些学者比较强调利益作为价值在立法中的导向作用。庞德(Roscoe Pound)教授认为,法律不能创造利益,但法律发现利益并在确定了它的范围之后,又制定出保障这些利益(个人利益、公共利益和社会利益)的方法。① 功利主义法学家对利益的价值内涵推崇备至,把立法的价值完全设定在以利益为核心的价值范畴。

马克思主义认为,法是一定经济关系的体现,而"每一个社会的经济关系首先是作为利益表现出来",② "无论是政治的立法或市民的立法,都只是表明和记载经济关系的要求而已"。③ 经济关系在一定意义上可归结为利益关系,这种利益关系明显地影响、制约或推动着立法的价值判断与选择,成为促使立法者产生立法愿望的动机和引导立法者实施立法行为的价值目标。

但是,把利益作为唯一的立法价值是不全面的,因为将利益这种价值细化以后,呈现出来的是各种不同甚至是对立的利益,立法要在诸利益之间求得平衡,就应当依据正义的价值标准,用正义或公平来评判和确定各种利益的归属,使利益的分配达到各方基本能接受的程度。同时,如果只注重立法的利益价值,就可能滑向功利主义一边,使立法的利益价值发生难以容忍的倾斜。通过立法对私有财产的偏袒,导致"贫者愈贫,富者愈富"的两极分化,就是实例。在我国,两极分化的现象同样存在,贫富分配不公已成为社会积弊。从立法价值上来分析,"让一部分人先富起来"的利益倾斜,尽管也强调了通过劳动并依法致富,但所依之法如果失之公允,就可能正是立法导致了这种不公正现象的发生。所以,依法致富并不足以保证利益分配的公平。只有符合公平价值原则要求的立法,才能使立法的利益价值得到恰当的分配,进而保证"通过劳动依法致富"具有更明确的合理性和真正意义上的合法性。

(三)立法价值的正义与利益的统一

立法价值由正义与利益组成。正义是立法的内在价值,决定着立法的

---

① 〔美〕罗斯科·庞德:《通过法律的社会控制》,沈宗灵译,商务印书馆,1984,第36~37页。
② 《马克思恩格斯选集》第2卷,人民出版社,1972,第537页。
③ 《马克思恩格斯全集》第4卷,人民出版社,1958,第121~122页。

本质属性。一方面，正义是一定社会条件下的道德观念和道德准则在法律领域的体现，不可能不带有这个社会的经济、政治和文化的印记，在一定程度上还具有阶级性。另一方面，正义是全人类共同追求的崇高价值，是人类共有的美德。伸张正义、鞭挞邪恶是人的自然本性在人类共同体中的必然要求，因而立法中的正义又具有某些超越经济、政治和文化条件的客观性和共同性。只要是遵循正义的立法，就应当符合公平、平等、自由和秩序等价值的要求。

同时，正义作为立法内在价值用以指导和评判一项法律时，还具有相对的价值属性。这是因为：第一，人们对公平（正义）的认识是相对的，多数人认为是公平的，少数人却可能不以为然。反之亦然。第二，利益的矛盾关系使立法者在适用公平原则时一般只能做到形式上的公平，而不能保证事实上的完全公平。第三，公平的前提不一定导致公平的结果，而公平的结果往往由不公平的前提所致。立法只能用补救的方法来缩小它们的差距，却很难做到两全齐美。第四，人们因个性的差异和需求的不同，对同样的结果也会有不同的甚至是迥然不同的认知。因此，表现为公平的立法正义只能是不断接近完全意义上的正义，而不能做到完全正义。立法者所追寻的也只能是一种相对的公平或正义。

与正义的内在、抽象特性相比，利益却显得比较具体。它是立法的外在价值。在立法所确认、保护或限制的各种社会关系和社会行为背后，都有利益的存在。不同的利益反映了社会中的阶级关系、社会关系、人际关系的种种差异。立法的功能正在于通过对利益的调整，来控制或者协调各种不同的关系，把这些关系规范在立法者希冀的坐标上。立法者对利益关系的价值调整固然与他们的主观好恶和愿望有关，但立法者如果不想自取灭亡的话，也不能随心所欲、无度地倾斜利益天平。他们必须遵循正义原则，在各种利益之间寻找可接受的平衡的支撑点，以保持利益的合理整合。

利益多元化已是当今中国经济改革的既成事实。改革对各种利益的调整正引导着社会向充满生机与活力的方向发展。利益细胞的激活调动了利益主体的积极性和创造性，使他们以极大的热情投入到了现代化建设事业中。但是，也应当看到，改革所提供的是不平等前提下的机会平等，公平竞争的秩序是在权钱交易、官倒横行、不法投机以及政策倾斜等不平等的非程序的行为过程中出现的。因而改革在激活利益细胞的同时，也加剧了各种矛盾：中央和地方、发达地区和不发达地区、集体与个人、个人与国家、集体与国家，长远利益与眼前利益、整体利益与局部利益、多数利益与少数利益，等等。其中的一些矛盾需要通过立法加以调整和解决。然而，我国的立法由于缺乏必要的价值内涵和立法价值的框架模式，因而并没有完全担当起社会发展所要求的历史使命，立法价值的具体运用本身就出现了与其价值要求不符的变异：有的立法应以保障人权为其基本价值，却成了限制权利甚至设定义务的立法；有的立法按其内在价值应为限制权力，立法中却变成了扩张权力或放任权力；有的立法本应推行法治，却变成了使人治合法化的手段；个人的利益同国家和社会的利益应当是统一的，但在有的立法中，个人利益被忽视，国家和社会的利益被置于至上的地位……凡此种种都可能与立法价值的本意相悖，对社会的稳定和法治的发展也可能产生负效用。

　　一些学者认为，"效率与公平是社会发展中的一对矛盾"，[①] 在处理这对矛盾时，要坚持"效率优先，兼顾公平"的原则，也就是要兼顾正义与利益。那种把效率与公平完全对立起来的观点似有些失之偏颇。众所周知，发展生产力需要不断提高生产效率，过去那种干好干坏一个样、干与不干一个样的吃大锅饭的平均主义体制，只会造成生产力的萎缩和生产效率的低下。但是，公平不等于平均。公平的环境和机制可以推动生产力的良性发展，平均则只会导致人的惰性，阻滞生产力的进步。公平既包括机会的公平，也包括程序和结果的公平。机会公平能够创造良好的竞争机制，激发并调动人们的生产积极性和创造力，使作为劳动力的人与其他生产要素达到最佳组合，从而大大提高生产、工作效率。可见，机会的公平与效率的提高不仅不是矛盾的，而且是一致的、相辅相成的。程序的公平是为保证机会公平的实现而设定的，其作用和结果与机会公平相似无异。结果的公平即分配的公平，它要确定的是根据什么标准来进行分配才是公平的、正义的。比利时的法哲学家契姆·佩雷尔曼（Chaim Perelman）在他的法律价值论中提出，分配的正义有六种观念：①无差别地平等地分配价值，这是一种抽象的绝对公平；②按照德行分配价值，这是一种道德标

[①] 沈宗灵主编《法理学》，高等教育出版社，1994，第61页。

准；③按照劳动分配价值，即所谓"按劳分配"，这只能保证同等效能的人之间的相互平等；④按照需要分配价值，这就要求缩小贫者与富者之间的不平等差距；⑤按照身份分配价值，这表明只有在身份相同的人之间的分配才是平等的；⑥按照法律权利分配价值，也仅体现为公民在适用法律上的一律平等。[1] 除了第一种理想化的绝对平均的分配标准外，无论采取其余哪一种标准进行分配，都不可能是平均主义的。

在我国社会主义市场经济条件下，以按劳分配为主体的分配体制，它在追求等量劳动获取等量报酬的过程中，所企盼的恰是一种公平的分配方式，其结果通常是刺激人们通过更多的投入而得到更高的报酬（收益）。这种相对公平的分配机制并不会牺牲效率。事实上，影响和降低效率的不是公平的分配，而恰恰是不公平的平均主义或不公平的竞争投机。"效率优先，兼顾公平"原则的本意是要在促进生产力发展的同时，不断提高人民的生活水平。但是，这种提法没有考虑到，在立法上，效率与公平是相辅相成的，把任何一方置于从属地位或对立面，都可能产生事与愿违的结果。

立法价值强调的是利益与正义（公平）的统一，用正义原则来处理各种利益矛盾关系。立法不是为了利益而分配利益，而是为了实现正义而分配利益，是以正义为尺度来分配、评价利益。因此，我国的立法在设计、考虑不同利益的倾斜或平衡时，必须符合公平的价值要求。

（四）立法的价值选择

对于立法的内在价值来说，基本上不存在选择的问题。我国立法机关所要做的是发现并确认内在价值的存在及其要求，把社会普遍接受的需求经由法律规范的道德准则和正义观念自觉地贯穿于立法活动的始终，进而对立法的形式价值（利益）作出适当而合理的选择，如上所述，在一个多元利益的社会中，利益的冲突或者失衡在所难免。立法机关的职责是要通过立法的价值选择，尽可能把利益的冲突或者失衡控制在公平的范围内，使多元利益的结构实现有序化。

立法的价值选择通常被认为是一种有目的的主动行为，而实际上它却

---

[1] 吕世伦主编《西方法律思潮源流论》，中国人民公安大学出版社，1993，第232~233页。

包括了消极和积极两个方面的行为。在有的立法中，立法者或许对应当确定什么利益作为他们的主要选择茫然无措。当他们不知道应当采取何种积极行为的时候，至少应明确他们不应当做什么。这种不应当就是消极的行为，或者叫不作为。其内容似可包括以下四点。

第一，不应作出与立法本意价值相违背的选择。所谓立法的本意价值是指某个立法存在的应有之义。例如，制定妇女权益法的本意价值是用法律形式对妇女这类社会的特殊群体予以特别保护；制定新闻法的本意价值是保障公民以传播媒介来享有言论及表达自由这项基本权利；制定宪法的本意价值在于确立一个最高权威来规范权力，保障权利和自由；等等。立法的价值选择如果违反了它的本意，则这项立法在本质上就是不正义的，因而也就失去了它存在的合理性。

第二，不应作出与多数人的意志相违背的选择。在我国社会主义条件下，法律是全体人民利益和意志的集中体现，而不是个人或少数人意念、利益和欲望的强加。所以，"法律一旦只为一个人或少数人的利益服务，而对社会其余大多数人有害的时候，那就成为不公道的了"。① 不公道的立法应受到制止。

第三，不应作出损害法治权威的选择。法治权威是维系现代民主社会安全与稳定的重要基础，如果以社会的基础为立法的代价，这种立法也应受到制止。例如，有的地方在没有得到明确授权的情况下就进行立法，尽管该立法的内容和结果可能都没有问题，但这种立法行为本身违背了"对于国家机关来说，凡是法律没有允许的，都是禁止的"法律原则，当然会对法治的权威造成损害。

第四，不应作出违背人类尊严与基本人权的选择。联合国通过的《经济、社会及文化权利国际公约》以及《公民权利和政治权利国际公约》都明确规定，"对人类家庭所有成员的固有尊严及其平等的和不移的权利的承认，乃是世界自由、正义与和平的基础"。② 国内立法应努力遵守这些规定，以保证立法的价值选择符合国际社会的正义标准。

立法选择价值主要应采取积极行为，以便缓和冲突价值间的对立。然

---

① 〔法〕霍尔巴赫：《自然政治论》，陈太先、眭茂译，商务印书馆，1994，第 24~25 页。
② 中国社会科学院法学研究所：《国际人权文件与国际人权机构》，社会科学文献出版社，1993，第 10 页、第 22 页。

而,"在法律被确认为共同价值的重要载体同时又是社会控制力量的国家中,出现的问题是……法律要推行哪种价值?"① 立法在不同的利益关系中如何求得平衡以及求得何种平衡?

立法求得平衡的基本方法是保证程序的公正或称"形式正义"。保障立法程序的公正,首先,应设立科学的程序化体制,使法案的提出、讨论、表决、公布等环节都能在有序的条件下完成。其次,要保证民众最大限度地多种形式地参与立法。在民主化基础上进行价值选择的结果可能不是最理想的选择,但它毕竟是共同意志按照既定程序对某些利益的选择,在没有更合理的替代形式的情况下,这种选择是相对公正的。再次,为了保证对立法的参与和监督,立法的过程必须尽可能地公开,让民众及时全面地了解他们的代言人在立法机关中干什么,了解立法机关如何汇集与整合民众的利益要求,特别要提倡公众舆论对立法过程的介入,加强立法机关与民众之间的沟通和联系。用伦理哲学的语言来表述,就如罗尔斯所说的,形式主义要求把"法律和制度方面的管理平等地(即以同样的方式)适用于那些属于由它们规定的阶层的人们","类似情况得到类似处理,有关的同异都由既定的规范来鉴别"。② 立法程序的公正只能保证价值选择形式上的合理,并不能完全保证其结果的公正。因此,求得利益关系的何种平衡,必须通过立法对利益的分配进行价值选择。

利益分配的价值选择应注意以下几个原则。

第一,自由原则。立法是集中人民意志的过程。立法所要分配的利益涉及全体人民或部分人民,应当认真听取他们的意见和建议,尊重他们选择自己利益的方式和结果,变立法的"为民作主"为"由民作主",保障人民意志得以充分而自由地表达。

第二,兼顾原则。当不同利益处于一定的矛盾的时候,立法者的价值选择应当兼顾利益分配所涉及的各个方面。尽管其中应当有轻重之分、主次之序、先后之别,但都应对各种利益给予合理的兼顾。

第三,公平原则。努力在价值选择的方式和结果中给予公平的对待,既维护形式的公正,也维护结果的公正。如果不能两全时,应以后者为先。

---

① 〔美〕埃尔曼:《比较法律文化》,贺卫方、高鸿钧译,三联书店,1990,第65页。
② 〔美〕约翰·罗尔斯:《正义论》,何怀宏、何包钢、廖申白译,中国社会科学出版社,1988,第54页。

第四，必要的差别原则。在价值选择的分配中，如果确有充分而必要的理由，如为了国家安全而限制公民的某些自由，可以也应当适用差别对待的原则。但在保证最大多数人的利益的同时，要对利益受损的处于少数的一方予以适当救济。

当然，在我国具体适用这些原则是十分困难的，还需要通过对特定利益的价值选择而将原则作进一步分析，才可能使之具有较现实的意义。

例如，个人利益与国家利益是一对既相互矛盾又相互依存的利益关系，立法者如何在它们之间进行价值选择？从总体上来说，以个人为本位或是以国家为本位的价值观，是实施该项价值选择的基本前提。如果这个前提被认为是绝对的、不可调和的，那么对个人利益与国家利益进行价值选择就可能是多余的。问题恰恰在于，无论以何者为本位，任何立法者都不可能忽视另一方的利益所在，因此立法的价值选择还必须进行。个人利益和国家利益都不是抽象的。个人利益可以分为人格利益和物质利益，国家利益也能分为主权利益和经济利益（这四种利益还可以进一步细分并且量化）。通过对个人与国家两种利益的划分，似可进行这样的定性比较选择：在以国家为本位的体制下，国家的主权利益优于个人的人格利益，国家的经济利益优于个人的物质利益和人格利益。但在定量的比较选择时，就不能一概而论了。如果把国家经济利益与个人物质利益放到民事法律关系中，则更应当遵循平等、自愿的原则来进行立法的价值选择。

三　立法的权力配置

以社会主义民主宪制对立法功能的根本要求来看，立法所要做的无非是规范国家权力和保障公民权利，这是在保障权利为本位的前提下相辅相成的两个方面。规范权力即主要是用立法来合理地、科学地分配并制约国家权力以达到更切实保障公民权利的目的。立法的权力配置是规范权力的主要方式，通常是通过宪法和其他一些重要法律来对国家各机关（权力机关、行政机关、司法机关等）的权力和职责进行一定的横向分工，同时对中央和地方的权限按照一定标准进行纵向划分。换言之，立法的权力配置就是指立法的权限划分。

（一）立法权力配置的思路、模式和方法

在我国，立法权力是指立法主体依法行使的制定、认可、解释、补充、修改或废止法律（广义的法律）的权力。从总体上来讲，对我国立法权力配置的思路是，要团结全国各族人民，调动一切积极因素，加快社会主义现代化建设。在中央和地方的立法权力配置过程中，应根据宪法第3条规定，"中央和地方的国家机构的职权划分，遵循在中央的统一领导下，充分发挥地方的主动性、积极性的原则"。立法权力的配置不仅要以宪法为依据，而且要坚持党的领导，以党的路线、方针和政策为指导。党的十三大报告指出，"在中央和地方的关系上，要在保证全国政令统一的前提下，逐步划清中央和地方的职责，做到地方的事情地方管，中央的责任是提出大政方针和进行监督"。"凡是适宜于下面办的事情，都应由下面决定和执行，这是一个总的原则"。[①] 1995年9月，江泽民同志在党的十四届五中全会上再次强调要充分发挥中央和地方两个积极性。他指出，"改革开放以来，实行权力下放，地方积极性得到充分发挥，有力地推动了改革和发展。……但在这个过程中，也出现了一些新的矛盾和问题"。在新形势下坚持"两个积极性"的总的原则应当是，"既要有体现全局利益的统一性，又要有统一指导下兼顾局部利益的灵活性；既要有维护国家宏观调控权的集中，又要在集中指导下赋予地方必要的权力。当前应抓紧合理划分中央和地方经济管理权限，明确各自的事权、财权和决策权，做到权力和责任相统一，并力求规范化、法制化"。[②]

在认识上，对于中央和地方的立法权力的配置，有人认为，应当强化地方立法，这既是我国国情的必然要求，也是我国改革发展的必然趋势；也有人认为，应当遵循中央统一立法的思路，在我国这样的单一制国家，不仅在政治方面应该是统一的，中央集权的，在法律方面也应该是统一的，我们没有任何理由去强调或提倡地方分散立法。我们主张，统一立法（中央立法）与地方立法之间不是对立的，两者是相辅相成的，前者需要后者补充和具体化，后者以前者为依据，或不得与前者相抵触，或要根据

[①] 《中国共产党第十三次全国代表大会文件汇编》，人民出版社，1987。
[②] 《中国共产党第十四届中央委员会第五次全体会议文件》，人民出版社，1995，第24页。

国家权力机关的授权。只有这样，才能充分发挥中央和地方两个积极性，推动我国社会主义现代化建设事业顺利进行。

中央和地方的立法权力如何配置？我国可借鉴或吸收国外的成功经验。在世界范围内，以中央和地方立法权力的有无或多少为划分标准，主要可分为四种模式。①

第一种，中央集权模式。这种模式是指，国家作为一个政治整体，一切立法权为中央政府所有，地方政府不得自行立法，而且所制定的一切法律规范均对整个国家领域生效。中央集权模式也称为完全的集权，多存在于一些单一制国家。这些国家的立法权力统归中央行使，地方政府一般没有制定法律的权力。

第二种，地方分权模式。所谓地方分权，是指完全的分权，即国家作为政治整体，中央不能立法，一切立法权力归地方政府所有，地方制定的法律只对于国家的不同区域生效。在实践中，这种情况极为罕见，一般认为只有在国家被割据并且名存实亡的条件下，才可能出现这种模式的现实形态。

总的来讲，绝对的集权与绝对的分权，通常只是理想的两极，因为法律社会里只有一个集权的最低限度与一个分权的最高限度，国家才不至于有瓦解的危险，而绝对的集权与绝对的分权势必会导致这种瓦解的发生。

第三种，集权的分权模式。是指在一个国家中，立法权力主要由中央行使，但在一定限度和条件下，地方得适当行使某些由中央授予的地方立法权力。这种模式以中央集权为主，以地方分权为次，地方的立法权力远不如中央，而且地方立法权力的行使，要较多地受制于中央。从实践来看，单一制国家多采用这种模式来划分中央和地方的立法权力。

第四种，分权的集权模式。是指在一个国家中，立法权力主要由地方行使或者由地方和中央共同行使，在有的事项上以地方为主，在有的事项上则以中央为主。这种模式的立法分权比重相对于第三种模式较大，而立法集权的比重则相对较小。联邦制国家多采行此种模式。

从我国的立法实践来看，对立法权力的配置大约采行三种模式：1954年宪法颁行以前，我国采行的是分散立法模式，即县以上各级政府或多或少地享有立法职权，对所辖行政区域内的部分或全部事务依法进行管理。

---

① 吴大英、任允正、李林：《比较立法制度》，群众出版社，1992，第272~274页。

在这种模式下,从中央到地方的立法速度大大加快。据统计,1950~1953年,中央立法共435件,年均109件。[①] 地方立法虽无全面的详细的统计数字,但从浙江、内蒙古以及上海的立法情况即可见一斑。浙江在1950~1953年,共制定暂行法令、条例和单行法规653件;内蒙古在1950~1954年,制定各种条例和规范性文件368件;上海在1950~1954年9月,制定暂行法令、条例和单行法规799件。[②]

1954年宪法建立的中央集权的立法模式,体现了毛泽东同志讲的立法权集中在中央的指导思想。中央集权的立法模式强化并保证了中央的集中统一领导,但也在一定程度上影响了地方积极性的发挥。据统计,从1954年宪法颁布后到1979年,中央立法共1115件,年均59件。地方无立法权因而记录为零。

1982年宪法建立了立法集权的分权模式,在中央对立法的集中统一领导的前提下,适当地赋予地方有限的立法权力,以作为对中央立法的补充和具体化。这种模式实现了我国以宪法为基础的立法模式的第一步转变,即由原来的中央集权的立法模式转变为集权的分权模式。立法集权的分权模式基本上能够适应前一阶段我国社会经济发展的需要,不仅维护了全国法制的统一,也适当兼顾了中央和地方的利益,调动了中央立法和地方立法的两个积极性,使我国的立法工作取得了前所未有的成就。但是,随着近年来市场经济的培育和发展,这种模式正面临着愈来愈多的挑战:一方面,社会主义市场经济的建立需要中央对市场主体、市场行为、市场秩序、社会保障等在大的方面作出统一规范和安排,进行宏观调控和管理;另一方面,地方经济的发展,要求有更灵活的立法自主权,以确保和维护地方利益不被多变的政策和指示所侵害,从而促进地方经济的稳定发展。地方经济发展的不平衡,也要求在立法权力上体现出多样化与灵活性的特点。特别是在一些民族自治地方,除经济因素外,本地少数民族文化发展的特殊诉求也是一个重要动因。因此,地方对行使立法权力特别是有关经济和行政管理方面的地方立法权力有相当的积极性,期望并实际上通过立

[①] 吴大英、刘瀚、陈春龙、信春鹰、周新铭:《中国社会主义立法问题》,群众出版社,1984,第241页,第36~37页。

[②] 吴大英、刘瀚、陈春龙、信春鹰、周新铭:《中国社会主义立法问题》,群众出版社,1984,第241页,第36~37页。

法来向中央争权。在这种地方利益作用的驱动下，我国的地方立法呈逐年上升趋势。①

用什么方法来配置我国中央和地方的立法权力，大致有以下几种。第一，明确规定中央（国家）的专属立法权，对地方的立法权力不作专门规定，而只维持现行宪法和地方组织法的原则规定。第二，明确规定地方的专属立法权，地方立法只能在限定的权力范围内进行。第三，适当规定国家的专有立法权，任何其他机关未经特别授权，不得在立法中涉及国家专有立法权的事项。同时也对其他机关的立法权力作必要而原则的规定。对于非国家专有立法权的事项，实行全国人大及其常委会优越的原则，即对国家专有立法权范围以外的事项，全国人大或其常委会未立法的，地方人大可先行制定地方性法规，但中央立法一经制定，与之相抵触或重复的地方性法规应予以废止或失效。

需要进一步讨论的是，怎样认识划分专属立法权的功能。国际政治学及立法理论、宪制理论界的通行观点认为，划定专属立法权力固然有确认、肯定该主体的权力范围的功能，但更重要的功能在于对该主体的权力的限制。即是说，在技术和方法的意义上，设定专属立法权实质上是对权力的限制。以权力来源理论分析之，有两个不同的思考角度。地方本原论者认为，中央的权力来自地方的转让或赋予，因此要用法律明确规定中央的专属立法权，以此限定中央的权力；对地方则不规定专属立法权，凡中央专属立法权以外的事项地方均可以法规定之。中央本原论者认为，地方的权力来自中央的授予，因此地方的立法权力范围应由法律专门规定，并以规定地方的专门立法权限来限制地方的权力。其实，设立专属立法权的本意价值是限制该权力主体，但如果专属立法权的范围规定得过宽、内容确认得过泛，则必然事与愿违。

（二）立法权力配置面临的问题与抉择

从技术层面来看，我国宪法和法律对立法权力的配置主要由三部分构

---

① 据《省县两级地方人大情况问卷调查报告》统计，1979~1994年上半年，省级人大及其常委会共制定地方性法规2903件，每年制定的件数如下（年/件）：1979/13，1980/75，1981/94，1982/99，1983/98，1984/169，1985/132，1986/162，1987/197，1988/235，1989/259，1990/298，1991/239，1992/273，1993/335，1994（上半年）/235。《法制日报》1994年9月14日。

成：立法主体、权力形式和权力内容（见表2-1）。

表2-1 我国法律关于立法权限的划分

主　体	形　式	主要内容
（一）中央的立法权限			
全国人大	1. 修改宪法 2. 制定基本法律	刑事、民事、国家机构的和其他的基本法律
全国人大常委会	1. 解释宪法 2. 制定法律 3. 部分补充、修改基本法律 4. 解释法律	无
国务院	制定行政法规	1. 领导和管理：①经济工作和城乡建设；②教育、科学、文化、卫生、体育和计划生育工作；③民政、公安、司法行政和监察等工作；④国防建设事业；⑤民族事务。 2. 管理对外事务，同外国缔结条约和协定 3. 全国人大及其常委会授予的其他职权
国务院的部和委员会中国人民银行审计署和具有行政管理职能的直属机构	制定部门规章	由国务院规定各部门的权限
（二）地方的立法权限			
省级人大 省会市人大 较大市的人大 省级人大常委会 省会市的人大常委会 较大市的人大常委会	制定地方性法规	本行政区域内的政治、经济、教育、科学、文化、卫生、民政、民族工作的重大事项
省级、省会市、较大市的人民政府	制定地方政府规章	本行政区域内的经济、教育、科学、文化、卫生、体育、城乡建设、财政、民政、公安、民族事务、司法行政、监察、计划生育等
（三）民族自治地方的立法权限			
自治区、州、县的人大	制定自治条例、单行条例	除享有一般地方的权限外，还享有自主管理本地方的财政、教育、科学、文化、卫生、体育等的权力

续表

主　体	形　式	主要内容
（四）授权立法的立法权限		
国务院、广东、福建、海南的人大及其常委会，深圳、厦门、汕头、珠海的人大及其常委会	暂行（试行）条例、办法、规定等	由授权决定规定

　　立法主体是指拥有制定法律权力的国家机关。由于各个机关的法律地位以及管辖区域不同，因而它们之间以层级或系列关系构成了一个体系。立法形式是指以何种方式行使立法权力及其结果的表现形式。表现形式的不同，构成了以位阶关系组合的体系，如宪法—基本法律—法律—行政法规—地方性法规等。如果仅从主体和形式上来区分各自的立法权力，是很容易达到目的的。但是，这并不能解决问题，因为它不是真正意义上的权力划分。立法权力划分的实在要求是立法事项即立法内容的归属的确定。显然，从表2-1中可以简明地看出，我国法律关于立法权力的内容划分存在着诸多问题：全国人大及其常委会的立法权力主要是立法形式的划分，具体的实际内容显得相对空泛。在全国人大与其常委会之间也很难有效区分基本法律规定的事项和法律规定的事项各应是哪些。国务院制定行政法规的权力形式虽较为简单，但其内容事项都相对比较具体、全面；部门规章也相应地受惠于这种划分方式。地方人大及其常委会的立法权力除了程序限制、行政区域等的限制外，在立法内容上并无二致。而且，与中央的立法权力的内容相比，地方人大的立法内容是较为丰富的，除了必须以国家立法权力形式规定的内容外，几乎到了无所不包的程度。这也是造成地方与中央、地方与地方重复立法较多的一个重要原因。地方政府规章的内容与同级人大以及行政法规和部门规章的内容在很大程度上也是竞合的。

　　正由于我国宪法和法律规定的立法权力在内容上多有重合，有人就建议放弃立法权力的配置，认为这是徒劳无功的，应当维持现状。我们不同意这种看法。在我国目前的条件下，对立法权力进行合理配置完全有必要，也可以做到。从技术来考虑，有三种方案可供抉择。第一，"宜粗不宜细"。因为我国处在一个改革时期，各种社会关系变动不居，不可能亦无必要把各立法主体的权力都详细规定下来，否则将会严重束缚立法主体的手脚，损害它们的立法积极性。第二，"宜细不宜粗"。这种方案的好处是，不仅便于操作，而且可以减少扯皮、矛盾、混乱、重复立法等负面效应，大大提高立法效率。第三，"能细则细，不能细则粗"。这种方案是倾向"宜细不宜粗"的，但认为有些事项内容不可能或不应该细化。我们主张，立法权力的配置应尽可能细化，实在不能细化或确有必要的，可适当规定得原则一些。

在我国，为了充分发挥中央和地方的两个积极性，保证中央法制政令的统一，应在必要的限度内规定中央（全国人大及其常委会）的专属立法权。这既是对权力的确认，更是对权力的限制。从我国的实际情况来看，依据宪法和有关法律的规定，全国人大及其常委会可对以下事项行使专属立法权。

①有关国家主权方面的事项。包括：第一，国家领土，国家享有对领陆、领水、领陆及领土的底土、领空的排他的管辖权，对内水——河流、运河、湖泊及内海的管辖权，边界和边境制度；第二，国防和兵役制度，包括决定战争与和平问题、规定人民武装力量的基本制度、决定战争状态的宣布、决定全国总动员或局部动员等；第三，外交，包括决定驻外全权代表的任免、同外国缔结的条约和重要协定的批准与废除、外交人员的衔级制度、外国人在中国要求政治避难等；第四，国籍。

②有关公民基本权利和义务的事项。包括：第一，宪法规定的公民的基本权利和自由的基本保护及其立法；第二，对公民基本权利与自由有充足理由和有条件的限制或剥夺（应阐明限制或剥夺公民基本权利与自由的必要而充分的理由，并对限制或剥夺作出主体、程度、内容等方面的条件约束）；第三，兵役、赋税等公民基本义务的设定；第四，外国人在中国的基本权利与义务；第五，中国批准参加的国际人权公约在我国立法中的"转化"；第六，其他有关公民基本权利与自由的限制或剥夺、基本义务的设定或增加的事项。

③有关国家的基本政治制度。包括：第一，国家权力机关、行政机关、审判机关、检察机关和军事机关的设置、职权及相互关系；第二，国家的政党制度；第三，国家的政体结构制度；第四，全国的选举制度；第五，民族区域自治的基本原则和制度；第六，特别行政区自治的基本原则和制度；第七，社会自治（如村民委员会、居民委员会）的基本原则和制度。

④有关国家的基本法律制度。包括：第一，立法职权的划分；第二，法律体系、层级结构中的基本法律与制度，包括法律的形式等级、效力等级、部门法的设立、基本法律和法律的制定等；第三，司法审判的基本制度及其程序；第四，司法检察的基本制度及其程序；第五，立法监督的基本制度及其程序；第六，律师、公证、仲裁等基本司法行政制度；第七，授权立法的基本制度与程序；第八，有关全国法制统一或"一国两制"的基本法律制度。

⑤有关国家的基本经济制度。包括：第一，为保证国家对经济进行宏观调控所必需的财政预算和决算制度、金融货币发行制度、海关制度、对外贸易制度、税收产业制度；第二，邮电、通信、铁路、航运、民航、航天、核能等与国民经济有重要关系、必须实行全国集中统一管理的事项；第三，国有财产经营和管理的基本制度，国有资源开发和利用的基本制度；第四，为保证国内市场统一的有关基本制度。

⑥有关语言文字、历法、度量衡等需由国家统一规范的事项。

⑦宪法规定应由基本法律、法律规定的其他事项。

按照宪法和组织法的有关规定，地方立法权力的事项范围是比较宽泛的，除了经济、教育、文化、卫生、民政、民族这些比较确定的重大事项外，"政治"的重大事项也在地方立法的权力之内。"政治"是一个具有很大弹性的概念，什么是政治的重大事项，在理论上难以界定，在实践中也不好把握。在这个模糊的权力概念中，地方立法规定的事项是有较大余地的。据《地方立法比较研究》一书的作者对1979年到1991年的约2000件地方性法规的统计，内容涉及政治的有地方政权建设类、政法类和社会权益类。其中，地方政权建设类约占地方性法规的22%，内容主要包括地方人大及其常委会的工作条例、议事规则，城镇、农村基层政权建设和群众性自治组织建设，制定地方性法规的程序及规则，选举法实施细则，地方人大监督本级政府、法院和检察院的规定等；政法类约占地方性法规总数的14%，内容主要包括治安管理，禁毒、禁赌、禁黄，民事诉讼收费，保障律师依法执行职务，游行示威实施办法，劳改、劳教管理等；社会权益类约占地方性法规总数的11%，内容主要包括计划生育，减轻农民负担，保护未成年人、老年人、妇女、残疾人、归侨、侨眷、消费者等权益的法规。三项总计占地方立法的47%。①

正因为很难从事项的内容上完全划清地方立法与中央立法的权力界限，所以应对地方立法作一些条件限制和程序要求。关于地方立法的条件限制，在理解上比较普遍的观点是，只要根据本地的具体情况和实际需要，不与宪法、法律、行政法规相抵触，地方就可以立法；但我们主张，地方立法除了做到"不抵触"外，还应做到"不重复""不越权"。

四 立法的程序设计

（一）立法程序的概述

在我国，对于什么是立法程序（Legislative Procedure, or Legislative Process），人们的认识并不一致。有人认为，立法程序是指立法机关履行职能，制定法律，通过国家预算和监督政府的程序规则，② 即广义的立法程序（Rules of Procedure）。也有人认为，立法程序不仅应该包括立法机关制定法律的程序，而且包括立法机关的议事程序。③ 台湾学者罗志渊认为，立法程序是指议事机关对议案处理的程式，是指规范立法机关会议之构成，法案之提出，议程之编制，法案之审查、讨论、修正、再议、复议诸种立法过程中必要的程序及其应有的规律，兼及委任立法的运用及限制。④ 有的学者认为，立法程序应当包括制定法律、拨款和监督政府的程序。而且，立法程序不仅包括立法机关制定法律的程序，也包括立法机关和行政机关的议事程序。

我们认为，从立法程序的主体和内容来看，这个概念可作广义和狭义之分。广义的立法程序，是指一切有立法权力的机关（包括权力机关和行政机关以及其他被授权的主体）行使职权所应遵循的各项程式和规则。狭

---

① 唐孝葵、欧阳振、黄湘平主编《地方立法比较研究》，中国民主法制出版社，1992，第26～27页。
② 郭道晖：《中国立法制度》，人民出版社，1988，第56页。
③ 吴大英、任允正、李林：《比较立法制度》，群众出版社，1992，第384页。
④ 吴大英、刘瀚、陈春龙、信春鹰、周新铭：《中国社会主义立法问题》，群众出版社，1984，第174页。

义的立法程序，仅指中央和地方权力机关行使立法权力，制定、修改、补充、解释和废止法律的程序。由于立法机关用以处理法律案的程序较之一般议案更为严格，所以它可以准用于处理一般议案；立法机关适用的立法程序比较严谨规范，可以为其他机关进行类似活动时借鉴使用。

另一个有争议的问题是，立法程序应当包括几个阶段。有人认为，立法程序通常包括四个阶段：提出法律议案，讨论法律议案，通过法律，公布法律。[1] 有人则认为，起草法律也是立法程序的一个阶段，因此立法程序应包括起草法律议案、提出法律议案、讨论法律议案、审查和通过法律，公布法律。我们认为，如果把立法看作一种行为过程的话，那么这个过程通常可包括：立法的动机—立法的准备（包括起草法案）—提出法案—讨论法案—通过（表决）法案—公布法律。但这种划分与立法程序的阶段划分是有区别的。它们的区别主要在于：立法行为过程的划分，主要是以行为本身的运行规律即行为路线为划分依据的。行为路线就是基于一定社会环境和道德原则的行为原因（动机），通过行为手段达到行为结果的有序连贯。而立法程序阶段的划分，则侧重于立法行为活动的法律依据，即该行为的法定性。显然，起草法案的行为在多数立法程序中是没有专门法律规定的，它既可以是立法行为主体的行为，也可以是其他主体的行为。而且，立法行为过程包括了与立法活动有关的各个主要行为阶段，而不限于立法程序的法定行为范围。世界议会联盟对各国立法程序的统计与评价，通常是使用"读会"（Readings）概念来划分的，即将立法程序的主要内容确定为"三读会"制度，对于不采用读会制度的国家，仍按照该种方法予以统计。

立法程序作为立法活动应当遵循的秩序和规则，是一个动态的过程，其目的在于保障民主和自由的实现。但是在我国，有的官员认为"民主太麻烦"，"按照民主程序办事碍手碍脚，很不方便"。对于立法程序的设计、建立和遵守，也有一些人很不重视。造成这种情况的原因之一，是他们对立法程序的性质和功能认识不足。在现代国家中，立法程序是一种体现为法律、法规或惯例的规范形式，是一切有关人员和机关必须遵守的行为规则。我国宪法规定，国家的一切权力属于人民。人民行使国家权力，最根

---

[1] 吴大英、任允正、李林：《比较立法制度》，群众出版社，1992，第396页。

本的和首要的，是行使立法权，即按照一定程序，通过立法机关，把自己的意志上升为国家意志，用表现为国家意志的法律去规范其他国家机关，管理各级公务人员。为了把人民的意志更好地集中起来，把人民的利益充分反映出来，而让所有的人都到立法机关中去直接进行立法是不可能的，只能实行代议制，经由人民的代表来立法。人民的代表来自各个方面，水平、见识、能力参差不齐，代表的利益不尽相同，表达的意见各有侧重，这就需要用某种程序来加以调控，保证多数人的意见能够形成合意，少数人的意见能够得到尊重，民主能够得到发扬，效率也能够充分实现。

通常，立法程序必须经过国家制定或认可，成为立法活动必须依循的由国家强制力保证实施的规范、规则，立法活动才可能做到有序化。因此，立法程序是一种体现为法律、法规或惯例的规范形式，是一切有关人员和机关应当遵守的行为规则。建立这种具有强制性的规则（尽管某些具体规则也具有可选择的任意性）的目的在于：使立法活动有所规范，从而保证立法过程中能够民主地讨论、公开地议事、公正地表决，最终实现民主、科学决策。

（二）我国立法程序的功能和体制

每个立法者应当认识到，对于立法活动来说，科学的立法程序具有如下功能。[①]

第一，使立法工作纳入规范化、程序化的轨道，保证立法的每一个阶段、每一个步骤和每一个方面，都能协调、和谐，配合得当，制约有度，井然有序，从而最大限度地把民主与效率统一起来。

第二，使法案能够得到各方所能接受的适当的处理。我国立法机关面

[①] 美国学者艾丽斯·斯特吉斯（Alice Sturgis）在其《议会程序规则》一书中认为，会议程序（包括立法程序）的作用是：便于办事，有利协调；能保证与会人员有同等权利、优惠和义务；使会员的多数被赋予组织的最高权力；尊重和保障少数的权利；使会议具有公正和善意的特色等。孙中山先生在其论著《民权初步》中指出，会议程序是民权制度的重要组成部分，它能够：保障民主原则的充分实现；维护会议的正常秩序，保证会议顺利进行而不浪费时间；能够发扬民主，慎重讨论，集思广益，求得问题完善解决；提高议事效率；实现少数服从多数、多数决定一切的民主政治原则；使少数的意见得到尊重。

临着繁重的立法任务，各种法案有轻重缓急之分、成熟与不成熟之别，还有先来后到等不同情况。若无立法程序对这些法案进行适当处理，就不能在程序上保证立法的质量和立法的公正性，就可能出现事与愿违的立法结果。反之，立法程序以公正的、一视同仁的规则处理各种法案，就能防止程序上立法不公的弊端。

第三，使立法会议时间能得到合理运用。立法效率与立法民主是对立统一的一对矛盾，两者往往很难统一又必须统一。而合理运用会议时间就是实现这种统一的有效途径之一。代表们畅所欲言，充分讨论，发表各自的意见，这是立法程序所包含的民主立法的要求。同时，立法程序又规定开会制度、集会制度、会期制度，合理地分配每个会期、每天开会的时间，科学地安排代表发言的顺序和时间，规定听证、质询、询问、表决等时间，使立法会议时间得以合理运用，就可避免立法机关会而不议、议而不决的弊端，提高立法的效率。

第四，保证人民代表在立法机关会议上正确行使权利和履行义务。每个代表在立法会议上有表达自己对法案看法的权利，有提出质询和询问的权利，有参加表决的权利等，但同时必须履行遵守会场规则和秩序的义务：要尊重别人的发言，尊重会议主持人的决定，尊重会议的表决结果，等等。要做到或实现这些，就需要在立法程序中加以明确规定，并通过立法程序的正确实施来达到此目的。

我国除宪法外，有关法律亦对立法程序作了规定。这些法律包括：《中华人民共和国全国人民代表大会组织法》（1982年）、《中华人民共和国地方各级人民代表大会和地方各级人民政府组织法》（1986年）、《中华人民共和国全国人民代表大会议事规则》（1989年）、《中华人民共和国全国人民代表大会常务委员会议事规则》（1987年）、《行政法规制定程序暂行条例》（1987年）、《法规、规章备案规定》（1990年），享有地方立法权的人大及其常委会基本上也都根据其实践经验和具体情况制定有它们的议事程序规则。

依照宪法和上述法律的规定，在最高国家权力机关的立法中，有权提出法律议案的主体分为两类。一类是向全国人民代表大会提出属于该大会职权范围内议案的主体，包括全国人大主席团、全国人大常委会、全国人大的各专门委员会、国务院、中央军事委员会、最高法院、最高检察院，以及全国人大的一个代表团或者30名以上的代表；另一类是向全国人民代表大会常务委员会提出属于该委员会职权范围内议案的主体，包括全国人大的各专门委员会、国务院、中央军事委员会、最高法院、最高检察院，以及全国人大常委会组成人员10人以上。以上主体均享有立法提案权，但"在立法实践中，国务院充分行使了自己的立法提案权，1979年以来全国人民代表大会及其常务委员会通过的法律，有80%是由国务院提出法律草案的"。① 据世界议会联盟对69个国家政府提出的议案所占百分比的统计，有33个国家，政府提出的议案占提案总数的90%~100%；有9个国家，政府案占80%~89%；有2个国家，政府案占70%~79%；有6个国家，政府案占60%~69%；有5个国家，政府案占50%~59%。政府案在立法机关获得通过的比例亦很高，据对60个国家的统计，42个国家的通过率为90%~100%，6个国家为80%~89%，4个国家为70%~79%，1个国家为60%~69%，3个国家为50%~59%，只有1个国家的政府案通过率在49%以下。② 尽管多数国家的宪法划分了立法和行政两种权力，但相对政府而言，立法机关在立法过程中却处于非常不利的地位。政府绝非只是执行立法机关制定的法律的行政代理人，更重要的是，它在法律的形成过程中也具有压倒性的权威。③ 如何看待这种现象？世界议会联盟的分析认为，政府提出法案居于垄断地位，一是因为现代立法在技术要求上日趋复杂，需要各种专门性知识才能完成；二是因为议员获得的技术性资源少于政府，且立法投入较多，会使预算支出骤增，财力难以承受。政府提出的法案获得通过率很高，其原因亦有二：一是政府提案较多，几乎完全控制了"案源"；二是政府能设法使法案得到通过。这种解释似乎过于表浅，很难说具有多少说服力。

我们认为，从19世纪后半期以来，行政机关在国家立法中的作用愈益加强，主要是经济因素使然，是自由市场经济向政府较多干预的统制经济转变的必然结果。在经济转型的过程中，政府职能亦由原来的"不管政府"或"守夜人政府"转变为"万能政府"，因而行政机关更积极、主

---

① 袁建国：《法律创制论》，河南人民出版社，1989，第159页。
② 吴大英、任允正、李林：《比较立法制度》，群众出版社，1992，第436页、第588~595页。
③ 全国人大常委会法制工作委员会国家法、行政法室，湖北省社会科学院政治学研究所编译《各国议会制度概况》，吉林人民出版社，1991，第121~122页、第135~136页。

动、大量地渗入或参与议会立法，在国家立法活动中扮演着最重要的角色。我国则不然。我国的改革是由经济体制改革引动的，目前的经济体制正经历着由计划经济向市场经济转轨的过程，政府的职能有张有缩，但总的趋势是要"减政放权"，减少政府对经济生活、社会生活的不必要的干预，是要积极稳妥地推进政治体制改革，加强民主和法制建设，依法治国，建设社会主义法治国家，变"替民作主"为"由民作主"，切实保障人民当家作主的权力真正实现。体现在立法制度和立法程序上[①]就是要弱化行政机关的立法职权，减少政府对国家权力机关立法的过多参与，"还权于民"，使人民代表大会在立法工作中真正地直接地发挥主导作用。

我国法律对审议和讨论法案的程序也作了一些规定。

第一，全国人大代表按照选举单位组成的代表团在全国人大会议举行前，讨论全国人大常委会提出的关于会议的准备事项；在会议期间，对全国人大的各项议案进行审议，并可由代表团团长或由代表推派的代表，在主席团会议上或者大会的全体会议上，代表代表团对审议的议案发表意见。

第二，对于各有权机关向全国人大提出的属于其职权范围内的议案，由大会主席团决定交各代表团审议，或者并交有关专门委员会审议、提出报告，再由主席团审议决定提交大会表决。

第三，对于一个代表团或者30名以上代表向全国人大提出的属于其职权范围内的议案，由主席团决定是否列入大会议程，或者先交有关的专门委员会审议，提出是否列入大会议程的意见，再决定是否列入大会议程。

第四，对属于全国人大常委会职权范围内的议案，一般由委员长会议决定提请常委会会议审议，或者先交有关的专门委员会审议、提出报告，再提请常委会会议审议；但对于常委会组成人员10人以上联名提出的议案，则由委员长会议决定是否提请常委会会议审议，或者交有关的专门委员会审议、提出报告，再决定是否提请常委会会议审议。

第五，各专门委员会负责审议全国人大或其常委会交付的议案，法律

[①] 国务院提出的法律案的起草多由各部门牵头，难免不留下"部门立法"的痕迹。这是我国当前立法工作中存在的一大亟待解决的问题，应从立法起草、提出法案、讨论法案等多个环节进行"综合治理"。

委员会统一审议向全国人大或其常委会提出的法律议案；其他专门委员会有权就有关的法律草案向法律委员会提出意见。

法律还规定，如果议案在交付表决前，提案人要求撤回的，对该议案的审议即行终止。为了保证人大代表在讨论法律议案时能够畅所欲言，宪法专门规定，全国人大代表在全国人大各种会议上的发言和表决，不受法律追究。

宪法和法律对表决通过法案也作了简单规定：宪法的修改，由全国人大常委会或五分之一以上的全国人大代表提议，并由全国人大以全体代表的三分之二的多数通过；法律由全国人大以全体代表的过半数通过，全国人大通过法律通常采用电子表决器对整个法案进行表决。

在我国，宪法和法律由国家主席根据全国人大或者其常委会的决定予以公布，并在《中华人民共和国全国人民代表大会常务委员会公报》上公开发行。行政法规的发布，一律刊登在《中华人民共和国国务院公报》上。

（三）完善我国立法程序的思考

以社会主义法治国家和民主宪制理念来审视我国现行立法程序，似有以下几个方面需要加以改革和完善。

第一，改革立法起草的"制度"。在法案起草方面，我国目前通行的做法，是实行归口起草，即由非权力机关按部门"对口"的性质牵头组织起草法案，现代立法实践证明，一部法案的命运如何，通常在起草阶段就已被决定。立法者的立法意图、价值要求、规范设计、利益权衡等，多通过对法案的设计和起草来完成。当法案进入立法讨论、表决的程序阶段，其作用主要只是对法案的局部妥协、修补或磨合，很难从内容的整体上、结构的框架上、价值的选择上作出重大改变。如果说，法院以具体判决来对具体纠纷作出裁断的性质要求司法必须保持中立、公正的话，那么，立法机关以抽象的法律规则来对普遍的社会关系事先作出规范，亦同样必须做到客观、中立和公正。为保证司法的公正性而设立了回避等制度，此原理同样适用于立法。由于这些行政部门自身的性质及其特殊的利益所决定，它们也会成为法案调整的社会关系中的利害关系人，由它们牵头起草法案，实在是弊多利少。

为此，我们认为，一切国家机关和武装力量、各政党和社会团体、企业事业单位和公民，都可依一定规则、条件或程序提出立法规划和立法计划的建议，提出法律、法规草案建议及其说明，立法机关应当指定专门机构进行研究，决定是否采纳。法案的正式起草可实行"权限管辖制"和"委托起草制"。权限管辖制是指，法案的起草由讨论、表决、通过该法案的机关负责牵头组织，吸收各有关方面人员组成起草小组；委托起草制是指，立法机关根据需要，将法案起草工作委托给无明显利害关系的机构、组织或法学专家负责。

第二，关于立法提案。两个议事规则对联名提案以及《全国人大议事规则》对代表团的提案给予了与其他主体的立法提案相比的不同的规定，实际上是对地方权力和人大代表权利的更严格的限制。《全国人大议事规则》规定，一个代表团或30名以上代表联名提出的议案，要由主席团审议决定是否列入大会议程，而对主席团本身以及全国人大常委会、全国人大的各专门委员会、国务院、中央军委、最高人民法院和最高人民检察院提出的议案，则无由主席团决定是否列入大会议程的限制性程序规定。同样，对于人大常委会组成人员10人以上联名提出的议案也规定了类似的由委员长会议决定的限制性程序。这些规定，既反映了立法对提案主体之间不平等待遇的确认，也从根本上反映了中国立法程序对地方权力与代表权利的制约与限制，应当从法律中删除该项规定，真正体现立法程序的公正性与平等性。

第三，改变执政党审批重要法律议案的做法，保障立法机关依法独立行使职权。在全国人大及其常委会的立法工作中，"根据有关文件规定，凡属政治方面的立法，在制定前，全国人大常委会党组应将立法的指导思想和原则呈报中央审批。政治方面的法律和重大经济、行政方面的法律，在法律草案基本成熟后，提交全国人大或常委会审议前，也应报送中央审批"。[①] 这种做法往往使全国人大及其常委会难以依法独立行使其职权，从而使一些立法规划落空。执政党代表人民的利益和意志，"党领导人民制定宪法和法律"，坚持党的领导，就是要坚持党的路线、方针、政策的领导，坚持以法律形式把人民的意志汇总起来，把人民的利益体现出来。我

---

① 蔡定剑：《中国人大制度》，社会科学文献出版社，1992，第30~31页。

们党的宗旨是全心全意为人民服务。立法充分体现了民意、民利，就是遵循了党的宗旨，坚持了党的领导。我国宪法的指导思想是四项基本原则，宪法是立法的依据，按照宪法的规定制定法律，就是按照四项基本原则的要求制定法律。而且，立法机关根据党确定的总的路线、方针和政策制定立法规划和立法计划，起草或组织起草法律，以民主程序保障人民代表讨论法案、表决法案，通过法律。这个过程即是坚持和实现党的领导的过程。党对修改宪法和制定法律的意见或要求，可以通过修宪或立法建议的形式表现出来，而不必采用审批法案的做法。

第四，关于讨论法案。讨论法案的直接目的是汇集各种意见，整合各方利益，使各种意见和利益都能公正地得到公开阐述和讨论。因此民主性和公开性是讨论法案所应具有的基本特征。为了使各位代表能充分表达自己对法案的看法，延长会期是时间上的基本保证。我国全国人民代表大会有代表近3000人，每年集会一次，每次会期平均仅17天，除去2个休息日，还有15天。按每天开会8小时计，一次会期约7200分钟，近3000名人大代表每人仅拥有2.4分钟。去掉大会的报告时间，每人拥有约2分钟。人均2分钟参加大会讨论、审议、质询、询问、表决等活动，显然是远远不够的。据对48个国家议会开会天数统计，会期在100天以下的有33个国家，在100天以上的有15个国家[①]，议员（代表）人均拥有讨论的时间远高于我国。建议适当延长全国人大会期的开会时间，从目前的平均17天延长到30天左右，同时加强会前的准备工作，让代表提前了解议程、议案情况，提前做好调查研究和发言准备，进一步提高讨论的质量，把民主与效率统一起来。讨论法案的程序应当细化，具有可操作性、民主性和公平性。

实行旁听制度，除法律有专门规定者外，讨论法案的各种会议应允许公众和记者等有兴趣者旁听，以体现立法的公开性和便于选民了解并监督代表的活动。

推行立法听证（Legislation of Public Hearing）制度，对法案的审议要举行立法听证会，召集有关利害关系人和专家学者出席会议，发表他们对法案的不同看法。一般认为，立法听证制度是现代民主立法的重要方式，

---

① 吴大英、任允正、李林：《比较立法制度》，群众出版社，1992，第357页。

其作用在于：a. 能够广泛听取利害关系人、有关团体及专家学者的意见，充分反映民意；b. 在听证过程中，经由各方直接陈述、辩论和举证，能够使立法机关获得新的资料，发现新的事实；c. 它是衡量政治利益得失的手段；d. 能够延缓决议，使法案在充分审查和讨论下，逐步协调各种利益关系，让法案的内容能够为大多数人所接受；e. 立法听证是一种宣传途径，经由这种途径，民意可得以延伸和汇集。

充分体现立法会议的公开性，允许记者和新闻媒体采访会议情况和与会人员，及时报道会议的进展情况和各方论点，及时、详细地公开会议的议事记录，以便民众了解和监督代表的活动。

推行立法助理（Legislation of Staffs）制度。在现代立法过程中，立法助理是协助立法机关和人民代表履行职责、完成立法工作的具有立法专门知识的人员。在我国，推行立法助理制度的必要性在于：有利于完善人民代表大会制度，使人大立法变被动为主动；有利于克服非立法机关起草法案中的本位主义倾向，保证立法的客观性和公正性；有利于适应现代立法数量大、涉及面广、技术性强、质量要求高的特点，弥补传统的经验立法的不足；有利于完善人民代表的"兼职制"，保证立法质量，提高立法效率。由于立法助理具有专门的法律知识和丰富的立法经验，有明确的职责和相对充裕的时间，由他们来协助人大和人大代表进行立法工作，就能在很大程度上推动我国立法现代化的实现。

第五，改革完善表决制度。在立法程序中，表决对于不同的主体和过程有不同的含义：对于立法者来说，表决是其对法案同意、反对、弃权的意思表示；对于立法机关来说，表决是其作出决策的决定性行为；对于立法程序而言，表决是通过法案的关键性步骤和不可或缺的过程，是立法取得合法性的必经程序。在我国目前的实践中，对法案通常是整个付诸表决，如果代表对其中个别或部分条款不同意，表决时也只能选择要么全部同意，要么全部反对或弃权，实质上并不利于真实地反映代表的意见，提高立法质量。应当改革现行的表决方法，更多地采用对法案逐条、逐款表决的做法，同时限制使用对法案原则通过或整体表决的方法。

第六，根据依法治国建设社会主义法治国家以及民主宪制的要求，应在制定立法法时，对各种立法（全国人大的立法、全国人大常委会的立法、国务院的立法、授权立法等)活动的程序,包括立法提案程序,立法审议程序,立法修正案程序,立法撤案程序,立法表决程序,法律公布程序,立法批准程序,法规、规章备案程序,法律修改、补充、解释、废止等程序,都作出明确而详尽的规定,把我国所有立法活动纳入民主化、程序化和科学化的轨道。

五 立法的解释和监督机制

(一) 立法解释

1. 立法解释的意义

立法解释是完善立法的必要手段,同时也是立法的不可或缺的组成部分。[①] 我国从 1949 年以来,立法解释就被作为立法体制的重要组成部分而得到规定。1949 年 9 月制定的中央人民政府组织法规定,中央人民政府委员会有权解释法律。1954 年宪法规定全国人民代表大会常务委员会拥有法律解释权。1978 年和 1982 年宪法规定全国人民代表大会常务委员会不仅有权解释法律,而且有权解释宪法。此外,全国人民代表大会常务委员会对法律解释还专门作过两次决议。一次是 1955 年 6 月 23 日,全国人民代表大会常务委员会第十七次会议通过的《全国人民代表大会常务委员会关于解释法律问题的决议》,该决议规定,"凡关于法律、法令条文本身需要进一步明确界限或作补充规定的,由全国人民代表大会常务委员会分别进行解释或用法令加以规定"。另一次是 1981 年全国人民代表大会常务委员会通过的《全国人民代表大会常务委员会关于加强法律解释工作的决议》,该决议对我国现行的立法解释体制作了规定,"凡法律、法令条文本身需要进一步明确界限或作补充规定的,由全国人民代表大会常务委员会进行解释或用法令加以规定","不属于审判和检察工作中的其他法律、法令具体应用的问题,由国务院及主管部门进行解释","凡属地方性法规条文

[①] 蔡定剑、刘星红:《论立法解释》,《中国法学》1993 年第 6 期;周振晓:《也论立法解释》,《中国法学》1995 年第 1 期;郭华成:《法律解释比较研究》,中国人民大学出版社,1993,第 151~153 页。

身需要进一步明确界限或作补充规定的，由制定法规的省、自治区、直辖市人民代表大会常务委员会进行解释或作出规定。凡属地方性法规如何具体应用的问题，由省、自治区、直辖市人民政府进行解释"。立法解释之所以必要，是因为立法所制定的法律无论怎样完备，也不可能事无巨细地覆盖社会生活的各个领域，更难与社会同步发展。"无论是政治的立法或市民的立法，都只是表明和记载经济关系的要求而已。"① 这就是立法不可避免的有限性和相对的滞后性。减少或消弭立法固有的有限性和滞后性，一个重要手段，是通过立法解释，使之产生自我调适机制，能够在容许的范围内适应社会的发展需要。立法解释可以使法律的规定更加明确，便于理解和适用。立法解释之重要，也正如达维德所指出的"没有一个立法制度能够不用这些矫正剂或解脱术，否则在法与正义之间就可能产生不能容许的脱节"。② 当然，立法解释作为立法的一种调适手段是有条件和限度的，不能任意扩张。

立法解释属正式解释，这种解释一经生效，就具有立法的法律效力。这就意味着：第一，立法解释是一种严肃的国家行为，在一定意义上讲，它具有创制法律的性质，因而立法解释又是一项专门的权力，只能由国家组织中的特定机关行使；第二，立法解释的权力必须由宪法、法律和法规予以规定，没有法律的规定或者授权，任何机关或个人对法律作出的立法解释都不应当发生立法上的法律效力；第三，立法解释同样代表国家意志，要由国家强制力保证实施；第四，公民不仅有义务遵守法律，而且有义务遵守经有权机关解释的法律。从理论上讲，立法解释应当只由制定法律（广义的）的机关进行，因为只有它们拥有这一权力，同时它们对自己制定的法律的本意、目的、背景等最为熟悉、了解，它们解释自己制定的法律无疑更易做到言必有中。但是，由于立法程序、立法技术、实际需要等原因，立法解释除由制定法律者承担外，还可授权其他机关或机构行使。于是，立法解释主体的解释权可由两种方式产生。一是由制定法律的机关解释自己制定的法律，这种权力称为固有解释权，即附属于立法权的权力，它表现在法律文件中，则为不直接写明该法由谁解释，而推定由制

---

① 《马克思恩格斯全集》第 4 卷，人民出版社，1958，第 121~122 页。
② 〔法〕勒内·达维德：《当代主要法律体系》，漆竹生译，上海译文出版社，1984，第 141 页。

定该法的机关负责解释。例如，全国人大常委会制定的法律在没有规定授权其他机构解释时，理所当然地应由其自己解释（即使已授权，在必要时仍可自行解释）。另一种是由制定法律的机关以法定形式授予其他国家机关解释该法律的权力，称为授予解释权，授予解释权又可分为对特定法律的授予解释权和对不特定法律的授予解释权。前者如，国务院1986年发布的《国营企业招用工人暂行规定》第16条规定的"本规定由劳动人事部负责解释"；后者如，宪法规定，全国人大常委会有权解释法律，这里的"法律"就不是特指的由全国人大常委会制定的法律。

固有解释权与授予解释权都属立法解释的权力，享有这种权力的主体可依法进行立法解释。但这两者亦有一定区别，表现有二。其一，固有解释权同法律的修改权、法律的补充权、法律的废止权一样，可归属立法权的范畴，是立法权固有的权力内涵；授予解释权则可能超出立法权的范畴，或者没有立法权而拥有立法解释权。其二，固有解释权的内容与立法权的范围基本上是相同的；授予解释权的内容则要受到授权文件的限定，授权性法律文件规定要依什么程序、在什么范围内进行解释，就必须严格遵照执行，不得突破授权的范围和要求。

2. 作为立法解释主体的国家权力机关

我国享有立法职权的国家权力机关是立法解释的主要主体，它们在宪法的指导下进行解释活动，行使各自的职权，但是，由于它们在国家政务中所处的地位和具有的职权不同，它们立法的侧重点和着眼点有所区别，中央立法和地方立法代表的利益也不完全一样，因而：第一，存在着它们从各自职权和利益角度出发，对同样的法律条款或法律文字作出不同解释的可能性；第二，低层次的立法机关对高层次立法机关制定的法律进行解释，若无法律的授权，不得解释，否则属于立法权的扩张，是一种越权行为；第三，在同层次（如省级）的国家权力机关中，擅自解释非本行政区域法律文件的行为，是超越职权的行为（此规则同样适用于国务院的部委和地方的其他立法主体）；第四，高层次立法机关在没有法律专门规定或者低层次立法机关的特别请求的情况下，一般不主动解释低层次立法机关制定的法律规范性文件，但可主动审查、监督乃至撤销这些规范性文件。

国家权力机关立法解释的方式通常可分为事前解释和事后解释。所谓事前解释，是指国家权力机关为了防止法律实施时对有关规定发生疑义或歧义，而事先对法律作出解释。事前解释包括两种情况。一种情况是，立法时在同一法律文件中对所用的词语加以解释，以释明其含义。例如我国刑法第83条规定，"本法所说的国家工作人员是指一切国家机关、企业、事业单位和其他依照法律从事公务的人员"。另一种情况是，另行制定法律，对已有法律的有关条款或词句作出解释。事前解释对于立法机关来说，是一种积极主动的措施，能够使法律规定更加严密准确，但它还不能囊括所有可能发生的情况，因此还需要有事后解释作为重要补充。所谓事后解释，是指法律在实施过程中发生疑义或歧义而由国家权力机关对之作出的解释。事前解释与事后解释除了在解释时间上有差别外，还有如下不同：①在表现形式上，事前解释多属于法律、法规的有机组成部分，因而有人认为这种解释即是法律本身；事后解释多采用独立、专门和特定的法律文件来表明解释的内容，它不直接作为法律、法规的一部分而存在。②在解释针对的情况上，事前解释多针对可能发生的情况，是一种主动的、预防性的和相对抽象概括的解释行为；事后解释则针对正在或者已经发生的情况，是一种被动的、补救性的和相对具体的解释行为。

3. 作为立法解释主体的国家行政机关

国务院是我国的最高国家行政机关，有权制定行政法规和根据全国人大或其常委会的授权制定法律。此外，国务院的主管部门有权制定行政规章和根据授权制定行政法规。与上述权力相伴，它们都拥有相应的立法解释权。

关于国务院的立法解释权。国务院有权制定、修改、补充或废止行政法规，因而也有权解释行政法规。1981年五届全国人大常委会第十九次会议通过的《全国人民代表大会常务委员会关于加强法律解释工作的决议》（以下简称《决议》）规定，对"不属于审判和检察工作中其他法律、法令如何具体应用的问题，由国务院及主管部门进行解释"。《决议》是在1982年宪法颁行以前通过的，它对国务院解释法律的授权，与1982年宪法的规定相比，似有某些不妥。第一，国务院没有解释基本法律、法律和地方性法规的权力，前两类法律的解释权属全国人大常委会专有，地方性法规则由地方国家权力机关负责解释。《决议》允许国务院及其主管部门解释它们，与宪法第67条的规定不符。第二，国务院是最高国家权力机关的执行机关，必须"依法行政"，以宪法和法律作为活动的根本准则，如果它可以解释基本法律和法律,就有可能使用"扩张解释""目的解释"等方法,突破立法意图,实际上形成"解释立法"。第三,《决议》使用的"应用""法令"的概念本身就不明确,需要进一步解释。国务院是执行法律的机关,它在工作中主要不是"应用"法律,而是"执行"法律;至于"法令"一词,在现行立法的法律术语中已不再使用。第四,即使国务院根据全国人大常委会的"授权",可以在应用法律过程中解释基本法律和法律,也应当有明确的授权限制,即时间限度、空间限度、事项范围等的限制,而不能不加区别地将权力一次性授完。国务院"应用"法律实质上是执行法律,执行法律是我国实现法治的重要方面,如果在执行法律过程中允许对法律作无限制的解释,法治便会因行政权的侵蚀而遭到破坏。第五,《决议》并未明确国务院"应用"法律与最高人民法院和最高人民检察院"应用"同一法律产生原则分歧时,应由哪个机关予以解释。第六,《决议》授权国务院主管部门解释基本法律和法律,同样缺乏宪法依据。

我们认为,国务院解释法律的权力应当是三项:①解释行政法规;②解释根据全国人民代表大会或其常务委员会授权制定的法律;③解释全国人民代表大会或其常务委员会授权解释的某个法律(狭义的),或者基本法律和法律的某些条款。这三项权力应当严格在法定范围或者授权限度内行使。

关于国务院主管部门的法规解释权。国务院的主管部门解释行政法规,必须得到国务院的授权。在我国的行政立法中,一种通行的做法是,国务院负责法规草案的讨论、通过和颁行,由国务院授权其主管部门负责对法规进行解释。这本是正常合理的,但由于我国立法机制不完善,缺乏应有的立法监督,立法解释缺少必要的限制程序,当行政机关实施行政行为侵犯公民和社会组织的合法权益时,行政主管部门往往可以利用解释来为自己开脱责任。鉴于此,有必要完善现行的行政法规解释制度,其办法是:由国务院法制主管部门成立专门的机构,代表国务院负责大多数行政法规的解释工作和行政法规的解释监督工作;对于国务院主管部门的解释,规定主要是事前解释,事后解释必须在国务院法制主管部门监督下进行;事前解释的结果要报法制主管部门备案,重要的法规要报国务院批准;事后解释要由国务院法制主管部门认可才能生效。把执行法规与解释法规分离开来,有利于监督和制约行政行为,保证做到严格依法办事。

4. 立法解释的程序

我国目前尚无专门的立法解释程序的规定，建议在立法法草案中对有关立法解释的问题作出较具体、明确的规定，使之规范化、程序化。

（1）立法解释的提出。有权提出立法议案的机关、代表，可以提出立法解释议案；最高人民法院和最高人民检察院在法的适用中认为需要作出立法解释的，可以提出立法解释议案；负责法的执行的行政主管部门和法的执行所涉及的利害关系人，可以提出立法解释建议；一切国家机关和武装力量、各政党和社会团体、企业事业组织和公民个人，都可以提出立法解释建议。立法解释议案和立法解释建议必须写明解释的内容和理由，并提供相关的材料。

（2）立法监督委员会负责审议向全国人民代表大会和它的常委会提出的立法解释议案，决定是否向全国人民代表大会及其常委会提出立法解释建议。全国人大或其常委会根据立法监督委员会提交的审查意见作出相应的决定。国务院法制主管部门决定是否向国务院提出立法建议，并提出审查意见，报请国务院常务会议进行审议，作出相应决定；或者转交各部、委进行审议并作出相应的决定。省级立法监督委员会负责审议向省级人民代表大会及其常委会提出的立法解释议案，决定是否受理向省级人大及其常委会提出的立法解释建议。省级人民代表大会及其常委会根据立法监督委员会提交的审查意见，作出相应的决定。

（3）立法解释的内容包括：法律的条文和内容需要进一步明确其含义的；法律的条文和内容需要进一步明确其界限的；法律的条文和内容需要作出解释性补充规定的。

（4）立法解释的监督。作为一种公权力，立法解释也必须受到监督。根据各国的做法，对立法解释监督的主要要求是：立法解释不得越权；不得与宪法和上位法相抵触；不得与该法的立法旨意、基本原则和立法解释条款的原意相违背。在技术上，立法解释主要是对法的条款进行字意解释，只有在必要时，才得作扩大解释或者限制解释。无论是扩大解释还是限制解释，都必须符合该法的原意。

（二）立法的监督机制

立法的监督机制是有关主体在实施立法监督过程中形成的科学合理的

机理和制度。什么是立法监督？有人认为，立法监督是指"代议机关或（广义上的）立法机关所专门实施的，由立法权所派生的、具有最高或一定法律效力的国家监督。它是立法机关的法律监督、财政监督、人事监督和工作监督的总和，是立法机关影响、制约或控制其他国家机关和政党的一种国家行为"。① 另一种观点认为，"立法监督是指人大及其常委会审查法律、法规以及其他有关规范性文件是否违反基本法律和违反人大决议、决定的监督活动"。② 我们认为，各国有自己的国情，所实行的立法监督制度不尽相同，有关的立法监督理论也各有其侧重。从我国的实际情况来看，上述两种解释，前者监督的主体限制过窄，只有"代议机关"才能享有此权力，而其内容却失之过宽，一切"代议机关"职权范围的事项都被纳入监督的视野。后者对立法监督主体也作了过于严格的限制，只有"人大及其常委会"即全国和地方的权力机关才有权进行"立法监督"。这些解释显然与我国的实际不符，与现代权力原理亦不符，现代权力原理认为，法律（广义的）的修改、解释、补充、废止包括监督，都是由创制该法律的权力派生的，是创制权的固有内涵。法律创制权应有的对法律的修改权、解释权、补充权、废止权、监督权等，既可以由拥有该法律创制权的主体行使，亦可以由它授权或宪法、法律规定的其他主体行使。所以，我们认为，所谓立法监督是指，立法主体依法或依授权对有关的法律、法规、规章或其他规范性文件是否违法（违反宪法、上位法或者其他上位规范性文件）进行审查的活动。

各国关于立法监督③的体制规定不一，主要有三种体制：立法机关的内部监督、外部监督及混合监督。立法机关（议会）实行内部监督的主要理论依据是：防止立法权的分散、削弱或旁落，避免监督机关凌驾于立法机关之上，使人民主权的归依受到影响。实行这种体制的国家有瑞士、荷兰、蒙古、印度尼西亚、民主也门、佛得角、保加利亚等。在监督的方式上，通常也可分为事前监督和事后监督。事前的立法监督又可分为两个阶段。一是在法案提交议会之前，例如在芬兰，议会研究立法议案时，议长

---

① 孔令望等：《国家监督论》，浙江人民出版社，1991，第155页。
② 蔡定剑：《国家监督制度》，中国法制出版社，1991，第156页。
③ 在一定意义上讲，立法监督基本等同于宪法监督，因为立法监督的问题到最后都可能成为宪法问题。

和宪法委员会审查其是否违宪；在丹麦，议长能建议议会宣布一项立法提案违宪，并可征求议会程序委员会和大学专家、司法部等有关部门的意见。二是在法案被议会通过成为法律之前，即在法案由国家元首或其他机关颁布成为法律之前实施监督，例如在法国，在法律颁布之前，宪法委员会可应总统、总理、两院议长之一或者任何一院60%的议员的要求，进行监督。在性质上，事前监督法案成为法律，基本上是政治性的，法案一旦颁布成为法律，对其监督就变为法律问题，通常应由司法机关来实施。据各国议会联盟统计，有57个国家在议会通过立法后由宪法法院或类似的司法机关负责进行违宪审查监督（在实行司法监督的国家，主要有两种程序，一是通过违宪诉讼程序实施监督，二是采取直接监督行动）。[①]

在我国，立法监督具有以下内容。

1. 立法监督的主体

立法监督主体的法律地位是由国家宪法和相关的其他法律规定的，具有法定性的特征。1954年宪法规定的我国立法监督主体是：全国人民代表大会负责监督宪法的实施；全国人民代表大会常务委员会有权监督国务院、最高人民法院、最高人民检察院的工作，撤销国务院的同宪法、法律和法令相抵触的决议和命令，改变或撤销省、自治区、直辖市国家权力机关的不适当的决议，决定同外国缔结的条约的批准或废除。国务院有权改变或者撤销各部部长、各委员会主任的不适当的命令和指示，改变或者撤销地方各级国家行政机关的不适当的决议和命令（严格讲来，上述监督行为不能完全算作立法监督）。1982年宪法在规定现行立法体制的同时，规定了我国的立法监督体制。目前，根据宪法和正在起草的立法法，我国立法监督的主体包括：全国人民代表大会及其常委会（设立立法监督委员会具体承担此项职能），地方享有立法权的人大及其常委会（省级人大相应设立立法监督委员会负责其权限范围的立法监督事项），国务院。

2. 立法监督主体的职权

第一，全国人大的立法监督委员会可对以下事项行使立法监督权，提出审查意见：现行的法律、行政法规、军事法规及省级地方性法规是否同

[①] 全国人大常委会法制工作委员会国家法、行政法室，湖北省社会科学院政治学研究所编译《各国议会制度概况》，吉林人民出版社，1991，第212~215页。

宪法和基本法律相抵触；报送全国人民代表大会常务委员会备案的地方性法规是否同宪法和法律相抵触；报送全国人民代表大会常务委员会批准的自治区的自治条例和单行条例是否同宪法和法律相抵触；全国人民代表大会及其常委会授权国务院制定的行政法规，或者授权省级人民代表大会及其常委会制定的地方性法规是否同宪法和法律相抵触；国务院提请裁决的省级地方性法规同行政法规相抵触、省级地方性法规同国务院部门规章之间有矛盾的处理意见；对宪法、法律的解释提出审查意见或建议；全国人民代表大会及其常务委员会交付的其他立法监督事项。

第二，国务院对以下事项作出决定，行使立法监督权：国务院部门规章是否同宪法、法律和行政法规相抵触；地方各级行政机关的政府规章是否同宪法、法律、行政法规相抵触；就各部门规章之间的冲突作出裁决；就各部门规章与省级人民政府规章之间的冲突作出裁决；就省级地方性法规与各部门规章之间对同一事项的不一致规定作出裁决。如裁决适用部门规章的，应当提请全国人民代表大会常务委员会审议，并作出是否撤销省级地方性法规的决定。

第三，省级立法监督委员会对以下事项进行立法监督，提出审查意见：省级人民政府规章是否同省级地方性法规相抵触；省会市和较大市的人民代表大会及其常务委员会制定的地方性法规是否同省级地方性法规及政府规章相抵触；对报省人大常委会的自治条例和单行条例是否违反地方性法规的基本原则提出意见；省人民代表大会或其常务委员会交付的其他事项。

从我国目前的实践情况来看，所谓"抵触"通常是指：立法规定的事项超越了权限范围，属越权越位立法；下位法对同一事项作出了与上位法的规定相反的规定；下位法的规定在形式上或实质上违背上位法的原则或立法精神；上位法对某一事项的处罚限度已经作了规定，下位法就同一事项规定了更重的处罚。

3. 立法监督的程序

我国现行法律对立法监督无较明确的程序规定，正在拟定中的立法法有一些设计。

第一，提请立法监督的主体。一切国家机关和武装力量、各政党和社会团体、企业事业组织和公民都有权就法律、行政法规、地方性法规和规章是否违反宪法，下位法是否同上位法相抵触，用书面的方式向有关机关提出告诉、指控或者申诉。全国人大的立法监督委员会、国务院的法制主管部门、省级立法监督委员会应当在各自的权限范围内接受告诉、指控或者申诉，并在规定的期限内作出是否立案的答复；全国人民代表大会常务委员会、国务院、省级人民代表大会常务委员会应当在规定的期限内对上述告诉、指控或者申诉作出决定。

第二，备案。行政法规应在发布后的30天内报全国人大常委会备案；地方性法规、自治条例、单行条例应在发布后30天内报全国人大常委会和国务院备案；部门规章和地方政府规章在发布后30天内报全国人大常委会和国务院备案，地方政府规章同时还应当报本级人民代表大会常务委员会、上一级人民代表大会常务委员会和国务院备案；被授权机关根据授权制定的法规、规章应当在公布后30天内报授权机关或者授权法指定的机关备案。

第三，审查方式。立法监督委员会的审查方式：对于报送全国人民代表大会常务委员会备案的地方性法规，立法监督委员会可以主动审查，也可以被动审查。如果认为受审法规应当予以撤销时，需提出书面审查意见，报全国人民代表大会常务委员会决定。对于报送国务院的法规、规章，国务院法制主管部门可以主动审查，也可以被动审查。如果认为部门规章或者省级地方政府规章应当予以撤销，需提出书面审查意见，报经国务院常务会议或总理办公会议同意后，通知该报送机关予以撤销或者纠正；如果认为省级地方性法规、自治条例和单行条例应当予以撤销或纠正，需提出书面审查意见，报经国务院常务会议或者总理办公会议，转报全国人民代表大会常务委员会作出决定。对于报送省级人民代表大会常务委员会备案的规章，省级立法监督委员会可以主动审查，也可以被动审查。如果认为受审规章应当予以撤销或者纠正，需提出书面意见，报送省级人民代表大会常务委员会决定。

第四，冲突裁决程序。当立法监督中发生冲突时怎么办？立法法草拟稿规定，地方性法规同各部门规章之间对同一事项的规定不一致时，经国务院法制主管部门提出书面审查意见，报国务院常务会议或者总理办公会议作出裁决。国务院裁决适用部门规章的，应当报送立法监督委员会提出书面审查意见，提请全国人民代表大会常务委员会决定；各部门规章之间、各部门规章同省级人民政府规章之间对同一事项的规定不一致时，由国务院法制主管部门提出书面审查意见，报国务院常务会议或者总理办公会议作出裁决；同一机关制定的规定之间发生冲突时，由制定机关裁决。

第五，批准制度。自治条例和单行条例、需报批的地方性法规，在报送有关机关批准时，批准机关应在规定的时间（如两个月）内作出是否批准的书面决定。在规定期限内没有作出决定的，被视为已经批准。批准机关只能就该法是否符合宪法和有关法律的规定进行审查，作出是否批准的决定，而不能对该法的实质内容予以修改。

第三章 司法体制论

一 新中国司法体制的构成及其特点

(一) 司法体制的概念

司法体制,是指行使司法权的机关以及相关组织的结构体系、相互关系及其权限划分的制度。有狭义、广义二说。狭义说,仅指国家司法机关的结构及其权限,即限于侦查、检察、审判、司法行政机关。广义说,除国家机关外,还指经法律授权的专门组织,即包括律师、公证、仲裁、调解等组织。

司法是一种国家权力,是法律赋予司法权的国家机关适用法律的活动。司法的重要特点是具有强制力,用特定的方式去调整和解决国家与公民或者公民与公民之间的关系及其权益争议。因而,司法体制只能由有司法权的国家机关构成,没有被赋予司法权的组织不应包括在司法体制之内。这是狭义说的主要根据。广义说则认为,经法律授权的专门组织,依法参与某一方面的司法活动,其工作方式和工作内容都与应用法律有关,它依法进行的行为是司法活动所不可缺少的,它依法作出的决定,在一定条件下具有法律效力,因此,有关的专门组织如何设置及其职权的确定,亦应归属于司法体制的范围。

上述两种观点,其立论都有一定的根据和理由。无论是国家司法机关行使职权的活动,还是有关的专门组织依法进行的活动,都直接或间接地与实现司法任务有关,都是司法活动所不可缺少的。因而,把它们共同列入司法体制的范围并无不妥。但是，应当指出的是，司法从本质上说是一种行使国家权力的活动，只能由有司法权的国家机关行使，或者说，主要由国家机关承担，其他有关组织，虽经法律授权也可以进行某些带有司法性质的行为，参与司法活动，但它们在司法体制中所处的地位、作用与司法机关是不完全相同的，因而不能把两者平列或者等同看待，应当在层次上加以区别。司法机关是构成司法体制的核心，其他有关组织是其外围，从而构成主次有别、内外结合的司法体制，作这样的构想能较好地反映司法活动的实际。

司法体制与司法制度不是同一概念。但两者既有区别又有联系。司法制度一般包括司法组织的构成、职权，组织体系，活动原则，程序设计，工作制度等内容，而司法体制仅指国家设置哪些司法机关以及有关组织及其职权的划分。司法体制是司法制度的重要组成部分，但不是司法制度的全部。司法制度中的其他内容不属于司法体制的范围。

司法机关是司法体制的主要构成，哪些国家机关属司法机关，涉及司法体制的结构组成。国内外学者的观点不一。西方国家的传统观点是，司法机关仅指法院，所谓司法体制，就是指法院的组织构成。其理论根据出自"三权分立"学说，司法是独立的权力，不受行政、立法的干涉。司法权只能由法院行使，其他任何机关无权行使，因而，唯有法院是司法机关。侦查机关、检察机关、司法行政机关属政府系统，其职权的行使须听命于行政首脑，因而，不是司法机关。或者说，这些机关虽具有某些司法职能，参与某些司法活动，从广义上可以归属于司法体制系统，但从其机关的基本属性来说，不是司法机关。

我国的司法机关有哪些，涉及我国司法体制中司法机关的构成问题。我国学者对此认识也不尽一致。有的认为，只有人民法院和人民检察院是司法机关。有的认为，除人民法院和人民检察院以外，公安机关、国家安全机关、司法行政机关都是司法机关。理由是，习惯上公、检、法、司四个机关统称"政法机关"，都被当作司法机关。党内有"政法委员会"，从党的系统协调政法工作时，都是把公、检、法、司四个机关作为司法机关对待的。全国人大内务司法委员会，也是把最高人民法院、最高人民检察院和公安部、国家安全部、司法部列为其行使职权的范围。

笔者认为，从司法本义来看，司法机关应限于有司法权的机关，不是所有处理与司法事务有关的机关都是司法机关。根据我国宪法和法律规定，人民法院是国家的审判机关，人民检察院是国家的法律监督机关，在司法、执法活动中依法独立行使审判权、检察权，不受其他行政机关的干涉，它们是司法机关，这是毋庸置疑的。而对于公安机关、国家安全机关、司法行政机关是否属于司法机关，需要作具体分析，才能确定它们在司法体制中的地位。公安机关、国家安全机关负有维护社会治安和保卫国家安全的职责，有权依法对刑事犯罪进行侦查。侦查是对犯罪嫌疑人适用法律的活动，因而，侦查权具有司法权的性质。从这个意义上说，把行使侦查权的机关归属于司法机关也无不可。习惯上也是这样看的。但习惯的做法并不都是合理合法的。从理论上对司法权和行政权作正确理解和严格区分是必要的。应当看到，公安机关、国家安全机关是各级人民政府的一个职能部门，属于政府系统，主要担负治安保卫和国家安全工作，其性质属于行政管理职能。刑事侦查只是在对付犯罪活动方面的职权，并不是它的全部职权，不能因其有侦查权而改变整个机关的性质和地位。因而，无论从组织系统、领导关系还是部门职能来看，把它归属于行政机关比较适当。当然，由于法律赋予其侦查权，参与司法活动，它虽不是司法机关，仍可作为司法体制的一个部分，不否定它在司法活动中的地位和作用。

司法行政机关，从名称本身已说明其性质，即是负责司法行政工作的机关。司法行政与司法权含义不同，司法行政是政府的管理职能，是国家对司法行政事务的管理，具体是指管理法院的设置、法官的考核教育、法院的财务，管理律师、公证等行政事宜。而司法权主要是指在司法活动中处理诉讼案件和非讼案件，有适用法律之权，司法行政则无适用法律、处理案件的含义。1982年国务院机构改革后，我国的司法行政机关已将法院的司法行政工作交由人民法院自行管理，司法行政机关不再管理人民法院的司法行政工作。目前主要负责监狱、劳教、律师、公证、司法干部培训、法学教育、人民调解等工作。这些工作虽其中有些直接或间接与司法权有关，但从总体上看，是属于行政管理工作。因此，从部门的基本属性来说，司法行政机关应归属于行政机关较为合适。但它依法行使司法权和进行与司法权有关的活动，仍可作为司法体制中的一个部分。

至于经法律授权的专门组织，依法参与某些司法活动，行使某些司法性质的职权，为司法活动所不可缺少，但其组织不具有司法机关的性质，可看作司法体制中的附属部分。

(二) 中国司法体制的构成及其运作

我国是实行人民代表大会制的社会主义国家。立法权、行政权、司法权分别由专门的国家机关行使，但都统属于国家权力机关，即全国人民代表大会和地方各级人民代表大会。司法机关、行政机关由国家权力机关选举产生，对它负责，受它监督。根据我国宪法规定，全国人民代表大会及其常委会是国家的立法机关，行使立法权；国务院及地方各级人民政府是国家的行政机关，是国家权力机关的执行机关，行使行政权；人民法院和人民检察院是国家的审判机关和国家的法律监督机关，行使司法权。人民法院和人民检察院独立行使职权，不受行政机关的干涉。可见我国的司法体制在整个国家体制中具有重要的地位，人民法院和人民检察院构成我国的司法体制的主要部分。

从总体上说，我国的司法体制由三部分构成。一是人民法院和人民检察院，分别行使审判权和检察权，是司法体制的主要部分。二是政府系统中行使部分司法权的国家机关，即公安机关、国家安全机关，依法行使侦查权；司法行政机关，依法管理司法行政和监狱。三是经法律授权参与某些司法事务的专门组织，即律师、公证、仲裁、调解等组织。三者的法律地位和行使职权的性质、作用虽有不同，但都是进行司法活动所不可缺少的。它们之间既互相配合，又互相制约，统一构成我国的司法体制。现分别就与体制有关的职能划分、组织体系，以及活动原则、基本制度等方面的基本情况进行阐述。

1. 人民法院

人民法院是国家的审判机关，行使审判权。人民法院由国家权力机关选举产生，对它负责，受它监督。

人民法院的组织体系，从地方到中央分四级设置，即基层人民法院、中级人民法院、高级人民法院和最高人民法院。并设专门人民法院，现设有军事法院、海事法院、铁路运输法院。全国普遍设立人民法庭，作为基层人民法院的派出机构。现有18000多个人民法庭，承担着全国80%左右的民事案件、部分经济纠纷案件和刑事自诉案件的审判任务。

人民法院组织法和刑事诉讼法、民事诉讼法、行政诉讼法等法律，对各级人民法院的职权及其受理的案件范围作了明确规定。各级人民法院分别受理和审判大量的刑事、民事、经济和行政诉讼案件。据1994年统计，全国各级人民法院共受理并审结刑事案件48万余件、经济纠纷案件104万余件、民事案件238万余件、行政案件3.4万余件。

为了保证审判公正，法律规定审判工作必须遵循基本的原则。主要有：依法独立行使审判权；以事实为根据，以法律为准绳；对一切公民在适用法律上一律平等；办理刑事案件，与人民检察院、公安机关分工负责，互相配合，互相制约；审判公开；被告人有权获得辩护；依靠群众等。从司法体制上说，如何保证人民法院依法独立行使审判权最为重要。当前独立行使审判权受到地方保护主义和部门保护主义的严重干扰，其原因是多方面的，有思想观念的问题，有滥用权力的问题，但更深层次的原因是司法体制不完善。

人民法院的审判活动必须依照法律规定的制度和程序进行。重要的审判制度有两审终审制、合议制、回避制、死刑复核制、审级监督制等。两审终审，是指一个案件经过两级人民法院的审判即宣告终结的制度。也就是说，地方各级人民法院审理的第一审所作的判决和裁定，如果当事人不服提出上诉，或者人民检察院认为确有错误提出抗诉，这个案件应由上一级人民法院按第二审程序再进行一次审理，它所作的判决和裁定是终审的判决和裁定，立即发生法律效力，当事人和人民检察院不得再行上诉或抗诉。审级制度是法院特有的制度。实行这个制度的目的在于使下级法院作出的可能有错误的判决和裁定，能够通过上诉程序得到纠正。西方国家多数实行三审终审制，我国也曾经实行过三审终审制。但是，根据我国长期审判实践经验，实行两审终审制较为符合我国的实际情况。由于我国地域辽阔，上下级法院之间相距较远，许多地方交通不便，审级过多会给诉讼参与人带来许多不便，诉讼拖延时日，既浪费人力、财力，又不利于及时制裁违法犯罪和解决权益纠纷。实行两审终审判，可以使大多数案件在基层和中级人民法院得到解决，少数重大案件在高级人民法院解决，只有极少数案件需经最高人民法院二审终结。经二审以后如果判决和裁定还有错误，可以通过提起审判监督程序加以解决，没有必要实行三审终审制。

人民法院体制上不同于行政机关的一个重要特点是，在人民法院上下级之间，就审判工作而言，是审级监督关系，而不是领导与被领导关系。

我国宪法明确规定，最高人民法院监督地方各级人民法院和专门人民法院的审判工作，上级人民法院监督下级人民法院的审判工作。这就是说，上级人民法院不能在审判工作上直接指挥下级人民法院应如何审判案件，要求下级人民法院服从自己的指令，而只能通过法律规定的上诉程序、审判监督程序，对下级人民法院所作的判决和裁定是否正确依法进行审判监督，纠正其错误。但是，在实践中有些地方仍然不同程度地存在用行政机关的领导方式干预审判工作的情形。比较典型的是上级人民法院通过行政渠道要求下级人民法院按其指示作出判决和裁定。我们如果忽视纠正这种错误的工作方式，势必会使审级制度、上诉制度、审判监督制度形同虚设，失去其实际作用，严重损害审判体制独特的监督功能。

近年来，随着经济发展和改革开放，适应建立社会主义市场经济体制的需要，人民法院在体制上有些重要的进展。

（1）增设专门法院和新区法院。在沿海港口城市设立海事法院。继在广州、上海、武汉、青岛、天津和大连设立海事法院后，又在海口、厦门、宁波设立海事法院。它的审判工作受所在地高级人民法院监督。最高人民法院设立交通运输审判庭，依法受理由最高人民法院管辖的海事、海商案件，并监督各海事法院的审判工作。已在大连、烟台、青岛、广州、天津、上海等地经济技术开发区和保税区设立法院或派出法庭，开展新区的审判业务。

（2）在法院内部增设审判组织。根据审判业务扩大和经济案件增多的需要，各级法院普遍设立了行政审判庭、执行庭。一些法院设立房地产审判庭、涉外经济审判庭、少年法庭、知识产权审判庭或者相应的审判组织，使审判机构更趋健全。

（3）改进审判方式。审理民事、经济纠纷案件，实行当事人举证责任制度，强调庭审的调查、辩论和质证，保护当事人的诉讼权利。有些法院试行立案与审理分开的制度，强化法院内部的制约机制，以提高办案的质量和解决"告状难"的问题。

（4）建立法官制度。第八届全国人民代表大会常务委员会第十二次会议通过法官法，这对于提高法官的素质，加强对法官的管理，保障法官严格履行职责、独立行使审判权将起到重要作用。

2. 人民检察院

人民检察院是国家的法律监督机关，行使检察权，也就是对法律的遵守和执行法律监督权。人民检察院由国家权力机关选举产生，对它负责，受它监督。

人民检察院的组织体系，与人民法院相对应，从中央到地方分四级设置，即：最高人民检察院；省、自治区、直辖市人民检察院；省、自治区、直辖市人民检察院分院，自治州和省辖市人民检察院；县、市、自治县和市辖区人民检察院。并设专门人民检察院，现设有军事检察院、铁路运输检察院（地区级以下）。省一级人民检察院和县一级人民检察院根据工作需要，经本级人大常委会批准，在工矿区、农垦区、林区，或在劳改、劳教场所设置人民检察院，因这些特定区域不是一级行政区域，不设立国家权力机关，所以，设置的人民检察院作为省或县一级人民检察院的派出机构。为了加强基层人民检察院的工作，近年来，还允许一些县、市、市辖区人民检察院，经本级人大常委会批准，在乡、镇设置检察室，作为派出机构。

人民检察院的职权，根据宪法规定的人民检察院的性质和它在国家体制中的地位，应当有权对各种法律的实施实行监督。但实际上法律规定检察机关的具体职权和实践中执行的权限都没有达到宪法规定的要求，而且受不同时期国家法制情况的影响，法律监督权的行使受到极大的限制。1954年宪法曾对检察机关的职权作过较全面的规定。规定人民检察院对国家机关、国家工作人员和公民是否遵守法律行使检察权。但实践中，在批判"一般监督"后，实际已取消了这项职权。检察机关主要是通过对刑事案件的批捕、起诉工作行使检察权。也就是说仅限于对刑事法律的监督。1982年宪法虽再次明确检察机关是国家的法律监督机关，但法律在规定检察机关的具体职权时，仍侧重于对刑事法律的监督，对其他法律有没有监督权和如何监督都没有明确规定，实际上能够行使监督权的范围大大小于宪法的规定。近年来，根据经济建设、市场经济发展和实行民主政治的需要，检察机关限于刑事法律监督的状况有所改变，行使职权的范围逐步扩大。1991年制定的民事诉讼法规定："人民检察院有权对民事审判活动实行法律监督。"1989年制定的行政诉讼法规定："人民检察院有权对行政诉讼实行法律监督。"概括起来，当前人民检察院行使职权的范围，主要有以下几个方面。

一是对刑事法律实施监督。这是检察机关行使监督权经常的和主要的工作。包括对于公安机关（国家安全机关）侦查的条件进行审查，决定是否逮捕、起诉；对于公安机关的侦查活动是否合法实行监督；对于刑事案件提起公诉、支持公诉；对于人民法院的审判活动是否合法实行监督。以1994年为例，全国各级检察机关受理公安、国家安全机关提请批捕的犯罪嫌疑人，经审查已批准逮捕598633名；受理移送起诉的犯罪嫌疑人，经审查已提起公诉570693名。在侦查监督中，对45835名犯罪嫌疑人依法作出了不批准逮捕决定，对7187名犯罪嫌疑人作出批捕决定，对2833名犯罪嫌疑人进行了追诉，对侦查活动中的违法情况提出纠正意见11047件次。在刑事审判活动监督中，对认为确有错误的一审刑事判决和裁定，提出抗诉1693件，对已发生法律效力的，认为确有错误的刑事判决和裁定提出抗诉533件。对审判活动中的违法情况提出纠正意见2228件次。[①] 上述统计数字体现了检察机关在保障刑事法律的正确实施中的监督作用。

二是对职务犯罪的监督。按照宪法确定的检察机关的性质和职权，检察机关有权对国家机关和国家工作人员是否遵守法律行使检察权。根据当前实际情况，重点放在对违反刑法的监督。1979年彭真同志在第五届全国人大二次会议上作关于七个法律草案的说明中曾着重指出："检察院对于国家机关和国家工作人员的监督，只限于违反刑法，需要追究刑事责任的案件。"根据这个立法时的解释，检察机关对国家机关和国家工作人员的法律监督，主要是对职务犯罪的监督。刑事诉讼法在划分公、检、法三个机关关于刑事案件的管辖范围时，把贪污贿赂犯罪，渎职犯罪，国家工作人员利用职权实施的非法拘禁、刑讯逼供、报复陷害、非法搜查等侵犯公民人身权利的犯罪以及侵犯公民民主权利的犯罪划归检察机关管辖，由人民检察院立案侦查并决定是否提起公诉。这三类案件基本上属于国家工作人员的职务犯罪，由人民检察院直接办理，不仅是一般地行使侦查权，更重要的是体现了检察机关对违法犯罪的国家工作人员行使法律监督权。近几年的检察实践说明，检察机关对职务犯罪的监督，特别是将贪污贿赂等经济犯罪案件作为检察机关的工作重点，取得了显著成绩。据统计，1994年全国检察机关共立案侦查贪污案21674件，贿赂案14797件，挪用公款、

[①] 《最高人民检察院公报》1995年第2号。

巨额财产来源不明案 13617 件。① 这些案件的揭露和处理，对推动反腐败斗争的深入发展，促进国家机关的廉政建设发挥了重要作用。

三是对民事法律和行政诉讼法律实施的监督。根据民事诉讼法规定，检察机关对民事审判活动的监督，主要是针对人民法院已经发生法律效力的民事判决和裁定进行监督。发现判决、裁定认定事实的主要证据不足，或者适用法律确有错误，或者严重违反法定程序，或者法官在审判中有贪污受贿、枉法裁判行为的，有权按照审判监督程序提出抗诉。而对于检察机关是否有权提起诉讼、参加诉讼，法律未作规定。根据行政诉讼法规定，检察机关对行政诉讼的监督，主要是对人民法院已经发生法律效力的判决和裁定，发现违反法律、法规的，有权按照审判监督程序提出抗诉。对于人民检察院是否有权提起诉讼、参加诉讼，法律未作规定。由于对民事审判、行政诉讼的法律监督工作起步较晚，加上法律规定的不完善，目前处于初步开展、积累经验阶段。1994 年，检察机关重点抓了对明显不公的民事、行政判决、裁定的抗诉工作。同时，查处了一些审判人员徇私舞弊、索贿受贿犯罪案件，共对 587 件裁判明显不公的民事、行政判决、裁定提出了抗诉。向人民法院提出改判建议 1477 件；立案侦查审判人员在民事和行政案件审判活动中徇私舞弊、索贿受贿案件 65 件 76 人。②

四是对监所改造法律、法规实施的监督。这项监督包括对监狱监管活动的监督和对看守所监管活动的监督，以及对劳动教养机关活动的监督。在对监狱监管改造监督工作中，既包括对刑罚执行的监督，又包括对监狱的改造活动是否合法的监督。不仅对执行刑事法律、法规进行监督，还对执行有关罪犯改造的方针、政策进行监督。从对刑罚执行的监督来说，既包括对狱内执行刑罚的监督，又包括对社会上执行刑罚的监督。并依法办理罪犯再犯罪案件的批捕、起诉和对监狱、看守所监管人员违法构成犯罪案件的主要侦查工作。1994 年检察机关在对监所改造活动的监督中，重点纠正不按法律规定交付执行以及在办理减刑、假释、保外就医工作中出现的以钱抵刑等违法问题，查办监管人员徇私舞弊、私放罪犯和贪污受贿等犯罪案件 723 件；对监管改造活动违法情况提出纠正意见 46709 件

---

① 《人民日报》1995 年 3 月 24 日。
② 《最高人民检察院公报》1995 年第 2 号。

次；依法对组织越狱、报复杀害干警、脱逃后又流窜作案的罪犯起诉4929人。①

为了保障人民检察院正确行使检察权，人民检察院的检察活动必须遵循法律规定的原则。法律规定人民检察院的活动原则主要有：依法独立行使检察权；对任何公民在适用法律上一律平等；不允许有任何特权；以事实为根据，以法律为准绳；办理刑事案件与公安机关、人民法院分工负责、互相配合、互相制约；依靠群众等。其中依法独立行使检察权与司法体制最为密切。多年来的检察实践说明，检察体制是否完善，特别是检察领导体制的设置是否适当，对独立行使检察权的关系极大。检察权也就是法律监督权，它的本质要求是保证国家的法律在全国范围内统一、正确实施，这就必须建立与之相适应的较为集中统一的领导体制，才能有条件抵制来自地方的非法干涉。我国检察机关的领导体制自新中国成立以来几经反复，从1954年宪法规定实行垂直领导体制，后来改变为受命于地方政权机关，到1982年宪法又确定实行既由上级人民检察院领导，又受地方权力机关监督的双重领导体制。但目前实行的这种领导体制仍不尽如人意，尚不足以抵制来自地方行政机关的非法干涉，特别是地方保护主义的干扰，难以摆脱其牵制。如何从领导体制上保证依法独立行使检察权，仍是一个亟待研究解决的问题。

近年来，随着人民检察院检察业务的扩展和法律监督职能的加强，在与检察体制有关的方面，主要有以下几点变化。

第一，调整和扩大内部业务机构的设置。民事诉讼法和行政诉讼法相继颁布后，为了加强对民事审判活动和行政诉讼的法律监督，各级检察机关普遍设置了民事检察和行政检察的业务机构。在国家开展反腐败斗争中，检察机关加强了查办贪污贿赂犯罪案件的工作，并设立了相应的专门机构。全国绝大多数检察院，部分市、县检察院，已先后在原经济检察机构的基础上组建了反贪污贿赂局。还在各级检察机关普遍设立了专门的举报机构，接受和处理公民对国家机关及其工作人员违法犯罪的检举、控告，从组织方面保证检察机关全面发挥其法律监督职能作用。

第二，建立内部双重制约的制度。从1989年起，各级检察院对直接受

---

① 《最高人民检察院公报》1995年第2号。

理侦查的案件实行了内部制约制度,即侦查、预审工作与审查逮捕、审查起诉工作公开,由负责对贪污贿赂等经济犯罪案件和侵权、渎职案件的侦查部门与刑事检察部门分别办理,从而防止和减少了办理自侦案件中的错误,明显提高了办案的质量。

第三,建立检察官管理制度。1995年检察官法的颁布施行,推动检察队伍的管理进入法制轨道,使对检察官的管理区别于普通干部的管理,开始建立符合检察工作性质和特点的检察官管理制度。检察官法明确规定,把"非因法定事由,非经法定程序,不被免职、降职、辞退或处分"作为检察官的一项权利,这就为检察官依法履行其法律监督职责提供了有力的保障,解除检察官后顾之忧,坚持秉公执法,依法独立行使检察权,不受一切非法的干预。

3. 公安机关和国家安全机关

公安机关是国家掌管社会治安和国内安全保卫工作的专门机关。它既是国家的治安保卫机关,又是国家的侦查机关。从依法进行治安行政管理来说,它行使的是行政职能,是政府的职能部门之一,属于国家行政机关。而从依法行使刑事侦查权来说,侦查权属于司法职能,又可归属于司法机关。

1983年6月,六届全国人大一次会议决定成立国家安全部。同年9月,全国人大常务委员会第二次会议通过了关于国家安全机关行使职权的决定。明确规定:"国家安全机关承担原由公安机关主管的间谍、特务案件的侦查工作,是国家公安机关性质,因而国家安全机关可以行使宪法和法律规定的公安机关的侦查、拘留、预审和执行逮捕的职权。"这就是说,国家安全机关有行使侦查的权力,是国家的侦查机关。由于它具有司法职能,我们亦把它列为司法体制中的一个组成部分。

公安机关的组织体系,分四级设置:国务院设公安部,领导、组织和管理全国的公安工作;各省、自治区、省辖市设公安厅(局);地区、自治州设公安处,省辖市和自治区下辖市设公安局;县、自治县设公安局,市辖区设公安分局。在城市街道和县属区、乡、镇设公安派出所或公安特派员。公安派出所是市辖区公安分局或县、自治县公安局的派出机构,不是一级公安机关。在铁路、交通、民航、林业系统设公安局(处),在军队系统设保卫机构。

国家安全机关的组织体系是，国务院设国家安全部，各省、自治区、直辖市设国家安全厅（局）。其他地方则根据需要设置国家安全机构或人员。

公安机关在司法职能方面，主要是行使刑事侦查权和部分刑事判决、裁定的刑罚执行权。根据刑事诉讼法关于案件管辖规定和有关补充规定，大多数刑事案件由公安机关负责立案侦查，包括除间谍案件以外的危害国家安全案件，除重大责任事故以外的各种危害公共安全的案件，以及绝大多数破坏社会主义经济秩序罪、侵犯财产罪、妨碍社会管理秩序罪的案件，还有杀人、重伤、强奸等重大的侵犯公民人身权利罪的案件，总共50余种刑事案件。根据刑法和刑事诉讼法规定，公安机关还具有对部分刑事判决、裁定的刑罚执行权，包括：对被判处无期徒刑、有期徒刑的罪犯，因有严重疾病需要保外就医，或者因怀孕或者正在哺乳自己婴儿的妇女，决定暂予监外执行的；对被判处徒刑缓刑的罪犯的执行；对于被假释的罪犯的执行；对被判处管制或剥夺政治权利罪犯的执行；对判处拘役罪犯的执行。上述除拘役在拘役所执行外，其他各种判决、裁定的执行，由县（市）公安局、市辖区公安分局指定罪犯居住地公安派出所具体负责监督考察，罪犯居住地街道居民委员会、村民委员会或者原所在单位协助进行监督。

国家安全机关在司法职能方面，主要行使侦查权，负责对间谍案件的立案侦查。根据国家安全法的有关规定，国家安全机关在行使侦查权时，有行使特殊的侦查措施的权力。

公安机关和国家安全机关在行使侦查权力时，必须遵守的原则有：迅速及时原则，客观全面原则，遵守法制原则，依靠群众原则等。从当前公安机关行使侦查权力中发生的问题看，最为重要的是如何严格遵守法制原则。由于我国司法体制的特点，公安机关是行政机关，又有司法职能，它具有行使司法权和行政权的双重权力，在实践中往往发生两种权力相混淆的现象，既有以行政权代替司法权，规避司法程序的约束的，也有以司法权代替行政权，违法侵害公民权利的。如"以罚代刑"，即对应受刑事处罚的罪犯以治安处罚了事。近几年来最为突出的是以收容审查代替刑事拘留、逮捕。收容审查本属行政强制措施，按规定限于对那些不讲真实姓名住址、来历不明的人，或者有轻微违法犯罪行为，又有流窜作案需要查清，而尚未构成犯罪的人才能适用。但由于拘留、逮捕有严格的时限和条件的限制，有些公安机关就对应采取逮捕措施的犯罪嫌疑人不送人民检察院审查批准逮捕，而用收容审查的办法逃避法律监督。实质就是公安机关利用其行政权力，以行政强制措施代替刑事强制措施，不按刑事诉讼法规定的程序侦查案件。收容审查不仅本身普遍存在超时限、超范围收审的问题，而且造成对正确执行刑事法律的冲击，因此，需要从体制上研究如何保证正确行使司法权，防止滥用权力、混同使用行政处罚和司法处罚的权力，明确划分和适用行政强制措施和刑事强制措施的范围，保障切实遵守法制原则，严格依法办事。1996年3月第八届全国人民代表大会第四次会议通过刑事诉讼法修正案，决定修改逮捕、拘留条件，明令取消收容审查，今后严格按逮捕、拘留条件执行。

4. 司法行政机关

司法行政机关是政府主管司法行政事宜的一个职能部门，它的组织管理工作是进行司法活动所不可缺少的，因而它是司法体制的重要组成部分。

我国司法行政体系的建立，经历了一个曲折发展的过程。新中国成立之初，中央和各大行政区设立司法部。各省、市的司法行政工作由法院管理。1954年宪法颁布，中央设司法部，大行政区司法部随大区撤销，省、自治区、直辖市设司法厅（局），省以下未设司法行政机关，由法院管理司法行政工作。1959年由于受"左"的思想干扰，中央司法部和省、自治区、直辖市司法厅（局）全部撤销，中央和地方的司法行政工作全部由法院管理。1979年党的十一届三中全会以后，中央决定重建司法行政机关，从中央到地方普遍设立司法行政机构。中央设司法部，省级至县级设司法厅（局），并在区、乡、镇和大城市的街道办事处设司法助理员，形成完整的司法行政组织体系。1982年宪法明确肯定了司法行政机关的法律地位。

司法行政机关的职权范围也几经变更和调整。1979年重建司法行政机关时，确定的范围是：负责管辖本地区人民法院的设置、机构、编制；管理和培训司法干部；领导律师组织和公证机关的工作；组织开展法律宣传和法制教育活动；协同有关部门管理政法院校；指导人民调解委员会等工作。1982年国家机构改革，经全国人大常委会决定，司法行政机关不再管理人民法院的司法行政工作，各级人民法院的司法行政工作由各级人民法院自行管理。1983年又将公安机关管理的劳动改造工作和劳动教养工作划归司法行政机关管理。目前，司法行政机关的职权范围，主要包括：管理监狱工作；管理劳教工作；管理律师工作；管理公证工作；管理直属政法院校和培训司法干部；管理人民调解工作；负责组织法制宣传和普法教育工作；负责司法外事工作等。

  监狱管理工作改由司法行政机关负责，体制上比较合理。公安机关处于同犯罪斗争的第一线，任务繁重，把监狱移交司法行政机关管理后，有利于公安机关集中精力搞好刑事侦查工作，有利于对罪犯的教育改造。现全国共有监狱和劳改场所680个、在押罪犯110万人。近年来，在监狱管理工作中，认真贯彻惩罚和改造相结合、教育和劳动相结合的原则，一面组织罪犯从事生产劳动，一面对罪犯进行思想、文化、技术教育，实行科学、文明管理，改造工作取得显著成效。经刑满释放的人员，重新犯罪率一直保持在6%～8%的低水平上。人民检察院依法加强了对监管改造场所执法活动的监督，使在办理减刑、假释、保外就医中发生的"以钱抵刑"等违法问题及时得到查处和纠正。仅1995年1～5月，人民检察院查办贪赃枉法的监管人员就有185人，保障了监管改造工作的合法进行。

  近年来，司法行政机关对律师的管理发生了较大的变化，根据1980年通过的律师暂行条例，律师是国家的法律工作者，律师的工作机构（律师事务所）受国家司法行政机关的组织领导和业务监督。不仅关于律师的调配、考核、奖惩、思想教育、专业培训以及律师经费的管理，律师机构的设置等组织管理工作由司法行政机关负责，而且律师的业务，亦由司法行政机关进行具体指导、检查、督促。随着国家经济建设、改革开放的发展，律师的状况已发生了很大变化，出现了律师队伍迅速发展和律师机构形式多样化的情况。律师人数从条例颁布时不足2万人发展到9万余人；涌现了一批不要国家编制，不要国家经费，自愿组合、自收自支、自我发展、自我约束的律师事务所，形成了占编所、合作所、合伙所、以个人姓名命名的所等多种形式的律师事务所并存的格局，原确定的律师性质和行政管理模式已与新的形势不相适应。1993年党的十四届三中全会通过的《关于建立社会主义市场经济体制若干问题的决定》中，把律师事务所的性质定为市场的中介组织。要求依据市场规则，建立自律性运行机制。因此，在律师与政府的关系上，必须有利于律师中介作用的发挥。这样律师体制必须进行根本性的改革。目前，司法行政机关对律师的管理，由微观管理转向主要抓事关律师事业发展的重大问题的宏观管理，一些具体的管理职能，改由律师自己组成的团体——律师协会承担。律师协会属社会团体，接受司法行政机关的指导和监督。1996年5月15日第八届全国人民代表大会常务委员会第十九次会议通过《中华人民共和国律师法》，对律师的性质、律师的执业机构和律师管理体制作出了明确规定。规定律师是为社会提供法律服务的执业人员，改变了律师是国家的法律工作者的界定；肯定了国家出资设立的律师事务所和合作、合伙律师事务所等多种形式律师事务所并存的格局，并赋予其不同的法律地位；确立了司法行政机关管理与律师协会管理相结合，并逐步向行业管理过渡的律师管理体制。

5. 法律授权的专门组织

法律授权的专门组织，主要是指律师、公证、调解、仲裁等组织。以上讲司法行政机关权限时，已对律师组织的情况作了阐述，不再重复。这里再对公证、调解、仲裁组织的情况作简要的阐述。

公证机关是指国家专门设立代表国家对民事法律事实依法进行证明活动的组织。我国特设的公证机关是公证处。

我国公证机关的设置，依公证暂行条例规定，在直辖市，县、市设立公证处。经省、自治区、直辖市司法行政机关批准，市辖区也可设立公证处。

公证机关虽受司法行政机关的领导和管理，但公证机关本身不是司法行政机关。它不是司法行政机关的工作部门。但公证作为一种证明活动，它是一种司法性质的活动，因而它属于司法的辅助机关。

公证机关依法行使证明的权力。根据当事人的申请，依法证明法律行为，有法律意义的文书和事实的真实性、合法性。它不具有行政权力，更不具有司法权力，没有命令权、处罚权，更没有对当事人实行强制措施的权力。

公证机关在管理体制上由司法行政机关领导和监督，是指司法行政机关负责对公证机关的公证业务、机构设置、人员配备和任免等有关工作进行组织管理。因此，司法行政机关只是公证管理机关而并非办理公证事项的业务机关，对具体的公证事项不应进行行政干涉。近年来，公证机关的体制正在进行改革,将使公证机关成为具有相对独立性的社会组织。

调解组织是指为发生纠纷的双方当事人排除争端,依照法律、政策,促使其自愿达成协议、解决纠纷的组织。我国的调解有法院调解、行政调解、人民调解,它们相互独立又相互联系,形成调解的组织体系。法院调解,是人民法院对受理的民事案件、经济纠纷案件和轻微的刑事案件进行的调解,属诉讼内调解。人民调解,是由人民调解委员会解决一般民事纠纷和轻微刑事案件的调解,是诉讼外调解。行政调解,是国家行政机关依法调解某种特定的民事纠纷或经济纠纷,也是诉讼外调解。这里着重讲人民调解组织。

根据我国宪法和法律规定,在基层群众性自治组织——居民委员会、村民委员会下设人民调解委员会。其基本职能是调解民间纠纷。它不是国家的司法机关,也不是国家的行政机关,但它接受基层人民政府和基层人民法院的指导。基层人民政府的指导,是通过它的司法行政部门进行,具体工作由司法助理员负责。主要是帮助村民委员会、居民委员会建立和健全调解组织,培训调解人员,指导调解组织进行法制宣传教育等工作。基层人民法院主要是对人民调解业务进行具体指导。人民调解已载入我国宪法和法律,成为一项中国特色社会主义司法制度。

人民调解必须依据法律、法规、规章和政策,在双方当事人自愿平等的基础上进行。双方达成的调解协议,具有一定的法律约束力,当事人应当履行。但调解协议没有强制执行力,如果达成协议后又反悔的,当事人可以向人民法院起诉,调解组织不得干涉和阻止。

仲裁机关是指经当事人申请或根据双方当事人事前协议,对当事人之间发生争议的事实,以第三者的身份出面进行调解,或作出裁决,解决争议的组织。

仲裁机关一般是社会团体,属民间组织,也有的属国家行政机关,是官方组织,但它并无行政职权。从本质上看,它是经法律授权的社会组织,既不是国家的行政机关,也不是国家的司法机关。但从其活动内容和方式来说,它依法采用类似审判的方式解决争议,具有司法的特征,因此,可以把它作为一种辅助的司法制度,归属于司法体系。

仲裁一般用于民事争议,主要是解决经济纠纷。仲裁不同于调解,它既可以通过调解达成协议,也有权作出裁决。经调解达成的协议或作出的裁决，对双方当事人有约束力，虽仲裁机关无强制执行权，但如果当事人不执行，权利人有权申请法院依法强制执行。

仲裁与市场经济有密切关系。我国实行改革开放以来，仲裁制度才真正建立和逐步发展起来。现有的仲裁主要有经济合同仲裁、技术合同仲裁、劳动争议仲裁、中国国际经济贸易仲裁（即国际商事仲裁）、中国海事仲裁（即国际海事仲裁）等。

（三）中国司法体制的特点

我国的司法体制，与社会主义国家的国体、政体相适应，根据社会主义法制建设的需要，借鉴了古今中外的有益经验，并总结民主革命时期民主政权和新中国成立以来自己司法实践的经验，经过一段曲折发展之后逐步形成。它既有近代司法体制的共同特征，又有自己的特点。

1. 司法体制的统一与部门分工相结合

我国的司法体制是统一的。所谓司法体制统一，有两方面的含义。一是从司法体制与政治体制的关系而言。我国的司法体制是政治体制的一部分。政治体制是行使国家权力的组织形式。马克思主义认为，国家权力是不可分的。虽从权力分类来说，可以作立法、行政、司法等权力的划分，但这是组织权力行使时的一种分工，不是权力的分割。西方国家的"三权分立"理论，是在资产阶级革命初期，向封建势力争夺权力的背景下，为了牵制不同阶级、不同政治势力对权力分配与行使的需要而提出的。"三权分立"理论以权力相互制约为出发点和落脚点，这是合理的。但其具体模式则应根据各国的具体性质和国情而有区别。社会主义国家的权力属于人民，人民的权力是统一的，统一由代表人民的最高权力机关行使。这是根据我国社会主义政权建设的长期实践经验和中国的具体国情而实行的一种政治体制。因此，它与根据"三权分立"理论建立起来的资本主义国家的政治体制有很大区别。我国实行人民代表大会制。全国人民代表大会是国家的最高权力机关，统一行使国家权力。国家的行政机关、司法机关，都由人民代表大会产生，对它负责，受它监督。司法机关在国家机构中的地位，司法权力的运用及其作用，与资本主义国家不完全相同。我国的司法机关依法独立行使职权，不受行政机关的干涉，从司法与行政的分离来看，两种体制是相似的。但这种分离或者说分立，不是绝对的，它们最终都要受国家权力机关统一的监督。谁也没有超越国家权力机关，或者说与之相抗衡的权力。司法机关适用法律，包括通过司法程序，对行政机关的违法情况实行监督，目的是保障国家法制的统一，保障国家权力的正确行使。因此，从接受权力机关的监督和司法权的作用来说，有着明显的差别。

二是从司法体制内部的关系而言。司法体制内部根据任务需要采取不同的组织形式，设立各种行使司法职权的部门，其相互间的关系和职权的行使必须是统一的，不允许司法部门各行其是，更不允许司法机关以外的机关行使司法权力。但是，司法体制与政治体制的统一，司法体制内部的统一，并不排斥司法体制内部设立多个部门，作必要的分工，分别行使权力。按照西方国家的传统观点，司法体制就是指法院体制，司法权仅指法院行使审判权。侦查机关、检察机关、司法行政机关一般排除在司法体制之外。有些国家的宪法作了明确规定。如美国宪法第3条规定："合众国的司法权，属于最高法院及国会随时制定与设立的低级法院。"日本国宪法第76条规定："一切司法权属于最高法院及由法律规定设置的下级法院。"但在理论上也有一种对司法权作广义解释的观点，把检察机关、司法行政机关行使的某些职权，归属于司法权的范围，不过仍认为司法权以法院为中心。

从我国宪法和法律的规定和司法实际情况看，在司法体制的统一、司法权的统一行使方面，同世界各国基本上是一致的。但是，在司法体制的内部构成和司法职权的分工等方面却有所不同。根据我国宪法规定，我国的人民法院和人民检察院，都是行使司法权的机关。它们是我国司法体制的主要组成部分。公安机关、国家安全机关、司法行政机关，虽属于行政机关系统，但它们依法行使一定的司法权力，也是国家司法体制的组成部分。还有法律授权的专门组织，如律师、公证、仲裁等组织，承担某些司法性质的工作，是司法活动中的辅助组织，从而构成一个完整、系统的司法体制。在不同的机关、组织之间有明确的业务范围和职权分工。人民法院行使审判权，人民检察院行使检察权，公安机关、国家安全机关、司法行政机关（监狱）和检察机关在办理刑事案件中行使侦查权。司法行政机关对其所属的部门和专门组织行使司法行政管理权。这些权力的行使，有各自特定的内容和方式，但都同属于司法权的范围。各个部门之间既分工负责，互相配合，又互相制约。司法实践证明，司法权的统一与适当的分工相结合，有利于法律的正确执行。1982年我国宪法把它上升为宪法原则。第135条规定："人民法院、人民检察院和公安机关办理刑事案件，应当分工负责，互相配合，互相制约，以保证准确有效地执行法律。"条文内容虽只限于刑事法律范围，但其基本精神无疑也适用于行使司法权的其他方面。随着经济的发展，国家管理的专业化程度的提高，在司法权的行使上继续实行统一与分工相结合的原则，发挥互相制约作用，必将能更好地提高执法水平，加强社会主义法制，保障国家经济建设的健康、顺利发展。

2. 检察与司法行政分离，实行检侦分设，强化检察监督

资本主义国家的检察机关，无论是大陆法系国家，还是英美法系国家，一般都隶属于司法行政机关。虽有的单独设置，或有的附设于法院内，但都由司法行政机关管辖，接受司法行政机关的领导。如法国，中央司法部设总检察院，是司法部的下属机关之一。地方检察长和各级检察官都配置于各级法院，与法院合署办公，虽检察院自成系统，有一定的独立性，但工作上要接受司法部的领导。司法部长命令检察长追诉某人，检察长必须执行。又如日本，第二次世界大战前，检察机关附设于法院内，属大陆法系类型。战后受美国法的影响，检察机关与法院脱离，单独设置，自成系统，但仍归法务省领导。法务大臣对检察事务，有一般性的指挥监督权，可对任何案件进行调查或处分，有权对总检察长进行指挥。美国最为典型，检察长由司法部长兼任，一身二任，检察与司法行政紧密结合。

社会主义国家的检察机关和司法行政机关的关系与资本主义国家不同。检察机关从司法行政机关分离出来，不再隶属于政府系统，而是独立的司法机关。检察机关与司法行政机关分离，开始于苏联，源自列宁的法制思想。列宁为了保障社会主义国家的法制统一，纠正地方上法制的混乱现象，提出由检察机关来承担此项任务，法律赋予它行使法律监督的职权。这就提高了检察机关在国家体制中的地位。它与政府、法院相并立，单独设置，独立行使职权，直接向国家权力机关负责并报告工作。我国的检察机关，在新中国成立后正是根据列宁的法制思想建立起来的。宪法明确规定，检察机关是国家的法律监督机关，由人民代表大会产生，对它负责，受它监督。而司法行政机关是政府系统的一个职能部门，主要行使司

法行政管理权，除了罪犯在刑罚执行中重新犯罪，需要逮捕、起诉时，司法行政机关要与检察机关联系外，从组织上说，两个机关之间已无其他关系。这就从根本上解决了通过司法行政的渠道，用行政权干预司法权的可能。相反，检察机关对司法行政机关所属的监狱、劳教部门的执法情况，则有权实行监督。

我国的司法体制实行检侦分设，即对刑事案件的侦查，主要由法律赋予侦查权的机关负责，检察机关不再对侦查机关指挥侦查，而主要负侦查监督之责。资本主义国家则有所不同，检侦不分，刑事侦查主要由检察机关负责，虽大量案件的侦查实际是由有侦查权的警察机关承担，但他们须接受检察官的指令，在检察官指挥下进行侦查。即使在苏联，检察与侦查也没有严格区分，虽根据侦查分工，大部分刑事案件是由内务机关、治安机关负责侦查，但它侦查案件仍是在检察长指挥下进行的。我国宪法和法律对侦查机关与检察机关的职权有明确规定：刑事案件的侦查，由公安机关负责；批准逮捕和检察（包括对少部分案件的侦查）由人民检察院负责；检察机关与公安机关（包括国家安全机关）之间在刑事诉讼中，实行分工负责、互相制约原则。检察机关对公安机关侦查的案件负法律监督之责。公安机关需要逮捕的犯罪嫌疑人必须经检察机关审查批准，并对公安机关的侦查活动是否合法实行监督。法律规定："人民检察院发现公安机关侦查活动有违法情况时，应当通知公安机关予以纠正。"这种检侦分设的司法体制，使检察机关一般不直接插手侦查。它的好处在于，一旦公安机关在侦查活动中发生违法情况时，检察机关便于站在客观的立场上进行监督，有利于保护公民的人身权利，有利于保证侦查活动的合法进行。

3. 法院统一行使审判权，接受法律监督

根据我国宪法规定，人民法院是国家的审判机关。审判权统一由最高人民法院、地方各级人民法院和军事法院等专门法院行使。从审判权由法院行使来说，各国的法律规定基本上是相同的。但在法院的设置、审判权行使的方式上则不完全相同。有些国家设有不同种类的法院，组织上互不隶属，在特定的管辖范围内各自行使审判权。如美国，设有联邦法院和州法院两个系统，两者互不隶属，自成系统，称为双轨制。联邦法院和州法院有各自的审判管辖范围，独自行使审判权。对属于其管辖范围的案件拥有最终的裁决权。此外，在联邦的行政系统，还设有一些独立的管理机构，行使部分司法权，有权对属于它职权范围内的争议案件作出裁决。德国在普通法院之外，亦设有劳动法院、行政法院、社会法院和财政法院等，在法律规定的管辖范围内分别行使司法权，对有关争议的案件进行审理和判决。又如法国，在普通法院之外设的行政法院，是另一个独立的司法系统，审理所有的行政案件和行政争议案件，普通法院无权干预。即使当事人对行政法院的裁决不服，也不得向普通法院起诉，行政法院有最终裁决权。

我国的法院体制实行的是单一制，全国只设一种法院，法院是唯一行使审判权的机关。无论是刑事、民事、经济、行政争议案件，都统一由人民法院审理判决。虽然我国的行政机关对个人、组织不服行政机关所实施的具体行政行为的争议案件，设有行政复议、仲裁等准司法程序，或者依法设立专门处理某种特定争议案件的裁决机构，它们具有一定的行政司法权，但它们都不享有一般司法权，或者说不享有最终的司法裁决权。如果当事人不服行政裁决，在法定期限内有权向人民法院提起诉讼，由人民法院作出最终的裁决。这就说明，审判权只能统一由人民法院行使，法院以外的其他主体无权行使审判权。

我国的司法体制，是由多个司法机关组成的系统，人民法院不是唯一的司法机关。司法机关间的关系，不是以法院为中心，而是实行分工负责、互相配合、互相制约的原则。人民法院与人民检察院的关系尤为密切。依照有关的法律规定，人民法院对人民检察院起诉的案件及其所作决定，经审理发现有错误时，有权根据事实和法律作出裁判，实行制约。人民检察院对人民法院的审判活动发现有违法情况和所作的判决有错误时，亦有权行使法律监督权。《中华人民共和国刑事诉讼法》第8条规定："人民检察院依法对刑事诉讼实行法律监督。"《中华人民共和国民事诉讼法》第14条规定："人民检察院有权对民事审判活动实行法律监督。"《中华人民共和国行政诉讼法》第10条规定："人民检察院有权对行政诉讼活动实行法律监督。"人民检察院对人民法院的法律监督，主要通过诉讼活动，依照法定程序进行。人民法院与人民检察院在办案中互相制约，有利于及时发现和纠正错误，保护当事人的权利，保证诉讼活动正确、合法地进行。

我国的人民法院是在国家权力机关监督下专门行使审判权的机关。它依法独立行使审判权，又必须向人民代表大会及其常委会负责并报告工作，受它的监督。这就在体制上与西方国家有所不同。西方国家的法院根据行政、司法、立法三权分立的原则，既不受行政的干涉，也不受立法机关的监督。相反，法院不仅有权对行政违法作出裁决，而且还拥有司法审查权，有权对议会通过的法律进行审查，宣告违宪或违法。我国的违宪审查权由全国人民代表大会及其常委会行使，法院无此职权。我国的人民法院受各级人民代表大会及其常委会的监督。其监督的方式，主要是通过人民法院向人民代表大会及其常委会定期报告工作，或者要求人民法院汇报某些重大事项的情况，或者对特定的事项提出质询，或者进行执法检查，以及行使人事任免权等，监督人民法院依法办事，发现和纠正审判工作中的错误，保证宪法和法律的正确实施。

二 建立适应市场经济的司法体制

社会主义市场经济体制的建立，是我国社会经济制度的重大变革。经济体制的转换，必将对经济基础和上层建筑各领域产生深刻的影响，作为上层建筑的法律制度也不例外，包括司法体制也必须与之相适应。

市场经济与法律制度有着极为密切的关系。从一定意义上说，市场经济是法制经济。没有法制，就没有市场经济。社会主义市场经济的建立与完善，必须有完备的法制来规范和保障。完备的法制，既要靠立法，为社会主义市场经济提供法律规范，又要靠执法和司法，使法律得到正确实施。而司法在惩治危害市场经济秩序的犯罪活动和依法调节市场经济关系，保护市场主体的权益等方面，有着更为重要的保障作用。司法体制是否合理又是能否发挥司法保障作用的关键。

几年来市场经济的发展和司法实践的事实说明，建立起一个与社会主义市场经济体制相适应的司法体制有着极为重要的意义。我国原有的司法体制已不完全适应市场经济的需要，对它进行调整和改革是客观形势的迫切要求。

市场经济是发达的商品经济，商品交换要以契约的形式，遵守一定的规则进行。进入市场的主体之间的地位必须是平等的，实行公平的自由竞争。关于交换的准则、竞争的规则、主体的地位，都应由法律规定。在市场经济活动中一旦发生争议或纠纷,有些需要通过司法途径去解决,司法机关如何处理,有关的司法程序如何设置,必须由法律作出明确规定。而司法体制也必须与之相适应,才有利于法律的执行。我国的司法体制形成于实行计划经济的年代。在计划经济下,对经济活动中发生的争议和纠纷,主要是由行政机关以行政的方式解决的。现在情况发生了变化,市场经济中司法的保障作用越来越重要。不仅是许多过去没有处理过的案件要进入司法领域,而且更为重要的是,在处理新的案件,也包括那些过去属于司法处理的案件时,都必须以符合市场经济客观规律的原则和程序来解决。而目前我国的司法体制,无论从思想观念,还是组织结构、处理原则和程序等方面,都还存在一些不适应的问题。

(一)"唯专政论"和"重刑轻民"思想影响、阻碍司法体制适应市场经济下法制要求的实现

"唯专政论"的思想,产生于强调阶级斗争的年代。虽在党的十一届三中全会提出发扬社会主义民主和加强社会主义法制后已无多少市场,但仍残留一定的影响。它把司法机关看作专政机关,其唯一职能是对敌专政,是专门对付阶级敌人的专政工具,或者说,是掌握"刀把子"的机关。从广义上说,我国是人民民主专政的国家,行使国家权力的机关都是人民民主专政的工具,都有实现人民民主专政的任务,司法机关负有直接对敌专政的职能,说它是专政机关并无原则错误。问题在于,民主与专政是辩证统一的关系,只讲专政一面,不讲民主一面,就不够全面。从司法机关的职能来说,对敌专政只是它的一项职能,而不是唯一的,它还有保障民主方面的职能,否定其作用是十分错误的。当前,敌我矛盾已不是社会的主要矛盾,大量存在的是人民内部矛盾。市场经济中发生的矛盾,绝大多数属于人民内部矛盾,司法机关应当依法保护当事人的合法权益,客观、公正地进行处理,而不是动辄用专政手段去解决。"唯专政论"的思想,往往影响司法机关保护民主功能的发挥,阻碍司法体制向适应市场经济体制转变。

"重刑轻民"思想在我国影响久远。旧中国长期的封建社会,商品经济不发达,政治上专制统治,缺乏民主传统,立法刑民不分,司法重在执行刑法,这是历史原因。还有现实原因。新中国成立前后阶级矛盾尖锐,

刑事犯罪突出，司法机关一直把打击敌人、惩治犯罪作为首要任务，处理经济、民事纠纷相对处于次要地位。这种历史的残留和现实情况不能不反映到一些人的思想观念上，并对司法体制和司法的执行产生影响。1982年宪法在规定司法机关之间的关系时，只确立了司法机关在办理刑事案件时实行分工负责、互相配合、互相制约的原则。这并不是说宪法反映了"重刑轻民"思想，而是说这种限于刑事法律执行的规定，反映了当时司法体制的实际情况。近年来我国实行经济体制改革，市场经济迅速发展，经济领域中发生而需要司法机关处理的案件日益增多。虽然其中有一定数量的经济犯罪和与破坏经济秩序有关的刑事犯罪案件需要适用刑事法律，采用刑罚手段给予惩治，司法机关执行刑法的职能不能削弱。但是，不能不看到大量属于经济、民事争议和纠纷的案件，还包括一部分与经济管理有关的行政案件，需要适用经济、民事、行政法律法规，采用非刑事处罚手段处理。司法机关非刑事的职能必须强化。更为值得注意的是，随着市场经济的发展，公民主体意识、权利观念在增强，必然要求有公开、民主、平等的司法程序，要求充分保障当事人应有的诉讼权利，以利于作出公正的裁决。我国的司法体制应当适应现实情况的变化作相应的调整和改革。但是，有"重刑轻民"思想的人，往往看不到上述的变化，总是夸大刑事惩罚的作用，试图用刑罚手段来解决一切经济纠纷。这不仅会损害当事人的权益，而且将使司法体制的改革停滞不前，不能更好地发挥司法对经济建设发展的保障作用。

（二）司法与行政的关系没有完全理顺，影响司法机关独立行使职权

从国家体制总的设置看，我国的司法机关与行政机关是相分离的。人民法院、人民检察院和政府机关都由国家权力机关产生，它们的地位是平等的，相互没有从属关系。我国宪法明文规定，人民法院独立行使审判权，人民检察院独立行使检察权，不受行政机关的干涉。但是，在某些具体事项上，仍存在司法受制于行政的情况，影响司法机关独立行使职权。如人民法院，人民检察院的人事管理、财务开支，仍由政府有关部门统管，实际是把人民法院、人民检察院当作政府的一个部门对待。尤其在地方，在党委一元化领导体制下，党政没有彻底分开，政府权力处于优越地位，当司法与行政权力发生矛盾时，行政机关可以凭借手中掌握的人权和

财权对司法机关施加压力，而司法机关缺乏抗衡的手段。在司法实践中，因司法机关坚持依法办事，违背了行政首长的旨意，引起丢官弃职、办案经费短缺不予解决的事例常有发生。虽产生问题的原因是复杂的，但体制的不合理，无疑是一个重要原因。

当前，正处于经济体制转换时期，受经济关系的调整和利益格局变化的影响，在经济活动中发生的纠纷、当事人争执的利害关系，反映在司法机关的办案中，往往涉及地方和部门的利益，因而受到地方保护主义和部门保护主义的阻挠。司法机关的办案受其干扰，往往使违法犯罪人不能得到应有的惩处，被害人不能得到法律的保护和补偿，法制的统一遭到破坏，危害是十分严重的。中央司法领导机关，一再大声疾呼，要求各级司法机关坚决反对和抵制地方保护主义和部门保护主义，在一些地方情况有所改变，但问题并未彻底解决。这就不能不促使我们必须从体制上探索其原因和寻求解决的办法。现行司法体制，人民法院上下级之间是监督关系，人民检察院上下级之间是领导关系，但又必须接受地方国家权力机关的监督。依照宪法和法律规定，地方人民法院、人民检察院都是由地方的权力机关产生，接受其监督。在司法业务上，地方人民法院和地方人民检察院必须受上级人民法院和人民检察院的监督和领导，从实践情况看，这种双重的监督和领导体制，既有利也有弊。在地方党委的统一领导下，在地方权力机关的监督下，司法工作可以及时得到当地党委和权力机关的支持，有利于司法工作的开展，有利于结合当地的具体情况，使法律得以正确、顺利实施。但是，由于地方司法机关是地方国家机关的一个部门，要接受地方党委和权力机关的领导和监督，司法机关的人事、财务又由地方政府统管，难免不受地方的牵制，特别是司法机关在办案中，遇到与地方的利益发生冲突时，如果地方的党政领导法制观念淡薄，缺乏全局观念，从地方的利益出发，极力阻挠司法机关秉公执法，司法机关往往难以违抗。司法实践中发生的许多事实已充分暴露了这种体制的弱点，尤其不能适应市场经济下法制的要求。市场经济的建立，必须依靠法制的统一，形成全国的大市场，才能促进市场经济的发展，而司法机关独立行使职权，是实现法制统一的可靠保障。因此，从司法体制上，如何增强抵制地方的不当干涉的能力，保证司法机关依法独立行使职权，是新形势下必须认真解决的问题。

（三）司法程序中权利保护措施不足，司法活动缺乏强有力的监督机制

我国的诉讼程序法，偏重于对司法机关办理案件的方法步骤的规定，对当事人权利义务的规定一般比较原则，缺乏具体的保障措施。在司法工作中，明显存在重义务、轻权利的倾向，这就与市场经济下，要求在程序上给予充分的权利保护很不适应。如依照宪法和法律规定，被告人有辩护权，被告人除自己进行辩护外，有权委托律师为他辩护。但刑事诉讼法规定，被告人须等到人民法院决定开庭前7天才允许委托律师辩护。而在侦查、起诉中，直至法院庭前审查时，都不能委托律师为被告人辩护。世界各国通行的做法，一般是被告人在被逮捕之日起，就有权获得律师的援助，我国的法律规定与之差距较大。1996年3月第八届全国人民代表大会第四次会议通过的刑事诉讼法修正案，对犯罪嫌疑人和被告人权利的保护和律师参加诉讼的时间等作出了重大修改，情况有所变化。我国宪法和法律还规定，人民法院审理案件，除法律规定的特别情形外，一律公开进行。案件必须拿到有诉讼各方参加的法庭上，进行公开的调查、辩论，当事人有权参与调查、辩论，有权对提出的证据进行质证、辨认，这是对当事人权益和行使诉讼权利的重要的程序保障。但是，在执行中往往走样，不能达到保护当事人的目的。人民法院在开庭审判前，案件要经过审查，并经有关审判组织内部研究，对案件进行定性并提出处理意见。拿到法庭上公开审判时，因已有"定论"，法官往往听不进申辩意见，形成"你辩你的，我判我的"，使法庭审判走过场。更有甚者，有些案件在审判前，已向上级法院请示汇报，或者上级法院"提前介入"，先了解情况，经内部共同研究后，才作出判决。由于该判决已包含有上级法院的旨意，或者说已得到上级法院的认可，因此，即使当事人对判决不服提出上诉，也很难改变判决。这些做法带来的不良后果是，实际上剥夺了当事人的上诉权，使法律规定的上诉程序形同虚设，无法发挥审判监督的作用。上述现象虽属于具体程序或执行有关程序法中发生的问题，但从暴露的问题可以看出，有些是与我们的司法体制不完善有关，或者说我们的司法体制中还残留着不符合实现诉讼民主化的东西。如上级法院以行政领导方式干预审判程序的执行等，我们有必要从体制上加以认真解决。

司法权是国家的重要权力，为了保证司法权的正确行使，必须在司法

机关和行使司法权的有关机关之间，形成严格、有效的监督机制。我国建国以来，历来重视司法监督，已有不少关于监督原则和制度的规定。我国宪法规定，人民法院和人民检察院要接受人大及其常委会的监督。人民检察院是国家的法律监督机关。司法监督权是其整个法律监督权的重要组成部分，对有关司法机关及其活动依法实行监督是其重要的职责。宪法和法律还规定，司法机关之间实行分工负责、互相制约的原则。刑事诉讼法、民事诉讼法、行政诉讼法分别对检察机关如何行使监督权以及司法机关之间如何实行互相制约作了具体规定。近年来在司法实践中，执行这些法律规定，对司法活动的顺利、合法进行起到了良好的作用。但是，在执行中也暴露了不少问题，反映出法律规定还不完善，不足以对有关司法活动实行有效的监督。主要是有些规定过于原则，缺乏如何进行监督的具体程序规定和发现违法如何处理的制裁措施，使法律监督不能落到实处。刑事诉讼由于多年来在司法实践中积累了一些经验，法律规定相对来说比较具体，取得的效果就好一些，但也还有一些亟待解决的问题。而在民事诉讼和行政诉讼中，关于监督和制约的规定就显得更为不足，严重影响监督活动的开展，难以保证法律的正确执行。这种状况无论对保证诉讼活动的合法进行，还是对当事人合法权益的保护都是不利的。我们必须从司法体制的角度，对如何更好地建构司法机关之间的合理关系，如何有利于发挥监督机制的作用，进行充分的研究并加以改革和完善。

为了使司法体制更好地适应建立社会主义市场经济的需要，根据社会主义市场经济对法制的要求和当前司法工作的状况，应当重视和解决以下几个问题。

第一，解放思想，更新观念。首先要转变旧观念。所谓旧观念，是指落后于形势发展的传统观念和过去在"左"的思想下形成的脱离实际带有极大片面性的观念。我们不是否定一切，对历史上形成的一些反映客观规律的观念应当坚持，并在新的形势下加以发展。但我们决不能对一些过时的旧观念抱住不放，固步自封。如果不从思想上破除这些旧观念，解除精神束缚，我们的法制建设就会停滞不前。其次要树立新观念。所谓新观念，是指能够反映新形势的要求，促进社会主义市场经济条件下法制建设的观念。法制建设包括多方面的内容，建立和完善适应社会主义市场经济的司法体制，是法制建设的重要部分，同样需要在新的思想指导下进行。

我们必须有新的民主意识和法制观念。特别是司法机关和司法工作人员，更需要增强民主意识和提高法制观念。唯有这样才能正确认识和对待社会主义市场经济中出现的新情况、新问题，才能深切领会现行司法体制中的弊病和改革的必要性，才有可能正确运用司法手段保护经济发展和社会安定，达到保障国家社会利益和公民权益的目的。我们在司法改革中，提倡积极探索，敢于突破陈规，重视借鉴国外司法方面反映一般规律的理论和有益的经验。我们不是照抄照搬，而是从中国的国情出发，根据我国司法实际的需要，吸收其科学、合理的内容，形成具有自己特色的制度。我国不实行三权分立的国家体制，不能照搬三权分立的具体模式，但西方有些学者提出的权力制衡的观点仍值得我们借鉴。不受制约的权力，必然产生腐败，已为许多国家的现实所证明。因此，我们在实行国家权力统一于国家权力机关的体制下，对行使司法权、行政权、立法权的部门及其相互之间实行适度的制约和监督是必要的。

第二，以现行宪法确立的司法体制为基本框架，根据市场经济发展的需要加以改革和完善。我国是在国家权力机关之下设立人民法院和人民检察院。人民法院是国家的审判机关，行使审判权；人民检察院是国家的法律监督机关，行使检察权。它们构成我国司法体制的主要部分。人民法院和人民检察院应当拥有与其权力性质、法律地位相应的组织体系和职权范围，保障其独立行使职权。实行党司分开，政司分开。党委主要是路线、方针、政策的领导，支持司法机关依法行使职权，不干预司法机关办理具体案件的业务活动。司法机关也不是从属于政府的一个部门，它应具有保证其独立行使职权所必需的人事管理权和充足的办案经费，逐步改变目前在人事、财务体制上受制于地方行政的不合理状况。在中央和地方关系上，逐步实行以人民法院和人民检察院系统监督和领导为主，地方权力机关监督为辅的双重监督和领导的体制。在中央和上级司法机关的支持下，克服地方保护主义和部门保护主义对司法工作的干扰，保障在全国范围内法制的统一。这是与建立市场经济体制相配合的一项重要改革。唯有实行司法相对独立的领导体制，才有利于从法制上保障全国统一大市场的建立，有利于社会主义市场经济的巩固和发展。

第三，根据社会主义市场经济下司法任务的变化，调整和充实司法机关内部的组织体系、机构设置及人员配备。人民法院在统一行使审判权的原则下，强化与保护社会主义市场经济有关的审判职能和审判组织。按需要设立专门法院和专业法庭。如增设海事法院、知识产权审判庭等。加强经济、民事、行政审判职能，公正审理经济纠纷和民事、行政侵权案件，保护当事人的合法权益，制裁违法行为，为市场经济发展创造一个良好的法制环境。为适应廉政建设、反腐败斗争的需要，加强对国家工作人员违法犯罪的监督，须普遍设立反贪污的专门机构，坚决查办贪污贿赂等罪案。须强化法律监督职能，特别是司法监督职能，不仅应加强对刑事执法的监督，还应加强对民事执法和行政执法的监督，依法对民事审判、行政诉讼活动是否合法实行监督，以保障法律的统一、正确实施。还应在司法机关之间以及司法机关的内部健全监督机制，根据宪法和法律规定的原则，充分发挥互相制约的作用。认真总结经验，制定和健全必要的制度和程序，严格依法办事，使执法中可能发生的错误，能及时得到防止和纠正。

三　改革与强化司法监督和制约机制

司法监督有两个含义。一个是指有司法监督权的机关依法对国家机关、国家工作人员和公民遵守和执行法律情况实行的监督；另一个是指对司法机关本身行使职权的活动是否合法实行的监督。这里所说的司法监督，是后一种意义上的监督，即如何对司法机关的执法活动实行监督的问题。

国家权力必须接受制约和监督，不受制约和监督的权力必然导致滥用和腐败，这已为许多历史事实和现实事例所证明。司法是国家权力的重要部分，代表国家行使司法权的司法机关同样必须接受制约和监督。

司法监督，大体可分为两个部分。一部分是来自社会的监督，包括公民监督、社会团体监督和社会舆论监督等。另一部分是法律监督，即国家赋予法律监督权的机关实行的监督。其中包括国家权力机关的监督和法律赋予监督权的专门机关的监督，以及司法机关内部实行的制约和监督，从而形成一个内外结合、上下联通的监督系统。目前这个系统虽已形成，但还很不健全，没有充分发挥其应有的作用。因此，有必要进行认真研究，如何从制度和程序上加以完善，以保证达到监督司法机关执法活动正确进行的目的。这里不准备全面论述司法监督的所有问题，拟着重就如何强化法律监督的几个问题进行探讨。

（一）加强国家权力机关的司法监督

国家权力机关对司法机关的监督，宪法和法律作了明文规定。近年来在推进社会主义民主政治建设中，提出坚持和完善人民代表大会制度，各级人大及其常委会逐步开展了对法律实施的检查监督工作，对司法机关的监督也有所加强。但从法制建设的要求和实践中反映的问题看，还存在不小的差距，必须进一步加强对司法机关的监督工作。

国家权力机关对司法机关的监督，直接监督的对象是人民法院和人民检察院。公安机关、国家安全机关和司法行政机关属政府系统，是间接监督对象。这里所说的司法监督，不包括后者。一般来说，人大及其常委会的司法监督，大体可分为法律监督、工作监督和人事监督。主要通过这三种监督形式，保障宪法、法律的正确实施，保证司法机关执法活动的正常进行。当前在司法监督工作中需要改进和完善的有以下几方面。

1. 加强对司法解释的审查监督

司法解释是在国家权力机关的授权下，司法机关对如何适用法律规范或在将法律规范适用于具体案件、事项时所作的解释。第五届全国人大常委会在《关于加强法律解释工作的决议》中指出，凡属于法院审判工作中具体应用法律、法令的问题，由最高人民法院进行解释；凡属于检察院检察工作中具体应用法律、法令的问题，由最高人民检察院进行解释；最高人民法院和最高人民检察院的解释如果有原则性的分歧，报请全国人民代表大会常务委员会解释或决定。司法解释具有法律效力，是各级司法机关在应用法律时的根据。因此，司法解释是否符合立法原意，对正确执行宪法和法律关系极大。而监督宪法和法律的正确实施是全国人大及其常委会的主要职权。它不仅有权撤销被认为同宪法、法律相抵触的国务院制定的行政法规、决定和命令；有权撤销各级国家权力机关制定的地方性法规和决议，而且也有权对司法机关所作的司法解释是否符合宪法、法律进行审查监督。如果认为所作的司法解释同宪法、法律相抵触，或者不符合立法原意，有权予以纠正。虽然对于司法机关有关具体案件的判决、裁定和决定，不能直接予以撤销，但可以督促司法机关按司法程序进行纠正。

多年来，最高人民法院、最高人民检察院各自制定和联合制定的司法解释为数不少。绝大多数司法解释对法律规定的含义和运用，结合司法实务中的问题作了具体阐明。这对于法律的正确适用起到了积极的作用。但是，毋庸讳言，还存在着一些不容忽视的问题。有的司法解释对法律既有规定的内容进行补充，或者对法律规定作出修改，明显超越了司法解释的权限。本应作立法解释或由立法机关修改、补充法律规定，却以司法解释替代。有的法律规定的具体应用涉及两个机关的关系，最高人民法院和最高人民检察院各自作解释并作具体规定，出现互相不一致的问题，影响法律的正确执行。由此看来，加强全国人大常委会对司法解释的审查监督工作实属必要。全国人大常委会及其有关的专门委员会应当重视和加强对司法解释的审查监督工作。首先，应当把对司法解释的审查列为司法监督的重要内容，建立必要的审查制度。最高人民法院和最高人民检察院应把所作的司法解释报送全国人大常委会备案。全国人大常委会应由专门组织负责进行审查：发现有违背宪法、法律规定精神或者有超越权限进行解释的，应当予以纠正；有权要求最高人民法院或最高人民检察院对有错误或不当的司法解释加以修改或作出重新解释；对越权解释的，应当予以撤销，由全国人大常委会作出立法解释，或者由全国人大常委会对有关法律规定作出修改、补充的决定。其次，全国人大常委会应加强立法解释工作。目前全国人大常委会很少进行立法解释工作，这不利于法律的执行，使司法机关在适用法律中遇到需要由立法机关作出解释的问题无所适从。请示立法机关不能及时得到答复，这也是迫使司法机关作扩大解释的客观原因。因此，今后司法机关在适用法律时遇到需要由立法机关作出解释的问题，全国人大常委会应作出立法解释。司法机关不得再进行越权解释，以保证法律的正确执行。再次，最高人民法院和最高人民检察院对司法解释有分歧意见的，或者两家的司法解释（包括执行法律的实施细则），明显存在相互矛盾的问题，全国人大常委会应当进行干预，由全国人大常委会进行协调解决，依法作出统一的解释或决定，以维护法律的尊严。

2. 加强执法检查监督

各级人大及其常委会的司法监督，主要是对人民法院、人民检察院在司法工作中是否严格依法办事实施的监督。根据法律和有关规定，这种监督一般采取听取司法机关的工作报告，了解司法机关执行法律的情况，并作出有关的决定，指导司法机关的工作。或者对司法机关一个时期的执法工作或执行某个法律的情况进行执法检查，发现问题，促其纠正；或者受理公民对司法机关所办案件的申诉和对司法人员违法行为的控告，通过此类案件的查处，对司法机关实行监督。近年来，全国人大常委会还实行了最高人民法院和最高人民检察院向全国人大常委会报告重大事项的制度，向内务司法委员会汇报有关情况的制度，其内容主要有：就某一时期重点打击犯罪活动或实施某项法律的情况；某些有重大社会影响案件的检察和审判的情况；审判、检察体制中存在的突出问题；或者是群众关心的某方面的司法问题等。实践证明其效果是好的。但是，还须继续完善有关制度，进一步提高监督水平，特别是在如何保障司法机关正确适用法律和严格执法方面，更好地发挥其应有的指导和监督作用。

我国司法体制上的一个重要特点是，人民法院和人民检察院都是直接由国家权力机关产生并受其监督的司法机关，而不是像有些国家那样，司法机关仅是法院一家，司法权专属于法院，因而唯有法院有如何适用法律的决定权。依照我国宪法规定，人民法院和人民检察院的法律地位平等，分别独立行使审判权和检察权，两个机关在自己的职权范围内都有决定权。两个机关在司法工作上实行分工负责、互相制约的原则。人民检察院是国家的法律监督机关，行使法律监督职权，有权对人民法院的审判活动是否合法实行监督。对错误判决提出的抗诉，具有提起审判监督程序的效力，并有权参加人民法院的审判委员会会议。当人民法院和人民检察院依各自职权处理案件，在如何适用法律上发生分歧时，在一般情况下，可以通过正当的司法程序解决。但有一个问题无法解决。即意见分歧依诉讼程序抗诉到中央一级，最高人民法院和最高人民检察院在适用法律问题上仍不能取得一致意见时怎么办？在目前党委统一领导的体制下，人民法院和人民检察院在工作中发生争议时，一般是由党的政法委员会主持协调解决。但涉及适用法律的问题，党的组织无权作决定。因此，这个问题有待解决。有的学者在论及人大的司法监督权时，曾提出建议，在全国人大或常委会下设一司法监督委员会，承担最高审判监督任务，专门负责某些重大、特殊案件申诉的最终审判。[①] 这是从案件当事人申诉的角度提出完善监督的一种大胆设想。由于这种设想关系到是否应赋予人大常委会司法权

[①] 蔡定剑：《国家监督制度》，中国法制出版社，1991，第188页。

的问题，牵涉到司法体制的重大变动，一时还难于实行。而且，最高人民法院与最高人民检察院对于适用法律的争议，也不适宜采取这种方式解决。笔者认为，依据宪法和法律规定，全国人大及其常委会具有司法监督的职权是无可争辩的。在现行体制下，人大常委会虽不能直接行使司法权，但对于司法机关作出的错误判决、裁定和决定，完全有权实行法律监督。无论其材料来源出自案件当事人申诉还是司法机关的请示报告，或者是人大常委会自行执法检查所得，应当对司法机关在适用法律中发生的错误，由此引发的申诉和争议，提出纠正意见。人大常委会虽不能直接撤销司法机关的有关决定，但可以要求司法机关依司法程序重新进行复查或复审。对于最高人民法院和最高人民检察院在适用法律上发生的争议，如果是属于法律解释的不当或错误，应有权作出决定，作出统一的解释。总之，不能以人大常委会无司法权为由，而放弃司法监督的职责，对司法工作中明显存在的法律错误也置之不理，这不利于错案的彻底纠正，也不利于法律的正确实施。

根据法律规定，有些事项全国人大常委会或地方各级人大常委会还负有监督责任。有关人大常委会应当依法行使监督权，以利于司法工作的顺利进行。如刑事诉讼法第125条第2款规定："因为特殊原因，在较长时间内不宜交付审判的特别重大、复杂的案件，由最高人民检察院报请全国人民代表大会常务委员会批准延期审理。"但法律颁布后至今，全国人大常委会没有批准过报请其延长审理期限的一个案件，使确有必要延长羁押期限的案件，无法取得合法程序的认可。这对于维护法制统一、保护公民的人身权利极为不利。又如人民检察院组织法第3条规定，各级检察机关设置检察委员会，"如果检察长在重大问题上不同意多数人的决定，可以报请本级人民代表大会常务委员会决定"。各级人大常委会亦应负起对检察机关的监督责任，对检察长的请求作出决定。

3. 加强人事监督

人事监督是指对由人大及其常委会依法选举任免的法院、检察院的领导和审判、检察人员执行职务情况进行的监督。人大及其常委会应通过法定的监督方式加强对由其选举任免的人员的监督。当前特别应对司法人员中贪污受贿、徇私枉法，或滥用职权，侵犯公民合法权益或玩忽职守的严重渎职行为进行检查监督。经过查明情况，依法定程序，予以罢免、撤职或免职。构成犯罪的，依法追究其刑事责任。

（二）加强检察机关的专门法律监督

检察机关是直属于国家权力机关的国家法律监督机关。依照我国宪法规定，它是为保障我国法制统一而设立的专门行使法律监督职权的机关。法律不仅赋予它一般检察机关所具有的追诉犯罪的职权，而且赋予它对司法机关的司法活动是否合法实行监督的职权。多年来，检察机关一直把司法监督作为法律监督的重要方面，依法行使追诉犯罪和司法监督的职权，对保障司法活动的正确、合法进行，发挥了重要作用。但是，由于我国的检察机关是根据列宁的法律监督理论结合我国的实际情况建立起来的，在性质和职权上既不同于资本主义国家的检察机关，又不是照搬苏联检察机关的一套做法。如何行使法律监督职权，需要从我国实际出发，通过实践活动，不断探索，总结经验，才能形成一套具有我国特色的监督制度。目前，法律监督的执行状况，尚未完全达到法律要求的目标。从司法机关执法工作中存在的问题看，它从反面告诉我们，必须加强对司法工作的监督，而检察机关的专门法律监督是一个重要方面。我国的刑事诉讼法、民事诉讼法、行政诉讼法对检察机关的法律监督作了明文规定，检察机关有权对刑事、民事、行政诉讼活动是否合法实行监督。但是，由于对行使职权的范围、程序和监督措施的效力和被监督者应承担的法律责任，缺乏具体、明确的规定，致使难以发挥应有的监督作用。因此，有必要通过立法程序或制定具体的实施细则加以补充和完善。

1. 明确监督职权的具体范围和具体内容

刑事诉讼中，检察机关既作为公诉、批捕部门，同时作为法律监督者，其行使监督职权的具体范围和具体内容是比较明确的。问题比较突出的是民事诉讼和行政诉讼。

民事诉讼法在总则中规定："人民检察院有权对民事审判活动实行法律监督。"但分则只在审判监督程序中规定，人民检察院有权按审判监督程序提出抗诉。这就是说，人民检察院行使职权的范围只限于对已生效的判决和裁定的监督。人民检察院能否对其他民事诉讼活动实行监督，法律未作出具体规定，这不利于法律监督作用的发挥。纵观世界各国的民事诉讼法律，一般都规定检察官有提起诉讼、参加诉讼的权利。如法国民事诉讼法规定，检察机关可以作为主要当事人起诉，可以参加诉讼。对于必须听取检察机关意见的案件，法院应当通知检察机关参加诉讼。俄罗斯民事诉讼法规定，"如果检察长认为对保护国家或社会利益，或保护公民权利及合法利益有必要，他有权提起诉讼或在诉讼任何阶段上参加案件。"我国1954年宪法颁布后的法律对此亦有规定："对于有关国家和人民利益的重要民事案件有权提起诉讼或参加诉讼。"（人民检察院组织法第4条）现行民事诉讼法未作规定是一大缺陷。为了维护法制，加强对司法活动的制约和监督，建议在适当时候，应通过立法程序，对现行民事诉讼法进行补充修改，明确规定检察机关有权对民事诉讼活动实行监督，有提起诉讼、参加诉讼的权利。对于有关国家和社会公共利益的重大案件，在发生诉讼障碍而无人起诉的情况下，有权提起诉讼。对涉及国家、集体和公民的重大利益案件的审理，检察机关有权参加诉讼。

在行政诉讼方面，行政诉讼法在总则中规定："人民检察院有权对行政诉讼实行法律监督。"但具体职权只规定了检察机关有权对已生效的判决、裁定依审判监督程序提出抗诉，而对检察机关有无提起诉讼和参加诉讼的权利都未作规定。在行政诉讼中，由于是"民告官"，双方当事人存在事实上的不平等，作为当事人一方的公民和法人，往往不敢同作为对方当事人的政府机关进行诉讼，因而检察机关更有必要参加诉讼。对于侵害社会公共利益的案件，如果当事人不起诉，或者无特定当事人起诉，检察机关应有权提起诉讼，以保护社会公共利益和受害者的合法权益。检察机关只有直接参加诉讼活动才能进行有效的监督。提起诉讼、参加诉讼正是检察机关行使监督职权的基本手段，不规定检察机关有上述具体的职权，把检察机关排除在诉讼程序之外，难以达到对审判活动实行监督的目的。因此，建议适当时候，亦应对现行行政诉讼法作补充、修改，以利于司法监督的实现。

2. 明确被监督者法律责任，增强监督的有效性

现行法律中关于监督程序的规定很不完备，只规定检察机关有权对违法行为提出纠正意见，而缺乏必要的保证措施。当有关机关拒不接受检察机关意见时，法律上并没有规定进一步解决的措施，因而往往使严肃的法律监督成为无效果的行为，严重影响国家法制的威信。为改变这种状况，应在有关的法律中进一步调整检察机关与有关机关之间的关系，把法律监

督的程序加以具体化和规范化,使之具有严格的约束力,对违反法律程序的一方,应当使它们承担相应的法律责任,以增强法律监督的有效性。

(三) 加强司法机关内部的制约和监督

司法机关内部的制约和监督,可分为两个方面。

一是司法机关之间的相互制约和监督。我国宪法和法律规定,人民法院、人民检察院和公安机关进行刑事诉讼,实行分工负责、互相配合、互相制约原则。其他方面的司法活动,虽法律未作明确规定,但这一原则的基本精神,无疑也是适用的。因此,在今后的司法活动中,应当坚持贯彻互相制约和监督的原则,并完善有关的制度和程序,以达到正确适用法律的目的。

二是司法机关自身内部的制约和监督。可分为纵向监督和横向监督。纵向监督是指本系统上下级之间的监督。横向监督是指本机关各业务部门之间的监督。由于这种制约和监督是在一个系统内部进行,各个组织和部门都属于同一领导,能否真正发挥监督作用,有些人曾提出过疑问,看来这种监督方式确有一定的局限性。但多年来的司法实践说明,只要有明确的职责和制度的保证,同样能达到制约和监督的目的。检察机关过去直接受理侦查的案件,由侦查部门一竿子插到底,从侦查到决定起诉的全部工作都由这个部门包干,缺乏制约和监督,不易发现和纠正错误,影响办案质量。后来根据实践经验,实行侦查和起诉分开,侦查部门只负责对案件的侦查,侦查终结后,需要起诉的案件,必须移送刑事检察部门,由刑事检察部门负责,按刑事诉讼法规定的审查程序进行审查。对不符合起诉条件的,退回补充侦查或作出不起诉决定,提高了办案质量,效果是好的。今后仍应坚持这种制约和监督的方式,并在制度和程序上继续加以完善。

人民法院内部的制约和监督,一般是通过审级制度,由上级法院对下级法院审判的案件实行监督。本级法院则由院长、庭长和检察委员会对合议庭或独任庭审判的案件实行监督,但监督的范围和制度、程序还有待完善。

当前特别是对死刑案件复核程序中存在的问题应认真加以解决。依照我国法律规定,对死刑案件的审判,特设死刑复核程序。死刑核准权由最高人民法院行使。无论是由中级人民法院还是高级人民法院判处死刑的案件，都必须报送最高人民法院核准后才能执行。近年来，由于"严打"的需要，最高人民法院把杀人、强奸、抢劫、爆炸以及其他严重危害公共安全和社会治安判处死刑案件的核准权，授权给省、自治区、省辖市高级人民法院行使。这样高级人民法院既是死刑案件第一审和第二审的主体，又是行使死刑核准权的主体。在实务中，高级人民法院就将本院的一审或二审的死刑判决或裁定，当作核准死刑的决定，不再另行依法定程序进行复核，实际上取消了死刑复核程序。而目前这部分授权给高级人民法院核准死刑的案件占了整个死刑案件的大多数，这就使大多数的死刑案件失去了刑事诉讼法设立的死刑复核程序的程序保障作用，这不符合对判处死刑必须坚持严肃、慎重的立法精神，这种变通的做法于法无据。因此，建议立法上应对授权期间，高级人民法院如何执行死刑复核程序作出补充规定，以便与下放死刑核准权相配套。在立法上没有作出补充规定前，高级人民法院内部应当建立必要的审查监督制度。实践经验证明，在特定情况下，一个机关内部由不同的组织分别行使不同的职责，执行严格的制度和程序，同样可以发挥制约和监督作用，更何况死刑复核程序是法律规定的程序，不应有法不依。高级人民法院应当单独成立死刑复核组织，负责对死刑案件的复核工作，而不应再由原来审判死刑案件的合议庭代替，做到程序合法、严肃执法，以保证死刑案件的审判质量，杜绝错案的发生。应当指出的是，由高级人民法院行使死刑核准权，不是长久之计，最高人民法院应及早收回死刑核准权，坚决执行死刑由最高人民法院核准的法律规定。这是最彻底、最理想的实现制约和监督的办法。

第四章 刑事诉讼论

一 刑事诉讼法的历史发展

刑事诉讼法，亦称刑事程序法。但是在法的大家族中，刑事诉讼法与刑法的关系最为密切。马克思曾指出："实体法却具有本身特有的必要的诉讼形式"，"审判程序和法二者之间的联系如此密切，就像植物的外形和植物的联系，动物的外形和血肉的联系一样。审判程序和法律应该具有同样的精神，因为审判程序只是法律的生命形式，因而也是法律的内部生命的表现"。[①] 正因为刑法是任何国家关于犯罪和刑罚的法律规范，而刑事诉讼法则是使刑法得以实施的唯一手段，因此，刑事诉讼法在任何国家法的体系中都居于重要的地位，并在法制家族中，发挥着其他法制所不可取代的作用。在我国也是如此。

纵观人类社会刑事诉讼法制发展史，清楚可见，古今中外不同国家在同一历史时期，乃至同一国家在不同历史时期，由于国家性质、经济、政治制度和经济文化发展状况不尽相同，其刑事诉讼法制的性质和特点也就不同。因而，不同国家的刑事诉讼法制都有自己产生、发展的历程。我国是以工人阶级为领导、工农联盟为基础的人民民主专政的社会主义国家，我国的刑事诉讼法制与其他国家不同，有自己的发展历史。

从根本上说，我国刑事诉讼法是伴随着中国共产党领导中国人民革命和建设前进的步伐而诞生和发展起来的。从其发展过程看，大体分为以下

---

① 《马克思恩格斯全集》第 1 卷，人民出版社，1956，第 178 页。

几个阶段。

（一）社会主义刑事诉讼法诞生的前奏

从中国共产党成立直到中华人民共和国诞生，中国人民在中国共产党的领导下，逐步创建了自己的刑事诉讼法制。这一时期又有三个发展阶段，即第二次国内革命战争时期、抗日战争时期和解放战争时期。

第二次国内革命战争时期，在全国十几个省内建立了许多革命根据地和工农民主政权，并于1931年11月在江西瑞金建立了中华苏维埃共和国。为了在苏区内迅速建立革命秩序，共和国及中央执行委员会相继颁布了有关司法组织机构设置及办理刑事案件程序的法律、法令。例如，1934年4月8日中华苏维埃共和国中央执行委员会颁布了《中华苏维埃共和国司法程序》等。这类法律、法令的颁布，使得当时苏区在一定程度上形成了符合巩固苏维埃政权和革命利益需要的刑事诉讼体系。

抗日战争时期，刑事诉讼法制有了许多新的发展，强调办案依靠群众，实行调查研究，反对坐堂问案的衙门作风。在诉讼程序上，强调司法权统一由专门机关行使，重证据不轻信口供，少数民族有权使用本民族语言文字。诉讼制度上实行两审终审制度，公开审判制度，以及陪审、辩护、上诉、复核和再审等制度。审判形式上，创建了马锡五审判方式等。这些刑事诉讼法律制度，在锄奸、保卫抗日战争胜利果实方面均发挥了积极作用。

解放战争时期，由于人民解放军全面反攻，全国城乡广大地区得到解放。解放区在采用以往有效的刑事诉讼制度的同时，适时颁布了一些新的刑事诉讼法规或命令。例如，1949年3月23日颁布的《华北人民政府关于确定刑事复核制度的通令》等；中共中央发布指导各解放区司法工作的指示，如1949年2月发布《中共中央关于废除国民党的六法全书与确定解放区的司法原则的指示》，明确地宣布废除国民党的六法全书，并指出人民司法工作不能再以它为依据，而应当依照新的法律。在人民自己的新法律没有系统地发布以前，应该以共产党的政策以及人民政府和人民解放军所发布的各种纲领、法律、法令、条例、决议为依据。这些规定均为中华人民共和国诞生后，建立和发展社会主义刑事诉讼法制提供了丰富的宝贵经验，奠定了坚实的基础。[①]

[①] 《当代中国》丛书编辑部编辑《当代中国的审判工作》，当代中国出版社，1993，第26页。

（二）社会主义刑事诉讼法制的初建

中华人民共和国成立至"文化大革命"结束的这段时期，我国尚未制定一部全面、系统规范刑事诉讼行为的刑事诉讼法，只是制定、颁布了一些新型的刑事诉讼法规。如 1950 年 7 月 14 日政务院第 41 次会议通过了《人民法庭组织通则》，1951 年 9 月 3 日中央人民政府委员会第 12 次会议通过了《中华人民共和国人民法院暂行组织条例》《中央人民政府最高人民检察署暂行组织条例》《各级地方人民检察署组织通则》等。1954 年第一届全国人民代表大会颁布了我国第一部宪法的同时，颁布了《中华人民共和国人民法院组织法》和《中华人民共和国人民检察院组织法》。此后又陆续颁布了《中华人民共和国逮捕拘留条例》《关于处理在押日本侵略战争中犯罪分子的决定》等。这些是我国这段时期进行刑事诉讼活动的主要法律依据。

此外，司法机关根据司法实践中遇到的问题，作了相应的批复、指示和通知，以及对司法实践经验的总结，来弥补刑事诉讼法律规范的不足。例如，1955 年 5 月 17 日司法部作出《关于机关、团体、企业向法院提起的刑事案件，不能以公诉人的资格出席法庭的批复》，1957 年 8 月最高人民法院作出的《关于上诉审法院审理案件的程序等问题的复函》，1956 年最高人民检察院制定的《各级人民检察院侦查工作试行程序》《最高人民法院审判程序总结》等。

上述规范和经验，为我国制定一部比较完整的刑事诉讼法奠定了良好的基础。但是，在"文化大革命"期间，我国正在逐步建设并已取得一定成效的法制受到严重破坏。原本在 20 世纪 50 年代国家就着手草拟并经过多次修改的刑事诉讼法草案不得不被搁置下来。

（三）社会主义刑事诉讼法制的恢复、全面确立和稳步发展

1976 年 10 月 "文化大革命" 结束后，刑事诉讼法制建设逐步恢复。党和国家为了更好地进行社会主义现代化建设，提出加强社会主义民主和健全社会主义法制，并加紧进行我国第一部刑事诉讼法的制定工作。1979 年 7 月 1 日第五届全国人民代表大会第二次会议通过了我国第一部刑事诉讼法。该法于 1980 年 1 月 1 日正式实施。《中华人民共和国刑事诉讼法》

的颁布，标志着我国刑事诉讼法制的全面确立，并从此在刑事诉讼法制发展史上翻开了新的一页。

《中华人民共和国刑事诉讼法》实施以来，司法实践表明，虽然由于客观形势的飞速发展，这部法律在有的方面有某些不足。但是，总的看来它符合中国国情需要，具有中国特色。它在准确、及时地惩罚犯罪、维护社会主义法律统一实施，保护公民人身权利、财产权利和其他各项民主权利和利益，保障社会主义经济建设顺利发展以及维护社会秩序方面，都发挥了重要作用。

但是，由于客观形势总是会发生变化的，自刑事诉讼法实施以来，特别是我国实行改革开放政策以后，国家经济体制从计划经济体制转向建立社会主义市场经济体制，随着对外开放，国际交流不断扩大，我国经济及其他领域都发生了巨大的变革。我国经济、科学技术等获得前所未有的发展。与此同时，由于种种因素的影响，刑事犯罪方面也出现了一些新情况，过去已铲除的某些犯罪再度发生，过去不曾发生过的犯罪也发生了，犯罪较之以往更复杂、更难以对付，执法环境也有了变化。这些新情况的发生，使我国在17年前制定的刑事诉讼法已不能完全适应客观形势的需要，有些规定需要予以修改，有些方面需要补充新内容。1996年3月17日第八届全国人民代表大会第四次会议讨论并通过了《关于修改〈中华人民共和国刑事诉讼法〉的决定》。这次修改是我国刑事诉讼法实施以来第一次全面、系统的修改，第一次全方位的补充和完善。它集中体现在以下几方面。

其一，对司法机关提出了更高更严格的要求。例如，对各类强制措施适用的条件、程序以及必须遵守的期限，分别作了较详细、具体的限制。这样，不仅可以更好地保证刑事诉讼的顺利进行，又可以更好地防止司法机关在运用强制措施方面对公民人身权利和其他民主权利造成不应有的侵犯。

其二，全面加强了国家法律监督机关实行法律监督的作用。人民检察院对刑事诉讼活动实行法律监督，被增定为刑事诉讼基本原则。人民检察院在刑事诉讼中，不仅对侦查活动、审判活动是否合法实行监督，而且对于立案以及刑罚执行中的减刑、假释、暂予监外执行是否合法实行监督。这样，刑事诉讼的全过程都被置于法律监督范围内。与修改刑事诉讼法之前相比,这样不仅可以更好地保证刑事诉讼法得到统一实施,而且有助于各个诉讼环节及时发现和纠正问题。

其三,扩大了当事人诉讼权利范围,并加强了对其行使诉讼权利的保护。这主要体现在被告人、犯罪嫌疑人享有的辩护权更广泛,可以更多地获得律师和其他辩护人的帮助。与此同时,还明确了司法机关提供法律援助的责任。例如,法律规定人民法院对于被告人是盲、聋、哑人或者未成年人,以及可能被判处死刑而没有委托辩护人的,应当为他们指定承担法律援助义务的律师为其提供辩护。公诉人出庭公诉的案件,被告人因经济困难或者其他原因没有委托辩护人的,人民法院可以指定承担法律援助义务的律师为其提供辩护。

被害人不再是刑事诉讼的一般诉讼参与人而被确认为当事人,他们享有以往不曾享有的必要诉讼权利。例如,被害人为了切实维护自身合法权益,如果认为人民检察院对犯罪嫌疑人作出不起诉决定有错误,不仅有权依法申诉,而且在一些案件中有权直接向人民法院依法起诉。如果认为人民法院作出的第一审判决不正确,人民检察院在法定期限内没有提出抗诉时,还有权要求人民检察院依法抗诉,促使人民法院对被告人作出正确判决。此外,法律在扩大被害人的诉讼权利的同时,还加强了其行使这些诉讼权利的保障。例如,被害人认为公安机关应当立案的案件不立案,有权向人民检察院提出,人民检察院应当要求公安机关说明不立案的理由。当人民检察院认为公安机关不立案理由不能成立时,应当通知公安机关立案。公安机关接到通知后应当立案。这样,就可以较之以往更能防止犯罪嫌疑人逃避法律制裁,被害人可以免受新的危害,已受到的损害能得到赔偿。

其四,强化了对诉讼公平和效率的保障。这主要反映在对庭审制度进行了重要改革。人民法院对公诉案件进行审判时,要求其进一步发挥庭审作用。人民检察院提起公诉,不再移送全案材料和证据,而只移送起诉书、证据目录、证人名单和主要证据复印件或者照片。这些材料齐全,人民法院即决定开庭审判。这样,人民法院在开庭前不再对检察机关的指控事实和证据进行实体审查,而只作程序审查。开庭后,人民法院主审,查明指控犯罪事实和证据的过程由公诉人、被害人及其诉讼代理人、被告人及其辩护人、人民法院几方积极进行诉讼来实现,法庭调查与法庭辩论有机结合。必要时，人民法院可以延期审理。人民法院不再要求人民检察院对证据不足的案件退回补充侦查。这样，可以充分调动公诉方、被告方和审判方的诉讼主体作用。对于某些自诉案件的审判，增加了简易程序。这样，不仅提高了诉讼效率，而且减轻了当事人讼累。刑事诉讼法的全面改革完善，尽管还不能说已尽善尽美，但在刑事诉讼法制发展史上向前迈出了可喜的一大步。

二 刑事诉讼法的特点

世界上任何一个国家都有自己的具体国情。古今中外司法实践表明：任何一个国家制定法律、确定法律制度，应从本国具体国情需要出发。我们党和国家历来十分注意这一问题，并始终将中国国情的客观实际需要，作为立法或修改、完善法制的出发点和归宿点。对其他国家的经验和做法，不一概拒之门外，而是根据我国具体情况，吸收、借鉴那些符合我国需要的经验，并认真总结已取得的成功经验，将其适时纳入刑事诉讼法制建设。因此，我国刑事诉讼法有自己的特色。

我国的刑事诉讼法有自己的特色，这是我国的国家性质和社会制度决定的。《中华人民共和国宪法》第1条明确规定："中华人民共和国是工人阶级领导的、以工农联盟为基础的人民民主专政的社会主义国家。社会主义制度是中华人民共和国的根本制度。"人民是国家的主人，国家一切权力属于人民。这就决定了我国刑法的性质和任务，是用刑罚同一切刑事犯罪行为作斗争，以保护国家利益和宪法赋予公民的人身权利、民主权利和其他的权利。

概括我国刑事诉讼法的特点，主要有以下几方面。

（一）明确规定刑事诉讼的任务

我国刑事诉讼法的最大特点之一，是在总则中明确刑事诉讼法的任务，并且将保证准确、及时地查明犯罪事实，正确应用法律、惩罚犯罪分子、保障无罪人不受刑事追究作为刑事诉讼法的头等任务。这就可以更好地促进公安机关、国家安全机关、人民检察院和人民法院明确运作的方向和要求，正确地、严格地依法进行诉讼，切实保证办案质量，切实维护公民的合法权益。

(二) 始终坚持实事求是的原则

我国刑事诉讼法不仅在确定的诉讼原则、制度方面，而且在刑事诉讼程序的规范中，紧紧地围绕力图更好、更快地发现案件真相，防止发生偏离客观实际这一基本点，来确定诉讼条件和运作要求，以使每前一个程序都为后一个程序的顺利运作奠定良好的基础。后一个程序既是前一个程序正确诉讼的继续，又是前一个程序中差错的纠正和补救。例如，为了确保应当追究刑事责任的案件进入刑事诉讼，同时又不误伤无辜，刑事诉讼法对于任何案件进入刑事诉讼都作出了严格的条件与程序的规定。立案程序是将犯罪案件纳入刑事诉讼的程序。为此，法律限定公安机关、人民检察院和人民法院对于接受的报案、控告、举报必须认真审查，只有查明有犯罪事实存在，并且需要依法追究刑事责任的，方应当立案。否则，不予立案。为了防止公安机关、人民检察院和人民法院对不立案判断发生差错，法律要求该不立案机关要及时将此结果通知控告人。控告人不服不立案决定，有权要求复议。与此同时，还赋予该控告人对于不服公安机关不立案决定时，向人民检察院提出立案请求权。对此，人民检察院应当审查，通知公安机关说明不立案的理由；认为其理由不能成立，则应当通知公安机关立案。公安机关接到立案通知，则应当立案。由此可以有力地防止无辜者被纳入刑事诉讼，又防止应当被追究刑事责任者逃脱应有的追诉，从而使进入刑事诉讼的案件符合应当追诉的客观事实。

刑事诉讼法对于每一诉讼阶段在规范继续诉讼的条件和程序的同时，还规定了终止诉讼的条件和程序，从而使进入刑事诉讼的任何案件，在任何一个诉讼阶段，如果被纳入刑事诉讼是错误的，都有得到纠正的相应保障。不仅如此，法律对公安机关、人民检察院和人民法院需要采取某一诉讼行为都做了便于做到实事求是的规范。这包括司法机关、司法人员的职权和义务的规范，履行职务的条件和程序的规范。与此同时，还对诉讼当事人和其他诉讼参与人参与刑事诉讼的权利、义务及应遵守的条件和程序作了公正的规范。例如对于侦查人员对犯罪嫌疑人的讯问，为了保证讯问内容能符合客观实际，法律严格规定了履行讯问职责的侦查人员的人数、讯问方法和程序。同时，对被讯问人也提出了有利于其实事求是陈述的要求。如侦查人员不仅依法要出示有关证件，而且不得少于两名。法律还要求侦查人员对于讯问后的笔录，要如实向被讯问人宣读或交其自行阅读，在其认为该笔录记载的内容有错漏时，应当允许其修改和补充。同时，法律还规定被讯问人应当如实回答讯问，既有权陈述有罪事实，也有权作无罪辩解。讯问聋、哑的犯罪嫌疑人，法律要求有通晓手语的人参加。诸如此类的种种规定，都是查明案件真相，以便实事求是处理所需要的。正因为我国刑事诉讼法具有将实事求是落实在每一诉讼阶段、每一诉讼行为的运作中的特点，因而我国公安机关、人民检察院和人民法院在当事人和其他诉讼参与人参加下，诉讼的结果基本上能够实现实体公正与程序公正。

（三）实行专门机关办案与群众密切结合的方针

我国刑事诉讼法在总则中，明确规定人民法院、人民检察院和公安机关进行刑事诉讼必须依靠群众。这样，作为刑事诉讼专门机关的人民法院、人民检察院和公安机关在办理刑事案件过程中，在发现犯罪、揭露犯罪、收集证据、核实证据、查明案件事实和查获犯罪分子等诉讼活动中，都可以得到广大民众的支持和帮助。司法机关依靠群众办案，贯穿于刑事诉讼的各个阶段。例如对于立案，刑事诉讼法就公安机关、人民检察院和人民法院刑事诉讼案件来源的途径以及这三个机关应持的态度和应采取的行为，明确规定对于任何单位、个人的报案、控告、举报，都应当接受。又如，在侦查阶段，规定任何单位和个人，都有义务保护犯罪现场，并且立即通知公安机关派员勘验。据有关单位统计，在经济犯罪案件中，有相当多的案件是由于群众举报发现的。其中有许多地区的经济犯罪案件的线索，有半数甚至60%以上是来源于人民群众的举报。只要犯罪嫌疑人实施了某种犯罪行为，就总会留有可被发现的事实或痕迹，就不可能完全逃脱民众的眼睛。而司法人员却不可能在任何情况下，亲眼所见犯罪的发生。因此，无论是公安机关、国家安全机关，或是人民检察院和人民法院，要想正确适用刑诉法，完成刑事诉讼任务，都离不开人民群众的支持和帮助。同时，还因为司法机关同犯罪作斗争，是保护人民群众利益的正义行为，因而受到群众的拥护。长期司法实践证明，司法机关在刑事诉讼中依靠群众，密切地同群众相结合，是顺利地完成刑事诉讼任务的重要保证之一。我国刑事诉讼法明确地将其作为我国刑事诉讼的一项基本原则确定下来。可以说，这是其他许多国家刑事诉讼法所没有的特点。

（四）公安机关、人民检察院和人民法院以分工负责、互相配和、互相制约为关系准则

在我国，公安机关是国家行政机关，人民检察院是国家法律监督机关，人民法院是国家审判机关。然而，在刑事诉讼中，刑事诉讼法将它们都纳入国家司法机关系列，定为刑事诉讼的主体。三者各自独立，相互无任何隶属关系。与此同时，刑事诉讼法严格地划定了三者各自的职责、职权、案件的管辖范围和各自运作的程序。例如刑事诉讼法在总则第 3 条规定：对刑事案件的侦查、拘留、执行逮捕、预审，由公安机关负责。检察、批准逮捕，检察机关直接受理的案件的侦查、提起公诉，由人民检察院负责。审判由人民法院负责。又在第 18 条规定：刑事案件的侦查由公安机关进行，法律另有规定的除外。贪污贿赂犯罪，国家工作人员的渎职犯罪，国家机关工作人员利用职权实施的非法拘禁、刑讯逼供、报复陷害、非法搜查等侵犯公民人身权利的犯罪以及侵犯公民民主权利的犯罪，由人民检察院立案侦查。对于国家机关工作人员利用职权实施的其他重大犯罪案件，需要人民检察院直接受理的，经省级以上人民检察院决定，可以由人民检察院立案侦查。自诉案件，由人民法院直接受理。

在刑事诉讼的运作过程中，公安机关、人民检察院和人民法院之间，既是不可缺少的配合关系，又是不可回避的制约关系。例如逮捕强制措施的适用。公安机关认为依法应当对犯罪嫌疑人逮捕，须提请人民检察院审查批准。人民检察院对公安机关报捕的案件材料审查后，认为符合逮捕条件，则及时逮捕。认为不符合逮捕条件时，则不批准逮捕。公安机关如果已对犯罪嫌疑人拘留，则接到不批准逮捕通知后，就必须立即释放犯罪嫌疑人，或者变更强制措施。当公安机关认为该不批准逮捕的决定有错误，则依法有权要求人民检察院进行复议、复核，而人民检察院和人民法院虽有自行决定批准逮捕权，但执行逮捕均须公安机关进行。总之，诸如此类的既使这三个机关能充分发挥自己的职能作用，又使其避免脱轨问题发生的规定，体现在刑事诉讼全过程的规范中，正是我国刑事诉讼得以有条不紊运作的保障，是我国刑事诉讼法得以完成诉讼任务的保障。这也正是我国刑事诉讼法的一大优点。

（五）人民检察院有不起诉权

我国宪法明确规定，人民检察院是国家法律监督机关。在刑事诉讼中，刑事诉讼法不仅赋予它对刑事诉讼活动负有法律监督职责，同时还将其确定为国家公诉机关，负有批准、决定逮捕、侦查、决定并提起公诉职责。对于侦查终结的刑事案件，人民检察院有权决定不起诉。这种决定是对侦查终结并移送提请起诉的刑事案件终止刑事诉讼的决定。它的正确使用，不仅可以防止应当受到刑事惩罚的人逃脱法律制裁，而且可以使不应当追究刑事责任的人，以及没有追究其刑事责任必要的人，及时摆脱诉讼，不再受不应有的诉讼拖累，同时，也可以因此减少不必要的诉讼时间、人力、物力的花费。但是，如果不能正确使用不起诉权，就会导致完全相反的后果。为此，我国刑事诉讼法一方面以严格界定人民检察院不起诉的适用范围，来避免可能发生的不当，另一方面，设置全面的救济制度和程序。

关于不起诉的适用范围，我国将不起诉的类型确定为两大类：其一，绝对不起诉；其二，相对不起诉。

绝对不起诉。这是各国共有的制度，但是，在我国刑事诉讼法中却有自己特定的范围。它包括6种情形：①情节显著轻微、危害不大、不认为是犯罪的；②依照刑法关于时效的规定，犯罪已过追诉时效期限的；③经过特赦令免除刑罚的；④犯罪嫌疑人、被告人死亡的；⑤依照刑法规定告诉才处理的犯罪，没有告诉或者撤回告诉的；⑥其他法律规定免予追究刑事责任的。这一不起诉范围的情形，无疑充分地、具体地体现着我国刑事追究、刑事惩罚的目的，是全面考虑其对社会、对国家的利益的需要所致。这种规范，既不损害刑事诉讼的公正，又可保证刑事诉讼的效率。

相对不起诉。我国刑事诉讼法，一方面赋予人民检察院决定不起诉的自由裁量权，另一方面又严格地限制这一自由裁量权的适用。依照刑事诉讼法规定，相对不起诉只限于对两类刑事案件可以适用：一种是犯罪情节轻微，依照刑法规定不需要判处刑罚或者免除刑罚的，人民检察院可以作出不起诉的决定；另一种是对于经过补充侦查的案件，在人民检察院认为证据不足，不符合起诉条件时，人民检察院可以作出不起诉的决定。这也就是说，人民检察院对上述两种情形，可以作不起诉的决定，也可以作提起公诉的决定。这才是人民检察院可以行使自由裁量权的范围。但是，这清楚可见，这种不起诉决定的适用范围依然是有限度的。前一种适用的情形，必须是刑法规定不需要判处刑罚或者免除刑罚的，而不是其他任何情形。而刑法的这一有关规定，是有一定范围的。这一范围不过是我国刑法第37条规定的犯罪情节轻微不需要判处刑罚的，第19条关于又聋又哑的人或者盲人犯罪案件，第20条第2款关于正当防卫明显超过必要限度造成重大损害的案件，第21条第2款关于紧急避险超过必要限度造成不应有损害的案件，第22条第2款关于预备犯案件，第24条第2款关于中止犯罪没有造成损害的案件，第27条第2款关于从犯案件，第28条关于被胁迫参加犯罪的案件。而这些案件，虽都有可免除处罚的规定，但除第37条规定以外，它们同时也是可从轻或者可减轻处罚的案件。因此，人民检察院只对这类案件的不起诉权的适用，可自由裁量。除此之外，不能对其他不存在法定有不需要判处刑罚或者免除刑罚规定的案件作出不起诉的决定。后一种可以决定不起诉的，只限于经过补充侦查后，人民检察院仍然认为证据不足的。而刑事诉讼法要求人民检察院有权提起公诉的案件应具备的重要条件之一，是证据确实、充分。

为了及时防止人民检察院不适当地扩大不起诉权的适用范围，以免造成危害，我国刑事诉讼法确立了较全面的双向补救制度和程序。其一是检察机关自纠。人民检察院对公安机关和当事人申诉，进行复查。它有两项制度。一项是复议、复核制度。当公安机关认为移送提请起诉的案件，人民检察院所作的不起诉决定有错误时，有权依法向该人民检察院提出复议请求，意见不被接受，还可以向上一级人民检察院申请复核。另一项是申诉制度。被害人不服人民检察院不起诉的决定，可以在法定的期限内向上一级人民检察院申诉，请求提起公诉。被不起诉的人，如果对于人民检察院以犯罪情节轻微，依照刑法规定不需要判处刑罚或者免除刑罚为由作出的不起诉决定不服，在法定的期限内也可以向人民检察院提出申诉。其二是直接起诉制度。被害人不服人民检察院不起诉的决定，可以不经申诉，直接向人民法院起诉。可见，我国刑事诉讼法在保障人民检察院正确适用不起诉权方面，是以内部自行制约与外部制约相结合的途径来实现的。到目前为止，可以说这是我国特有的做法，也是成功的经验。

（六）公诉案件的庭审更加强调调动诉讼主体的主观能动作用，来实现刑事审判的公正

在刑事诉讼中，人民法院对刑事案件能否作出公正的裁判，是刑法是否得到正确实施的根本标志。为了实现刑事审判的公正，我国对1979年颁布的《中华人民共和国刑事诉讼法》有关庭审的法律规范，作了两项重大的改革。第一，改变庭前审的实质。保留了人民法院对人民检察院移送提起公诉材料的审查程序。但是，对人民检察院指控的犯罪事实、证据，不再作实体审查。人民检察院提起公诉时，不再需要移送案卷及所有指控证据。人民法院无须再将起诉事实是否清楚、证据是否确实充分作为决定开庭审判的必备要件。只要起诉书中有明确的指控犯罪事实并且附有证据目录、证人名单和主要证据复印件或者照片的，就应当开庭审判。由此，可以较好地克服以往将庭上审变为庭前审的弊端，为庭审实现公正奠定了良好的基础。第二，保留法官庭上主审的地位，但指控的举证不再主要由法庭承担，而转为指控完全由公诉人承担。裁判结论的根据，完全是来源于法庭公正、充分地运用陈述、询问、讯问、发问、控诉、反驳、辩护等方式进行的法庭调查和法庭辩论所查明的案件事实和证据。正因为这种庭审可以较好地调动公诉人、被害人及其诉讼代理人、被告人及其辩护人的控、辩主动性和积极性，法庭才能较顺利地对案件作出正确判断，较好地实现审判程序与实体的公正。到目前为止，可以说我国公诉案件现行的庭审程序和制度，较以往有了较大的进步。

三 刑事证据的可采原则

（一）刑事证据的诉讼地位和法定采证原则

刑事诉讼中，刑事证据采用怎样的取证原则最为适宜，这是近现代国家十分关注的问题。各国理论界也一直对这一问题不断地探讨和研究。一些国家在解决这一问题时，不断进行新的尝试。到目前为止，不同国家所确立的刑事证据采证原则仍有所不同。有的国家原则上采取完全排除违法证据资料，有的国家只排除违法取得的言词证据资料。我国对此未作出明确的规定。但是在刑事诉讼法中，我国对于刑事证据的地位和确定的采证原则始终有明确规定。

刑事证据在刑事诉讼中，在保证刑法正确实施，惩罚犯罪、保护人民权益、保障国家安全、维护社会主义秩序方面，具有了其他任何事物无法取代的重要作用。为了便于发现案件真相，根据证据的特征，我国刑事诉讼法将其分为物证、书证，证人证言，被害人陈述，犯罪嫌疑人、被告人供述和辩解，鉴定结论，勘验、检查笔录和视听资料七类。与此同时，刑事诉讼法使刑事证据在我国同犯罪作斗争的刑事诉讼中，成为解决犯罪嫌疑人、被告人是否实施了被指控的犯罪、犯了什么罪、应否给予刑事处罚、应当给予何种刑事处罚等一系列问题得以解决的根据和主要手段。例如，依照刑事诉讼法的规定，公安机关认为需要对犯罪嫌疑人采取逮捕措施，提请人民检察院审查批准时，要有证据证明犯罪嫌疑人有犯罪事实。人民检察院或者人民法院决定对犯罪嫌疑人、被告人逮捕，也必须具备有证据证明犯罪嫌疑人或被告人有犯罪事实。在审查起诉阶段，要有确实、充分的证据证明指控的犯罪事实。在审判阶段，人民法院第一审对被告人作出有罪判决，不仅要事实清楚，而且要证据确实、充分。如果证据不足，不能认定被告人有罪，只能作出证据不足、指控不能成立的无罪判决。诸如此类的种种重要规定，使刑事证据成为诉讼从一个阶段进入另一个阶段必用的"开锁钥匙"和诉讼活动的核心。

不容忽视，查明案件真相的证据并不会自动展现在办案人员面前。办案人员要查明案件真相，必须收集到足以反映案件真相的证据。但是，当反映案件真相的客观事实被办案人员所发现、获得时，往往需要经过复杂的鉴别过程，即由此及彼、由表及里，去粗取精、去伪存真的过程。事实上，人们对客观事物的认识，都会不同程度地受某些主客观因素的制约。例如，证人提供他所见到的情况，其真实性难免受其视力好坏，当时自然环境中离视物远近，光线明暗程度，以及其记忆力、反应能力、表达能力，与犯罪嫌疑人或被告人的个人情感、恩怨等等因素的影响。为了使办案人员尽可能取得真实、充分的证据资料，减少和防止虚假情况被作为证据，我国刑事诉讼法确定了一系列以维护证据真实性为中心的取证原则。

（1）依法定程序采证原则。它是指侦查人员、检察人员和审判人员收集证据，必须依照法律规定的程序。我国刑事诉讼法为了最大限度地防止因取证方法、程序等方面的失误,影响证明资料的真实可靠性,对于收集各类证据的方法、程序和要求,一一作了具体的规定。例如,收集犯罪嫌疑人供述和辩解,依法采用讯问方法。讯问必须由公安机关或者人民检察院的侦查人员负责进行。讯问的时候,不得少于二名侦查人员。如果犯罪嫌疑人是聋哑人,讯问时应当有通晓手语的人参加,并且将这种情况记入笔录。讯问时,应当首先讯问其是否有犯罪行为,让他陈述有罪的情节或者无罪的辩护,然后向他提出问题。讯问笔录应当交犯罪嫌疑人核对,对于没有阅读能力的,应当向他宣读。允许修改或补充他认为记录不正确或者遗漏的内容。犯罪嫌疑人认为笔录无误时,应当签名或盖章。侦查人员也应当在笔录上签名。

(2) 全面采证原则。根据刑事诉讼法第43条规定,侦查人员、检察人员、审判人员,既要收集能够证实犯罪嫌疑人、被告人有罪的各种证据,也要收集能够证实犯罪嫌疑人、被告人无罪的各种证据,既要收集能够证实犯罪嫌疑人、被告人罪轻的各种证据,也要收集能够证实犯罪嫌疑人、被告人罪重的各种证据。这一采证原则,是防止无罪人受刑事追究、保证有罪人得到正确处理的根本保证。

(3) 严禁非法采证原则。我国刑事诉讼法明确规定:"严禁刑讯逼供和以威胁、引诱、欺骗以及其他非法的方法收集证据。"司法实践证明,如果违反这一采证原则,往往会增加证据资料的虚假程度。例如,我国刑法将严重的刑讯逼供规定为犯罪。司法工作人员对犯罪嫌疑人、被告人实行刑讯逼供或者使用暴力逼取证人证言的,处三年以下有期徒刑或者拘役。如果这种行为致人伤残、死亡的,依法从重处罚。

(4) 保证公民客观充分提供证据的采证原则。公民提供证据是司法机关获得证据的重要来源。刑事诉讼法明确要求"必须保证一切与案件有关或者了解案情的公民,有客观地充分地提供证据的条件",还规定"除特殊情况外,并且可以吸收他们协助调查"。与此同时,我国刑事诉讼法在保障公民客观充分地提供证据方面,作出了许多具体规定。例如,询问证人,通常是侦查人员要到证人的所在单位或者住处进行,以免增加证人的负担。只有必要时,才通知证人到人民检察院或者公安机关提供证言。询问证人,应当个别进行。如果证人不满18岁,可以通知其法定代理人到场。法律要求公安机关、人民检察院和人民法院要保障证人及其近亲属的安全。对证人及其近亲属进行威胁、侮辱、殴打或者打击报复,构成犯罪的,依法追究刑事责任;不够刑事处罚的,依法给予治安管理处罚。这一原则也是我国刑事诉讼实行专门机关办案与群众相结合的诉讼基本原则的要求和体现。

(5) 重调查研究,不轻信口供的采证原则。真实反映案件事实的口供,是刑事证据的一种。但是,由于它来自犯罪嫌疑人、被告人,所供述的内容与其切身利益息息相关。通常,犯罪嫌疑人、被告人总是想减轻罪责、逃避法律制裁。因而,供述内容的虚假成分较之其他种类的证据资料更多些。对于这种证据,我国刑事诉讼法要求:"对一切案件的判处都要重证据,重调查研究,不轻信口供。"同时限定:"只有被告人供述,没有其他证据的,不能认定被告人有罪和处以刑罚;没有被告人供述,证据充分确实的,可以认定被告人有罪和处以刑罚。"这一原则,对于彻底清除将口供作为证据之王的影响,防止错案具有决定性的意义。

(6) 证人证言当庭核实的采证原则。证人提供的耳闻目睹情况,通常不能完全准确无误地反映案件真相。因此,司法人员对收取的证人提供的情况,必须查证核实。法庭开庭审判,这是全面核实已有证据资料最好的环节和场合。依照我国刑事诉讼法规定,证人提供的证言须经过公诉人、被害人和被告人、辩护人双方讯问、质证,通过法庭调查和法庭辩论来核实,以便于法院判明其真伪。只有依法查证属实的证人证言,才具有证据价值,司法机关才能采用作为定案的根据。

(7) 适当排除作证义务的采证原则。在我国,凡是知晓案件情况的人,都有作证的义务。但是,在生理上、精神上有缺陷或者年幼,不能辨明是非、不能正确表达的人,不能作为证人。这一原则,是我国司法机关取得真实可靠证言的保证之一。

司法实践证明,我国由于实行上述忠于事实真相的采证原则,因此,刑事诉讼法在同犯罪作斗争中发挥了重要作用,取得了良好的成效。

(二) 排除违法取证的必要性和弥补举措

在我国,依照刑事诉讼法规定,公安机关、国家安全机关、人民检察院和人民法院处理案件根据的证据,须同时具有三性:客观真实性,与案件相关性和合法性。但是,在理论界和司法实践中,对证据应具有的合法性有不同认识并采取不同做法,即对于非法取得的证据资料,经查证是真实反映案件真相的,持不排除说或例外不排除说。前者主张:凡因查明案件真相需要,依法确实收集不到足够定案的其他证据时,侦查人员、检察人员和审判人员以违反刑事诉讼法规定的方法或手段取得的证据资料,经查证能证明案件事实的,应当具有证据效力,可以作为定案的根据。这种采证应当允许。理由是:这样做有助于防止真正的犯罪分子因办案机关依法没有取得足够的证据,而"正大光明"地逃脱应受到的法律制裁,而继续危害社会。后者主张:对于某些严重犯罪案件,如果以违法手段取得的证据资料是真实的并能证明案件事实真相,并且是定案所必需的,应当采用,不予排除。主要理由是:一方面可以防止罪行严重的犯罪分子得以逃避法律制裁,不至于造成放纵犯罪,同时,由于这种适用案件范围有限,不会导致严重后果。

笔者认为,上述两说并不可取,是有害的。我国刑事诉讼对于违法收集的证据资料,宜采取完全排除原则。这样做的原因主要有以下几点。

(1) 违法采证是违反国家宪法的行为。在司法实践中,违法收取证据资料的行为,不仅侵犯公民人身权利和其他民主权利,同时还明显地违反刑事诉讼法关于收取证据的原则或者程序规定,与我国宪法有关规定相悖。例如我国宪法第37条、第39条和第40条明确规定,公民的人身权利和其他民主权利受法律保护。任何公民非经人民检察院批准或者人民法院决定,并由公安机关执行,不受逮捕。禁止非法拘禁和以其他的方法非法剥夺或者限制公民人身自由;禁止非法搜查公民的人身。公民住宅不受侵犯。禁止非法搜查或非法侵入公民住宅。公民的通信自由和通信秘密受法律保护。除因国家安全机关或者追查刑事犯罪的需要,由公安机关依照法律规定程序对通信进行检查外,任何组织或者个人不得以任何理由侵犯公民通信自由和通信秘密。由此可见,司法机关即使出于同犯罪作斗争的需要,也必须依照有关法律规定进行。这是因为,宪法是国家的根本大法,是一切国家机关、企业事业单位、团体,所有国家工作人员和其他公民行为的基本准则。它是人民最高权力机关制定的,体现人民的意志,代表广大人民的利益。因此,公安机关、国家安全机关、人民检察院和人民法院都必须严格遵守。而违反刑事诉讼法关于采证程序的规定,之所以是违反宪法的行为,是由刑事诉讼法与宪法的关系决定的。宪法是母法,刑事诉讼法同其他部门法一样是子法。前者是后者立法的根据，后者是保障前者有关内容得以实施的手段。如果对违反宪法的行为不严格禁止，给违反宪法的行为留有任何余地，都可能会给国家造成严重的后患。因为那将会使宪法失去在民众中应有的威信和地位，甚至在国际上失去应有的尊严和地位。从世界范围看，许多国家为了维护宪法，设置了专门法院——宪法法院，如德国等。与此同时，一些国家还颁布一系列保证宪法实施的法律。我国虽然没有设置宪法法院，但是也颁布了一系列保障宪法实施的法律。刑事诉讼法就是国家同刑事犯罪作斗争，使公民享有的宪法赋予的人身权利和其他民主权利不受侵犯的法律保障。因此，侦查人员、检察人员和审判人员在刑事诉讼中，收集证据应当依法进行。刑事诉讼法不能将违法取证纳入采证原则范畴。

（2）以违法取得的证据作为定案依据是造成冤错案件的直接祸根。刑事诉讼史证明，证据真实可靠是同犯罪作斗争不枉不纵的关键。保证证据真实可靠，如何采证是关键。在人类社会的不同历史阶段实行不同的证据制度。但是，却有共同的教训。那就是相信、依靠采取刑讯逼供等侵害人的肉体、摧残精神等手段取得的证据资料，容易铸成大错。我们党早在民主革命时期就将"严禁刑讯逼供"作为反帝反封建总纲的重要组成部分。中华人民共和国成立后，毛泽东同志多次指出：严禁逼供信，重证据不轻信口供。但是在"文化大革命"时期，由于违法取证盛行，发生了许多冤案、错案，造成了十分严重的危害，有些是无法弥补的损失。

当今，我国的证据制度较以往任何时候都更进步、更完善。但是，犯罪本身的复杂性、隐蔽性却越来越大。犯罪分子逃避法律制裁的行为也呈智能化趋势，而办案人员的素质和侦查技术手段尚未完全达到需要的水平。因此，即使办案人员依法取证，所获得的证据也往往只是证据资料而已。这其中难免存在以下情况，即：完全真实地反映案件真相，不能完全反映案件真相，只是部分真实或者完全是虚假的。采用非法手段取证，即对被讯问的对象进行威胁、利诱、欺骗，甚至使其精神或肉体遭受痛苦，此时往往是办案人员认为对方尚有知晓的情况未予提供。这样，如果被讯问人是真正的犯罪分子，他可能因此说实话，但很多情况下他会编造更多的谎言。对于无辜者来说，尽管在正常情况下由于其了解的情况受其生理状况、客观环境等主客观因素限制而不一定准确无误，但是，与其受到外界压力而被迫提供迎合办案人员要求的情况相比，虚假成分要少得多。非法取得的证据资料，往往容易将办案人员引入歧途，甚至造成严重后果。因此，我们不能因个别情况下以非法手段能够取得真实证据，而忽视或轻视这种做法的弊端。

（3）违法采证与我国要实现"依法治国，建设社会主义法治国家"的目标和治国方针背道而驰。依法治国，建设社会主义法治国家，这是巩固社会主义制度，实现社会主义现代化的重要保证。它要求国家实现有法可依、有法必依、执法必严、违法必究。对于刑事诉讼法的遵守也不能例外。公安机关、国家安全机关、人民检察院和人民法院，以及一切办案人员也必须同普通公民一样予以严格遵守。刑事诉讼法关于收集证据的原则和程序的规定，是保证证据确实、可靠的经验总结，并正在随着司法实践经验的丰富而不断地完善。如果司法机关、司法人员有法不依，只能给国家实现依法治国造成损害。同时，也会使刑事诉讼法失去应有的严肃性和权威性。

（4）确立排除违法取证原则，是证据制度在世界范围内发展的总趋势，是社会进步、文明的要求。随着时间的推移，人类社会不断向新的文明迈进，越来越多的国家确立了排除违法取证的制度。国家间通过签订国际公约来加强世界范围内对公民人身权利和民主权利的保护，提高同犯罪作斗争的准确率。例如从1975年2月4日至1985年2月15日的一段时间里，先后有英国、法国、德国、意大利、加拿大、匈牙利、罗马尼亚等60多个国家签署了《禁止酷刑和其他残忍、不人道或有辱人格的待遇或处罚公约》。在我国，1988年9月5日第七届全国人民代表大会常务委员会第三次会议作出决定，批准了中华人民共和国代表李鹿野于1986年12月12日签署的这一公约。我国除了对其中第20条和第30条第1款予以保留外，其余条款我国予以赞同和接受。根据该公约规定，为了向某人或者第三人取得情报或供状，蓄意使某人在肉体或精神上遭受剧烈疼痛或痛苦的任何行为，而这种疼痛或痛苦又是在公职人员或以官方身份行使职权的其他人所造成，或在其唆使、同意或默许下造成的，除纯因法律制裁而引起或法律制裁所固有或者附带的疼痛或痛苦之外，均属酷刑。它要求每一缔约国采取各种必要有效的立法、行政、司法或其他措施，防止在其管辖的任何领土内出现酷刑的行为。包括任何特殊情况下，如战争状态、战争威胁、国内政局动荡和其他任何社会紧急状态,不得将其作为施行酷刑的理由。它还要求每一缔约国应当保证将一切酷刑行为定为刑事犯罪行为,并适用于施行酷刑的企图以及任何合谋或参与酷刑的行为。每一缔约国要根据其行为性质的严重程度加以惩处。该公约明确规定,每一缔约国应确保在任何诉讼过程中,不得援引业经确定系以酷刑取得的口供为证据。但这类口供可以用来作为被控施用酷刑者刑讯逼供的证据。基于我国已接受这一公约,如果侦查人员、检察人员和审判人员仍采用非法手段取证,并予以运用,这是对国家信誉和威望的损害。

不能不看到,如果排除非法取得的、经查证属实的证据资料,特别是当这一事实对于定案起决定作用时,会使犯罪分子"名正言顺"地逃脱法律制裁,甚至可能会因其得以逍遥法外而给社会造成新的危害。虽然这种情况为数有限,但是,这与我国刑事诉讼法的立法目的和要完成的任务相背离。因此,任何一个国家在刑事诉讼法中确立完全排除违法取证原则的同时,尚需要有弥补这一原则不足的举措。从我国刑事诉讼法的规范状况看,在保证办案人员获取真实、可靠证据方面制定了许多具体措施,并在不断地完善。因此,刑事诉讼法所承担的任务能够很好地完成,但是,为了完全杜绝违法取证的问题发生,并弥补杜绝违法取证的不足,使刑事诉讼法的规范有助于推动社会主义民主,实现"依法治国,建设社会主义法治国家"的目标,今后有必要在以下几方面进一步发展完善。

(1)完善刑事诉讼法关于证据制度的规范。从司法实践看,出现违法取证问题,关键在于我国刑事诉讼法关于证据问题的规定尚存在某些不足。这种不足,主要在以下几方面。第一,该法中对于证据和证据资料未加区分,均以证据代之。这样,容易使侦查人员、检察人员和审判人员误认为依法收集的证据资料就是证据,忽视了其中尚有不能真实反映案件真相的可能,而只有经过查证之后,确实反映案件事实的才具有证据价值,才是用作定案根据的证据。因此,该法有必要明确规定:侦查人员、检察人员和审判人员必须依法收集证据资料。证据资料经查证属实,才能作为定案的根据。第二,该法关于收集证据问题,仅规定了禁止的行为和应当进行的行为,对于违反这种规定的结果如何对待未予明确。这样,客观上给违法行为留有空隙。为此,有必要补充规定:"凡是违反本法规定收集的证据资料,即使查证属实,也不能作为证据,不得用作定案根据。"这样，不仅有利于提高侦查人员、检察人员和审判人员依法办案的自觉性，切实维护证据资料的真实性，提高办案质量，而且有利于增强国家对公民合法权益保护的力度，更好地发挥刑事诉讼法的作用。此外，刑事诉讼法需要增加相应的补救措施，如规定，凡是违法取得的证据资料，经查证属实，并且对定案有决定意义的，应当依法重新收集。原取证人员，应当回避。依法重新收集的证据资料，经查证属实，可以作为定案根据。这样，既能够防止真正的犯罪分子逃脱法律制裁，又维护了法律的严肃性。

（2）大力提高公安机关、国家安全机关、人民检察院和人民法院发现、收集、判断刑事证据的科学技术装备水平。当今，人类社会已进入电子时代，科学技术的飞速发展给社会带来了新的进步和文明。同时，犯罪也变得更加难以对付，大大增加了办案人员收集证据的难度。因此，我国有必要以先进的科学技术手段来武装公安机关、国家安全机关、检察机关和审判机关。这样，必定大大提高收集证据的准确率和效率，为查明案件真相，作出正确处理提供更多的有利条件。近些年来，我国在这方面已做出很大努力，并取得了显著成绩。鉴于科学技术的发展日新月异，这项工作需要不断加强。只有如此，我国司法机关同犯罪作斗争才能立于主动地位。

（3）不断提高侦查人员、检察人员和审判人员的社会主义法律意识和同刑事犯罪作斗争的业务水平。同刑事犯罪作斗争要做到不枉不纵，固然需要有完善的法律为依据，需要有先进的科学技术手段。但是，无论是发现证据，判断证据和使用证据，或者是运用科学技术手段都离不开办案人员。因此提高办案人员的素质十分重要。近些年，在提高侦查人员、检察人员和审判人员的素质方面，我国作了许多努力，如颁布了《中华人民共和国法官法》、《中华人民共和国检察官法》以及《中华人民共和国人民警察法》，对人民警察、检察官和法官的任职资格、条件以及奖惩考核制度等作了严格规定。这无疑会大大增强司法队伍的战斗力。由于多种因素影响，我国司法队伍不可能在短期内完全达到客观要求的水准，因此，提高现有司法人员的政治素质、思想品德修养、法律专业知识水平和办案能力，仍然是一项重要工作。客观形势的不断发展，决定了培训司法人员的工作应当纳入经常性工作范畴。有关部门需要制定培训计划，使所有执法人员都有不断提高办案能力的机会。其中，尤其需要提高广大基层司法人员的素质。这是实现刑事诉讼公正的基本保证。

（4）加强国内不同地区的司法机关间的密切协作和社会综合治理。在我国，改革开放政策在不断深入实施，经济建设正在飞速发展，跨地区的犯罪也在增多。犯罪出现的这种新特点，给司法机关发现犯罪、揭露、证实犯罪的工作带来了新的困难，增加了准确、及时地打击犯罪的难度，对于加强不同地区间司法机关的密切协作提出了更迫切的要求。从犯罪发展的特点看，许多犯罪不只是涉及几个单位、几个地区，甚至涉及数十个省，面很宽。我们必须看到这种严重的情况。只依靠司法机关揭露犯罪是不够的，需要各个部门及人民群众与司法机关联手进行综合防治。在这方面我国已取得了较好的成绩并积累了相当多的经验。但是，各地区发展趋势尚不平衡，这方面的工作需要进一步加强并坚持下去。

（5）扩大国际司法协助范围。从犯罪发展变化趋势看，跨国犯罪在世界范围内有增无减。在我国，有些犯罪早已跨出国界。作案后逃往国外，甚至同国外的犯罪分子相勾结。特别是其中的走私、贩毒等犯罪给人民造成了严重危害。为了准确、及时地查明此类犯罪，及时抓获犯罪分子，不同国家之间的司法机关需要密切协作。在这方面，我国已同一些国家签订了司法协助条约，同国际刑警机构进行了必要的合作，从而大大提高了取证能力，有力地打击了犯罪。但是，跨国犯罪将会在今后相当长的时期里存在，并会更加复杂。因此，我国有必要同更多的国家建立司法协作关系。

展望我国刑事采证原则的发展前景，笔者认为，随着社会主义民主与社会主义法制的不断发展、司法人员素质的不断提高，同犯罪作斗争具备的科学技术手段的不断完备，以及全民法制观念的不断增强，在刑事诉讼中完全排除以违法手段取得的真实言词证据和其他违法取得的证据的效力，将在未来完善现行刑事诉讼法中得到充分的肯定。

四　刑事审判的公正与效率

纵观中外各国刑事诉讼法制发展史，我们可以清楚地看到，不同国家的政治制度、文化传统、历史渊源、经济发展水平和法制发展状况不同，导致刑事诉讼法制有这样或那样的差异。但是，刑事审判却从来都是刑事诉讼的重要组成部分和核心环节。

在近现代国家中，刑事审判是指法院依照法律规定的诉讼原则、制度和程序，对于已经起诉的刑事案件进行审理，调查、核实指控的犯罪事实和证据，并对被告人是否实施了指控的罪行、实施了何种罪行，是否应当处以刑罚以及应当处以何种刑罚作出裁判的诉讼活动。它既包括审判制度，也包括审判程序。它涉及刑事审判的公正与效率。前者，刑事审判的公正应当指法院对指控的犯罪事实和证据的核实应实事求是，对被告人作出的裁判应不枉不纵。与此同时，被告人、被害人和其他诉讼参与人享有足以维护被告人、被害人合法权益的诉讼权利，并在庭审中被保证得到充分地行使。后者，刑事审判的效率应当指法院对被告人作出公正裁判是迅速而经济的，避免了不应有的讼累。从理论上或者从司法实践看，刑事审判是否公正、效率如何，直接体现被告人、被害人合法权益得到应有维护的程度，体现社会公众利益和国家利益得到维护的程度。实质上，审判公正与效率的状况，既是一个国家刑事诉讼法制完善水平的标志，也是一个国家民主与法制发展完善程度的标志。当今，从世界范围看，许多国家在推动本国民主与法制发展的进程中，都很重视保障刑事审判公正与效率的不断改革和完善。

我国和其他许多国家一样，一直非常重视刑事审判制度。中华人民共和国建立后，立即着手建立社会主义的刑事审判制度。1950 年、1951 年先后颁布了《人民法庭组织通则》和《人民法院暂行组织条例》。1954 年中华人民共和国第一届全国人民代表大会第一次会议通过了《中华人民共和国人民法院组织法》。此后，在不断总结司法经验的基础上，根据客观需要，于 1979 年颁布我国第一部全面、统一规范刑事诉讼活动的《中华人民共和国刑事诉讼法》，由此，我国刑事审判制度被全面确立下来。

刑事审判公正与效率问题，是刑事诉讼的中心问题。我国刑事立法和司法中，始终将保障刑事审判公正、提高刑事审判效率摆在重要地位。在立法上，我国立足本国国情和实践经验，并适当借鉴其他国家有益经验，将实现审判公正与效率同刑事诉讼的其他环节密切而有机地结合起来。总的看，就解决刑事审判的公正与效率问题而言，我国的经验越来越丰富，并在立法上不断完善，具有的特色也越来越鲜明。可以说，我国刑事诉讼法在保障刑事审判公正与效率方面，是全方位的，已经形成比较科学的体系。这种保障主要表现在以下几方面。

(一) 实行一系列刑事诉讼基本原则

在刑事诉讼中,刑事审判并不是完全孤立的诉讼活动。它是起诉诉讼活动的必然延续。起诉诉讼活动是刑事审判活动得以启动的前提。刑事审判公正与效率,需要一系列不同的根本性的诉讼基本原则,使不同方面的诉讼活动有机地配合和制约。我国刑事诉讼法确立的这类原则主要有以下几项。

第一,人民法院、人民检察院和公安机关进行刑事诉讼,实行分工负责、互相配合、互相制约。由于人民检察院和公安机关之间的关系也是分工负责、互相配合、互相制约,这样,公安机关在侦查阶段、人民检察院在审查起诉阶段存在的不足和差错,就能够及时被发现并得到弥补和纠正。因此,人民检察院提起公诉的犯罪事实和证据的真实可靠性就比较大。人民法院在庭审中调查、核实指控犯罪事实和证据,就有可能顺利地完成从而及时作出正确判决。

第二,人民法院、人民检察院和公安机关进行刑事诉讼,必须依靠群众。依靠群众,这是我们党和国家做好各项工作的根本保证,也是司法工作长期坚持的优良传统和工作作风。

第三,人民法院、人民检察院和公安机关进行刑事诉讼,必须以事实为根据,以法律为准绳。对于审判人员来说,在刑事审判中坚持以事实为根据,就可以更好地克服主观片面性,摆脱各种干扰和影响,使自己对指控的犯罪事实和证据的认识能够符合客观实际,并作出正确结论;坚持以法律为准绳,才能用正确标准去衡量认定的事实,从而正确适用法律,作出公正裁判。以往我国司法机关同犯罪作斗争之所以能取得令人称道的成绩,最根本的原因,就是坚持了这一原则。

第四,对于一切公民,在适用法律上一律平等,在法律面前,不允许有任何特权。这一原则是我国刑事诉讼法贯彻《中华人民共和国宪法》规定的"中华人民共和国公民在法律面前一律平等"原则的体现。

第五,人民检察院依法对刑事诉讼实行法律监督。这一基本原则,是刑事诉讼法具体贯彻宪法关于人民检察院是国家法律监督机关的规定的体现。在刑事审判中,对于人民检察院来说,检察官代表国家出席法庭,具有双重身份和双重地位。他既是公诉人,又是国家法律工作者;既要代表国家支持公诉，论证指控的犯罪事实成立，又要监督法庭审判活动是否严格依法进行，发现法庭有违反法律规定的行为，应当提出纠正意见。法庭审判中实行这一原则，也是我国刑事审判中的一大特色。

第六，人民法院依法独立行使审判权，不受行政机关、社会团体和个人的干涉。这一诉讼基本原则，是指人民法院审判案件只服从法律。任何行政机关、社会团体或者个人依仗权势以权压法、以言代法，干涉人民法院审判工作都是非法行为，人民法院有权抵制。

第七，保障各民族公民都有权使用本民族语言文字进行诉讼。我国是一个多民族的国家。确定这项诉讼基本原则，是刑事诉讼贯彻民族政策的体现。

（二）实行科学的、经济的审级制度

在我国，刑事审判实行四级两审终审制，而不采用三审终审制。任何刑事案件，最多经过两级人民法院审判即告终结。实行这种审判制度是与我国特有的刑事诉讼结构、诉讼体制相适应的。刑事诉讼中，人民法院、人民检察院和公安机关各自都是独立的、诉讼地位平等的诉讼主体。人民检察院和公安机关二者的关系是分工负责、互相配合、互相制约。在刑事诉讼中，侦查与审查起诉又是两个独立的诉讼阶段。人民检察院在审查起诉中，对于公安机关侦查终结建议提起公诉的案件进行审查后，认为不符合法定条件的，有权不起诉。但是，对于公安机关的侦查活动不能指挥，而在其他国家，侦查机关的侦查活动，检察官可以指挥，甚至有权发出命令。这种不同，使得我国人民检察院提起公诉的案件较之其他国家，在对指控事实和证据的核实上多了一个核查阶段。因而这种指控往往比较可靠。这就使得人民法院对公诉案件第一审的审判，在实现公正与效率上，有了较好的前提条件。一般刑事案件，经过第一审可以终结。只有被告人上诉或人民检察院抗诉时，才进行第二审。第二审终结，判决、裁定就发生法律效力。这种审判制度，便于民众诉讼，也有助于防止因审级过多而使审结过程变得冗长，避免被告人、被害人以及人民法院在人力、物力和时间上的浪费。

（三）实行公开审判制度

我国人民法院审判刑事案件，除了有关国家秘密、个人隐私案件，以

及未成年人犯罪案件外,一律公开进行。实行公开审判,将人民法院的庭审活动完全置于明处,置于人民群众监督之下,不仅有助于发挥庭审活动对人民群众进行法制教育的作用,而且有助于促进法庭审判人员自觉严格依照法律规定进行各项审判活动,防止法庭审判流于形式或不适当地简化程序,以及保证依法公正裁判。

(四) 实行人民陪审员陪审制度

依照刑事诉讼法规定,人民法院审判案件,实行人民陪审员陪审制度。基层人民法院、中级人民法院、高级人民法院和最高人民法院审判第一审案件,可以根据需要由审判员和人民陪审员组成合议庭,共同行使审判权。

人民法院审判案件,实行人民陪审员陪审制度,是我国人民当家做主参加管理自己国家的一种方式,也是刑事审判工作依靠群众、走群众路线的体现。人民陪审员参加陪审,使人民法院能够更好地依靠群众查明案件事实真相。同时,通过人民陪审员参加合议庭对案件进行审理,可以加强人民群众对人民法院审判工作的监督。通过人民陪审员陪审,可以扩大法制教育范围。在现实生活中,每一件案件不可能也不一定都由人民陪审员陪审。因此,将这一制度的适用作了符合客观实际情况的修改。实行各级人民法院对刑事案件进行第一审的时候,可以全部由审判人员组成合议庭,或者由审判员和人民陪审员组成合议庭,共同审判案件。这种修改,既可以防止这一制度形同虚设,又可以在有必要实行陪审时,发挥它特有的作用。

(五) 实行回避制度

在刑事诉讼中,回避制度是指审判人员、检察人员和侦查人员以及书记员、鉴定人和翻译人员与案件或者案件当事人有利益关系或者其他特殊关系,参加审判、检察和侦查等诉讼活动有可能影响案件得到公正处理时,应当自行停止履行职务,或者经当事人依法申请停止履行本案职务。为了确保刑事诉讼公正进行,刑事诉讼法还规定了回避的适用范围,除上述情形外,当审判人员、检察人员和侦查人员接受当事人及其委托人的请客送礼,当事人及其法定代理人也有权要求他们回避。实行这项诉讼制度，在刑事审判中有助于较好地避免裁判不公正。

（六）实行辩护制度

辩护制度是国家赋予犯罪嫌疑人、被告人在刑事诉讼中，为维护其合法权益，根据证据事实和法律规定反驳控诉，提出证明自己无罪、罪轻或者应当减轻、免除刑事责任的意见的权利，并保证这些权利能够行使的一项诉讼制度。这项诉讼制度是刑事诉讼贯彻我国宪法关于保护公民合法权益不受侵犯规定的具体体现。

在实际生活中，刑事案件很复杂。在刑事诉讼中，被告人虽然被起诉到人民法院，但是人民法院在对案件进行全面调查清楚之前，对于被告人是不是真正的犯罪分子，是否实施了指控的犯罪，很难作出正确判断。指控的犯罪事实和证据，只反映案件的一个方面的情况，而要弄清案件的全部真相，还需要向被告人进行了解。在刑事诉讼中实行辩护制度，人民法院在开庭审判时，就可以及时地了解全案情况，弄清楚被告人是真正的犯罪分子还是无辜者，所犯罪行比指控的罪行轻或者重，或者完全属实，从而对被告人作出正确、合理的裁判。司法实践证明，认真地执行辩护制度，是保护公民合法权益，保证人民法院正确行使审判权，准确、及时惩罚犯罪、保护人民的一项不可缺少的刑事诉讼制度。最近，我国对于辩护制度作了进一步完善，不仅将委托辩护人的诉讼阶段提前至人民检察院审查之日起，而且赋予律师和其他辩护人更广泛的权利，并且进一步加强了对这些权利实施的具体保障。例如，犯罪嫌疑人在被侦查机关第一次讯问后，或者在被采取强制措施之日起，可以聘请律师为其提供法律咨询，代理申诉、控告。辩护律师自人民检察院对案件审查之日起，可以查阅、摘抄、复制本案诉讼文书，技术鉴定材料，同在押犯罪嫌疑人会见和通信等。辩护律师及其他辩护人可依法搜集证据，甚至可以申请人民检察院、人民法院收集。在审查起诉阶段，人民检察院自收到移送审查起诉的案件材料之日起三日以内应当告知犯罪嫌疑人有权委托辩护人等。此类规定，都使辩护人在法庭开庭审判前，有较充分的时间和较好的条件为出庭参加法庭辩论作好准备。由此可见，认真保护被告人辩护权的行使，对于人民法院在庭审中顺利进行调查、核实指控犯罪事实和证据，创造了十分有利的条件，不仅有助于保证法庭作出正确裁判，而且有助于切实维护被告人合法权益。

(七) 赋予被害人应有的诉讼地位和诉讼权利

在刑事诉讼中,被害人是犯罪行为的直接受害者。但是,在以往,他只是诉讼参与人。在法庭上,除了经审判长许可可以发问、参加辩论之外,没有任何其他可以维护自己合法权益的诉讼权利。在庭审中,往往被忽略或不被重视,其诉讼要求能否得到满足和能否使自己的利益受到维护,完全取决于人民检察院。一旦被害人不能出庭,其合法权益就更难得到切实维护。因此,还被害人应有的诉讼地位,赋予必要的诉讼权利成为我国刑事诉讼完善的一个重要内容。根据修改后的刑事诉讼法,被害人不仅是诉讼当事人一方,享有申请回避权等诉讼权利而且可以委托诉讼代理人代为诉讼。这样,在人民法院开庭审判时,这些诉讼权利的行使,不仅有利于促进检察机关提高维护被害人合法权益的自觉性,而且更有助于法庭及时地查明全案真相,做出有助于维护被害人合法权益的公正裁判。

(八) 确定诉讼时限

我国刑事诉讼法严格规定了人民法院在审判阶段进行诉讼活动必须遵守的期限。审判阶段在刑事诉讼的全过程中,是对被告人作出最终处理的阶段。人民法院为解决这一问题所进行的各项重要诉讼活动,是否应当遵守一定的诉讼期限,以及应当遵守怎样的期限,对于能否实现刑事审判公正与效率,对于刑事诉讼任务能否及时完成具有重要影响。如果对人民法院的诉讼活动期限不作必要的限制,极易造成审判人员工作拖拉,加上遇到某些干扰和困难,往往会因此使许多能够及时结案的案件不能及时被审结。这样,就会造成许多案件被积压,严重地增加被告人、被害人讼累。不仅使实现刑事审判公正与效率变成空话,而且很难完成及时打击犯罪、保护人民的任务。从我国刑事诉讼法的制定看,历来都很重视这一问题,不仅对人民法院的一些重要诉讼活动期限作出必要限制,而且根据司法实践经验和变化了的客观情况,不断修改和完善,使之能够较好地适应发展变化着的客观形势的需要。例如,对于公诉案件第一审的审结期限,刑事诉讼法规定为人民法院受理后的一个月以内,至迟不得超过一个半月。但是,由于我国地域辽阔,交通状况不同,某些重大的刑事案件变得较以往更加复杂，在原规定时限内很难审结。因此，对这一期限作了相应的补充。对于交通十分不便的边远地区的重大复杂案件，重大的犯罪集团案件，流窜作案的重大复杂案件，犯罪涉及面广、取证困难的重大复杂案件，如果人民法院在受理案件后一个月至一个半月不能审结的，需要延长期限，经省、自治区、直辖市高级人民法院批准或者决定，可以再延长一个月。这样，既可以防止司法实践中，为赶时间而草率结案，也可以防止因在法定时限内无法结案而任意拖延。又如，对于公诉案件的第一审，公开审判，人民法院应当先期公布案由、被告人姓名、开庭时间和地点的期限，过去一直未曾作出具体要求。因此，司法实践中，往往在开庭前一天或更短的时间公布这些内容，使得有些群众难以及时参加人民法院的公开审判。现在，刑事诉讼法对此作出补充规定，从而使人民法院的刑事审判更便于接受广大人民群众的监督，并扩大了法制宣传教育的范围。与此同时，我国刑事诉讼法对于以简易程序审判案件，以第二审程序审判上诉、抗诉案件等审判活动应遵守的期限也作出了明确规定。这对于保证审判效率具有重要意义。

（九）区别案件情况，确定适宜的审判程序

刑事犯罪是一种复杂的社会现象。不同的刑事案件，罪行轻重和复杂程度等情况有所不同。刑事诉讼法将罪行比较严重、情节复杂、需要采用侦查手段的案件规定为公诉案件，将罪行比较轻微、情节不太复杂、不需要采用侦查手段的案件规定为自诉案件，并分别规定了公诉案件第一审审判程序和自诉案件第一审审判程序。司法实践证明，这种区别情况采用不同审判程序的做法，对于保证审判公正、效率是十分必要的。为了在保证审判质量的前提下，更及时地审结某些罪行较轻或轻微的刑事案件，我国刑事诉讼法对第一审增设了简易程序。这样，刑法规定的告诉才处理的案件，被害人起诉的有证据证明的轻微刑事案件，以及事实清楚、证据充分，人民检察院认为适宜的、依法可能判处三年以下有期徒刑、拘役、管制、单处罚金的公诉案件都可以迅速被审结。

（十）调动控、辩双方能动作用的庭审模式

庭审，即法庭开庭审理起诉案件，并对被告人作出裁判的诉讼活动。

这个刑事诉讼阶段是刑事诉讼活动在全过程中运作的顶峰。它的结论是刑事审判公正与效率的集中体现，必须有适当的庭审模式来保障。

目前，在世界范围内采用的庭审模式大体上被划分为三种类型，但每一种类型的不同国家，具体情况也不完全相同。一种是当事人主义的庭审模式，例如美国；一种是职权主义诉讼的庭审模式，例如德国；一种是前两种庭审模式的某些特点兼而有之的混合式诉讼庭审模式，例如日本。当事人主义诉讼的庭审，主要特点是：在法庭上，法官是以仲裁者的身份主持庭审，听取控辩双方的举证、辩论，根据庭上查明的案件事实、证据和法律规定，作出判决。此类国家多采陪审制，被告人是否有罪，取决于陪审团的结论。法官确定刑罚的适用。庭上，法官并非积极主动调查、核实指控。正如有人形象描述的那样：开庭时，即使法官口中含有水，直到庭审结束，仍然保留在口中。这种司法制度付出的代价是：宁可错放十个罪犯也不误判一个无辜。[①] 这样的结果，虽然无辜的被告人可以较好地避免被定罪，但是有些有罪的人却被释放，甚至有不少罪犯未得到起诉。因而被害人的合法权益不免难以维护。第二类庭审模式的主要特点是：法官是庭审的主宰，指挥庭审活动，询问证人、讯问被告人，主动调查；控、辩双方举证、辩论；法官依据查明的事实、证据作出裁判。庭审前法官与起诉主体的关系密切。起诉方在提起公诉时，不仅提交起诉书，还移送有关案件材料和证据，由法官进行全面审查、调查。长期司法实践证明，这种庭审模式的最大弊端是容易导致法官先入为主，难以真正维护被告人合法权益。混合式诉讼庭审模式的主要特点，即提起公诉实行起诉状一本主义。法庭上，法官并不完全消极听取控、辩双方举证、辩论，以法庭上查明的事实和证据作出裁判。这是试图避免前两类庭审模式弊端的一种途径。

上述三种庭审模式，利弊明显。在我国，曾长期采用的庭审模式，类同于第二种。对于公诉案件，在法庭上，审判长居主导地位，又与合议庭其他成员共同讯问、询问、出示证据，主动调查并拥有专门调查核实证据的手段。必要时，人民法院还可进行勘验、检查、搜查、扣押和鉴定。公诉人、被告人、被害人发问，均须经审判长许可。他们可以举证、互相辩

[①] 〔美〕艾伦·德肖微茨：《最好的辩护》，唐交东译，法律出版社，1994。

论。法官根据庭上和庭下调查，核实的事实、证据作出裁判。在法庭上，检察官支持公诉，并监督人民法院的审判活动是否合法。人民法院开庭前，检察机关须将起诉书、案卷材料、证据一并交送人民法院，由人民法院进行全面审查并作出相应处理，即：对于认为犯罪事实清楚、证据充分的，决定开庭审判；对于主要事实不清，证据不足的，可以退回人民检察院补充侦查；对于不需要判刑的，可以要求人民检察院撤回起诉。这样，审查案件材料的审判员，对于待开庭审判的案件事实、性质乃至罪名和可处刑罚，往往已形成定见。

在人民法院开庭审判时，被告人享有自行辩护和委托辩护人为自己辩护的权利。但是，依照修订前的辩护制度，被告人委托律师只能在案件被提起公诉后，收到起诉书副本迟至开庭七日前得到通知和准许。这种情况下，被委托的辩护人对案件进行调查、收集证据的时间很短，难以在开庭时做好辩护的准备。

依照修订前的刑事诉讼法，被害人在刑事诉讼中不是当事人，而只是一般的诉讼参与人，甚至申请回避的诉讼权利也不享有。

上述情况下，司法实践中难以避免下述问题。

第一，庭审中，虽然审判员依法履行庭审法定操作规程，但在有些情况下庭审成为走过场，没有真正充分发挥庭审应有的作用。这是因为法官在开庭前已全面审查案件，并作出了初步处理，对案件的性质、被告人是否有罪，以及如何处罚等实体问题的结论，不能说完全胸有成竹，也基本上做到了心中有数。亦所谓庭上审变成了庭前审。

第二，法院庭审前对起诉材料、证据的审查和处理，使公诉人对庭审结果形成了八九不离十的底数。因此，庭上往往是较消极地等待宣判，对支持公诉、法庭调查、法庭辩论不十分重视。

第三，被告人及其辩护人的辩护多因准备不足而显得软弱无力。在许多情况下，辩护人不能充分地发挥应有的作用。所以，辩护内容也会因此难以引起法庭和公诉人的重视。

第四，在庭审中被害人的发言，常常因为审判人员、公诉人误认为其合法权益已被提起的公诉所包容，所以，不易受到法庭重视。

综上所述，这种状况对庭审结果实现审判效率不难，实现审判公正不易。

为了弥补原有刑事审判庭审模式的不足，我国于1996年对原庭审模式作了重大改革，我们既不照搬当事人主义诉讼庭审模式，也不专采职权主义诉讼庭审模式，而是根据我国司法实践的经验教训，留其所长，弃其所短，只借鉴其他国家对我国庭审有益的经验，以此确定适合自己的刑事审判模式。这就是调动审、控、辩多方诉讼主体的能动作用的庭审模式。我们或许可以称它为"全动式"或称"自动聚焦式"庭审模式。这种庭审模式与修正前相比，主要有以下几点改革加强了保障刑事审判公正与效率的力度。

1. 实行程序性的庭审前审查，放宽开庭审判条件

修正后的刑事诉讼法第150条将原刑事诉讼法第108条修正为："人民法院对提起公诉的案件进行审查后，对于起诉书中有明确的指控犯罪事实并且附有证据目录、证人名单和主要证据复印件或者照片的，应当决定开庭审判。"这样，原刑事诉讼法第108条规定的内容，发生了两项重大的变革：其一，关于人民法院审查人民检察院提起公诉的案件材料种类、形式不同了，即不必审查全部案卷和原始证据；其二，决定开庭审判的条件宽了，即开庭的条件不再是"犯罪事实清楚，证据充分"，而是指控有据，定案待查。这种变革，使得人民法院以往遵循的对起诉案件进行全面的、实体性的审查，转为程序性审查。至于起诉书中指控的犯罪事实是否真实，附有用以证明的主要证据复印件或者照片的原件是否真实，不予查明，留待开庭后通过法庭调查和法庭辩论解决。

这项庭审模式的改革，一定程度上起到了在庭审前充分调动各方诉讼主体做好参加法庭调查、法庭辩论的自觉性和积极性的作用。因而，为人民法院顺利、及时地查清案件真相并作出正确裁判奠定了良好的基础，创造了必要的条件。这主要体现在以下几方面。

第一，有利于形成重视庭审的意识。这次改革，使审判员对案件事实、证据情况有一定了解，能够避免庭审中有盲目之举；又使审判员感到这种了解离完成庭审要解决的问题尚有不少差距，指控犯罪事实、证据是否完全真实可靠，还不是胸有成竹。这样，可以在相当程度上避免审判人员产生先入为主的弊端，并能够提高其对法庭调查和法庭辩论重要性的认识，为防止庭审完全走过场奠定了必要的思想基础。

第二，促使公诉人提高出庭支持公诉的责任心。这项改革使得庭审前

的审查，不再是实体性的审查，法庭对被告人的裁判能否以公诉人指控的犯罪事实和证据为根据，对公诉人来说，不再如同以往那样是"八九不离十"了。结果如何，尚须取决于开庭后，法庭调查和法庭辩论的结果而定。因而，公诉人会更加自觉地、积极地作好出庭支持公诉的准备。由此，能提高庭审的质量。

第三，进一步促进被告人、辩护人提高维护被告人合法权益的信心、主动性和积极性。这项改革使被告人、辩护人认识到指控的犯罪事实和证据，并未被法院所肯定。法院如何判处，要经过法庭调查和法庭辩论后才能作出。从而感到做好法庭调查、法庭辩论的准备工作，就有更大可能使被告人的合法权益得到维护。这样规定，就会大大促进被告人、辩护人认真对待庭审、充分行使辩护权，以至由此提高庭审的质量。

第四，促进被害人及其诉讼代理人增强维护被害人合法权益的信心和力度。这项改革，使被害人及其诉讼代理人明确人民法院如何判处被告人，与法庭调查和法庭辩论的结果关系密切，因而，会主动、积极地做好出庭准备，争取自己的合法权益得到最好的维护。

2. 控诉权、举证权复位

根据控审分离的原则，在刑事诉讼中，对于公诉案件是否起诉是人民检察院的权力和职责。人民法院的权力和职责是对指控案件进行审理并作出裁判。修正后的刑事诉讼法，删去了原刑事诉讼法第108条中规定的："人民法院对提起公诉的案件进行审查"，"对于主要犯罪事实不清、证据不足的，可以退回人民检察院补充侦查；对于不需要判刑的，可以要求人民检察院撤回起诉"。这样规定，实际上是人民法院以审判权对人民检察院公诉权的先行剥夺，不利于及时打击犯罪。修改这样的规定，有助于人民检察院办案人员提高保证起诉案件质量的自觉性，铲除对人民法院查错、补漏的依赖性。从而有助于人民法院充分发挥庭审的作用，使庭前审改为庭上审。由此法庭可以顺利地查明案件真相，及时作出正确处理。

根据谁主张谁举证的举证原则，对于公诉案件来说，人民检察院作为指控方有责任举证。这是其应有的职责。因此，指控犯罪的人民检察院，有义务在庭审中出示物证，宣读证人证言，以证明指控的犯罪事实成立。人民法院不是控诉机关，不对被告人提出任何指控。因此，人民法院在庭审中没有义务出示证据。而依其职责，应当接受证据、判断证据真伪，完成审判职责。刑事诉讼法经修订，将出示物证、宣读证人证言等证据的诉讼权归还人民检察院，有助于促进公诉人提高支持公诉意识，积极参加法庭调查和法庭辩论，并有助于消除庭审中控审一家，纠正与被告人成2比1关系的错位，使人民法院公正形象不受损害。

3. 法庭调查与法庭辩论交融

在庭审中，法庭调查与法庭辩论的目的是查明案件事实真相，并依法对被告人作出公正裁判。查明案件真相无疑必须核实控、辩双方提出的证据资料。核实每一证据资料都需要听取控、辩双方，以及证人、被害人的意见。因此，调查与辩论关系极为密切。在很多时候，辩论也是调查的一种方法。修正后的刑事诉讼法，不再将这两项诉讼活动严格分离，从而使查明案情的程度深化，加快了案件真相大白的速度，对于人民法院及时作出正确处理具有重要的促进作用。

4. 确立了疑罪从无原则

人民法院对任何刑事案件进行审判，最终应当作出处理结论，即作出被告人有罪判决或者无罪判决。这是人民法院的职责和义务，也是维护人权的要求。依照我国刑事诉讼法规定，人民法院对案件作处理结论，必须坚持实事求是，以事实为根据、以法律为准绳的原则。事实要靠证据查明。因此，证据是否充分是人民法院适用法律的基本依据和前提。在刑事案件经过了侦查、起诉和审判三大诉讼阶段，仍不能获得足够的证明指控犯罪事实成立的证据时，无疑在法律上不能认定被告人实施了指控的犯罪。但是，原刑事诉讼法关于庭审结论并没有对其作出无罪判决的规定。因而，容易导致司法实践中有的被告人被久押不决，其人身权利和民主权利受到不应有的侵害。修正后的刑事诉讼法，对此明确规定："证据不足，不能认定被告人有罪的，应当作出证据不足、指控的犯罪不能成立的无罪判决。"这样，使我国刑事审判中的庭审结论类型得到完善。

综上可见，我国保证和不断提高刑事审判公正与效率的立法经验和司法经验是丰富的、成功的，符合中国自己的国情。但是，我们不能不看到，客观形势总是不断发展着、变化着，而任何已制定的法律都会或多或少地落后于客观变化。因此，任何一个国家都不能中断对刑事审判公正与效率的已有立法和司法实践的研究。我国今后关于刑事审判的公正与效率的研究，也不能例外。可以确信，随着我国社会主义民主和社会主义法制建设的不断发展，刑事审判的公正与效率的法制水平，必定会越来越高。

五　死刑复核制度

死刑，亦称极刑。在人类社会，自从有了犯罪就有了刑罚。死刑始终是惩罚犯罪分子最严厉的刑罚。当今，世界上有些国家早已废除了死刑，而更多的国家却还保留着死刑。在废除死刑的国家中，有的国家又恢复了这一刑罚，有的国家还没有恢复死刑。但是，由于犯罪的严重危害，有些国家的民众强烈要求实行死刑的呼声很高。我国是一直保留死刑的国家之一。在长期的司法实践中，这种刑罚的存在，对打击严重犯罪，震慑恶性犯罪，维护国家政权、社会秩序，维护公民人身权利、财产权利、民主权利和其他权利，以及保障国家经济建设发展，都发挥了其他种类刑罚所不可取代的重要作用。从我国国内外现实情况看，国内犯罪仍然存在，其中罪大恶极、死有余辜、不杀不足以平民愤的犯罪分子还会出现，尽管为数不多，却很难避免。因此，在今后相当长的时期里，我国保留死刑这一刑种是十分必要的。

与此同时，我们还看到，死刑这种剥夺被告人生命的刑罚一旦适用不当，滥用死刑，将依法可以不判处死刑的处死了，甚至把无辜者错杀了，这种冤错造成的后果是无法挽回的。这种不良后果，不仅违背了国家确立死刑这一刑罚的立法宗旨，破坏了刑事法律应有的尊严和权威，降低了政府和司法机关在民众之中应有的威信和地位，而且会给被告人及其亲属造成无法弥补的损害，甚至会因此酿成社会不安定的因素。我们党和国家历来对适用死刑问题十分慎重，并一贯坚持少杀政策。为了保证正确适用死刑，并将死刑的适用降低到最低限度，我国一方面在刑法中，严格限制死刑的适用范围；另一方面，在刑事诉讼法中，不仅规定了防止任何案件的处理发生冤错必须共同遵守的各类诉讼原则、制度和程序，而且对于死刑案件的诉讼作了特别规定，以专章规定了死刑判决复核程序。这一程序的规定，使我国在适用死刑中，较之适用其他刑罚的案件又多了一道防止发生差错的屏障。这正是我国刑事诉讼具有的一大特色。

我国的死刑复核制度有自己的发展历程、特点和程序，并显示出其特有的价值。

(一) 死刑复核制度的确立与发展

回顾中国刑事诉讼制度的历史，不难发现中国封建社会，如明朝、清朝，就有过类似今天的死刑复核制度。那时，判处死刑的案件，最后须经过皇帝批准才能执行。新中国建立后，确立了社会主义性质的死刑复核制度。它伴随着新中国的发展而不断地发展和完善。

新中国的死刑复核制度是长期同犯罪作斗争经验的科学总结和发展。这一刑事诉讼制度，首先是吸收了民主革命时期人民政权下创建的死刑复核经验的基础上建立起来的。早在第二次国内革命战争年代，革命政权下适用死刑就十分慎重，注意将死刑案件的判处程序与其他案件的判处程序有所区别，更加注意防止发生错judgment。1932年6月9日中华苏维埃共和国中央执行委员会颁布的《中华苏维埃共和国裁判部暂行组织及裁判条例》中，就曾规定："凡判决死刑的案件，虽被告人不提起上诉，审理该案件的裁判部，也应把判决书及该案件的全部案卷送给上级裁判部去批准。"[①] 省裁判部有判决死刑权，但须将判决送临时最高法庭去批准之后，才能执行死刑。此时，死刑判决的审批制度虽然不同于今日的死刑复核制度，但是已形成了死刑复核制度的雏形。随着革命形势的发展，在抗日战争时期的抗日根据地，人民政权下适用死刑也很慎重，对于判处死刑的案件，革命法制要求将判决书和卷宗报送高等法院审查、核准，绝不草率。例如1941年5月10日《陕甘宁边区高等法院对各县司法工作的指示》指出："对于罪犯凡能够争取的，应尽一切的可能争取。……因此，在边区非至不得已，绝不应随便轻判死刑。"并要求各县判处死刑的犯人，在平时必要（须）先行呈高等法院，得到高等法院的批准，始准宣判执行。[②] 此时的死刑复核制度已经有了进一步发展。特别是到了解放战争时期，解放区对于死刑的适用和复核比以往更严格。例如，1945年12月4日晋察冀边区行政委员会发布的《关于调整复核复判程序的命令》中，确定增加一级对死刑复核的程序。1949年华北人民政府于3月23日发出的《关于刑事

[①] 韩延龙、常兆儒编《中国新民主主义革命时期根据地法制文献选编》第三卷，中国社会科学出版社，1981，第310页。

[②] 韩延龙、常兆儒编《中国新民主主义革命时期根据地法制文献选编》第三卷，中国社会科学出版社，1981，第361页。

复核制度的通令》规定:"各县市人民法院,各省、各行署、各直辖市人民法院及其分院,判处死刑的案件,被告声明不上诉或过上诉期限时,县市人民法院呈经省或行署人民法院核转,或省、行署、直辖市人民法院送呈华北人民法院复核,送经华北人民政府主席批准,始为确定之判决。"①由此可见,尽管当时是在战争年代,人民政权下的刑事诉讼已建立了自己的死刑复核制度,并在不断完善。实践证明,这一复核制度在推动革命的进程中发挥了重要作用,并为新中国建立死刑复核制度提供了非常宝贵的经验,奠定了坚实的基础。

新中国成立不久,1950年7月20日中央人民政府就颁布了《人民法庭组织通则》,其重要内容之一是确立新中国的死刑复核制度。依照该通则的规定,县(市)人民法院及其分庭判决的死刑案件,须报送省人民政府批准,执行死刑须经省政府主席发布命令。市人民法庭及其分庭作出的死刑判决,仍须由省人民政府批准,再交大行政区人民政府主席签发执行死刑命令后,才能执行死刑判决。这时的死刑复核制度,正是借鉴了民主革命时期的经验确立的。1954年我国颁布《中华人民共和国人民法院组织法》,其中将死刑复核程序作为重要内容之一规定下来。此后,基层人民法院、中级人民法院作出第一审死刑判决,即使当事人不上诉、不申请复核,也须将案件报送高级人民法院核准。为了切实做到少杀,1957年第一届全国人民代表大会第四次会议作出决议,确定:"今后一切死刑案件都由最高人民法院判决或者核准。"从此,死刑判决核准权一律收归最高人民法院行使,使死刑判决的质量有了更好的保障。随着国家政权的巩固、经济的不断发展,在慎用死刑方面和防止错杀方面都积累了更多的经验。1979年我国制定并颁布了《中华人民共和国刑事诉讼法》。该法在全面规范各类刑事诉讼行为的同时,将死刑复核程序作为一个特别程序纳入刑事诉讼程序,使其成为一个独立的诉讼程序或阶段。由此,死刑案件的管辖不再属于基层人民法院,而由中级人民法院管辖,以保证死刑得到更准确的适用。这样,除最高人民法院判决的案件以外,中级人民法院第一审作出的死刑立即执行判决的案件,如果在法定上诉期限内,被告人不上诉,

---

① 韩延龙、常兆儒编《中国新民主主义革命时期根据地法制文献选编》第三卷,中国社会科学出版社,1981,第531页。

人民检察院不抗诉,案件须提交高级人民法院复核。高级人民法院同意第一审人民法院作出的死刑判决的,须提交最高人民法院核准。高级人民法院第一审作出的死刑判决,在法定上诉期限内,被告人不上诉,人民检察院不抗诉的,以及高级人民法院经过第二审作出维持第一审人民法院作出的死刑判决的裁定,或者经第二审作出的死刑立即执行判决,均须报请最高人民法院核准。中级人民法院判处的死刑缓期二年执行的判决,在法定上诉期限内,被告人不上诉,人民检察院不抗诉的,须报请高级人民法院核准。十几年来,虽然由于客观形势变化,死刑复核程序随之有所改变,但是,司法实践证明,刑事诉讼法关于死刑复核制度的规定,仍然是正确的和必要的。

(二)死刑复核制度的特点

我国刑事诉讼中死刑复核不仅与其他国家刑事诉讼中有关死刑案件的处理有很大不同,而且与我国刑事诉讼中的其他诉讼制度和程序也有不同。虽然死刑复核与审判监督均为我国刑事诉讼中独立的特别程序,但二者仍有差别。死刑复核制度之所以特别,主要在于它具有以下特点。

第一,死刑复核程序只适用于判处死刑和判处死刑缓期二年执行的案件。在我国,刑法规定的刑罚种类包括:主刑,即管制、拘役、有期徒刑、无期徒刑和死刑;附加刑,即罚金、剥夺政治权利和没收财产。这其中只有依法判处死刑的案件,才适用死刑复核程序,而判处其他任何种类刑罚的案件,均不适用死刑复核程序。这里所说的死刑案件包括两类案件,即罪该处死又是非杀不可的,应当立即执行死刑的案件,以及罪该处死,但不是非要立即处死的,判处死刑缓期二年执行的死刑案件。后者,是我们党和国家具体贯彻少杀政策的重要举措。在司法实践中,对于共同犯罪的案件,虽然被告人为多人,其中只要有一人被判处死刑,以及一人犯数罪,而其中一罪判处死刑的,均属于适用死刑复核程序的范畴。

第二,死刑复核程序是判处死刑案件的必经程序。在我国,依照刑事诉讼法规定,中级人民法院、高级人民法院作出的死刑判决,无论是第一审作出的或者是第二审作出的,无须被告人请求,也无须人民检察院要求,一律须经死刑复核程序复核,否则判决、裁定不发生法律效力。

我国是实行四级两审终审制的国家。人民法院分为基层人民法院、中级人民法院、高级人民法院和最高人民法院。此外，设有专门人民法院。刑事案件最多经过两级人民法院审判，即告终结。除了最高人民法院作出的判决，地方各级人民法院第一审作出的判决，在法定上诉期限之内，被告人不上诉，人民检察院不抗诉，上诉期限届满，即发生法律效力，并交付执行。如果被告人在上诉期限之内提出上诉，或者人民检察院提出抗诉，中级人民法院、高级人民法院作出的第二审判决、裁定为终审判决、裁定。判决、裁定一经作出，立即发生法律效力并交付执行。但是，对于死刑案件来说，即使中级人民法院、高级人民法院作出的第一审判决，在法定上诉期限之内，被告人不上诉，人民检察院不抗诉，上诉期限届满，或者中级人民法院作出第一审死刑判决后，在法定上诉期限内，被告人提出上诉，或者人民检察院提出抗诉，高级人民法院经过第二审作出死刑判决或裁定，均不发生法律效力，必须经过死刑复核程序复核、核准后，才发生法律效力。其中如果是死刑立即执行判决，即使经过复核、核准，还需要最高人民法院院长签发执行死刑命令后，才能执行死刑。这就是说，死刑案件，即使已履行两审终审制的审判制度，还要经过死刑复核、核准程序。这种审核不需要被告人申请，也无须人民检察院要求。而第二审程序却需要被告人或人民检察院提出上诉或抗诉，且必须在法定期限之内。否则，即使提出请求，也不会进行第二审。与审判监督程序相比，死刑复核程序是在死刑判决、裁定发生法律效力之前必须履行的程序。审判监督程序是判决、裁定发生法律效力之后，刑罚执行中或执行完毕进行的诉讼程序。审判监督程序不是任何刑事案件的必经程序。它的提起，需要被判刑人或者其他法定权利者提出申请，或者法定机关认为裁判有错误而依法提出。有再审权的人民法院是否对案件再审，须遵守法定条件。死刑复核程序所具有的这一特点，正是国家主动维护被告人人身权利的关键所在。

第三，死刑复核不受诉讼时间制约。在刑事诉讼中，人民法院无论是进行第一审、第二审，或是审判监督程序的再审，法律对人民法院结案的时间都有严格的限制，这是为了防止拖延诉讼，避免增加当事人的讼累，及时惩处犯罪。但是，对于死刑案件的复核、核准的期限，我国刑事诉讼法对其并未作具体要求。这样，有助于高级人民法院和最高人民法院有足够的时间对死刑判决进行核查，确保死刑的正确适用。

第四，死刑核准权实行分流。在我国刑事诉讼中，对死刑判决的核准权实行分流制,即指对死刑判决的核准权不完全由最高人民法院独自行使,而是由最高人民法院和高级人民法院分别行使。死刑案件情况也是复杂的,无论从理论上看或者从长期司法实践看,同是罪该处死的案件,但是,其中一类犯死刑罪者的行为,已严重到非杀不可并必须立即执行的程度,另一类犯死刑罪者的行为,尚未严重到非立即处死的严重程度,从其主观恶性、犯罪情节等多方面情况看,还有可挽救的一线希望。为此,对于前者必须判处死刑立即执行。根据我国刑事诉讼法历来的规定,这类判决的核准权属于最高人民法院。对于后者,判处死刑缓期二年执行的判决的核准权属于高级人民法院。这是我国刑事诉讼中,死刑判决核准权的第一种分流。第二种死刑判决核准权的分流,是最高人民法院对判处死刑立即执行判决核准权的分流。这种分流,即原则上死刑立即执行判决统一由最高人民法院核准。但是,根据现行《中华人民共和国人民法院组织法》的规定,最高人民法院认为必要时,有权将对某种判处死刑立即执行判决的犯罪案件的核准权,授予高级人民法院行使。这种死刑判决核准权的分流,是我国同严重犯罪作斗争的客观需要决定的。因为任何一项法律制度的确立与否,以及其如何变化,无不取决于客观形势的需要。实际早在20世纪80年代初期,全国人大常委会就对某些严重犯罪死刑案件的核准权,允许最高人民法院下放。死刑复核制度是刑事诉讼制度的重要内容。因此,它的发展变化必然与客观形势的发展相适应。我国同犯罪作斗争的司法实践证明,死刑判决核准权的这种分流,在某些特殊情况下对于及时惩治死刑犯罪分子是有益的。

(三) 死刑复核程序的类型和适用的变迁

根据我国刑事诉讼法规定,对于判处死刑的案件的复核程序分为两类,即死刑立即执行案件复核程序和死刑缓期二年执行案件复核程序。

1. 判处死刑立即执行案件的复核程序

根据我国刑事诉讼法的规定,中级人民法院作出的第一审死刑立即执行判决的复核程序包括两种。一种是在法定上诉期限内被告人不上诉,人民检察院不抗诉的案件,在上诉期届满,中级人民法院须将案件移送高级人民法院复核。高级人民法院复核后,同意判处死刑立即执行的,报送最高人民法院核准。高级人民法院不同意判处死刑的,可以提审或者发回重新审判。最高人民法院对于高级人民法院报请核准死刑立即执行判决的案件，应当由审判员三人组成合议庭进行复核。另一种是在法定上诉期限内，被告人不服第一审死刑立即执行判决而提出上诉，或者人民检察院认为这一判决有错误而提出抗诉的案件，由高级人民法院进行第二审作出同意维持第一审判决的裁定后，将案件报送最高人民法院核准。最高人民法院由三名审判员组成合议庭进行复核。高级人民法院第一审作出的死刑立即执行判决，在法定上诉期限内，被告人不上诉，人民检察院不抗诉，上诉期限届满，高级人民法院须将该案件报送最高人民法院核准。

20世纪80年代初期，社会治安出现不尽如人意状况，恶性案件时有发生，为此中央提出了对恶性案件实行"依法从重从快"方针，对于死刑立即执行案件的核准权及复核程序也作了调整。1980年2月12日第五届全国人民代表大会常务委员会第十三次会议决定，在1980年内对现行杀人、强奸、抢劫、放火等犯有严重罪行应当判处死刑的案件，最高人民法院可以授权省、自治区、直辖市高级人民法院核准。1981年6月10日第五届全国人民代表大会常务委员会第十九次会议又通过了《关于死刑案件核准问题的决定》。它规定：①1981~1983年，对犯有杀人、抢劫、强奸、爆炸、放火、投毒、决水和破坏交通、电力等设备的罪行，由省、自治区、直辖市高级人民法院核准的，以及高级人民法院一审判决死刑，被告人不上诉的，都不必报最高人民法院核准。②对反革命犯和贪污犯等判处死刑，仍然按照刑事诉讼法关于死刑复核程序的规定，由最高人民法院核准。国家以期用简化死刑核准程序、分流死刑立即执行判决核准权的途径，加强对恶性犯罪打击的力度，以便在短期内使社会治安达到预期效果。但是，至1983年恶性案件的发案情况仍然较严重。因此，上述严重犯罪案件死刑立即执行判决的核准权未收回，仍实行"依法从重从快"方针。

1983年9月2日，第六届全国人民代表大会常务委员会第二次会议通过了《修改〈中华人民共和国人民法院组织法〉的决定》。由此确定："死刑案件由最高人民法院判决外，应当报请最高人民法院核准。杀人、强奸、抢劫、爆炸以及其他严重危害公共安全和社会治安判处死刑的案件的核准权，最高人民法院在必要的时候，得授权省、自治区、直辖市的高级人民法院行使。"据此，对死刑案件的判决、裁定的核准权，原则上只属于最高人民法院。高级人民法院在最高人民法院授权时，享有对死刑立即执行判决的核准权。同年的 9 月 7 日，最高人民法院即发出了《关于授权高级人民法院核准死刑案件的通知》，确定将杀人、强奸、抢劫、爆炸以及其他严重危害社会治安和公共安全判处死刑的案件的核准权授予各省、自治区、直辖市高级人民法院行使。由此，死刑立即执行判决的核准权再度部分下放。

时至今日，十多年来的司法实践证明，死刑核准权的不断分流，对于某些地区及时严惩严重危害社会治安的犯罪分子起到一定的威慑作用。1996 年 3 月第八届全国人民代表大会第四次会议，对《中华人民共和国刑事诉讼法》作了全面修改。但是，关于死刑立即执行判决的核准权的归属和死刑复核程序的规定未作任何修改。然而，与此同时并未废除 1983 年对人民法院组织法关于最高人民法院有权在必要时授权高级人民法院核准某些种类死刑判决的规定。因此，即使 1997 年刑事诉讼法修改案实施以后，最高人民法院仍有权继续授权高级人民法院，对某些种类犯罪案件的死刑立即执行判决予以核准。

2. 判处死刑缓期二年执行案件的复核程序

判处死刑缓期二年执行，简称死缓。它并不是一个独立的刑种，而仍属于死刑范畴。对于被告人来说，仍然是一种剥夺其生命的刑罚。尽管这种刑罚并不立即剥夺被告人的生命，但是，在缓期二年执行死刑期间，如果抗拒改造或者犯新罪，仍然要执行死刑。只有其接受改造，表现较好，才会被改判其他刑罚，不再执行死刑。因此，如果人民法院作出的死刑缓期二年执行的判决、裁定是错误的，这对于一个无罪的人，或者是对一个罪不该判处死刑的人来说，即便在缓期执行期间表现好，而不被执行死刑，但这同样是对被告人的民主权利的一种严重损害，而且也会使司法机关的声誉和威信受到严重影响。所以，死刑缓期二年执行案件也有复核必要。

我国刑法第 43 条第 2 款规定："死刑缓期执行的，可以由高级人民法院判决或者核准。"我国刑事诉讼法也规定："中级人民法院判处死刑缓期二年执行的案件，由高级人民法院核准。"这就是说，我国判处死刑缓期二年执行的案件的核准权是由高级人民法院行使。从我国刑法作出这一规定以来，虽然判处死刑立即执行案件的核准权根据社会治安形势而有所调整，但判处死刑缓期二年执行的案件的核准权和复核程序一直未发生变化。多年来的司法实践证明，关于死刑缓期二年执行判决的复核程序的规定是可行的。

（四）严格死刑核准权与核准程序的适用

我国确立的死刑复核制度，以往在同各种严重刑事犯罪作斗争中，立下丰功伟绩。今后也将会继续发挥其保证死刑判决质量和实现少杀政策的重要作用。但是，从我国刑事诉讼法关于死刑复核制度的规定与司法实践中适用的状况看，有些问题需要给予应有关注，并予以更好地解决。

关于死刑判决的核准权，我国刑事诉讼法第 199 条规定："死刑由最高人民法院核准"。依此规定，凡是死刑判决，包括判处死刑立即执行的判决，以及判处死刑缓期二年执行的判决，均由最高人民法院核准，其他任何一级人民法院均无权核准死刑。死刑缓期二年执行并非一种刑罚，而仍属于死刑范畴。依照刑事诉讼法规定，中级人民法院判处死刑立即执行的第一审案件，被告人不上诉的，应当报请高级人民法院复核后，报请最高人民法院核准。高级人民法院判处死刑立即执行的第一审案件，被告人不上诉的，和判处死刑立即执行的第二审案件，报送最高人民法院核准。而刑事诉讼法又规定，中级人民法院判处死刑缓期二年执行的案件，由高级人民法院核准。上述这种法律规定，实际是对死刑判决核准权的分流。

从理论上或从司法实践看，为保证判处死刑缓期二年执行的裁判的质量，切实体现死刑复核制度的立法宗旨，死刑缓期二年执行的裁判的核准权统由最高人民法院行使最为理想，最有保证。但是，从我国社会治安和犯罪情况看，保证死刑立即执行判决、裁定的质量比起保证死刑缓期二年执行判决、裁定的质量，更为迫切，更为重要。死刑缓期二年执行判决的核准权交由高级人民法院行使，从司法实践看，被判处死刑缓期二年执行的犯罪分子，在死刑缓期执行期间，大多数因有悔改、表现好而被改判无期徒刑。这样，即使这一判决发生错误，被判刑人在执行刑罚期间，尚可以通过申诉，人民检察院通过法律监督以及人民法院通过自查等渠道，使错案有可能得到纠正，而不会造成无法挽回的损失。而在死刑缓期执行期间，犯罪人抗拒改造或者再犯新罪，依法应当立即执行死刑时，尚需要依照死刑立即执行判决的复核程序进行复核，一旦发生错误，尚有改正的机会。再者，这样也便于最高人民法院能够更好地集中精力对判处死刑立即执行判决的复核，保证死刑立即执行判决的正确适用，更有力地保证将死刑立即执行的范围降低到最低程度。所以，现行法将死刑缓期二年执行判决的核准权赋予高级人民法院，这种死刑核准权的分流还是适宜的。

但是，对于死刑立即执行判决核准权的部分分流，从根本上说，是与确立死刑复核制度的宗旨相悖的。核准死刑立即执行判决权，只能赋予最高人民法院，并应当尽快地废除《中华人民共和国人民法院组织法》关于最高人民法院可以授权高级人民法院核准死刑判决的规定。这样做主要有以下几方面好处。

（1）能够保证实现国家确立死刑复核制度的目的。在我国，死刑是国家用以打击犯罪的一项必要手段。但是，对犯罪分子采用死刑处罚的目的同采用其他种类的刑罚一样，不是为了报复。采用死刑，不能简单地看行为人的行为后果的严重程度，而应当是全面考虑。这需要看行为人犯罪的动机、目的、犯罪情节、手段和后果，同时也要看其一贯表现、主观恶性大小等情况。而犯罪是一种十分复杂的社会现象，办案人员要查明案件真相，作出正确判决，是一项很不容易的事。这些决定了我国刑事诉讼法规定死刑复核的目的，就是尽可能防止冤杀、错杀，将适用死刑限制在最小范围，在适用死刑立即执行核准权上，如果将这一权限部分地授予高级人民法院行使，这样在打击犯罪的速度上，比起报送最高人民法院核准会更快些。但是，这种变动在客观上减少了一道复核程序。因而也就使人民法院减少了一次发现、纠正错杀、冤杀的机会，失去了一道防止错杀、冤杀的关卡。这就会导致降低正确适用死刑的保险系数。这样，中级人民法院第一审作出的死刑立即执行判决，在被告人不上诉、人民检察院不抗诉的情况下，法定对其复核的程序由高级人民法院核准，这种复核不过相当于第二审而已。刑事诉讼确定的死刑复核作用很难真正发挥作用。

（2）最高人民法院行使死刑立即执行判决的核准权，能够保证在全国范围内准确、统一掌握适用死刑标准。在我国，刑法规定的定罪、量刑标准比较笼统，在大多数情况下，在相当程度上，需要司法人员根据当时、当地的具体情况自由裁量决定。我国地域辽阔，几十个高级人民法院，各自辖区的情况不尽相同，甚至有很大差别，又加之审判人员的政治素质、业务素质、办案经验、分析、判断问题的能力和水平不同。尽管我国一向重视审判人员各方面的素质,并颁布了法官法,规定任职法官应当具备的条件,然而由于种种因素的制约,所有的审判人员很难在短期内完全达到应有的水平。这一不容忽视的客观事实,就容易造成不同地区掌握死刑的标准存在差别。而要在全国这样广大的地域里,不同高级人民法院都能做到正确掌握死刑标准是不可能的。况且犯罪是一种复杂的社会现象,不同的案件有不同特点,即使同种犯罪,不同的案件情况往往千差万别。这样,甚至会出现在甲地被认为应当判处死刑,而在乙地却被认为不应当判处死刑的重大差别。因此,只有由最高人民法院统一行使死刑核准权,才能较好地避免上述问题,才能防止或减少适用死刑上的偏差,实现罪刑相适应的刑罚原则。

(3) 最高人民法院统一行使死刑核准权,可以防止死刑复核程序流于形式。在将死刑判决核准权授予高级人民法院行使的情况下,实践中往往出现两种情况。一是当中级人民法院作出一审判决后,被告人不上诉,人民检察院也不抗诉,只要报送高级人民法院核准即可。这样,本来按照刑事诉讼法规定,尚须经过高级人民法院复核和最高人民法院核准两道复核程序,才能使死刑判决发生法律效力。而如今在上述情况下,只剩一道复核程序。二是当高级人民法院作为第一审作出死刑判决,如果被告人不上诉,人民检察院也不抗诉,或者高级人民法院作为第二审作出死刑立即执行的判决、裁定,由高级人民法院核准的程序,实践中往往流于形式。在司法实践中,高级人民法院对于应当依法核准死刑立即执行判决的程序与第二审程序合一,客观上取消了应履行的核准程序。再者,即使高级人民法院对这类案件进行复核,但是,同一人民法院对自行判决的案件,自行复核与将该案件交上级人民法院复核,在保证判决质量上,无论从任何一方面看,前者的力度远不如后者,实际效果也是不言而喻的。正因为司法实践中死刑核准权的下放,实际省略了死刑判决立即执行案件的复核程序,因此,在有些情况下容易严重损害公民的人身权利。

(4) 最高人民法院统一行使死刑立即执行判决核准权,是最高人民法院对高级人民法院审判死刑案件工作进行监督和指导的需要。上级人民法院对下级人民法院的审判工作的监督,就死刑案件而言,关键在于执行判决前的监督,判决发生法律效力后的监督虽然也是重要的,有助于错判得到纠正。但是,对于判处死刑立即执行的案件来说,如果是错杀、冤杀,也就无法挽回了。最高人民法院将如此重要的监督权授予下级人民法院，这对于防止错杀来说，实际上就是放弃了本身具有的重要的监督职责。事实上，只有最高人民法院独自行使死刑立即执行判决的核准权，才能做到及时发现高级人民法院在复核此类案件，作出此种裁定、判决中的差错，了解其审判死刑案件的水平和质量，从而及时纠正其错判死刑和促进下级人民法院提高审判死刑立即执行案件的质量和水平。

关于死刑复核程序，我国刑事诉讼法的规定比较笼统，不够具体，在许多方面缺乏可操作性。就我国目前情况看，司法实践中已取得许多好的经验，这些经验应当纳入刑事诉讼法。现行刑事诉讼法关于死刑复核程序的规定，有必要补充以下内容。

第一，明确规定报请复核、核准的具体程序。确定两级复核制和一级复核制。中级人民法院判处死刑立即执行的案件，在法定上诉期限之内，被告人不上诉，人民检察院不抗诉，上诉期限届满，中级人民法院应当将案件报送有管辖权的高级人民法院复核。高级人民法院组成合议庭对报请复核的死刑案件复核后，同意第一审人民法院作出的判决的，报请最高人民法院核准。高级人民法院不同意第一审人民法院作出的死刑判决，应当提审。这里规定提审而不采用现行刑事诉讼法规定的发回重审，有助于防止发回重审的第一审人民法院对该案的审判走过场。高级人民法院提审，有助于及时纠正第一审错误判决。

中级人民法院判处死刑立即执行的案件，在法定上诉期限内，被告人上诉，人民检察院抗诉的，应当按法定第二审程序由高级人民法院依法审理。高级人民法院依法审判维持中级人民法院第一审判决的，应当将案件移送最高人民法院核准。如果高级人民法院经过第二审认为原审死刑判决有错误，应当依法改判。

中级人民法院第一审判处死刑缓期二年执行的案件，被告人依法提出上诉的，或是人民检察院依法抗诉的，经高级人民法院第二审，仍作出维持原死刑缓期执行判决的，高级人民法院应当另行由三名审判员组成合议庭，进行复核。原参加第二审的审判人员，不得参加复核该案的合议庭。这样，有助于防止审判人员先入为主，不能客观、公正地对判决进行复核。

第二，明确规定报送死刑复核、核准案件的要求。报送复核、核准的案件是管辖的人民法院已经作出死刑判决的案件。因此，应当明确规定报请复核、核准的，应当做到依法确认犯罪事实清楚，证据确实充分，适用法律正确，诉讼文书齐备，而不宜规定："必须做到犯罪事实清楚，证据确实、充分，适用法律正确。"这两种提法虽然只有几字之差，但是，如果做后者规定，容易导致承办死刑复核职责的审判人员认为复核无甚必要而推卸责任，使复核程序流于形式，甚至即使原判死刑发生错误，一般也难以得到及时发现。况且，原审法院作出的死刑判决是未生效判决，而不同于复核核准后的判决。采前者规定，可以更好地加强复核人员的责任心。

同时，还应当明确规定报请复核、核准时须移送的书面材料。这些材料应当包括两类。一类是死刑案件综合报告，包括被告人姓名、性别、年龄等足以确定其人的个人基本情况，犯罪事实和情节，报请复核、核准的人民法院认为需要说明的其他情况。第二类材料应当是死刑案件的全部案卷和证据。这些要求已在司法实践中实行。它对于承担复核、核准死刑判决的人民法院全面了解案情、正确作出评断是必不可少的根据。

第三，规定报请复核、核准死刑判决、裁定应当遵守的期限，以及复核、核准死刑判决、裁定的期限。我国刑事诉讼法关于死刑复核、核准程序的规定，均未对这两个程序应遵守的期限作出限定。这对于承担复核、核准职责的人民法院来说，固然有充分的时间审查报请复核、核准的案件。但是，另一方面，由于没有规定这两方面的时限，容易造成不应有的拖延案件终结的时间，使罪该处死的不能及时交付执行，因而削弱打击严重犯罪的力度和震慑犯罪分子的作用，而且，使得冤案、错案，不能及时得到纠正。因此，有必要对报请复核和复核时间加以限定。鉴于死刑案件大都比较复杂，所以，这一法定期限应当比人民法院第一审、第二审审结案件应当遵守的期限略长些。

第四，明确规定复核、核准死刑判决案件，应当对全案事实和适用法律是否正确进行复核。这就是说，人民法院在复核、核准死刑案件中，既要复核共同犯罪案件中被判处死刑的被告人的罪行，也要复查未被判处死刑的其他同案被告人的罪行；既要复查对被判处死刑的被告人适用的刑罚是否正确，也要复查未被判处死刑的其他同案被告人被判的刑罚是否正确，这样，即使第一审判决作出后，被告人不上诉，依法有权复核死刑的人民法院在复核时能够保证复核质量，起到查错、纠错的作用。特别是共同犯罪的案件，被告人在全案中的地位、作用对其是否应被定罪以及是否应被处以死刑有密切关系。如果孤立地审核被判处死刑被告人被认定的犯罪事实和证据，就不容易发现客观存在的差错，死刑复核程序的作用也就很难真正发挥。

第五，明确规定高级人民法院复核、核准死刑案件，必须提讯被告人。这是查明案情的重要途径。在有些时候，这一程序甚至会成为发现错判、冤判的决定性环节。

第六，明确规定对死刑判决复核后，应当作出处理的种类和条件。这一点，刑事诉讼法同样没有在死刑复核程序中作出应有的规定。根据司法实践经验以及从理论上看，刑事诉讼法有必要规定：原判决认定犯罪事实清楚，证据确实、充分，适用法律正确（罪名、量刑正确，程序合法），裁定予以核准；原判决事实不清或者证据不足的，以裁定撤销原判，发回重新审判；原判决认定事实正确，但适用法律有错误，或者量刑不当的，应当提审后直接改判；发现第一审人民法院违反法律规定的诉讼程序，可能影响正确判决的，应当以裁定撤销原判，发回重新审判。这样规定，有助于复核、核准死刑判决的人民法院顺利地作出正确处理。

第七，规定高级人民法院核准死刑缓期执行判决后，须向最高人民法院备案。这一制度，有助于最高人民法院及时发现、纠正高级人民法院复核死刑缓期二年执行判决中的差错，保证复核质量，提高办案人员复核死刑缓期执行判决的水平。

第八，规定最高人民法院设置巡回法庭。这样便于最高人民法院及时核准死刑立即执行判决。

六 刑事诉讼法的完善

刑事诉讼法同其他任何法律一样，是不断发展变化的。人类社会发展的客观规律是不断向着新的文明、民主、进步方向迈进。就我国刑事诉讼法而言，同样是如此，它必定会在今后更加民主、文明和进步。这是我们国家的社会主义性质所决定的。当今，我国国家治理的方针和一个重要的奋斗目标，是"依法治国，建设社会主义法治国家"。因此，今后我国刑事诉讼法不仅应当，而且必将沿着更好地为这一目标服务的方向发展、完善。

我们不能不看到，新中国建立以来，我国的刑事诉讼法有了很大的发展，但是，从目前刑事诉讼法已有的规定和司法实践的情况看，仍有继续完善的必要。完善的重点，宜将如何便于更好地实现刑事司法公正和更好地提高刑事诉讼效率摆在首要位置。具体地说，今后需要先行完善的法律规范，主要有以下几个方面。

（一）将单位纳入刑事诉讼的主体范围

新刑事诉讼法在总则中，明确地规定单位犯罪是我国刑罚的对象，并在分则中具体规定了对单位犯罪的刑事处罚条款，罪种达几十个之多。从我国社会主义市场经济今后发展趋势看，随着国际经济贸易的发展，可以肯定地说，单位犯罪不仅会发生，而且有增多的态势。此类刑事案件较一般刑事案件更为复杂，危害后果也往往更为严重，一旦发生差错，造成的损失、影响也会更大。当今，仅就1996年底对全国法人单位数量普查的结果看，各种法人单位已达440.2万个。此外，还有大量的非法人单位和新增加的法人、非法人单位。刑事诉讼中，涉及单位犯罪的案件也有所增长。但是，我国刑事诉讼法并没有将单位犯罪作为刑事诉讼主体纳入，更未对此类犯罪案件参与刑事诉讼的形式，刑事诉讼应当遵循的诉讼原则、诉讼制度和诉讼程序作出具体规范。而这些方面，是处理单位犯罪案件所无法回避的问题。法人单位和非法人单位进入刑事诉讼，同样直接关系着国家能否准确、及时地打击这类犯罪，同时能否切实维护其合法权益的重要问题。因此，在立法上如何保证公安机关、人民检察院和人民法院在刑事诉讼中对此类刑事案件的运作，实现科学、民主、公正，是摆在我国立法机关面前的迫切任务。

（二）确定违法收集的证据没有效力的原则

我国现行证据原则只规定了禁止采证、用证的条款和"应当"条款，而对于违反法定要求的采证、用证行为未作规定。如收集证据的原则之一，是严禁刑讯逼供和以威胁、引诱、欺骗以及其他非法的方法收集证据。同时还规定，法定种类的证据必须经过查证属实，才能作为定案的根据。因而，在司法实践中不免发生这样的情况，即违法收集的证据，只要查证属实,用以作为定案的根据成为可肯定的行为。由此,刑讯逼供以及以威胁、引诱、欺骗等非法的方法收集证据时有发生,甚至由此导致冤案、错案发生。而在立法上明确规定凡是违法收集的证据,不能作为定案的根据,必定会有力地杜绝非法收集证据、使用证据等妨碍实现司法公正的行为发生。

(三) 健全刑事诉讼特别程序体系

增设未成年人犯罪案件刑事诉讼程序和涉外刑事案件诉讼程序。

从我国刑事诉讼涉及的犯罪主体看,不仅有成年人,而且有未成年人;不仅有自然人,而且有自然人组成的组织,即单位;不仅有中国人,而且有外国人。种种诉讼主体的差别不能不在刑事诉讼的过程中,反映出各自的特殊需要。这就决定了刑事诉讼程序应当而且有必要充分地考虑这样的客观实际,以便使刑事诉讼的运作更好地完成本身所承担的诉讼任务,切实实现对不同诉讼主体的司法公正。

就未成年人犯罪案件而言,可以说在当前的诸种犯罪中,占有相当的比重。未成年人的年龄的标准,依我国未成年人保护法的规定,是指未满18周岁的公民。他们正处在身心发展时期,具有成人所不具有的不足和弱点,因此对他们的刑事诉讼,需要照顾到这类特点。但是,我国现行刑事诉讼法,只是对诉讼中的某些方面作了规范,而未予以全面地、完善地就未成年人的诉讼作出应有的规范。而从已有的司法实践看,刑事审判方面已取得了较好的经验。例如我国最高人民法院早在1991年2月1日起试行《关于办理少年刑事案件的若干规定》,在人民法院内设立了少年法庭,根据未成年人的特点,成功地开展了审判工作。1991年9月4日第七届全国人民代表大会常务委员会第二十一次会议通过了《中华人民共和国未成年人保护法》,不仅就未成年人的家庭保护、学校保护、社会保护作出了有关规定,而且专门对司法保护作了明确规定。这其中指出:"公安机关、人民检察院、人民法院办理未成年人犯罪的案件,应当照顾未成年人的身心特点,并可以根据需要设立专门机构或者指定专门人办理。"与此同时,就人民法院对未成年人审前的羁押、审判、判决的适用和执行等问题,提出了相关的要求。为了更好地通过刑事诉讼挽救失足少年,我国刑事诉讼法有必要就未成年人犯罪案件的诉讼程序作出专门规范。

就涉外刑事案件而言，我国对外实行开放政策的深入实施，使我国经济得到了前所未有的发展机遇，并取得了巨大成就。但是，我们也不能不看到涉外案件增多的客观事实。正如刑法关于涉外犯罪的规定，此类犯罪案件不仅有中国公民在中华人民共和国领域外犯罪的案件，还有外国人在中华人民共和国领域外对中华人民共和国国家或者公民犯罪的案件；不仅有中国公民在中华人民共和国内对外国人实施犯罪的案件，还有外国人在中华人民共和国内对中华人民共和国国家和公民犯罪的案件。此类案件涉及不同国家的公民，刑事诉讼有其特殊性，因此，无疑需要法律对此类案件的诉讼程序作出具体规范。但是，我国刑事诉讼法仅对其作出原则性的规定。如规定："对于外国人犯罪应当追究刑事责任的，适用本法的规定"，"对于享有外交特权和豁免权的外国人犯罪应当追究刑事责任的，通过外交途径解决"。同时规定了司法协助原则。这种原则规定，不便于司法机关具体运作，不便于当事人及其他公民了解和监督。因此，将涉外刑事案件进行刑事诉讼的程序，特别是关于刑事司法协助程序和引渡程序，以及相关的要求，作为一个独立的特别诉讼程序纳入刑事诉讼法，是有益的和必要的。在国际范围内，有的国家早已确立了此类刑事诉讼程序，如意大利。

（四）增强刑事诉讼规范的可操作性

我国刑事诉讼法于1996年修正后，于1997年1月1日正式实施。修正后的刑事诉讼法较之以往完善了许多，其可操作性在某些方面得到了加强。但是，不能不看到，其中有些规范仍比较原则，导致有的同一规定会作出不同解释，从而采取不同的诉讼行为，甚至引起不同司法机关之间发生矛盾，或者导致不同的司法机关对某个问题裁判的结果相差甚远，从而使某项规范有可能与立法本意相悖。例如，强制措施之一的取保候审的规定，其中对保证金数额的标准，或者说确定数额的原则，刑事诉讼法未作任何规范，从而导致公安机关、人民检察院和人民法院在依法决定犯罪嫌疑人、被告人缴纳保证金的数额上，各不相同。这种对于同类案件同类情况的犯罪嫌疑人、被告人被不同对待，不利于此项强制措施应有作用的发挥。再如，关于律师被委托向犯罪嫌疑人、被告人提供辩护方面的规定，就辩护律师有权依法会见委托人等有明确规定，但是，是否任何时间该辩护律师均可以不受限制地会见，法律并未明确，从而导致司法实践中，司法机关出于种种理由，随意限制律师辩护权行使。因此，我国立法机关会同有关部门对其中的一些问题，作出了联合规定，这对于增强刑事诉讼法的可操作性起了良好的作用。但是，司法实践中仍有些已存在的类似问题没有得到应有的解决。到目前为止，公安机关、人民检察院和人民法院都有各自确定的实施刑事诉讼法的具体解释和规定。但各自多从本部门工作的需要出发，因此，不免有欠妥之处。况且要实现司法公正，刑事诉讼实施的规范应当使全体人民知晓，并且应当是统一的规范。这就决定了我国有必要尽快制定一部统一实施《中华人民共和国刑事诉讼法》的具体运作规范，使公安机关、人民检察院和人民法院，以及参与刑事诉讼的公民或单位严格遵守并保证人民群众监督其实施，保证我国刑事诉讼法的统一、正确实施，在刑事诉讼领域真正实现有法可依、有法必依、执法必严、违法必究的法治目标。

（五）适当调整刑事诉讼程序结构

从整体上看，我国刑事诉讼程序的结构基本上是科学的，同时也基本同于其他许多国家的一般规范。就公诉案件而言，分为立案程序、侦查程序，第一审程序、第二审程序、死刑复核程序，审判监督程序和执行程序。就自诉案件而言，分为起诉程序、立案程序、第一审程序、第二审程序、审判监督程序和执行程序。第一审程序又分为一般程序和简易程序。总的看，它的结构是符合刑事诉讼运行客观规律要求的。但是，无论是公诉案件或是自诉案件的诉讼进程中，审判监督程序位于执行程序之前，是不科学的，二者现行排列，实际是一种错位，而宜予以调换。这是因为审判监督程序的适用，是对已发生法律效力的判决、裁定进行再度审判的程序，而该程序终结之前，即依审判监督程序作出新的裁判之前，原有的判决、裁定无论其是否正确，均应当依旧不折不扣地执行。这也就是说，刑事判决、裁定发生法律效力后，即使该判决、裁定有错误，也应当执行，而且必须执行。纠正该判决、裁定的错误，是在该判决、裁定付诸执行之后的审判监督程序去解决。因此，从刑事诉讼正常运作的规律，以及事物发展应有的进程看，审判监督程序本应在执行程序之后，而不宜在其之前。

（六）进一步提高刑事诉讼法律规定的准确性、严密性和科学性

在我国刑事诉讼法中，有个别规定不够严谨，容易产生歧义，甚至存在一定不协调之处。例如关于死刑判决的执行方法，刑事诉讼法第212条第2款规定："死刑采用枪决或者注射等方法执行。"这种规定，如果不作出明确的司法解释加以限制，很容易出现不能令人满意的执行死刑的做法，甚至会出现与立法本意背道而驰的情况。再如，刑事诉讼法第140条第4款规定可以不起诉的情形，与第141条关于提起公诉必须具备的法定条件的要求相比，前者情形用"可以"不起诉，显然不够妥当。因为提起公诉的法定条件之一，是证据确实、充分。既然证据不足，理应决定不起诉，在用词上，以"应当"取代"可以"才是符合刑事诉讼公正要求的，也才是合理和准确的。确切地说，一部科学的刑事诉讼法，不仅内容、结构科学，而且所用语言文字准确、严谨，没有歧义。只有这样的法律规范才有可能得到统一、正确实施，才有可能发挥其应有的作用。

第五章 民事诉讼论

一 我国民事诉讼制度的主要特点和现状

(一) 我国民事诉讼制度的主要特点

1. 认真借鉴古今中外的民事诉讼制度经验,结合我国现实予以运用

我国民事诉讼中的许多制度是在总结我国民事诉讼历史经验的基础上建立的。如调解制度在我国具有悠久的历史传统和广泛的群众基础,因而被保留下来,并经过实践,现已变得更加适用。再如巡回审理、就地办案制度,是以新民主主义时期革命根据地的民事审判经验为基础而逐步完善的,深受人民大众的欢迎。同时,我国民事诉讼法还广泛吸取了国外同类立法中的有益内容,如实行公开审判、陪审制、辩论制等。

2. 坚持以事实为根据、以法律为准绳的办案原则

我国民事诉讼法始终把客观、真实地查明案情,实事求是地处理纠纷作为诉讼的中心环节。民事诉讼法上的许多原则和制度,如检察监督原则、公开审判原则,以及证据制度、回避制度、两审终审制度、再审制度等,都是为了保证办案的公正性和客观性,以达到准确判案的目的。

3. 既充分肯定人民法院在审判中的主导地位,又尊重当事人的权利

在我国民事诉讼中,法律始终强调人民法院的主导地位。法院不仅主持和组织审判中的各种活动,而且对当事人的处分行为进行必要的审查,只有符合法律,不损害国家、社会和他人的利益的处分行为,法院才承认其效力;否则,将给予坚决制止和纠正。同时,法律也使当事人享有广泛

的权利，如起诉权、辩论权、上诉权、请求执行权等。当事人凭借这些权利可以自由地反映自己的主张和请求，维护自己的合法权益。可见，法院的行为与当事人的权利协调统一，共同存在，构成我国民事诉讼的一个重要特点。

4. 便利当事人诉讼，便利法院办案

我国民事诉讼法在借鉴历史及国外经验的基础上，把便利人民群众进行诉讼作为自己的出发点和归属。整个民事诉讼法中，都贯穿着便利人民诉讼和便利法院办案的"两便"精神。

第一，民诉法设专章规定了简易程序。对于案件事实清楚、权利义务关系明确、争议不大的简单民事案件，可以通过简易程序处理。在适用简易程序时，规定由审判员一人独任审判。在起诉方式、传唤当事人和证人的方式、开庭审理的日期、审理的阶段和审理期限方面，法律都作了简便易行的规定。实践证明，这种程序不拘形式，过程简单，手续简便，审理周期简短，不仅可以便利一些文化程度低、缺乏诉讼经验的当事人起诉和应诉，而且可以有效地减少当事人的讼累。

第二，设立了督促程序。这是根据我国目前民事纠纷的实际状况，同时借鉴国外的一些制度和经验而设定的。按照该程序，对于权利义务明确、合法的给付金钱或有价证券的债权债务关系，债权人可以申请支付令，请求法院责令债务人支付。

第三，规定了巡回审理、就地办案的制度。巡回审理是指审判机关组成巡回法庭，到案件发生地进行调查和审理的方法。就地办案是指审判机关到案件发生地深入调查，由群众直接参加或协助处理案件。这种制度是在我国革命根据地时期形成的，并作为一种好的传统经验在民事诉讼法中得到确认。它打破了数千年来打官司只能"民就官"，而不能"官就民"的陈规陋习，既便利人民群众起诉和应诉，提高法院办案效率，又能保证办案质量。多年的实践证明，这种方式深受我国广大农民的欢迎。

第四，民事诉讼法规定，诉讼可以采用书面形式，也可以采用口头形式。这项规定对于那些文化水平较低、书写确有困难的当事人来说，是非常有用的。它大大地降低了这些人起诉和应诉的难度。

第五，民事诉讼法规定，具有诉讼能力的当事人可以自己直接进行诉讼，或者委托其他具有诉讼能力的人代为诉讼。这对于那些收入不高，请不起律师的人来说,消除了律师费用之虞。

第六,民事诉讼法规定,一般民事案件实行两审终审制,而不像多数西方国家那样实行三级三审制。这就避免了审级过多,当事人一方或双方长期纠缠不休,减少了当事人和法院方面的精力和物力的耗费。

5. 法院根据自愿合法的原则进行调解

民事诉讼法总则部分对调解的原则、方法、效力以及它与审判的关系作了较全面的、切合实际的规定。按照该规定,审判人员在办案过程中,要重视调解手段的适用,并在保证案件正确、合法、及时处理的前提下,积极运用调解方法来解决民事争议。具体来说,审判人员应抓住一切机会进行调解,从当事人起诉、受理案件后,就要考虑有无调解的可能性,在征求当事人的意见后,开始试行调解。在庭审过程中,更应积极做好调解工作。由于第二审法院及依审判监督程序进行再审和提审的法院,有权进行实体审理,所以在查明案件事实、分清是非的基础上,也可进行调解。在执行过程中,还可以和解方式结案。在规定调解方式的同时,我国最高司法机关多次以司法解释的方式指出,进行调解要充分尊重当事人的意愿。对当事人请求调解的意向和要求,审判人员应当给予重视,不得强行限制或剥夺其权利。对于当事人之间达成的和解协议,经审查,只要不违反法律,即应予以确认。同时也不能强迫调解或者搞"和稀泥"式的无原则的调解。

6. 检察监督

民事诉讼法第 14 条规定:"人民检察院有权对人民法院的民事审判活动实行法律监督。"该规定体现了人民检察机关法律监督职能在民事诉讼活动中的渗透,对于维护社会主义法制具有重要意义。根据民事诉讼法第 185 条至 188 条的规定,人民检察院监督民事审判活动主要采用如下方式:最高人民检察院对各级人民法院已经发生法律效力的判决、裁定,上级人民检察院对下级人民法院已经发生法律效力的判决、裁定,发现有违反法律规定的情形的,按照审判监督程序提起抗诉;地方各级人民检察院对同级人民法院已经发生法律效力的判决、裁定,发现有违反法律规定的情形的,提请上级人民检察院按照审判监督程序提出抗诉。对于人民检察院的抗诉,人民法院应当再审;因抗诉而再审的,人民检察院派员出席法庭。

(二) 我国民事诉讼法的实施现状

1991年第七届全国人民代表大会第四次会议通过了《中华人民共和国民事诉讼法》，这是在1982年制定的民事诉讼法（试行）的基础上，补充修改而成的。该法实施以来，一些重要的法律原则得到贯彻。如人民法院依法独立行使审判权的原则，最高法院及许多地方法院努力加以落实，坚决反对和抵制地方保护主义、部门保护主义的影响和其他方面的干扰；又如公开审判原则和当事人举证原则的运用，保障了当事人诉讼权利的行使，提高了办案质量和效率。此外，对当事人平等保护的原则、尊重当事人处分权利的原则、司法协助的互惠原则等，都得到较好贯彻，许多诉讼制度得到遵守，因而成绩是很大的。具体来说，主要表现为以下六个方面。

1. 有力地保障了经济改革措施的落实

1994年，我国政府对财政、金融、外贸、外汇体制进行了重大改革。人民法院积极受理在改革过程中出现的各类案件。例如，为了维护正常的金融秩序，人民法院认真审理借款合同，股票、票据、债券纠纷案件，全年共审结这类案件30余万件，依法保护债权人的合法权益，对非法集资、违法拆借和金融欺诈行为，依法给予制裁。

2. 维护了商品流通领域中的正常秩序

1994年，全国法院共审结购销合同纠纷案件近36万件。人民法院在审理涉及商品交易的案件时，充分尊重当事人在合同中的约定，只要约定是当事人真实意思的表示，内容不违法，不损害国家和社会利益，就给予保护。对擅自不履行合同的，根据当事人的请求，依法追究违约责任。同时，严格分清是非，对哄抬物价、非法牟取暴利等损害消费者权益的违法行为，不仅责令其承担赔偿责任，还给予罚款、没收等制裁，直到追究刑事责任。这些措施规范了市场主体的经营活动，依法保护了合法交易和正当竞争，促进了统一、开放、有序的社会主义商品市场的形成。

3. 促进了农村经济的发展

近年来，农业生产资料交易中假冒伪劣现象十分严重，广大农民非常不满，为此，人民法院积极妥善地审理涉及农业和乡镇企业的纠纷案件，对生产、销售伪劣种子、化肥、农药、农机等坑害农民的，除责令赔偿和给予必要的民事制裁外,对构成犯罪的,依法追究刑事责任。人民法院还依法审结了大量的农村承包合同纠纷案件和乡镇企业经济纠纷案件,以及在发展农村社会化服务体系中发生的机械出租、技术转让、产品加工和销售等案件,有利于稳定、完善家庭联产承包为主的责任制和统分结合的双层经营体制,促进了乡镇企业的发展。

4. 依法保护了公民的人身权利和财产权利

保障公民的人身权利、财产权利和其他权利,是民事诉讼法的重要任务。为此,人民法院积极履行职责,认真加以落实。1994 年,全国法院审结婚姻家庭案件 110 万件、债务案件 78 万件、损害赔偿案件 21 万件。通过审理这些案件,严格适用婚姻法、合同法等有关实体法和民事诉讼法,依法保护了妇女、儿童和老人的合法权益,保护了债权人、受害人的正当权益,使他们的损失得到了补偿。

5. 加强了对知识产权的保护工作

如 1994 年,各地法院积极认真地依法审理了一批知识产权案件,全年共受理这类案件 1662 件。人民法院在审理商标、专利、著作权等案件时,除严格适用相应的实体法及我国参加或缔结的有关知识产权的国际条约外,均严格适用民事诉讼法,对中外当事人一视同仁,平等地保护当事人的合法权益,制裁各种侵犯知识产权特别是盗版的违法行为。

6. 为扩大开放创造了良好的法制环境

随着我国进一步扩大开放,涉外和涉港澳台经济纠纷案件逐年增多。1994 年共受理这类案件 6000 多件。同时,根据我国与有关国家签订的司法协助条约,我国法院委托外国法院和接受外国法院委托代办司法文书共 470 件。根据多年来的审判经验,人民法院审理涉外经济纠纷案件,坚持了四条原则,即严格执行我国的法律法规、遵守我国缔结或参加的国际条约、尊重合同约定、参照国际惯例,做到公正裁判,为我国对外经济贸易的发展、国外资金和技术的引进,创造了良好的法制环境。

从上面可以看到,民事诉讼法的实施状况总体是好的。但是也存在一些不容忽视的问题。如:裁判的公正度不高;当事人举证责任制度的改革只处于初级阶段,亟须加大力度;诉讼过程拖得较长;不按法定条件采取诉讼保全措施;滥用强制措施;在执行中违法扣押当事人或者扣押案外人的财产;执行难问题还相当严重等。这些问题在许多地方都不同程度地存在，必须努力解决。

二 民事诉讼的公正原则

（一）程序公正的价值

对词源学的考察表明，公正是一个古老的词，含正直、正当、公平、不偏不倚之意。公正象征着法，反映了法的性质，从这个意义上说，如果法丧失了公正，那就像人丧失了意识与思维而成为"植物人"一样，法也就成为"植物法"了。[①] 然而，法的公正性不是自封的，更不是自我实现的。任何法，即便确实是公正之法（事实上有不公正的法律，也称恶法），都须仰赖人的实施。而实施法的人必须遵守一定的程序。所以，为了保证公正的法的实施，须先有公正的程序，而且程序本身必须以实施公正原则为己任。

民事诉讼程序和其他任何程序一样，是以公正性作为其生命基础的。如果丧失了公正性，则预示着其生命的完结。"人不能裁判有关自己的诉讼"是自罗马以来一直流行于世的格言。其实质意义在于：争讼的裁判必须符合公正原则。公正在诉讼领域的意义始终具有根本性。事实上，历史上任何一项具体的诉讼制度或程序，即便是在现代文明视野中应完全予以否认的诸如神明裁判、法定证据等，在特定时期都可能包含某些合理因素，之所以如此，在于诉讼程序的生命基础是公正，舍此别无其他。时至今日，任何一个具有历史责任感的法学家或是审判机构，在其具体的活动中，都包含着对公正的考虑和尊重。马克思指出："如果认为在立法者偏私的情况下可以有公正的法官，那简直是愚蠢而不切实际的幻想！既然法律是自私自利的，那末大公无私的判决还能有什么意义呢？法官只能够丝毫不苟地表达法律的自私自利，只能够无条件地执行它。在这种情形下，公正是判决的形式，但不是它的内容。内容早被法律所规定。"[②] 英国法学家西奥多·贝克尔（Theodore Becker）称人们对"适合于一切法院的一般

[①] 陈兴良：《刑法哲学》，中国政法大学出版社，1992，第4页。
[②] 《马克思恩格斯全集》第1卷，人民出版社，1956，第178页。

功能要素进行了设计,这些要素,除了法院的形式构成和行为条件外,都直接同公正的目的相关"。他把公正视为法院得以存续不可缺少的"司法程序的心脏"。[1] 黑格尔把"不带对特殊利益的主观情感而在特殊场合认识和实现法"视为法院的基本使命。显然,黑格尔所重视的依然是法院活动即诉讼的公正性。[2] 公正同诉讼的本质联系可能源于这样一种逻辑:任何民事争端都包含着对公正原则的扭曲,因此,纠正这种现象必须有公正的主观意识、公正的客观评价标准以及正义的社会力量。无数的民事争端表明,任何诉讼当事人都强调自身行为和要求的正当性,为了就两造对立的观点作出判定,不能没有真正公正的标准。

我们正处于现代文明的时代,这是一个崇尚公正的时代。然而我们看到,在当今我国的民事诉讼中,由于存在当事人告状难、法官缺乏独立性、某些腐败现象使开庭审判流于形式以及诉讼迟延诸难题,从而公正这一神圣的字眼正面临严峻的挑战。

(二) 审判公开

公正的程序必须首先是公开的。黑格尔指出:"法律应予公布是属于主观意识的权利,同样,法律在特殊事件中的实现,即外部手续的历程以及法律理由等也应有可能使人获悉,因为这种历程是在自在地在历史上普遍有效的,又因为个别事件就其特殊内容来说诚然只涉及当事人的利益,但其普遍内容即其中的法和它的裁判是与一切人有利害关系的。这就是审判公开的原则。"[3] 只有经过公开审判,人们才能洞悉案情,"才能信服法院的判决确实表达了法"。一般来说,所谓审判公开,是指"面向公众人"举行。但这并不是说审理时必须有一名公众成员在场,而是说公众成员必须有在场的机会。举行不公开审理的唯一标准为:公开庭审不能完成司法任务。不公开庭审不同于"在办公室"庭审。不公开庭审绝不能在办公室举行。"在办公室"庭审一般是针对诉讼法上的事项,如申请诉讼保全命令、请求法官给予指示等。对于涉及当事人的实体法问题,绝不能在办公

---

[1] 〔英〕罗杰·科特威尔:《法律社会学导论》,张光博、张文显译,华夏出版社,1989,第236页。

[2] 〔德〕黑格尔:《法哲学原理》,范扬、张企泰译,商务印书馆,1982,第229页。

[3] 〔德〕黑格尔:《法哲学原理》,范扬、张企泰译,商务印书馆,1982,第232页。

室庭审。审判公开原则的内容包括：除法定的情形外，法院应公开审理案件。不公开审理的情形是：涉及监护、秘密的制造方式，少年案件，确定非婚生子生父的案件，离婚无效诉讼中涉及性能力，婚姻诉讼中涉及经济援助等。法院在决定不公开审理之前应考虑对当事人的影响，尤其是对他们的健康和职业的影响，同时也考虑对第三人的影响，因为第三人可能会因泄露家庭秘密而感到难堪。[①]

在我国民事审判实践中，对于一审案件，许多都是先定后审，开庭审判只是一种形式。对于二审、重审及再审案件，因收案较多，力量不够，书面审理比较方便等，应当开庭却没有开庭的现象比较普遍。这违背了民事诉讼法规定的公开审判原则。理由是：首先，一审、二审、重审及再审程序，都具有独立的程序性质。其发生的前提都是存在一种民事权益的争议，需要通过诉讼方式加以解决；诉讼作为一种规范性很强的制度，要求民事争端必须经过法庭争辩，由法官断定是非曲直。既然经过法庭争辩，审判就须公开进行。如果审判不公开，则不但违反法定的当事人有权为自己辩护的原则，客观上亦可能对案件的性质、事实和证据的认定，以及法律的适用等问题，造成失误，导致审判不公。其次，我国实行两审终审制，上诉审十分重要，是决定案件实体利益最关键的审判程序。由于书面审理不易发现问题，影响案件的正确处理，所以在一般情况下，应当尽量采取直接开庭审理的方式。再次，依我国民事诉讼法的规定，在一审、二审、重审及再审程序中，都应当实行辩护制度。如果不实行辩护制，就会剥夺当事人的辩护权，进而影响公正的判决。因此我们认为，无论一审案件，还是二审、重审及再审案件，都应当开庭审理。

我们注意到，我国少数地方法院正在进行庭审方式的改革，即把传统的纠问式改为抗辩式，把庭审作为审判工作的核心。这是使审判走向公开化的一个重要步骤。改革的主要内容有以下几项。

第一，在受理阶段，向当事人发送受理和应诉法律文书，同时附送"当事人诉讼须知""举证要点"等通知，告知当事人对自己的主张必须如实地提供证据，否则应承担相应的法律后果。

[①] 英美法除包括以上内容外，还包括下面两项：a. 所有证据应该通知对方；b. 不应该阻止或阻碍出版公正的准确的程序报告，但是法院有权限制在庭内或庭外公开某项证据。

第二，在庭前准备阶段，法官一般不找当事人谈话了解，由其自行收集证据，法院只负责因客观因素当事人不能自行收集证据的调查取证工作。这就要求法官必须对原告和被告的诉讼争议焦点有大体的把握以便庭审时突出重点，加快节奏。该阶段可以召开由诉讼参与人全部参加的"庭前听证会"，通过举证陈述，达到分清是非责任的目的，在此基础上可进行调解，调解不成则开庭审理。查明案情和审核证据直接在开庭时进行，当事人在开庭时才向法庭提供证据。开庭之前，法庭对双方当事人提供的证据材料不予接收，在本案开庭审理，审判长宣布进行法庭调查时，双方当事人当庭正式向法庭提供各自的证据材料。

第三，在庭审阶段，当事人要进行举证和相互质证，法官一般不作询问，只有当事人陈述偏离案件争议的焦点时，法官才予以制止。证人必须当庭作证和答辩。法官对当事人的请求和质证作出有效和无效的裁决。这种开庭听审的方式，通过当庭查明案情、审核证据，消除了开庭走形式、先入为主等弊端；由于查明案情和审核证据都在法庭上进行，证据材料要经过当庭核实后才能确认其效力，以及确定其是否能够作为认定案件事实的依据，具有一定的客观性和公正性，对于查明事实真相，提高办案质量和效率，对于当事人维护其自身的合法权益，增强其责任心和紧迫感，都有积极的意义，应当给予肯定。但是必须看到，上述改革只处于初步阶段，许多问题尚待解决。如直接开庭具有高度的对抗性，要求主审法官具备很高的组织能力和判断水准，目前的法官队伍在很大程度上还达不到这一点。又如证据收集能力在当事人之间往往是很不平衡的。由于证据质量的好坏直接影响到判决倾向，所以证据收集能力的强弱将在实际上影响判决是否公正。如何克服这些问题，目前我国的司法实践还未找到可行的办法。

（三）法官独立

法律是供人们普遍遵循的规范，案件是否具有单一性，应当根据法律来确定。要把单一的现象归结为普遍的现象就需要判断，判断还不是最后肯定。要运用法律就需要法官，如果法律可以自动运用，那法官就是多余的。就是说，在法的适用领域，存在着普遍与个别之间的矛盾，而解决这一矛盾，使个别案件的审理符合立法普遍精神的契机或中介，便是运用法律进行具体判断的结合。因此，要把法律所体现的自由理性精神具体落实到个别案件的公正审理之中，就需要具有独立精神、公正不阿、维护法治尊严的法官。

哈佛商学院工业研究所曾经研究现代工业里的工人的独立个性与生产效率的关系问题。结果表明，一个工人在现代的工业制度中工作，其效率很不容易提高，因为参加同一生产体系中的人，若缺乏了一种自觉的合作意识，他一旦不能在他个别的动作里发觉生活的意义时，就会很容易感觉到疲乏。同样的道理，法官的工作效率亦取决于他自己是否具有独立的个性，对其工作的意义是否有充分的了解，对于当事人之间要求解决纠纷的心情持何种态度，是漠不关心，还是急于解决。审判过程虽不像工业生产过程那样把个人的动作机械化，却亦经常循一定的规则办案，这一定的规则类似于动作的机械化，虽然能够在某种程序上提高工作效率但有一定的限度，因为一定的审判规则至少在形式上是独立于法官之外的。如果法官在办案过程中不融入自己的感情（执法情感、正义情感、为当事人解忧的情感），则其动作无异于工人在简单乏味地操纵一部机器。那时的效率必定很低，法正义的发挥程度必定很低。反之，如果法官认为，他是在参与一个为社会创造生活的过程，目的是在完成个人的社会参与，即充分地承认每个人间的相依性和互相的责任并把个人动作的配合体系贯通于集体活动的配合体系之中，那样其积极性无疑将得到充分的发挥，效率必然很高。效率提高了，法正义的发挥程度必定很高。所以，必须重视法官的独立精神。这是一股潜在的巨大的发挥正义的力量。

考察各国审判制度可以获得这样一个论断，即"法官独立，只服从法律"，这是当今国际社会公认的司法原则。不论何种社会，如果要让公正判决成为一种真实，就必须明确规定法官具有独立的审判权，并赋予相应的资源予以保障。按照我国宪法和法院组织法的规定，审判是独立的，法院是独立的，但是这还不完善，因为这并不能确保法官的独立。我国法律只要求法院独立行使审判权，却没有给法官的任职以充分物质保障，法官的人事任免实际掌握在各级党委手里，省级以下法院经费则受地方财政的控制。由于法院完全处于权力机关和行政机关的双重控制之下，如果法官的正当职务行为违反了极少数党或行政机关负责人的意志，就有受到免职、降职和调离的危险。在这种情形下，即使是一个正直的法官也不能不谨慎地面对现实。

就法院内部环境而言,诉讼过程中存在着繁复的、许多是缺乏法律依据的非正常的办案程序,如先判后审、开庭走过场、案案请示汇报、按领导说的去办等,这些程序的实施客观上使法官几乎完全丧失了独立的人格,对法官的心理具有很强的负效应。这些程序根本不可能发挥法官的主动性,只能使法官变得过于依赖和懒惰。葛德文说:一个人"如果他还不习惯于依靠智力,他就永远不会获得一个有理性动物的尊严"。[①] 人类在极大程度上是他们所处的环境的产物。一个经常模棱两可、掩盖真实的人,不能同时又培养起内心的豪迈激情和对于正直的敏锐的辨别能力。只要一个人仅服从习惯的束缚并且经常希望有某些外来的指导力量支配自己的行为,他的智力和思想活力就会停滞。培根说:"为法官者应当学问多于机智,尊严多于一般的欢心,谨慎超于自信。"[②] 学习是对个人有益的习惯。只有通过学习,才能克服依赖的心理。法官要努力学习,扩展自己的智力,激发自己的道德心和正义感,使自己充满独立自主的强烈意识,细心地消除可能妨碍自己努力的一切障碍。如果我们真的这样做了,那么就是把自己从束缚的桎梏中解放出来,我们就会逐步学会案情研究和法律推理,不久就会发现自己变成了十分不同的人。我们的思想一定能追上形势,我们将会感到肩负着重大的责任。"这里于是就会开始出现一种良好的事物条理,其结果就是现在的人类所不能预言的,推翻了盲目迷信和建立起理性和正义的统治的情况。"[③]

(四) 诉讼权利平等

人类的法律发展史表明:法律的抽象评价是以正义为尺度的,而法律的正义唯有通过公正的诉讼程序才能真正得到实现。公正是民事诉讼的价值取向。公正的民事诉讼程序应该能够保障当事人的诉讼权利,当事人的诉讼权利也只有在公正的民事诉讼中才能得到实现。

公正的民事诉讼程序应该能够保障当事人的诉讼权利。首先,这种程序应保障当事人在诉讼中具有平等的地位。这种平等是空间上的,而

---

① 〔英〕威廉·葛德文:《政治正义论》,何慕李译,商务印书馆,1991,第580页。
② 〔英〕培根:《培根论说文集》,水天同译,商务印书馆,1987,第193页。
③ 〔英〕威廉·葛德文:《政治正义论》,何慕李译,商务印书馆,1991,第582页。

不是时序上的。为了保证当事人双方的地位平等，不受各自的社会身份、支持者的人数以及其他因素的影响，就必须赋予双方相同或者相对应的手段，例如：给予双方当事人平等表达意见的机会（起诉权、答辩权、反诉权）；谁主张谁举证，双方的证据有同等效力；主持者不得与结果存在私人利害关系或偏袒一方等。从保障平等的要求出发，在程序方面必须做到两点。一是有利控诉。若有告不理，依法该立案的不立案，当事人的诉权乃至实体权利就无法得到保护。所以，要解决民众的告状难问题，必须做到即告即理，包括积极受理所有符合法定条件的起诉，赋予起诉人对抗法院"不受理"决定的上诉或申请复议的手段；同时在诉讼程序中，重视当事人所提出的传唤第三人、诉讼合并审理，以及反诉的请求。在制度建设方面，应当建立院长挂牌接待制度，谁接待谁负责落实处理；公开告诉立案的条件、程序和办事制度，使民众懂得和善于依法行使自己的起诉权；建立定点巡回接待制度，对一些边沿地区、纠纷多发地区和单位，要派出巡回法庭，为民众告诉提供方便。二是不歧视被告。有利控诉并不意味着偏袒控诉方，因为在不告不理的制度中，控诉机会是相等的。不歧视被告的原则具有实践和观念两重意义。不论在对抗制诉讼中，还是在质问制诉讼中，通常都有将被告推测为不法行为人的倾向。在民事诉讼中，对被告行为正当性的否定估计一般高于对原告的推测，因为原告胜诉率较高已经成为人们的一种生活经验。所以，程序立法中不歧视被告，给予被告充分的抗辩手段，是体现诉讼过程中当事人地位平等的必然要求。

其次，这种程序要求法官在诉讼中为当事人创造一种良好的平等环境。一是保证当事人自由行使法定的权利。所谓法定的权利包括两种：当事人依法可以自己决定行使并直接产生法律后果的权利，如起诉权和上诉权，行使这种权利不受法官的约束；虽经当事人提出，但需经法官斟酌和许可，受法官制约，不能直接发生某种法律后果的权利，如诉讼保全请求、先行给付请求等权利。二是某些法定权利的行使还需要法官安排一定的机会，如当事人在法庭上的答辩，依法庭规则需要在审判人员的主持下进行。所以行使诉讼权利具有一定的特殊性，这给予法官较大的自由裁量余地。如有任何偏向或疏忽，都可能使诉讼过程失之公正。不仅如此，由于对法官这种裁量行为的正确与否缺乏明确的判断依据，当事人也不具备足以改变法官相关决定和行为的对抗手段,因而,法官的良好意识以及裁量过程中的慎重对于保证当事人之间平等、体现诉讼过程的公正尤为重要。①

最后,必须最大限度地排除法官的恣意专断。黑格尔曾经指出:"如果人们要想把许多东西听由法官随意决定,借以消灭冲突,那将是一种比较起来坏得多的办法,因为冲突也是思想、能思考的意识和他的辩证法所固有的,而单由法官来裁决就难免恣意专横之弊。"② 所以,要保证民事诉讼程序的公正,一是需要有公正的法官。在民事诉讼程序中,法官必须尊重当事人各方的利益,维护其合法权益。二是在民事诉讼过程中,当事人双方通过提供证据、援引法律,寻找有利于自己的事实和法律根据,揭示对方的漏洞反驳其谬论,充分论证各自的主张。法官不得随意中断一方的陈述,应当容许当事人自由地发表见解。正如培根所言,"任何见解如果因为同别人的成见或信仰不一致就遭到压制,那是毫无道理的"。③ 公正的民事诉讼程序只讨论纷争中的是非曲直,务必使各种见解都能得到充分的展示。三是法官要在不受外界各方力量影响的情况下,选择正确的法律适用于真实的事实,从而作出正当的判决。但是,应当看到,在一些法院,有的法官先入为主,强行调解。因此,为了防止法官恣意专断,使其具有公正的立场,必须以制度加以防范。

应当指出,当事人在诉讼中的地位平等不是一个绝对平均的概念。即是说,从不同的认识角度来看,它表现为当事人之间存在着一种权利义务对等的态样。为了使对立的诉讼双方在权利方面基本上达到一种动态平衡,法官有责任确保不出现无权利的义务和无义务的权利,不容许一方当事人利用其政治经济优势削减对方的权利,增加其义务,反之亦然;对程序过程中出现的力量对比的不利方,应采取举证责任转移等办法,尽力使力量对比出现均衡,保障其合法权益。

尽管当事人的平等地位可以通过诉讼权利的相互对应来体现,但在任何条件下诉讼过程的平等仅仅具有形式上的意义。因为当事人参与诉讼活动的实践能力各异,如理解法律的程度、收集证据的能力、判断事实的能

---

① 顾培东:《社会冲突与诉讼机制》,四川人民出版社,1991,第87页。
② 〔德〕黑格尔:《法哲学原理》,商务印书馆,1982,第220页。
③ 〔英〕培根:《培根论说文集》,水天同译,商务印书馆,1987,第195页。

力,以及法庭辩论的技巧等,都对其在诉讼过程中的力量产生影响;是否延请律师以及律师的尽职程度和职业水平更是决定诉讼对抗力量的重要因素,由此反映出来的对抗力量的强弱,将实际造成当事人在诉讼程序中的平等与否。此外,是否主动运用某些诉讼手段亦可能使当事人的平等地位发生实质性变化,如请求回避权、请求诉讼保全权、请求先行给付权、申请强制执行权、上诉申请权、再审申请权等权利是否行使,客观上将使主体实际享有权利的多少产生差异。

(五) 程序公正

正确地选择法律,并将其适用于真实的事实,从而作出相应的判决,这是法官的一项神圣职责。公正的民事诉讼程序可以排除在选择和适用法律过程中的不当偏向。公正的程序不仅意味着它具有一整套能够保证法律适用的措施和手段,并且由此能够形成保障法律适用的基本制度。撇开适用法律过程中无过错的失误不论,公正的民事诉讼程序至少应当保证法官最大可能地选择最贴近真实的事实的法律条文加以适用,或援引最有参照价值的判例作为解决的法律依据。公正的民事诉讼程序还应当保证还作出正确的判决结果。为了得到正确的判决,就需要规范的程序,程序是否规范首先取决于诉讼过程中是否法制化,但更重要的则取决于法官是否能够严格遵守既定的程序。例如必要的程序要素是否齐备,程序是否颠倒或跳跃,各个角色的作用发挥是否充分,判决的依据是否适当等,主审法官都必须加以认真考虑。然而,我们必须注意到,规范的程序并不必然导致正确的判决,尽管在一般情况下能够得出合理的判断。这是因为,审判实践中违反法定程序要求的现象如此普遍,以致我们不能不哀叹要达到预期的正确目标是何等艰难。这方面,许多法院先入为主,开庭走过场,就是很突出的实例。开庭之前,对案情、定性及适用法律等与判案相关的诸事项都作了充分准备,形成了判决的框架。有的案件在开庭前已经合议讨论,且为领导认可,已经形成判决。有的案件是"上批下判",即上级法院到下级法院检查工作时,对具体案件提出了判处意见,或者下级法院请示上级法院而形成对具体案件的判处意见。在以上情形中,法庭的裁判不是依据法庭调查的事实,不是法庭辩论是非和质证的判断,而是依据开庭前预先准备的条条框框所得出的结果,由于没有遵循既定的规范程序,判决过程失之公正，很难说能够得到正确的结果。

（六）诉讼迟延对判决公正的影响

我们已经看到，程序的公正结果是通过法院正确地将法律适用于真实的事实得来的，是法院给予诉讼当事人的一个合理判决。然而，应当指出的是，影响程序之公正结果的，除了不公正地对待诉讼当事人双方之外，尚存在一个更为重要的因素即时间上的迟延问题。诉讼上的迟延对于判决结果可能产生两重不同的影响：一是从一定意义上说，它可能使判决的精确性受到削弱，从而增加判决失误的危险程度；二是它可能损害判决的执行性，从而使司法救济的目标落空。

诉讼上的迟延可能削弱判决的精确性。诉讼上的迟延是通过容许证据隐瞒，或者使物证变质而造成的。假定一个生命垂危的证人所提供的证据为案件的争执焦点，如果法律程序没有要求加快审判速度，那么当证人尚生存时，此案很可能被搁置起来，或虽保存其证据而不加审理。在这种情形下，我们就可以认定，该程序对如何判定案件事实的真实性没有作出充分规定。因此，这种迟延会增加判决失误的危险性。当然，并非每项迟延都不利于争端的精确解决。在审判实践中，存在着两种判决情形：一是没有充裕的时间收集证据和准备有关材料，即匆忙作出判决；二是对所审理的案件进行了充分的准备，然后依法决断。不过，前一种情形总是少于后一种情形。尽管如此，人们仍普遍抱怨诉讼中的迟延问题，同时也有人对过于仓促判决持批评态度。

一个程序，如果它经常容许迟延而削弱正确判决的实践性，剥夺判决的实际运用价值，那么它就是不公正的程序。按照诉讼迟延方式，是不能对一宗存误达30年的人身伤害案件加以修正的。因此我们可以说，诉讼迟延的另一个重要特征，是它的扩大效应。所以必须在诉讼过程中减少补偿请求的非实用性，增加它的实用性，使其变得切实可行。在选民名单案件中，一旦选举已经举行，选举即无可补救。在这种情况下，我们说，迟延的这种非实用性为完全的非实用性。

一般来说，因种种故意迟延而于数年后作出的判决，是不能提供补救的，尽管该判决可能正确地认定了事实并适用了相应的法律。

正如立法机关有义务制定最正确的程序一样，立法者亦必须制定尽可能快捷的程序以免判决失之实效。为了满足这个需要,应有大量资源作保证。我们认为,政府有义务在时间范围和程序设计方面给予足够的注意,保证正确地适用法律,确保及时判决。我们所要做的是,通过发现某些原则及其所属的诉讼程序规则,将它们设计成快捷的程序。

(七) 结语

公正是民事诉讼的最高价值目标。为了实现这一目标,我们认为:首先,正如前面已经指出的那样,必须采取审判公开的方法,把审判活动置于当事人和社会公众的监督之下;其次,必须实行集中的开庭和集中的辩论,避免诉讼迟延,减少讼累,提高诉讼效益,进而间接地达到诉讼公正的目标;再次,保证法官的独立审判地位,同时法官要勤奋学习,努力工作,提高自身的职业道德修养和业务水平,真正做到公正审判,切实保护当事人的正当权利;最后,我们社会的每一个公民都要努力学习法律知识,为了维护自己的权利而奋起斗争。

三 民事诉讼的效益原则

(一) 提高民事诉讼效益的必要性

如果说公正是民事诉讼的最高价值目标,那么效益可以说是民事诉讼的第二价值目标。诉讼效益作为诉讼的一种内在准则,是随着诉讼的产生而出现的。在早期的民事诉讼中,人们对昂贵的诉讼代价深恶痛绝,其间包含着对诉讼效益的需求。但是,效益作为一项诉讼原则受到人们的重视是二战后的事情。

二战后,西方国家的社会经济面临重建的繁重任务,同时人们之间的民事权益纷争十分复杂,诉讼数量激增。这种情形在进入20世纪七八十年代以后更为突出。与此相适应,诉讼费用亦日益成为西方国家的沉重负担。如美国1980年律师费用竟占国民生产总值的1.4%,其数额可与石油、汽车、钢铁的产值相匹敌。1982年美国法院为审理民事案件的耗费高达22亿美元。除美国外,其他西方国家的情况也大体一样。上述情况引起了民事诉讼法学者的极大重视。他们从减少诉讼耗费入手，思考如何取得诉讼投入与产出之间的平衡。由此，效益便成为诉讼的一个重要目标。

在民事诉讼中强调效益目标具有重要的意义。首先，可以缩短诉讼周期，尽快恢复民事关系的稳定。民事冲突产生于社会生活中，反过来又影响到社会生活的稳定性。如果这种冲突长期存在，那么社会生活就长期不得安宁。所以，缩短诉讼周期，减少冲突的时间，具有重要的社会意义。强调诉讼效益的目的即在于此。效益原则的主要内容，就是及时审理案件，提高办案效率，在此前提下尽可能缩短办案周期，迅速结案，恢复民事关系的稳定状态。在我国目前民事冲突量大，审判人员相对不足的情况下，强调诉讼效益显然有着十分重要的意义。其次，有利于减少诉讼主体的经济损失。任何民事冲突的发生都会给当事人造成一定的经济损失。如果讲求效益原则，通过缩短诉讼周期，减少权利归属和内容不明确的时间，保证权利人及时行使其权利，恢复正常的民事流转，可以减少当事人的损失。同时还可以节省当事人的诉讼开支，以及时间和精力的耗费。

（二）迟延：影响民事诉讼效益的重要因素

1. 诉讼迟延与诉讼效益的矛盾

民事诉讼的效益与民事诉讼的迟延是一对矛盾。一般来说，一件花钱费时的诉讼很难说有什么效益。

拿破仑曾极为欣赏由其主持制定的《法国民法典》。这部法律文字浅显，易为人民理解和适用。民法既如此，民事诉讼程序更应当体现其可供普通人操作的特点。如果当事人只须按规定运作，即能完成权利义务的设定、调整和实施，那么它就是一种有效益的程序；反之，如果该程序规范既原则抽象，对违反法定程序的法律后果亦缺乏明确的规定，那么该程序就是缺乏效益的。不过，在审判实践中，当事人一般很少从这个角度来考察程序问题。人们主要是凭直觉来判断是否值得进行诉讼，或者等一场官司下来再对是否值得作出判断。简言之，人们更多的是考虑诉讼所花费用的代价。

葛德文在评论18世纪黑暗的英国审判制度时写道："财产权的难以确定，关于各种财产的立法标准的不同，使人厌倦的诉讼以及案件由于上诉从一个法院转移到另一个法院等等,这一切,对于社会上一部分人来说是诡诈和欺骗的不断循环,而对社会上另一部分人来说,则是无穷无尽的痛苦和灾难,哪一个人能说出那些破灭了的希望和多年的无结果的期待怎样耗尽了许多人的精力和生命呢?"[①] 可见,民事诉讼代价昂贵是诉讼史上的一道难题,它极大地影响着诉讼当事人的行为。

一般来说,设定的诉讼程序能否以最少的投入获得最大多数人的参与,涉及诉讼程序的成本问题。例如,在立法活动中,最理想的方式就是全民一致通过,但由于这种复杂的程序既费时又费钱,实际运作难度很大,于是采用代表制、全会、常委制,以及采用绝大多数、相对多数通过制等简易的程序。这个问题在民事诉讼中亦存在。如我国现行民事诉讼法只按案情简单与否作为适用简易程序的必要条件而不论其标的大小,以致有的当事人为了很小的标的而缠讼不休,经一审、二审后还申诉不止,法院方面也要为此付出大量的人力物力,所以很不经济。从经济学的角度来看,民事诉讼在一定程度上表现为一种受制于投入产出规律的经济行为。在微观方面,诉讼过程中,各个当事人所付出的财力、人力和物力,同当事人从诉讼裁决结果中获得的利益之间的比例关系,制约甚至决定着诉讼当事人的行为选择;在宏观方面,诉讼耗费与诉讼利益之间的关系,体现出诉讼的基本价值。因此降低诉讼成本、提高诉讼效益,是完善诉讼程序制度的基本措施。

2. 诉讼迟延的种类

诉讼迟延是各国民事诉讼中共同存在的问题,只是程度有所差别。依导致迟延的主客观标准,可将诉讼迟延分为两种:第一种是客观性迟延;第二种为主观性迟延。前者是指民事诉讼法规范本身所允许的迟延,有的是它导致的迟延,因而亦称制度性迟延。后者则是当事人在诉讼过程中以种种手段故意使诉讼迟延。客观性迟延问题主要存在于大陆法系国家,至今未能予以解决。在德国,民事诉讼法使用的是一点一滴处理争执点的办法,使一次言词辩论不可能结束案件。如果当事人双方对事实有争论,至少需要两次言词辩论。事实上如果对事实与法律问题有严重的争执,第一审法院的程序可能拖延 1 年以上。日本则更甚。由于诉讼程序的分散性,

---

① 〔英〕威廉·葛德文:《政治正义论》,何慕李译,商务印书馆,1991,第 580 页。

民事案件经常要拖延很长时日。按照意大利的法律，调查证据阶段通常要经过好几次审讯，每次审讯要间隔几个星期。

在英美法系国家则主要属于主观性迟延。如美国联邦法院和多数州法院的发现规则防止了当事人以出其不意的战术取得胜诉判决，但这些规则也被当事人滥用，通过发现规则得到了一大堆无用的书面材料。结果是诉讼开支的增长，时间拖延。资金雄厚的大公司以长时间的复杂的发现程序折磨个人当事人，迫使他们和解。在英国，尽管最高法院制定了诉讼日程表，但是有些原告的律师（他当然拥有迫使被告迅速加入诉讼及发布用于指挥及提交案件的传票的责任）总要花去一段有决定意义的时间，从而使诉讼"进入了睡眠状态"。

我国民事诉讼深受德日等大陆法国家的影响，制度性迟延问题尤其严重。其一，证据规则不严密。其二，从维护诉讼的公正性来看，上诉审十分重要；但上诉往往成为某些当事人拖延诉讼的战术，致使正当权利人的愿望迟迟不能实现。其三，再审制度缺乏硬约束。按照法律规定，案件再审的条件，必须是裁判发生了法律效力，且裁判确有错误。裁判既已发生效力，当然可以付诸执行。但事实不尽然。有些二审案件审结后，一些当事人通过私人关系找到申诉庭，后者即告知执行庭停止执行，不论裁判是否存在错误。这样轻而易举地否定了判决的执行力，进而使诉讼发生迟延，这是不合法的。在诉讼效率方面，我国的再审制度亦存在明显瑕疵。按照民事诉讼法的有关规定，不论案件何时审结，不论裁判发生法律效力的时间有多久，只要发现其有错误，均可提起再审。对案件的再审不受时间的限制，这对保证案件的质量，保护当事人的合法权益有重要作用，但对及时解决民事纠纷，稳定民事法律关系，促进民事流转的要求就不适应。其四，确定当事人申诉，对申诉既无客观要件的要求，又不一定对申诉案件进行再审，仅将申诉作为发现裁判错误的一种渠道。这不仅未将申诉权作为一种诉讼权利来确定，而且由于人力物力不足等客观条件所制约，也难以一一处理好申诉问题，徒使诉讼迟延，增加当事人的耗费。

（三）影响诉讼效益的其他因素

按照我国民事诉讼法的规定，诉讼代价并不高，诉讼费用减免制度还为少数当事人提供了特殊救济手段。同时诉讼中不采取律师强制代理制度，当事人可以自己进行诉讼或者请自己知悉的懂法律知识的人帮助诉讼，因而请律师费用并不构成当事人的必要诉讼成本。所以，从逻辑上推理，无力支付诉讼费用而放弃诉讼的情况应该不多。然而，在民事诉讼程序或诉讼手段适用过程中所普遍存在的某些缺陷，则使诉讼成本大大增加，相对地降低了诉讼效益。

1. 案件审理时间过长，造成大量的人力、物力和财力耗费

特别是审判人员"重调轻判"的倾向往往使案件久拖不决。此外，审判力量不足，案多人少的状况，亦使案件的审结时间相应延长。

2. 程序的实用性不高，缺乏简便易行的程序手段

1982年民事诉讼法试行期间，民事诉讼中的普通程序不能有效地适用于解决某些特别复杂的民事经济纠纷，显得过于繁冗，同时适用范围亦较为狭窄；大量在事实和法律上均无争议，仅是不能实际履行的民事经济争议，亦必须经历普通程序或简易程序，并且常常久拖不决，使当事人的合法权益无法及时实现，从而增加了诉讼代价。

3. 程序繁琐

在开庭的宣判阶段，除少数当庭宣判外，多数为定期宣判。一般来说，先判后审的可以当庭宣判，否则只能是定期宣判，因为合议庭的职能大多没有实现。以定期宣判而论，先由合议庭提出判决意见，再向庭长汇报案件的事实、情节、性质及判决意见，最后向院长汇报是否提请审判委员会讨论。有的重大案件还要请示上级领导。以上一连串的程序，不能不影响到工作效率。

4. 裁决或调解的公正度不高，客观上影响了诉讼效益

少数审判人员的思想和业务素质较差，使某些程序有失公正，裁决结果不能严格而准确地体现法律规范的要求；另外，调解协议本是当事人之间合意的表达，但实际存在的强制调解往往迫使当事人一方放弃某些正当权益。上述问题由于1991年民事诉讼法的颁布实施在一定范围和程度上得到缓解，但距根本解决还相差很远。由此可以看出，人们之所以回避审判而采取互谅互让的妥协办法，并非不喜欢分清是非的诉讼方式，而主要在于程序的繁琐、花钱费时等制度缺陷。如果这些缺陷得到根本弥补，就可能提升诉讼效率，提高诉讼效益。

(四) 提高民事诉讼效益的措施

1. 克服诉讼迟延

目前,许多国家都在想办法解决诉讼迟延问题。例如德国建立了斯图加特(Stuggart)程序。20世纪70年代,斯图加特市州法院的两个庭作了改革尝试。他们有意撇开德国民事诉讼法第261条关于送达起诉状与言词辩论之间须有一段时间的规定,认为这不是强制性规定。他们送达起诉状后,不指定言词辩论日期,而是改为指定被告必须提交答辩书的日期,尽管没有规定这样的时间限制。法院收到答辩书后,就讨论为准备言词辩论应采取的措施,如要求当事人对诉讼文件上提出的事实作补充,指出法院对涉及的法律问题的初步看法要求当事人提出意见,要求当事人提出书面材料。当事人遵照这项命令办理后,法院指定言词辩论日期,命令当事人和证人亲自出庭。言词辩论只举行一次。它恢复了口头和集中言词辩论两项原则。[1]

日本法务省法制审议会拟定于新民事诉讼法中设立争点整理程序,这个程序的目标是:把有争议的问题,在公开审判之前加以审议,找出争议点。竹下守夫教授指出,这个程序的要旨在于强调诉讼的集中性,因为现行民事诉讼实践中,当事人和法官对案件往往毫无准备地进入法庭审理阶段,其结果是经过多次开庭审理,一般开庭五六次,法官才明白案件的争执点,这过于拖延诉讼,耗费大量时间。应当指出的是,日本的这次修改,在吸收各国经验的同时,把审判实践中所创造的所谓辩论兼和解方法加以法制化,进一步完善争点整理程序。

英国民事审判部门自20世纪80年代初以来,致力于减少主观性迟延。著名的《民事审判杂志》已将减少迟延作为主要栏目之一。[2] 美国针对发现程序所产生的流弊,律师界、法学界和某些法官建议限制发现的范围,回到过去实施的详细的诉讼文件制度中去,以加强法院对诉讼程序的控制。[3]

我国民事诉讼深受德日等大陆法国家的影响。诉讼的分散及迟延问题

---

[1] 沈达明编著《比较民事诉讼法初论》(上册),中信出版社,1991,第95、179页。
[2] *Oxford Journal of Legal Studies*, Autumn, 1994, p.356.
[3] 沈达明编著《比较民事诉讼法初论》(上册),中信出版社,1991,第95、179页。

在我国民事诉讼中长期存在，至今并未得到解决。我们注意到，1991年颁布的民事诉讼法规定了一些防止迟延的措施。例如，确立了代表人诉讼制度，对于人数众多的群体性纠纷，可通过代表人诉讼制度，使一次诉讼能够解决多个主体的诉讼请求，节省了程序性耗费，减少了程序的拖延；确立了公示催告程序，对于权利义务明确的债权债务关系，债权人可以申请法院发布支付令，避免了不必要的诉讼程序；明确规定了普通程序审理的案件、简易程序审理的案件及特别程序审理的案件的期限，以防止案件久拖不决。与此相适应，现行立法还缩短了某些诉讼行为的实施期限。这些措施无疑都是十分必要的，是完全正确的。但是应当看到，仅仅采取这些措施是远远不够的。由于没有抓住问题的实质，所以不可能从根本上杜绝诉讼迟延现象。

诉讼的分散及迟延与市场经济条件下加速审判的需要极不适应，必须予以克服。为此，必须实现诉讼的集中化。首先，在一审阶段，要求在审理之前实现证据的集中，在此基础上确定案件的争执点；确定争执点之后，尽可能进行和解，和解不成，就及时审理，做到绝大多数案件一次了结。其次，要把诉讼活动尽可能压缩到一审解决，只有极少数的案件进入二审，基本上杜绝再审。为此可采取如下措施：①容许申请法院对意义含混的判决，用第二个判决解释清楚第一个判决的用词。判决用词的含糊往往在执行判决过程中被发现。这种判决称为解释性判决。②在对不应诉判决提起异议、对原判决提起的第三人异议及复审申请等三种情形下，原审法官有修改原判决的权力。③判决有明显的差错，如漏掉姓名，一方或双方当事人可以申请法院加以纠正，法院也可依职权进行纠正。④判决遗漏某项请求，法院应根据当事人的申请作出补充判决。⑤法院可以就当事人未申明的事项所作出的裁决或超过当事人请求范围的裁决加以纠正。

2. 提高裁决结果的公正性

实践表明，不管人们对一个国家的审判制度持何种态度，不管当事人对解决冲突的司法机关如何评价，裁决的公正性一般很少被作为诉讼效益的一个因素加以考虑。事实上，依照我国民事诉讼法的规定，当事人对案件管辖机构的选择余地极小，只是在某些诉讼的某些案件中才有很小的选择权。这种管辖制度进一步淡化了人们对裁决结果公正性的考虑。但这并不能否认裁决结果公正性对诉讼效益的意义。

3. 降低诉讼费用水平

在量上直接影响诉讼效益的是诉讼费用的水平。诉讼费用包括：①案件受理费；②延请律师费；③实施诉讼行为所应缴纳或提供的其他费用。在上述费用的构成中，案件受理费的法律性质是诉讼理论中一个长期存在争议的问题。对该费的性质的不同认识直接关系到收费的数额，因为该费的性质是界定其应有数额的根据之一。在古代的民事诉讼中，受理费带有明显的制裁性质。如我国西周的民事诉讼，以交纳一定数量的箭为受理费用，体现了对民事纠纷的制裁。在古罗马时代，受理费以誓金形式交纳，用于证明冲突主体具有某种正义根据。时至现代，人们对诉讼受理费的性质的认识发生了根本变化，主要集中于三个方面。一是准税收，认为受理费体现了国家税收的功能与作用，既可增加财政收入，也可抑制滥用诉讼。二是受理费作为对司法机构诉讼行为的补偿。其根据是任何司法机构在解决民事冲突的过程中都要耗费一定的物质力量。三是手续规费。持这种观点的人认为，诉讼和其他社会活动一样，需要收取一定的规费以表明手续的开始，同时显示诉讼主体对其行为的慎重。上述观点都有合理之处，同时又有不足的地方。事实上，现代国家中的案件受理费通常是综合了以上三种因素，并参照社会生活的一般水准而制定的。

延请律师的费用是整个诉讼费用的重要构成部分。在西方国家，由于社会公众对律师的大量需求，律师职业地位的特权化等原因，这项费用在当事人的诉讼成本中占有很高比例，律师始终以昂贵的价值存在于永不萧条的"买方市场"之中。在我国，法律规定律师是法律工作者，其基本立场不以委托人的利益绝对本位，而倾向于对法律秩序的维护，所以延请律师的费用相对来说比较低。但是这种状况近年来有所改变。由于市场的放开、经济的繁荣、纠纷的频出，社会公众对律师的需求明显增加了。而律师体制改革使其行为更多地受制于经济利益的支配。因而近年来律师收费呈现明显升高的趋势。律师收费已经成为我国民事诉讼当事人的诉讼成本中的重要构成部分，并在一定程度上制约着当事人对诉讼手段的选择。

除以上两项费用外，当事人还要支付一些其他的费用，主要有两类：一是为实施特殊调查手段而缴纳的费用，如鉴定费、证人作证期间的误工收入、有关诉讼文书和资料的复印费。二是由于采取某些特殊诉讼手段而引起的物质损失,如财产保全期间,当事人可能要停止正常的经营活动,从而丧失一定的营业收入;再如适用冻结或扣押措施,也会带来一定的资金利息或实物的损失。

如何从整体上降低诉讼费用的水平,是我们面临的一个重要课题。这方面更主要地取决于诉讼实践经验的积累。

4. 加重当事人的举证责任

同时实行当事人相互公开证据的制度,使当事人之间由公开的诉讼斗争转向公平的论战。①

5. 改革审判方式

实行开庭听审和集中听审制。

6. 实行立审分开体制

诉讼活动是由起诉、立案受理、审理、判决及执行等阶段组成的;审判权是由法院通过各诉讼阶段的具体审判行为得到实现的。因此,可以把审判权具体分为立案权、审理权、判决权和执行权。只有诉讼活动运行到一定阶段,审判权才能相应地体现出来。立案是为了审理案件,而审案须先立案。在立案阶段,法院对起诉书要进行审查,并作出是否立案的决定。可见,立案与审案是能够分开的。如果实行立审分开原则,使立案权从业务庭中相对地独立出来,交由告诉申诉庭行使,就可以保护当事人的合法起诉权。一些法院的实践表明,实行立审分开,提高了告诉审查工作的质量和效果;立案工作的监督有了保障,大大减少了"人情案"和"关系案",减轻了法院领导和业务庭的工作强度,提高了案件的审理质量,增强了公民对法院的信任度。

7. 加强督促检查

定期检查告诉立案的质量,检查有无"口袋案件"和"抽屉案件",共同研究疑难告诉案件的处理办法,发现问题及时纠正;督促基层法院及时立案,催办指定管辖案件;狠抓疑难复杂和新型案件的立案指导。最后,要充实审判队伍,提高审判对民事争端的实际接纳能力;如果没有足够的审判力量,当事人对诉权的行使就不可能获得相应的保障。

8. 探索快捷的诉讼方法

如何提高民事诉讼的效益,尽快找到一种更廉价、更快捷的司法方

---

① 〔美〕米尔顿·德·戈林:《美国民事诉讼程序概论》,法律出版社,1988,第103页。

式,已经成为许多国家的努力目标。美国设立了一种便捷的解决诉讼的方法,即简易审判程序。在这种诉讼中,双方没有任何事实上的争议,仅仅涉及法律问题。然而,对原告和被告来说,他们的地位和英国的情况不同,他们可能被移交简易审判。美国还建立了标准司法制度。面对大量的同类案件,如大量的侵权案件,美国法院已经按标准方式进行审判。按照这种方法,法院将主动地介入案件,选择一个或几个典型的案例。然后就每个典型案例进行宣判,按照平均原则对多个结果进行统计上的联结,最后作为对每个原告进行判决的依据。美国一些法院还采用了消除诉讼迟延和费用昂贵的更好的方法。即由法官决定采用简易陪审制。按照这种审判方式,法院要求诉讼双方的律师说明争议的梗概,向陪审团提交证据,而后,陪审团将根据现行规定作出裁判。但是这个裁决不具有约束力,它旨在为双方解决争端提供一个合理的客观依据。①

在大陆法系国家,如荷兰,原告对临时命令往往很有兴趣,因而申请简易审判。其案件按照正式手续确定之后,将在几星期(有时只有两星期)内由高等法官——当地法院的院长或副院长进行审判。审判时间很短,大约花两小时,这样就结束此案。法官既不受法定的证据规则约束,亦不拘泥于按照严格的法则进行裁决。他可以按照自以为公正和平等的标准进行判决。在审判中,法官可以听审证据,但是当事人可以要求事先对证人进行检验,并予以处置。此后,判决即可很快作出,甚至可以当即执行,如果法官决定这样做的话。该判决可以按照上诉程序予以推翻。如果当事人认为必要,可以申请上诉,按照正式程序审理后撤销原判。科特·拉丁认为,判决的执行应当根据原告制定的主要程序,在特定的期间内作出决定。由于判决后来被撤销,因判决的执行受到损害的被告可以获得补偿。②

我国民事诉讼实务界亦在寻求较快的诉讼方式,如采取直接开庭方式、当事人举证方式等。但这些改革都是初步的,与迅速发展的社会主义市场经济对民事审判的需求很不适应,因而须做大量工作。

---

① *Oxford Journal of Legal Studies*, Autumn, 1994, pp. 354, 356, 358.
② *Oxford Journal of Legal Studies*, Autumn, 1994, pp. 354, 356, 358.

四 民事诉讼的诚信原则

诚实信用是现代民事诉讼的一个基本原则。按照这项原则,一切诉讼当事人实施诉讼行为,行使诉讼权利,履行诉讼义务,都要讲求诚实,信守诺言,兼顾对方当事人利益和社会公共利益;要在不损害对方利益和社会利益的前提下追求自己的利益。有鉴于诚信原则对民事诉讼活动的重要规范作用,而我国民诉学界这方面研究十分薄弱,因此有必要进行探讨。

(一) 民事诉讼史上的诚信原则

民事诉讼乃私利之争,一方当事人为了取得胜诉的利益,往往不择手段击败对方,因而似乎与诚信原则无甚瓜葛。这在我们的传统诉讼观以及诉讼实践中都有大量表现。然细究起来,两者的联系却源远流长。诉讼法之吸收道德观念如诚信原则,在我国始于西周。按照西周法律,诉讼之前要尽心宣誓。当时,人们普遍存在着敬畏上天的社会心理,对天发誓可以证实宣誓者的诚意,表明其言词的真实性和诺言的不可反悔,否则将受到天的惩罚。[①] 到了汉代,有"证财物故不以实,臧五百以上",即汉律关于财物诉讼及审讯条款的省文,目的在于警告当事人和证人,如果陈述不实,故意夸大、缩小或隐瞒财物的数量,价值超过五百钱的,法官将按其欺诬情节给予处罚。汉律规定,法律允许当事人和证人于三日内纠正不实供词而不予追究,但在复讯之后,则必须对其言词承担法律责任。其意旨在确保证词的准确性和可靠性,在诉讼中具有特别重要的意义。同西周的宣誓制度相比,它更注重通过国家法律来强化证据的证明力和拘束力,而不是凭借神明的力量与个人的誓言。[②]

诚信原则在西方,起源于古罗马的诚信诉讼。在这种诉讼中,程式中注明"按诚信"(ex bona fide)字样,使承审员可斟酌案情,根据当事人在法律关系中应该诚实信用,按公平正义的精神而为恰当的判决。不必严守法规,拘泥形式,故原告如有欺诈、胁迫等行为,即使被告未在程式中

[①] 叶孝信主编《中国民法史》,上海人民出版社,1993,第98、99、108页。
[②] 叶孝信主编《中国民法史》,上海人民出版社,1993,第98、99、108页。

提出抗辩，承审员也有开释被告之权。所以保路斯说："诚信诉讼包括抗辩方式"（Bonae fidei axceptiones pacti insunti）。罗马法非常注意防止人们轻率地进行诉讼。为此，有时采用罚金，有时采用庄严宣誓，有时利用害怕丧失名誉的心理来抑制原告或被告的轻举妄动。根据皇帝宪法令，原告要作出关于诬告的宣誓，在诉讼进行中，任何一方都可要求他方作"诬告宣誓"，以表明他不是寻衅好讼的。如果原告不肯宣誓，其诉权即行作废；如果被告拒绝宣誓，其拒绝等于自认。被告也可以对原告提起"诬告诉"，原告如果败诉，就被处以其请求权的1/10作为罚金；如果其起诉是由于受贿，则一经查实，就被判罚4倍的金额。在被告方面，如果被判处罚金，还可能受到丧廉耻的处分；如欺诈诉，其虽无罚金诉的性质，但依据契约关系，应负信义责任。在土地界线划分之诉中，可以对以欺诈手段扰乱界线的一方，如偷去界石或砍倒作为界线标志的树木的人，作出不利的判决。还可对违抗审判员命令而反对丈量土地的人，按藐视法庭作出不利的判决。

关于诚信原则的具体规范有很多是针对律师的。律师的前身为讼师。自从讼师出现之后，因其具有一定的专业知识和社会活动能力，所以只要纷争一起，不少人受胜诉争财之心的驱使，便厚资请托与幕吏有染的讼师代打官司。讼师则趁机于幕后兴风作浪，颠倒黑白，搬弄是非，恐吓诈财，害民扰官，因此，各个时代的政府都严格禁止和惩处讼师活动。例如，我国早在唐代就出现了为人代写书状的情况。法律采取了严格的控制措施，防止他们扰乱是非，使矛盾复杂化。要求所列事实必须注明事发时间、指陈实事，不得称疑，以免紊烦官府。①《唐律疏议·诈伪》"证不言情"条："诸证不言情，及译人作伪，致罪有出入者，证人减二等，译人与同罪。"可见，证人或译人若因其虚假陈述致使案情有所出入者，必须承担相应的法律责任。② 时至南宋，已经出现了替人包打官司的讼师，这些人常常拨弄是非，致使争讼不已，民失其业，官受其弊，许多人为此倾家荡产。③ 明清时代也是如此。④ 民国时期，我国借鉴西方设立了律师制

---

① 叶孝信主编《中国民法史》，上海人民出版社，1993，第317页。
② 叶孝信主编《中国民法史》，上海人民出版社，1993，第319页。
③ 叶孝信主编《中国民法史》，上海人民出版社，1993，第443页。
④ 叶孝信主编《中国民法史》，上海人民出版社，1993，第590页。

度。但是有的律师往往将金钱置于道德与职责之上，素质低劣。有的律师受当事人委托后，对与该案件有关的资料，不予详细查明，等到开庭，往往不知所对，只得延期辩论。有的对于该案件应适用的法律，并不切实研究，每每强词夺理，为冗长陈述。如果案件形势对委托人不利，就拖故申请变更日期，或者提出不必要的攻击防御方法，以为拖延诉讼之计。有的律师甚至有挑唆诉讼及阻止当事人和息情事。所以民国政府对此深恶痛绝。[①] 再如，在古罗马时代，为了防止诬告，除当事人双方要宣誓之外，其律师也应宣誓。哲人培根在谈到近代英国的律师时提醒人们谨防律师的行为。他说，法官容易受到一些不法律师的影响，后者往往包揽诉讼，挑拨是非。他说，如果辩护士有诡辩、重大的疏忽、证据过弱、追求无度或强词夺理等情形，法官有责任给予其一种合理的斥责。[②]

（二）诉讼观念对诉讼行为的影响

无数经验证明，人的行为是否诚信，总是受其观念的支配。诉讼行为亦是如此。它总是受着诉讼观念的深刻影响。下面我们以证据为例给予说明。因为证据是诉讼制度的核心内容，诉讼观念对诉讼行为是否诚信的影响，突出表现在证据的运用方式上面。

首先谈谈传统诉讼观念的影响。传统观念认为，"诉讼就是敌对双方之间的斗争"；既是敌对的诉讼斗争，突然袭击就被认为是合法的诉讼战术。然而突然袭击的方式无论在人们的生活中，还是在其他斗争中，都被认为是一种不诚实的、诡诈的，因而是不可接受的方式。但是在过去的诉讼中，这种方式被用得如此普遍，以致我们几乎忘掉了其不诚实的一面。我们知道，证据就是进行诉讼所必需的信息材料。一些著名律师在他们的传记中，载有许多案例，说明他们如何乘人不备，出奇制胜，击败对手。其胜诉的秘诀在于，他们牢牢地把握了与案件有关联的证据；而对方的律师在审前缺乏有效措施，不能掌握他们所提供证据的实质。证据是诉讼的核心成分。既然隐蔽了关键性证据或者掩饰了所提供证据的实质，就必然能取得诉讼斗争的胜利。这是何等的不公平！

---

① 叶孝信主编《中国民法史》，上海人民出版社，1993，第645页。
② 〔英〕培根：《培根论说文集》，水天同译，商务印书馆，1988，第195、196页。

传统的诉讼观允许在诉状中不提供证明最终事实的有效证据。这一点在德国、日本等许多大陆法国家的法典中都有所反映。其司法实践迄今仍因循这种方式。日本法学家竹下守夫指出，日本民事诉讼法虽然规定准备书状和准备程序两种审前准备的制度，但是实际操作上往往是当事人和法官对案件毫无准备地进入法庭审理的阶段。由于没有经过认真准备，所以往往在法庭上反复争论，按照日本现行民事诉讼法的规定，在口头辩论中，可以随时提出证据，经常是在辩论结束时提出最关键性的或决定性的证据，使对方毫无防备和难堪，这是一种突然袭击的诉讼方式。

英美法系国家在相当长时期亦受到传统诉讼观的影响。区别仅仅在于，它们的审前案情调查的方式，是由被告要求原告提出诉讼事由的详情；如果法院准许，就命令原告列举他所指控的事实，而非要求提供有效的证据。在衡平法上调查案情的诉状，只限于原告查询证明他自己的法律诉讼的事实，而对原告企图调查对方案情则不予救济。19世纪中叶，美国纽约州进行了改革。该州民事诉讼法典规定各方当事人都能向对方发出书面调查表，强制对方提出优先进行审判的文书；在某些情况下，不论诉讼中的哪一方当事人，都可以取得任何证人的证言。但是这项改革受到一些限制。1938年美国颁布了《联邦民事诉讼法规》，这是现代诉讼观念的一个具有划时代意义的转折点。它规定了审前案情调查程序。[①] 后来英国也规定了相类似的审前程序。这种新程序实际上包含着一种新的诉讼观念，即诉讼应当成为争议双方的公平论战。其理想和目标在于最大限度地消除诉讼中的不诚实行为。这样，英美法与大陆法在诉讼观念上的区别便明朗化了。这种新观念在英美民事诉讼法上首先表现为，诉讼证据必须在发现程序（属于审前案情调查程序中的一种）中获得立法者深信，诉讼当事人通过发现程序能够得到有关讼争的证据材料。在发现书面材料方面，英国法要求一方当事人向对方披露并出示书证材料，即使对方没有提出这样的要求。一方当事人向对方披露书证材料是法律规定的义务，不得拒绝。[②] 英美判例认为，发现证据的程序具有以下特点。一是审前发现了案件全部事实，对自己和对方的事实和法律论据的优势或弱点能作出确切的估计，

---

① 〔美〕米尔顿·德·戈林：《美国民事诉讼程序概论》，法律出版社，1988，第103页。
② 〔美〕米尔顿·德·戈林：《美国民事诉讼程序概论》，法律出版社，1988，第103页。

从而能缩小争执点的范围，消除了不存在争辩的争点，缩短了审判的过程。二是使诉案事实真相大白，可促成诉讼双方和解，不须进行审判。三是当事人在审理时往往没有时间或机会指出证据不可靠，但通过发现程序就能揭露虚假的证言。美国判例指出，使用发现程序可以避免一方当事人在审理时遭到出其不意的突然袭击。四是发现程序能使当事人得到审理时需要的证据。如果不使用发现程序，可能得不到证据，即使证据可用其他方式得到，所花的时间和费用可能更大。总之，发现程序是诉讼双方都可采用的手段，目的在于确保在审判前揭露全部事实，防止对立辩论制的流弊，杜绝审理时一方当事人的突然袭击，判决能在所有与案件有关的事实弄清楚之后作出，从而大大提高了正义最终获胜的可能性。①

（三）现代民事诉讼中的诚信规范

我们已经看到，现代民事诉讼法上的诚信原则始于20世纪30年代末"公平论战的诉讼观"的确立。公平与诚信有着密切的关联，既要公平就须诚信。所以这种新的诉讼观自然包含了诚信的要求。从那时以来的民事诉讼理论和实践已经在一定程度上发展了这一原则。现在诚信原则包含广泛的内容，主要有以下几方面。

1. 禁止滥用诉讼权利

所谓滥用诉讼权利是指违背对方当事人的信义，专门以损害对方当事人为目的而行使权利的行为。在我国，禁止滥用诉讼权利是根据宪法第51条引申出来的限制性规范。我国宪法第51条规定，"中华人民共和国公民在行使自由和权利的时候，不得损害国家的、社会的、集体的利益和其他公民的合法的自由和权利"。这是防止权利滥用的最高规范。它表明，任何权利都是有限度的，不可随心所欲。在行使权利时，必须以不得损害公共利益和其他公民的合法权益为前提。基于宪法第51条的权威性，民事诉讼活动亦必须防止权利的滥用。在民事诉讼法上，诉讼权利和诉讼义务是互相依存的，就个人来说，既享有诉讼权利同时又承担着诉讼义务。对诉讼义务的承担就意味着不得滥用诉讼权利。

从国外的实践来看，滥用诉讼权利为许多国家所不容。如匈牙利民事

---

① 〔美〕米尔顿·德·戈林：《美国民事诉讼程序概论》，法律出版社，1988，第103页。

诉讼法第5条第1款规定：当事人正当地行使诉权，不许以拖延诉讼或者混淆是非为目的进行诉讼活动。日本判例认为，曾经是某有限公司实质上掌权人的原董事，把他的股份份额转让给他人后，却不尽快召开董事大会作出承认转让的决议，一直抱消极态度。可是后来他企图恢复对该公司的支配权，竟提起承认转让决议不存在的确认之诉，这对受让人来说是极其缺乏信义的，而且道义上也是无法承认的。所以提起此种诉讼就是诉权的滥用，是不合法的（日本最高法院1978年7月10日判决）。① 英国法院从很早时期起就根据它的内在权限，以简易程序结束毫无根据的、折磨人的或属于滥用诉讼的程序。按照英国判例，这几个形容词与滥用诉讼程序具有同样的意义。所谓毫无根据的诉讼是指当事人为了与法院开玩笑而进行的诉讼，它浪费法院的时间；所谓折磨人的诉讼，是指由于案件无从进行争辩，当事人单是为了使人为难而提出不可能胜诉的请求或防御方法的诉讼。

近年来，关于诚信原则和滥用权利之间的关系成为我国民法学界讨论的热门话题。笔者认为，民事诉讼法也应把禁止滥用权利作为诚信原则的一个内容加以认真考虑。例如，关于禁止恶意轻率地请求回避。为了保证审判的公正，各国均建立了回避制度。但是请求回避必须基于合法的怀疑，即是说，如果某个审判员参与审判，将会由于案件的细节、当事人的身份或地方的歧视等因素，而有损案件的公正审判，这构成请求回避的合法理由。如法国民事诉讼法第340条就规定，在存在合法怀疑的情形，有数名法官自行回避将造成受案法院不能裁决诉讼，此时可按规定将案件移交其他法院审理。如果不存在合法怀疑的情形，便构成恶意轻率地请求回避。如罗马尼亚民事诉讼法第35条规定，如果当事人恶意轻率地请求回避，将被处以罚款，并赔偿受害人的一切损失。再如，关于诉讼利益问题。利益一般指金钱上的利益，但并非为金钱上的利益即为道义上的利益的人也能提起诉讼。例如因诽谤提起的损害赔偿之诉。微不足道的利益能否作为引起诉讼的利益呢？对此，英国人指出，如果原告没有很好的理由，则必须涉及极大的损害，否则法院将以区区小事为由拒绝受理。在法国的判例中，如果非金钱争执只有极小的利益，将不予受理；而对于所有

---

① 〔日〕兼子一、竹下守夫：《民事诉讼法》，白绿铉译，法律出版社，1995，第79~80页。

权诉讼，只要不是无理取闹，即使利益极小也予受理。

2. 禁止反悔及矛盾举动

如果当事人在诉讼中或诉讼外为某种行为的结果，使对方当事人相信其行为将出现一定的法律状态，因而对其态度有决定性影响，这时只要从客观上来看当事人的相信是合理的，就应加以保护。前一个当事人后来不应采取矛盾的态度，背叛对方当事人的信任而损害其正当的利益。日本判例认为，"先根据某一事实提起诉讼，并且极力主张和证明该事实存在的人，后来由对方当事人以上述事实提起另外的诉时，他摇身一变否认上述事实，不言而喻这是明显地违反诉讼上的信义原则的"（日本最高法院1973年7月20日判决）。① 可见日本判例把这一原则作为诚信原则的一种表现加以承认。又如继承人收到以死者作为被告的诉状后，选任诉讼代理人，申请承继诉讼。他通过第一、二审亲自进行诉讼行为最后得到第二审败诉判决后才说被告已死亡，并主张自己所为的诉讼行为无效。从禁止反悔和矛盾举动这一原则的意义来看，是违反诚信原则的，所以不支持他的主张（日本最高法院1966年7月14日判决）。②

3. 权利失效

即权利随着时间的流逝而消灭。根据诉讼时效制度，如果一方当事人在很长时间内没有行使诉讼权利，对方当事人就有充分理由认为他已经没有行使其权能的意思。如果当事人后来因行使其权能而损害对方当事人的利益，就违反了诚信原则。对此日本判例是承认的。在日本的判例中，有人为了请求返还被收购的土地，兑现所有名义人，以买卖为原因请求转移登记的诉讼进行了多年，最后收到驳回请求的判决。该判决被确定下来之后不久，他以同一目的但与前诉不同的诉讼标的又提起后诉，后诉是前诉的重复。而且在前诉中并没有提出后诉请求的任何障碍，现在却在收购处分已经20多年之后重新提出后诉，这就使对方当时事人的地位处于长期不适当的、不稳定的状态。因而日本最高法院依诚信原则不准后诉，也就是根据权利失效规范作出的判决（日本最高法院1955年11月22日判决）。③

---

① 〔日〕兼子一、竹下守夫：《民事诉讼法》，白绿铉译，法律出版社，1995，第79~80页。
② 〔日〕兼子一、竹下守夫：《民事诉讼法》，白绿铉译，法律出版社，1995，第79~80页。
③ 〔日〕兼子一、竹下守夫：《民事诉讼法》，白绿铉译，法律出版社，1995，第79~80页。

4. 禁止恶意制造诉讼状态

依诚信原则，有人虽然以违反法律和契约或者违反公共秩序和善良风俗的行为取得了诉讼上某种权限或者具备某项法律的构成要件，但是不允许以行使该权限或适用该项法律去损害对方当事人的正当利益。这一原则来源于曾经有过的对特别恶意的抗辩，是取得权利的方法本身违反诚信的情况。兼子一先生举了违反这一原则的例子：票据持有人为了在自己所设想的地方产生日本民诉法第21条规定的合并请求的审判籍，不顾该地有住所的票据偿还义务人明明没有请求偿还票据金额的意思，硬把他添加在被告里，然后又把其他义务人的诉讼合并在这一诉中的情况（日本札幌高等法院1966年9月9日判决）。[①]

5. 禁止妨碍对方当事人的诉讼行为

妨碍对方当事人的诉讼行为，包括妨碍证明、欺诈、胁迫等，对这些行为的禁止，构成诚信原则的内容。首先，关于妨碍证明，各国民事诉讼法一般都规定，如果当事人在诉讼上所引用的文书是由自己持有时、该文书可以请求交付或阅览、文书是为举证人的利益而制作或为举证人与文书持有人之间的法律关系而制作的，那么，持有人有义务依法提出与案情有关的文书。如果拒绝提出文书，将承担一定的法律后果。如日本民事诉讼法第317条规定："当事人以妨害对方当事人使用为目的，毁灭有提出义务的文书或以其他方法使之不能使用时，法院可以认为对方当事人关于该文书的主张为真实。"这是关于禁止妨碍证明的规定，是诚信原则的一个具体体现。其次，关于胁迫，是指使用暴力或以暴力相威胁，以强迫或正在强迫他人实施某种特定行为。胁迫可能实际伤害人身或以人身相威胁，但通常是采用非法恐吓的方式或至少给他人造成不应有的压力，如以解雇相威胁等。胁迫不仅可以对本人，也包括对妻子、父母、孩子的胁迫。各国法律均禁止胁迫行为，并规定由于受他人胁迫所为行为是无效的。如我国民事诉讼法第102条规定：诉讼参与人或其他人以暴力、威胁方法阻止证人作证或者胁迫他人作伪证的，人民法院可以根据情节轻重予以罚款、拘留；构成犯罪的，依法追究刑事责任。在我国审判实践中，用各种非法手段千方百计地阻止证人作证，或者对证人的生命、财产进行威胁，或者

---

① 〔日〕兼子一、竹下守夫：《民事诉讼法》，白绿铉译，法律出版社，1995，第79~80页。

施加精神上的某种压力而胁迫证人作伪证的情况是经常发生的,严重妨碍了诉讼的正常进行。只有严格执行民事诉讼法第 102 条的规定,才能消除这种现象。再次,关于欺诈。在诉讼法上,欺诈是一种虚伪的陈述,通常以作出虚假陈述,或者作出其本人并不相信其真实性的陈述,或者不顾其内容是否真实而作出的陈述等方式而构成,并企图使受骗人引以为据。欺诈显然是一种缺乏诚信的行为。在英美民事诉讼法上,由于实行证据的发现程序,一方当事人有时利用欺诈的方式,向对方当事人作虚假陈述,把对方当事人引入证据收集的歧途,徒费许多财力和人力,如果对方当事人能够证明前者有欺诈行为,法院将给予处罚。

6. 禁止故意迟延

当事人在诉讼过程中往往以种种手段故意使诉讼迟延。例如,如果被告知道这桩案子于己不利,就会想方设法拖延诉讼进程,长时间阻碍争端的解决。这样,足以弱化原告可能取得的公正判决的执行效果,抵销判决的实用价值。对原告来说,判决来得太迟,以致无法付诸实施。典型的例子是,如果原告在判决作出之前寻求诉讼保护,而金钱判决很可能在被告已经将其财产消耗殆尽之后作出,这样,原告的期望就会落空。不过,原告方面有时也故意迟延。如英国的一起诽谤案件中,原告系一家公司,被告是该公司的小额股东。被告想揭露原告滥用资金的问题,于是公开了一份声称受骗于原告的传阅信件。对此,原告指控被告诽谤,要求法院发布一份中间禁令,禁止被告在本案审理前继续进行诽谤。在有效地限制被告的行为后,原告在其后 5 年内未采取实质性步骤使案件交付审理。这是过分的和不可原谅的迟延,会造成使公正审理变为不可能或被告受损的严重后果。英国最高法院丹宁大法官在谈到本案时指出:原告没有作适当的调查,没有递交适当的辩护,没有将案件交付审判。显然,他没有对案件的审理尽到最大的热诚。对他来说,最好的策略是把诉讼变成一场消耗战。如果他能进行足够的战斗,他就可以击垮被告的神经,耗尽他有限的资财,迫使其放弃努力,这样的案件将不需要再进入审理。在笔者看来,他的行为是对法院诉讼程序的扰乱,因此必须取消诉讼。① 在美国,发现规则有时被当事人滥用,资金雄厚的大公司以长时间的复杂的发现程序折磨

---

① 沈达明编著《比较民事诉讼法初论》上册,中信出版社,1991,第 51、95 页。

个人当事人，迫使他们和解。这已经引起了法律界的极大关注。

有的国家为此还规定了惩罚措施。如匈牙利民事诉讼法第5条第3款规定，如果当事人或其代理人故意拖延诉讼，法院要对他罚款。法国民事诉讼法第32条规定："对用拖延或其他不当手法进行诉讼者，可以判处一百法郎至一万法郎的民事罚款，此外还可要求他赔偿损失。"第559条规定，遇有蓄意拖延的本诉上告，可对上告人判以第32条相同的处罚。

7. 禁止提供虚假的证言

作伪证是一种不诚实的行为。为了防止伪证，各国均作出了明确的规范。例如俄罗斯民事诉讼法第62条规定：作为证人被传唤的人必须出庭并提出正确的证言，如果提供显然的伪证，则须承担刑事责任。第76条规定：如果鉴定人提供显然虚伪的结论，亦应负刑事责任。在法国，作假证者要受到罚款和监禁处罚（法国民事诉讼法第211条）。英国民事证据法规定，如果作出陈述的时期与所述事实的发生存在时期不一致，并且陈述者是有意隐瞒或歪曲事实，将处以刑罚。

随着计算机的应用和普及，由此产生的证据的真伪问题也变得复杂起来。为此，英国民事证据法规定，在任何民事诉讼中，计算机制出的某一文件中的某一陈述，必须符合规定的条件，才能作为真实的证据。与提供情报给该计算机（或操作该计算机或者操作制造含有陈述的文件的任何器件）有关的人，不得有意隐瞒或歪曲事实。如果在民事诉讼中提出作为证据的证书中，故意制造明知是假的或不认为是真实的陈述材料，须负刑事责任。

（四）结语

民事诉讼是当事人各方为了各自的利益而进行的具有很强的对抗性的行为。然而，在现代社会中，当事人必须把自己置于这样的地位：向对方当事人作出诚实的公正的行为，并照顾对方当事人的正当利益和社会生活上的基本要求，这是他的义务。从这个意义上说，当事人的诉讼行为必须受到诚信原则的约束。尤其是在诉讼的胜败对当事人的经济和社会地位有决定性影响的诉讼中，当事人各方容易违反诚信原则，偏重于对自己有利的程序上的效果。所以，近年来一些国家开始特别强调诚信原则在诉讼中的重要性。但是，诚信原则为一般性条款，需要有遵照适用诚信原则的具体客观的标准，以便人们知道哪些行为违反了该原则，哪些行为没有违反该原则，以避免调整当事人行为的任意性。根据迄今为止的学说和判例，本文大致提出了作为诚信原则的具体的、客观的标准，供我国学界和实务界参考。

五　民事判决、裁定的执行

民事裁决的执行，是指人民法院依照法定的程序，在当事人及其他有关人员的参与下，实现民事裁决确定的内容，实现权利人权利的行为。在执行过程中，人民法院是民事裁决的执行机关，一方当事人是申请执行人（亦称权利人、债权人），另一方当事人是被执行人（亦称义务人、债务人）。其他有关人员是指协助执行的人员，如机关、团体、个人。其中，法院是执行程序的主持者，行使执行权，保证民事裁决的实施。申请执行人有权提出申请，要求法院实施民事裁决，帮助其实现合法权利。被执行人有义务履行民事裁决确定的内容。其他执行人有义务协助法院完成执行工作。

（一）执行民事裁决的意义

正确、及时地执行民事裁决具有重要的意义。

首先，有利于正确调整法院与当事人之间的关系。在执行工作中，法院须与当事人及其他有关人员发生一定的关系，即执行程序中的权利义务关系。法院依照法律规定的执行程序，及时、正确地实施执行行为，迫使被执行人履行其义务，实现申请人的权利，从而较好地调整法院与当事人之间的关系，保证民事法律关系的正常秩序。

其次，有利于及时了结当事人之间的权利义务关系。任何民事裁决，都是在查明事实、分清是非的基础上，确认双方当事人之间的权利义务关系的法律文书，虽然它具有执行力，但其强制执行力是在执行程序中才得以体现的，其执行内容也是靠执行程序予以保障的。当一方当事人不履行义务时，就需要通过执行程序来结束他们之间的法律关系。如果只是依法制作了民事裁决书，却没有强制方法将其实施，就不能结束他们之间的权利义务关系，就不能保证国家法律的实施。

最后，可以实施某些必要的制裁措施。例如，某些民事裁决具有对民事违法行为制裁的内容。依照法定程序及时执行民事裁决，不仅可以实现申请人的权利，还能够实现对某些违法行为的制裁。即使裁决书对当事人无制裁的内容，但如果义务人未按照裁决书指定的期限履行给付金钱义务的，应当加倍支付延期利息。义务人未按照裁决书指定的期限履行其他义务的，应当支付延迟履行金，这对权利人来说具有赔偿和补偿的意义，对另一方则具有制裁的意义。

(二) 执行的原则

1. 强制执行与说服教育相结合

民事裁决的执行，是在义务人不履行其义务的情况下进行的。在实践中，不履行民事裁决的原因有多种：有的确有实际困难，缺乏履行能力；有的法制观念淡薄，无视法律的尊严和民事裁决的严肃性，推托或拒绝履行；有的民事裁决不当，当事人不服而拒绝履行等。因此，人民法院在行使执行职能时，要做好说服教育工作，提高当事人的思想水平和法律意识，使其认识到法律的严肃性，知道民事裁决必须履行，民事违法行为要受到法律的制裁，消除履行的障碍，争取义务人自觉履行其义务。只有在说服教育不成的情况下，才实施强制手段。

2. 平等地保护当事人双方的合法权益

人民法院在采取强制措施时，既要通过强制被执行人履行规定的义务来保障权利人的合法权益，又要照顾到被执行人的实际情况，为被执行人保留必要的生产资料以及他本人及其所供养的家属的生活必需品，保证被执行人能够维持正常的生产和生活，两者不可偏废。尤其是不能仅仅为了一项权利的实现，而将被执行人或者其亲属逼上绝路，使其失去继续生产和生活的能力，引起新的悲剧和社会经济秩序的混乱。

3. 及时执行

所谓及时执行，是指在保证办案质量的前提下，通过缩短时间，简化程序和手续，减少费用，尽可能快地结案，恢复各种社会关系。执行的目的在于保证民事裁决的内容得以实现，维护法律的尊严，保护当事人的合法权益。只有及时完成执行任务，才能实现上述目的。

4. 申请执行和依职权移送执行相结合

我国民事诉讼法第216条规定："发生法律效力的民事判决、裁定，当事人必须履行。一方拒绝履行的，对方当事人可以向人民法院申请执行，也可以由审判员移送执行员执行。"按照该规定，人民法院在执行工作中实行申请执行与依职权移送执行的方式。在这两种方式中，一般是以申请执行为主，移送执行为辅。主要是因为民事裁决书一般规定了负有义务的当事人自动履行的期限。当事人在该期限内是否自动履行，法院并不了解，因而需要在义务人不履行义务时由权利人向人民法院提出执行的申请。同时执行时效对当事人申请执行具有约束力，法院依职权移送执行也受时效的约束。以申请执行为主，有利于督促权利人在规定的期限内行使自己的权利，从而稳定社会经济生活。

（三）执行中的若干问题

1. 关于执行根据

执行根据是指当事人据以申请执行和人民法院据以采取执行措施的生效的法律文书。法院应当依执行根据所载明的权利范围、内容、种类、债务人的履行等进行强制执行。无执行根据则不得开始执行程序。作为执行根据的法律文书，因制作者不同，其种类不同，具有的条件也不同。就种类来说，分为人民法院制作的法律文书，仲裁机关的仲裁裁决书、调解书，公证机关依法赋予强制执行效力的债权文书，以及依法由人民法院执行的行政机关的决定书。人民法院的法律文书包括发生法律效力的判决、裁定、调解书和支付令。其中，具有执行效力的裁定主要是为了解决权利人生产、生活急需而作出的先行给付的民事裁定。调解书与判决具有同等法律效力，调解书一经生效，一方不履行的，对方即可申请强制执行，但未制作调解书的调解协议不能作为法院的执行根据。需要法院执行的民事判决、裁定和调解书，大多数都具有给付内容。支付令也是具有给付内容的一种法律文书，支付令发出后，债务人在法律规定的期限内不提出异议，又不履行支付令的，债权人可向法院申请执行。支付令执行的根据应当是法院签发的生效的支付令。从性质上说，支付令是一种附条件的执行根据。所谓附条件，是指附停止条件，即债务人在法定期限内既不清偿债务，又不提出异议。当上述停止条件成就后，支付令与确定的终局判决有相同的效力，因而具有既判力和执行力。最高法院对此作了明确规定，即当事人拒绝履行发生法律效力的支付令的，法院可以强制执行。

裁判文书作为执行根据，不必经过一定的审查，即可予以执行。至于其他机关制作的法律文书，法院要进行一定的审查，合法的才予以执行。因为，法院执行法律文书是依法行使司法执行权，必须保证执行工作的合法性。如果非法院制作的法律文书缺乏合法性，法院不能作出变更，只能说明情况予以退回或不予以执行。不过，对于未取得执行根据而已经起诉的债权人之参与分配，则应依《最高人民法院关于适用〈中华人民共和国民事诉讼法〉若干问题的意见》第297条规定的程序处理。超出执行根据范围的，应视为无执行根据，因而不具有实体法上所有权移转和变更的效力。

关于执行管辖，依民诉法的有关规定，发生法律效力的民事判决、裁定和调解书，由作出这些法律文书的第一审法院执行。支付令则由制作该支付令的法院负责执行。其他法律文书由被执行人住所地或者被执行人的财产所在地法院执行，当事人分别向上述法院申请执行的，由最先接受申请的法院执行。应当注意的是，关于执行管辖的确定问题，民事诉讼法第207条对法院制作的法律文书和其他机关制作的法律文书严格分为两款，规定了不同的执行管辖。出于立法技术方面的考虑，民诉法将调解书的执行从第207条第1款关于法院判决、裁定执行的规定中分离出来，单列第215条规定："人民法院制作的调解书，适用本篇的规定。"即不论调解书由一审法院还是由二审法院作出，均由一审法院执行。关于支付令的执行问题，最高人民法院的司法解释明确规定，发生法律效力的支付令，由制作该支付令的法院负责执行，而不是由被执行人的住所地或者被执行人的财产所在地法院执行。对先予执行的民事裁定书及承认和执行外国法院判决的裁定书，一经作出，即为生效的人民法院的裁定，由作出该裁定的法院负责执行。

必须指出，在实践中，有人错误地扩大了"其他法律文书"的范围，把一些法院制作的法律文书亦视为其他法律文书。如有的把法院制作的调解书和适用督促程序作出的生效的支付令列入其他法律文书；有的把先予执行的民事裁定书，以及法院制作的承认和执行外国法院判决的裁定书，都列入其他法律文书，由被执行人住所地或其财产所在地法院执行。这显然违背了民事诉讼法和最高法院的司法解释的规定。

2. 关于委托执行

为了及时、顺利地完成执行工作，保证国家法律的统一实施，我国民事诉讼法规定了委托执行制度。具体内容是，如果被执行人在外地或被执行人的财产在外地，负责执行的人民法院可以委托当地人民法院代为执行。委托执行的，委托法院应出具委托函和生效的法律文书的副本。应当说明委托执行的案件、被执行人的住址和财产情况、被执行人未能履行的情况和委托的理由、委托执行的有关事项，并提出明确的执行要求。

多年来，民事委托执行工作是司法实践中的一大难题。一些地方法院受地方保护主义影响，对外地法院的委托执行事项不认真办理，拖延办理，或拒绝办理。有的受委托法院既不执行委托执行事项，也不将不能执行的原因或情况及时告知委托法院。这是委托执行难的症结所在。针对上述问题，民事诉讼法作了更完善的规定，主要内容有以下几方面。

（1）被执行人或被执行的财产在外地的，负责执行的法院可以委托当地法院代为执行（民事诉讼法第210条）。最高人民法院在解释该条时指出：被执行人、被执行的财产在外地的，负责执行的法院可以委托当地法院代为执行，也可以直接到当地执行。直接到当地执行的，负责执行的法院可以要求当地法院协助执行。当地法院应当根据要求协助执行（《最高人民法院关于适用〈中华人民共和国民事诉讼法〉若干问题的意见》第259条）。据此，负责执行的法院也可以不要求当地法院协助执行，但当地法院不得阻挠执行。根据最高人民法院的解释，外地法院可以直接到被执行人住所地、被执行财产所在地银行及其营业所、储蓄所、信用合作社以及其他有储蓄业务的单位查询、冻结、划拨被执行人应当履行义务部分的存款，无须由当地法院出具手续。

（2）被执行人或被执行财产在外地的，如果负责执行的法院委托当地法院代为执行，则受委托法院有代为完成委托执行事项并及时函复委托法院的义务。按照民事诉讼法规定，受委托法院收到委托函件后，必须在15日内开始执行，不得拒绝。执行完毕后，应当将执行结果及时告知委托法院；在30日内还没执行完毕的，应将执行情况告知委托法院。

（3）受委托法院的上级法院有权力也有义务指令受委托法院执行。民事诉讼法第210条第2款规定，受委托法院自收到委托函件起15日内不执行的，委托法院可以请求受委托法院的上级法院指令其执行。受委托法院的上级法院在接到委托法院的指令执行的请求后，应当在5日内书面指令受委托法院执行，并将这一情况及时告知委托法院。受委托法院在接到上一级法院的书面指令后，应当立即执行，并将执行情况报告上一级法院和委托法院。

（4）受委托法院无权对委托其执行的法律文书进行实体审查。在实践中，有人认为，受委托法院应当对委托其执行的法律文书进行审查，在经审查无误后，才予以办理委托其执行的事项，对经审查认为错误的法律文书，受委托法院有权拒绝执行。其理由是，只有这样才能抵制委托法院基于地方保护主义所作出的错误判决和裁定，从而在制度上克服地方保护主义。根据这种观点，一些受委托法院行使"审查权"，对其认为不正确的判决或裁定拒绝代为执行，退回委托法院，或拖着不办。有的法院以"审查"为名，大搞地方保护主义。上述观点和做法都是错误的，一是无法定依据，二是违背了既判力原理。其结果只能助长地方割据和不信任。

（5）受委托法院无权对委托其执行的判决或裁定在实体上进行变更或中止、终结执行程序。相反，根据《最高人民法院关于适用〈中华人民共和国民事诉讼法〉若干问题的意见》第262条之规定，受委托法院应当严格按照生效法律文书的规定和委托法院的要求执行。有人认为，对债务人履行债务的时间、期限和方式需要变更的，应当征得申请执行人的同意，并将变更情况及时告知委托法院。这是错误的，完全违背了既判力原理。

3. 关于执行担保

具有执行内容的终审判决，在进入执行程序后，非依法不得停止执行。但是，执行程序既以实现终审判决确定的给付内容为目的，如果被执行人因即时履行法律文书所确定的义务有困难而申请暂缓执行，并提供充分、可靠的财产作担保，以保证判决所确定的义务实现的，那么，只要申请执行人同意，人民法院可以决定暂缓执行及暂缓执行的期限。民事诉讼法第212条把担保制度引入执行程序中，拓宽了民事执行的途径，对民事执行具有重要意义，既可以避免因立即执行给被执行人造成生产和生活困难或不必要的经济损失，同时又能使申请执行人的合法权益得到保护。

根据民事诉讼法第212条规定，执行担保可以采取两种形式：一是由被执行人向法院提供财产作担保；二是由第三人出面作担保。由被执行人以财产作担保的，应当提交保证书；由第三人担保的，应当提交担保书。担保人应当具有代为履行或者代为承担赔偿责任的能力。

按照法律规定，执行担保只能在如下情况下才能适用：第一，必须是在执行过程中才能适用;第二,应由被执行人提出申请并提供财产担保,或由担保人担保;第三,经申请执行人同意;第四,由人民法院决定是否暂缓执行。经调查,如被执行人并无履行困难,或申请执行人因生产生活需要要求立即执行的,人民法院不应准许被执行人提出的执行担保申请,仍应强制执行。如果申请执行人同意被执行人提出的执行担保,且经人民法院审查认为被执行人提供的财产担保或担保人担保充分、可靠,即可决定暂缓执行及暂缓执行的期限。暂缓执行的期限应与执行担保的期限一致,但最长不得超过一年。在暂缓执行期间,如果发现被执行人或担保人对担保的财产进行转移、变卖、毁损,人民法院可以恢复强制执行。在暂缓期限届满后,被执行人仍不履行义务的,法院可直接执行担保财产,或者裁定执行担保人的财产。

要想成功地运用执行担保制度,必须对执行担保书进行认真审查。第一,法院有审查执行担保书的义务和责任。执行担保不同于民法上的保证合同,保证合同是指保证人与债权人、被保证人之间所建立的一种合同关系,对保证合同是否认可,权利在于债权人;而在执行担保中,担保人所作的担保是向人民法院的担保,不是向债权人的担保。第二,关于担保的主体资格。主体是否适格,是担保是否有效的一个必要条件。按照我国民事法律的有关规定,担保人应当是具有代偿能力的公民、企业法人和其他经济组织。国家机关、事业单位、社会团体、不具备法人资格的企业分支机构、职能部门一般不能作为执行担保人。国家机关依靠国家财政预算维持日常工作以实现其管理职能。如果国家机关可以充当担保人,一旦被担保人不能偿还其债务,国家机关就要用办公经费代其偿还债务,势必影响国家机关的正常工作,以致不能很好地行使管理职能。事业单位和社会团体是靠国家财政预算拨款维持日常工作的,且拨款十分有限,根本不能用来为他人提供担保。少数社会团体的经费虽为自筹,但经济实力相当有限,而执行担保的数额一般较大,所以社会团体是无法承受的。不具备法人资格的企业分支机构、职能部门作为企业的一个组成部分,没有自己独立的可供支配的财产,不能以自己的名义对外提供担保。第三,关于担保人的担保能力。担保人的出现,是为了使债务人得到暂缓执行的机会,一旦暂缓执行的期限届满,被执行人仍不能履行债务,就由担保人来履行。如果担保人是一个没有实际履行能力的人,那么执行任务就无法完成,执行担保就失去了意义。实践中，有的人主体资格符合法律规定，但其本身却债务缠身，根本不能偿还他人的债务。有的是以信用作为担保，并无实物。因此对担保人的偿还能力要进行严格审查。只有金融性质的企业才能以信用作为执行担保，非金融性质的企业不能以信用担保，而应提供价值相当的实物。第四，关于担保期限。按照民事诉讼法的规定，担保期限最长不得超过一年。法院在决定暂缓执行时，应注意对担保期限进行审查，以使暂缓执行期限与担保期限相一致。

4. 关于执行和解

当事人有权自由处分自己的民事实体权利和民事诉讼权利，是民事诉讼法的一项重要原则。执行和解就是依据该原则而规定的一项制度。它是指在执行过程中，当事人双方自行协商，自愿达成协议，变更部分或全部执行内容，并通过自愿履行该和解协议，最终解决争议的一种活动。应当指出的是，当事人的和解行为要在法律范围内进行，不得损害国家、社会的利益和他人的利益。法院的执行人员在执行过程中不得进行调解，不得动员当事人一方或双方放弃权利。非当事人双方在执行过程中自愿达成协议的强迫和解，不是执行和解。对当事人双方自行达成和解协议的，执行人员应当将协议内容记入笔录。

和解协议应当由双方当事人自动履行。一方不履行的，对方不能申请执行该和解协议，执行中的和解协议不具有强制执行效力。在达成和解协议之后，如一方当事人反悔，不履行或者不完全履行和解协议的，对方当事人申请执行原生效法律文书的，人民法院应根据其申请，恢复对原生效法律文书的执行，但已按和解协议履行的部分应当扣除。未履行的部分，应按原生效法律文书确定的方式、期限等要求强制义务人继续履行。

必须指出的是，执行和解产生的是中止执行的效力，不是终结执行程序的效力。当事人达成和解协议和延期执行后，原生效法律文书被中止执行，但并不失去其法律效力，就是说，虽然当事人在执行中达成了和解协议，但原生效法律文书的效力并不因此而消灭。如果一方不履行协议，则另一方可以申请法院恢复执行原法律文书。只有和解协议得到切实履行，执行程序才会消灭。

关于申请恢复原生效法律文书的执行期限问题，依民事诉讼法第219条和《最高人民法院关于适用〈中华人民共和国民事诉讼法〉若干问题的意见》第267条的规定，双方或一方当事人是公民的为一年，双方是法人或者其他组织的为六个月。申请执行期限因达成执行中的和解协议而中止，其期限自和解协议所定履行期限的最后一日起连续计算，只要最初申请执行的期间和申请恢复执行的期间之和没有超过法定的申请执行期间，法院就应当受理当事人提出的恢复执行的申请。

5. 关于执行异议

执行异议是指在执行过程中，案外人对执行标的提出了不同意见，并主张独立的实体权利。执行的目的在于保护当事人的利益，但如果执行行为侵害了案外人的民事权利，其有权要求法院予以纠正。1982年民事诉讼法（试行）第162条规定，案外人提出的执行异议，经执行员审查认为有理由的，在报院长批准中止执行后，由合议庭审查或者审判委员会讨论决定。该规定有两点瑕疵。一是表述上欠准确。如执行异议有理由的，由合议庭审查或者审判委员会讨论决定。但审查或讨论的目的不清楚。如果是为了决定是否提起审判监督程序予以改判，则不需要合议庭审查。如果只是认为执行异议有理由，而不是原法律文书确有错误，也不构成提起审判监督程序的条件。二是对于在何种条件下可按审判监督程序处理规定不明确，不利于保护案外人的合法权益。新民事诉讼法针对以上缺陷作了修改，规定"执行员如果发现判决、裁定确有错误，按照审判监督程序处理"。这样不仅简明地表达了立法原意，而且明确了执行异议是一种救济手段，使案外人合法权利可以得到保护。

在国外民事诉讼法中，存在一种异议之诉。它是一种以排除强制执行行为为目的的救济方法，是异议人基于实体法律关系所提出的请求。该诉讼可由利害关系人提起，也可由被执行人提起。在提起诉讼后，法院应依通常的诉讼程序进行审理。这种诉讼与我国民事诉讼法规定的执行异议不同。执行异议既可以排除强制执行行为，又用于排除错误的执行方法或者程序；异议人只能是案外人，不能是被执行人；提出执行异议，并非必然引起通常的诉讼程序。有人曾建议把异议之诉制度引入我国，但考虑到执行问题十分突出，如执行程序规定得太复杂，不利于保护债权人的合法权利，不利于克服地方保护主义，故没有采纳该建议。

6. 关于执行回转

所谓执行回转，是指执行完毕后，原据以执行的判决书、裁定书和其他法律文书因确有错误而被人民法院撤销,对已经被执行的财产,人民法院重新采取措施,恢复至执行开始时的状况的行为。其实质是再执行。在民事诉讼理论和实践中,多年来始终承认执行回转问题,民事诉讼法第214条确认了该制度。这是从立法上对执行程序采取的一项必要的补救措施,目的在于纠正因终局判决错误而造成的执行失误,保护当事人的合法权益。

(1)执行回转的发生。由于执行根据不同,导致执行回转的具体原因就不同,主要分两种情况。一是已经执行完毕的人民法院生效的判决、裁定和调解书,由于发现错误而被依法撤销的。二是法律规定由人民法院执行的其他法律文书被有关机关依法撤销的。如已经执行的仲裁裁决书被作出该裁决书的仲裁机构依法撤销或已经执行的公证书被作出该公证书的公证机关依法撤销等,经当事人申请,适用民事诉讼法关于执行回转的规定。在以上情况下,法院不应主动采取执行回转措施,只有经当事人申请,才适用执行回转。

(2)执行回转的根据。执行回转必须有执行根据。有人认为其执行根据是"撤销原法律文书以后所形成的新的法律文书"。民事诉讼法第214条的规定是"责令取得财产的人返还"财产的裁定书,实践中也是这样做的,即原法律文书被撤销后,由法院另行裁定执行回转。但有人说这一做法不妥,认为执行回转的执行根据只能是法院的判决书,而不是裁定书。笔者认为这种观点是正确的,理由有两点。第一,裁定是用来解决程序性问题的,实体权利不能以裁定方式进行处分。执行回转是对原被执行财产的最终处分,属于实体权利的处分问题,以裁定书作为执行根据是不当的。第二,执行回转主要是为配合再审程序而设置的。再审之诉是以消除原确定判决为目的,因而具有形成之诉的性质,同时再审之诉的实质是原诉讼程序的回复及继续,"原有之诉的诉讼标的,仍应作为再审之诉的诉讼标的"。所以,具有给付性质的原判决被废弃后,再审判决一经确定,即具有执行力。对于其他机关制作的法律文书的执行回转,其执行根据应为法院的撤销判决。我国仲裁法第58条规定,当事人在法定的六种情况下,可以向仲裁委员会所在地中级人民法院申请撤销仲裁裁决。原执行根据被撤销后,当事人可依据确定的撤销判决书申请法院执行回转。

7. 关于查封问题

查封是指禁止被执行人处分其一定财产并限制其收益的一种临时性执

行行为。这种措施同扣押、冻结一样，是以保全债权人债权的实现为目的，因而在财产保全执行中，查封得以广泛适用。但也出现了一些问题，主要表现为超额查封和重复查封。

（1）超额查封。民事诉讼法第94条规定："财产保全限于请求的范围，或者与本案有关的财物。财产保全采取查封、扣押、冻结或者法律规定的其他方法。"依该规定，查封的数额应有限制，限制的范围取决于执行根据上所载明的债权数额多少，不允许超额查封。因为超额查封会导致债务人自由处分的财产数量减少，影响其生产和经营活动，损害其收益。

（2）重复查封。近年来，重复查封的情况多次发生。人民法院已经查封的财产，其他执法机关又去重复查封；其他执法机关查封的财产，有时也被人民法院重复查封。还有一地人民法院查封的财产，又被另一地法院重复查封的情况。这使执法工作失去了正常的秩序，增加了混乱现象，对严肃执法极为不利。为此，民事诉讼法第94条第4款规定："财产已经被查封、冻结的，不得重复查封、冻结。"《最高人民法院关于适用〈中华人民共和国民事诉讼法〉若干问题的意见》第282条具体规定：人民法院对执行人的财产查封、冻结的，任何单位包括其他人民法院不得重复查封、冻结或者擅自解冻。因此，今后人民法院在采取财产保全措施时，只能对被申请人未被查封、冻结的财产采取保全措施。如果被申请人已没有其他财产可供保全，而该被申请人又具有法人资格，就应让被申请人向其所在地法院申请该被申请人破产还债。如果被申请人不具备法人资格，亦应让被申请人向其所在地法院申请将其已经被查封的财产，在各个债权人之间公正地进行分配。人民法院和其他执法机关之间对查封、冻结的财产有不同处理意见的，都不应重复查封、冻结，而应当向查封、冻结的单位提出处理的意见，协商解决，协商不成的，报其共同的上级法院协商解决。

（四）我国民事裁决"执行难"问题及其对策

1995年3月，最高人民法院任建新院长在八届全国人大三次会议上作报告指出："全国法院要继续采取有力措施，坚决克服地方保护主义、部门保护主义的影响，排除干扰，做到公正裁判，维护国家法律的统一和尊严，在各方面的支持和配合下，大力解决执行难的问题。"

近年来，法院的终局裁决所确定的义务不能得到切实履行已经成为一个十分突出的问题。权利一方耗费大量的人力、物力和财力所换得的往往只是法院的书面评价,而终局判决所确定的权益是否能够实现,依然取决于义务一方的意愿和实际条件。民事裁决书难以执行甚至无法执行,这不仅影响了权利方实际利益的实现,更重要的是弱化了诉讼机制的强制效果,最终必将导致从立法、守法到执法各个环节的破坏。因此,必须采取得力措施予以解决。

1. 审判与执行要密切配合

按照民事诉讼法第209条规定,我国各级人民法院都设立了专门的执行机构。这是人民法院为了做好执行工作,根据执行任务而设立的专门负责执行生效法律文书的组织。执行机构与人民法院各审判庭平行,由执行员、书记员和司法警察等组成。其中,执行员是代表法院行使执行权的具体实施者,书记员负责做好执行笔录,并协助执行员办理有关的执行事项,司法警察在必要时参加执行,受执行员指挥,维持执行秩序,保证执行措施的顺利实施。在我国司法实践中,执行工作长期由审判庭兼管,实行"审执合一"的体制。这既不符合执行的性质和执行程序的特点,在实践中也产生许多流弊。如审判人员往往以判决后能否执行作为是否作出判决、如何判决的依据,影响了正确审判。设立专门执行机构正是针对上述问题所采取的一项重要措施,一方面有利于审执人员分工负责,熟悉业务,积累经验,提高审判质量和工作效率;另一方面通过执行发现审判工作中存在的问题,起到互相配合、互相制约的作用。尤其是在执行案件大量增加、执行工作压力增大的情况下,更应当发挥专门执行机构的作用。然而,"审执分立"也产生了一些问题。有人认为,审判人员的职责就是办好案,至于执行人员能否以生效的法律文书为依据执行到位,与自己无关。在这种思想指导下,部分审判人员在审判过程中很少考虑执行的因素,对自己审结的案件能否得到执行,完全采取放任态度,有的根本不作考虑。这集中表现在对该采取财产保全措施的却未采取。特别是有的当事人已经主动向法院提出财产保全的申请,而没有受到审判人员的重视,他们忽视了财产保全措施的重要意义,既不依法查封、扣押、冻结被保全人的财产,也不对被保全人进行教育,结果导致被保全人在案件审理过程中有足够的时间将应该承担偿还债务的资金、货物转移,或者隐匿起来,使判决无法执行。可见,如果审判机制与执行机制密切配合起来,就能解决一部分执行难的问题。

2. 纠正片面强调调解结案的倾向

法院调解既是一种诉讼活动，也是一种结案方式。作为一种结案方式，它与判决结案方式一样，具有同等的法律效力。法院调解要遵循当事人自愿原则与合法原则，以及事实清楚、分清是非的原则，并按规定的程序进行。法院调解应当公开进行，在事实清楚的基础上，在调解过程中有针对性地进行审查和质证。事实基本清楚后，审判人员要及时向当事人讲清楚法律保护什么、制裁什么，增强其法律意识，使其自觉自愿地达成和解协议。对于有些案件，因案情复杂，或者当事人认识不一致，不能达成共识的，审判人员要进一步做好工作，不能急于求成，也不能久调不决。这样，经过自愿合法调解达成协议的案件，其执行是容易一步到位的。然而实际情况并非如此。部分审判人员对调解不能正确理解和运用，只注重用调解方式尽快结案，图简单、方便省力，不求案件审结的内在质量，办案指导思想发生偏离。还有的审判人员甚至用哄、骗、吓的错误方法和手段，违反调解的原则，强迫当事人达成和解协议。最典型的是个别审判人员明知当事人一方不可能在近期内偿还债务，仍盲目调解商定在某期限内归还，其实质就是片面追求调解率。其结果是，目前仍有相当数量的案件难以执行。只有大力纠正片面追求调解的倾向，才能解决有关的执行难问题。

3. 提高民事裁决书的制作质量

在执行过程中，经常发现有的法律文书存在差错。例如，办案人员对案件的重要事实还没有了解清楚，就作出判决或者让当事人达成调解协议；应由多个义务人承担的义务，在法律文书中却漏掉部分义务人；义务人应向权利人承担多项义务，但主文条款只写承担某一项义务，对诉讼争议的标的额存在计算错误引起的标的额错写；误将争议的返还特定物写成种类物；将给付之诉的条款写成确认之诉条款；有的主文条款措辞不当，文字意思含混不清；还有的将被执行人姓名和被执行财产所在地写错；有的法律文书在送达时张冠李戴，造成被执行人未收到法律文书等。可见，只有提高民事裁决书的质量，才能消除执行工作中不应有的难点。

4. 提高执行人员的素质，加强其工作责任心

司法实践中，个别执行人员不会在执行中运用执行措施和强制措施；少数执行人员在根本未查清被执行人全部资产的情况下，听信被执行人一

方的诡辩，滥用法律赋予的权力，将完全可以执行到位的执行案件，用中止结案方式结案。有的执行人员按照传统做法执行案件，至今仍使用早已过时的扣押令、搜查证等旧式法律文书。有的执行人员不会在被执行人秘密转移财产和非法抽逃资金时用法律规定的强制手段查清被隐匿财产和资金的去向，执行工作显得软弱无力。特别是部分执行人员工作不负责任，在诉讼过程中被执行人的银行存款已冻结的情况下，没有在存款自行解冻之前，办理划拨手续或续冻手续，造成案件难以执行。因此，必须提高执行人员的业务水平，增强其责任心。

5. 消除不良社会风气的影响

对有能力一次全部给付完毕的被执行人，通过说服申请执行人予以分期执行；对到期应予执行的不执行，放宽被执行人应承担义务的期限；还有的执行人员明确要求申请执行人放弃部分权利，擅自违法修改已经生效的法律文书。这些做法严重违反了法律规定，是对法律文书严肃性的亵渎，须花大力气予以消除。

6. 坚决反对地方保护主义

地方保护主义是执行工作的大敌。在执行中，当确定的法律文书的内容可能减少本地区的利益时，一些法院的执行人员或有关协助执行单位不予积极执行，或消极对待，或故意推托，或拒绝执行。这就是地方保护主义，是造成生效法律文书难以顺利执行的重要原因之一，是本位主义、自私自利、以权谋私等错误观念和不正之风在执行领域中的表现。其实质是损人利己，把对本地利益的保护建立在对外地合法利益的损害之上。

7. 加大执行的力度

一些当事人法制观念淡薄，拒不履行生效法律文书所确定的义务：有的搪塞拖延；有的欺骗耍赖；有的当面答应，背后不执行；有的避而不见；有的托人说情；有的抽逃资金，转移存款；有的甚至采用暴力手段妨碍执行。只要加大执行的力度，敢于碰硬，执行难问题就不难解决。

六 外国法院判决在中国的承认和执行

依照一般的原则，法院判决只能在作出判决的法院国境内有效。但是，按照国际惯例，外国的法院判决可以在另一国取得法律效力，如果该国通过某种方式对此表示同意。承认和执行外国法院判决的问题一般属于程序问题，根据"程序问题依法院地法"的冲突法原则及各国的司法实践，一国法院的诉讼行为是该国司法权的体现，因此，承认和执行外国法院判决的程序，一般应依承认和执行判决的法院地法律。我国为了加快改革开放的步伐，遵循国际民事诉讼的基本规则，在1982年颁布的民事诉讼法（试行）中就承认和执行外国法院判决问题，作出了初步规定。此后，1991年正式颁布的民事诉讼法，对此进一步加以完善。审判实践中已经处理了此类案件。[①] 然而，这方面的法律仍不够完善，有时妨碍了我国司法协助工作的顺利开展。这是迫切需要解决的问题。

（一）承认和执行外国法院判决的条件

关于承认和执行外国法院判决问题，我国民事诉讼法第267条规定："外国法院作出的发生法律效力的判决、裁定，需要向中华人民共和国法院申请承认和执行的，可以由当事人直接向中华人民共和国有管辖权的中级人民法院申请承认和执行，也可以由外国法院依照该国与中华人民共和国缔结或者参加的国际条约的规定，或者按照互惠原则，请求人民法院承认和执行。"第268条规定："人民法院对申请或者请求承认和执行的外国法院作出的发生法律效力的判决、裁定，依照中华人民共和国缔结或者参加的国际条约，或者按照互惠原则进行审查后，认为不违反中华人民共和国法律的基本原则或者国家主权、安全、社会公共利益的，裁定承认其效力，需要执行的，发出执行令，依照本法的有关规定执行。违反中华人民共和国法律的基本原则或者国家主权、安全、社会公共利益的，不予承认和执行。"[②]

根据以上法律规定以及国际民事诉讼法原理，外国法院的判决要在我国得到承认和执行，须具备如下条件。

1. 必须是一个外国判决

毫无疑问，要求承认的判决首先应该是一个外国判决。凡代表外国主

---

① 例如"中国公民王力健申请承认美国法院离婚判决案"、"日本籍人五味晃申请承认和执行日本国法院债权判决、债权扣押命令和债权转让命令案"和"中国公民李庚、丁映秋申请承认日本国法院作出的离婚调解协议案"，见林准主编《国际私法案例选编》，法律出版社，1996，第141~148页。

② 《中华人民共和国民事诉讼法》（单行本），法律出版社，1996，第68页。

权国家作出的任何判决都具备这项条件。至于作出判决的地点并不总是具有决定性的意义。国际组织,如海牙法院、国际河流委员会等,作出的判决就具有外国判决的性质。①

2. 作出该判决的外国法院必须对案件具有管辖权

对于具体案件来说,法院具有管辖权是法院审理该案件并作出判决的先决条件,因此,一国在决定是否承认与执行外国判决之前,都要审查外国法院对该案件是否具有管辖权。例如德国法规定,如果外国判决所属国家的法院,依照德国法是无权管辖的,则不予承认与执行。英国法规定,外国法院作出的判决超出了自己的管辖范围,则不予登记。海牙《关于承认与执行外国民事和商事判决的公约》规定,承认与执行的条件之一是"作出裁决的法院被视为具有本公约意义上的管辖权"。

我国与外国缔结的司法协助条约也都将外国法院对案件具有管辖权列为承认与执行的条件。我国在同一些国家签订的司法协助条约中规定了一些标准,但在不同的条约中这些标准又有所不同,大致有三个。

第一,依被请求国法律判断请求国法院是否具有管辖权。如《中华人民共和国与蒙古人民共和国关于民事和刑事司法协助的条约》中规定,如果"根据被请求的缔约一方的法律,作出裁决的缔约一方法院对该案件无管辖权",则可拒绝承认与执行。此外,我国同法国、波兰、古巴、罗马尼亚等国缔结的民事、商事司法协助条约中,也规定了同样的标准。②

第二,根据被请求国对案件是否具有专属管辖权,来判断请求国是否具有管辖权。中国同俄罗斯缔结的司法协助条约第20条第2款规定,如果"根据被请求承认与执行裁决的缔约一方的法律,被请求的缔约一方法院对该案件有专属管辖权",则可拒绝承认与执行对方法院的判决。③

---

① 国际法院的判决通常被视为外国判决,但是,只有当 a. 这些判决是在私人之间的民事诉讼中作出的;b. 它们直接地约束有关民事诉讼程序中的私人当事人;c. 依据内国法的规定,它们的法律效力与内国法院判决的性质不一致的,才是这样,否则,应该把它们作为内国法院的判决看待,不需要作任何特别的承认。参见李双元、谢石松《国际民事诉讼法概论》,武汉大学出版社,1990,第483页。

② 费宗祎、唐承元主编《中国司法协助的理论与实践》,人民法院出版社,1992,第240~323页。

③ 费宗祎、唐承元主编《中国司法协助的理论与实践》,人民法院出版社,1992,第329页。

第三，专门规定了若干项管辖权标准，只要作出裁决的法院符合该事项之一，即被视为具有管辖权。例如中国与西班牙缔结的民事、商事司法协助条约第 21 条规定，为实施本条约，符合下列情况之一的，作出判决的法院被视为对案件有管辖权：

①在提起诉讼时，被告人在缔约一方境内有住所或居所；

②被告人因其商业性活动引起的纠纷而被提起诉讼时，在缔约一方境内设有代表机构；

③被告人已书面明示接受该缔约一方法院的管辖；

④被告人就争议的实质进行了答辩，未就管辖权问题提出异议；

⑤在合同案件中，合同在作出判决的缔约一方境内签订，或者已经或应当在该缔约一方境内履行，或诉讼的直接标的物在该缔约一方境内；

⑥在合同外侵权责任案件中，侵权行为或结果发生在该缔约一方境内；

⑦在身份关系诉讼中，在提起诉讼时，身份关系人在作出裁决的缔约一方境内有住所或居所，可不适用本款第（1）项的规定；

⑧在扶养责任案件中，债权人在提起诉讼时在该缔约一方境内有住所或居所，可不适用本款第（1）项的规定；

⑨在继承案件中，被继承人死亡时住所地或主要遗产所在地在作出裁决的缔约一方境内；

⑩诉讼的对象是位于作出裁决的缔约一方境内的不动产的物权。

尽管有第 21 条的规定，缔约双方法律中关于专属管辖权的规定仍然适用。缔约双方应当通过外交途径以书面方式将各自法律中关于专属管辖权的规定通知对方。①

中国和意大利的民事司法协助条约第 22 条也有类似的规定。②

在上述三项标准中，根据第一个标准，被请求国在审查外国法院是否具有管辖权时，主要是审查被请求国法院法律中有无就该案件排除外国法院管辖的情形，而这种排除情形，主要就发生在被请求国法律对于特定案件规定了本国法院具有专属管辖权的时候。从这个意义上说，第二个标准

---

① 费宗祎、唐承元主编《中国司法协助的理论与实践》，人民法院出版社，1992，第 319 页。
② 费宗祎、唐承元主编《中国司法协助的理论与实践》，人民法院出版社，1992，第 304 页。

更加具体化。至于第三个标准,它不是单纯根据某一方法律来判断法院是否具有管辖权,而是在双方充分协商的基础上,就管辖权问题达成的一种谅解和共识。①

3. 该外国判决必须是民事判决

为了使某一外国的判决获得承认,要求该判决是就某一民事诉讼案件所作出的,是法院在试图赋予特定的民事诉讼以某些实体的或诉讼的法律效力时作出的。至于作出该判决的组织形式,是由数个法官组成合议庭作出的或是独任法官所作出的,并不过问。决定性的因素是有关法院是否意图赋予该民事判决以实质性的法律效力。承认的标的有给付判决、确认判决、宣告判决、形成判决、部分判决或全部判决。②

有关外国判决应该不仅仅在它所依据的诉讼程序范围内发生法律效力,因此,在承认外国判决时作出的承认或拒绝承认的裁定、判决,不能成为承认的标的,因为这些判决虽在程序范围内发生效力,却并不直接判决当事人之间的民事法律关系。

根据上述原则,外国刑事法院就民事请求所作出的判决也可以作为承认的标的,因为事实上起决定作用的不是法院的性质,而是有关判决的法律性质。因此,不能给予带有根据民法所产生的后果的刑事判决以承认和执行的许可,也不能承认和执行民事法院所作出的具有刑法性质的判决。但反过来,对于刑事法院依据民法作出的给付判决,以及行政机关处理民事法律争议时所作出的判决,却可以授予其执行许可书。③

---

① 费宗祎、唐承元主编《中国司法协助的理论与实践》,人民法院出版社,1992,第 123~124 页。
② 有的学者认为,申请承认和执行的判决必须是判令偿还债款的判决,即判令偿还一定数目的金钱的判决。这种见解未免过于狭窄。〔英〕马丁·沃尔夫:《国际私法》,李浩培、汤宗舜译,法律出版社,1988,第 382 页。
③ 持这种观点的如英国、匈牙利、美国等。英国 1933 年《相互执行判决法》明确规定,刑罚的判决不能进行登记;根据匈牙利《执行外国判决法》第 2 条规定,对于规定支付罚款、没收财产,或在某一民事请求中作出判决的某一刑事判决,可以发给当事人执行令状。即是说,一个处理民事法律请求的外国刑事判决是能够得到匈牙利的承认和执行的。马丁·沃尔夫指出,欧洲大陆有几个法律在某些情形中容许所谓"合并的程序",在这种情形下,如果这种判决是可以分开的,那么它的民事部分(而不是刑事部分)就具有域外的效力,而且在这个国家里会被承认。见〔英〕马丁·沃尔夫《国际私法》,李浩培、汤宗舜译,法律出版社,1988,第 375 页。

4. 该外国法院的民事判决必须是确定性判决

所谓确定性判决,是指该判决是依照通常的诉讼程序,被告受到合法传唤,并有适当的机会出庭,经过充分的言词辩论后作出的,在判决国已发生法律上的拘束力。凡仍可经上诉、再审等诉讼程序予以变更或撤销的判决,受委托法院概不予承认和执行。凡请求承认和执行外国法院判决的案件已在被请求国审理并作出过判决的,或者正在被请求国提起诉讼或正在审理的,对这类案件的判决视为非确定性判决,因而不予承认和执行。对于那些违背法定诉讼程序,或使用欺诈手段,或通过规避法律而取得的判决,也应当拒绝承认和执行。

关于这一点,许多国家采取不同的见解。其中德国的见解与我国基本相同。德国法认为,只有在外国判决已有确定力而无可攻击的条件下,即在没有权利上诉或者上告的条件下,才承认外国判决;法国大多数法院在实践中也持有这种见解,但这个问题还没有明确解决。与上述观点不同的是,英格兰法律认为,申请承认和执行的判决必须是终局性的,但判决是终局性的只是意指这个判决不能由作出判决的法院变更而言。对于这个判决,或许可以提起事实审或者法律审上诉,或者上告;即使上诉尚进行之中,但这并不妨碍英格兰法院把判决作为终局判决对待。[1]

我们之所以要求外国判决具有确定力,是因为外国法院判决的承认是一种有创设性的行为,就是说,只有通过这种承认,我国法才授予外国判决以法律效力。授予外国判决以法律效力的先决条件是该判决在原判决作出国境内已发生法律效力。所以,如果有关判决被证明在原判决国没有发生法律效力(如正在被重新审理),那么,即使我国法已经授予它法律效力,该法律效力终究将会被废除。

外国法院判决的约束力和合法性是承认和执行所需要的。如果没有相反的成文法规定,有关法院必须受它自己在诉讼过程中作出的判决(即使是非最后的判决)的约束。[2] 这种约束力从宣判开始直到某一法定的补救措施被提出时止,是一直存在的。当某一判决不能再被提出法律补救的争

---

[1] 〔英〕马丁·沃尔夫:《国际私法》,李浩培、汤宗舜译,法律出版社,1988,第381页。
[2] 《匈牙利民事诉讼法典》第227条第1款。

辩时，它就是一个确定性判决。①

对于外国判决是否应被视为具有确定力的判决，它在什么时候开始成为确定性判决，以及在人身和实质问题上的终审性范围等问题，大部分学者认为，应当依据外国法律，而不是依据我国法来解决，或者说，只有作出判决的法院才有权决定它作出的判决的法律意义。

5. 当事人的诉讼权利得到了充分保障

在诉讼过程中保护当事人的诉讼权利是司法机关的职责。如果外国法院没有给予被告以合理的机会以便他陈述主张，特别是，如果被告没有得到通知以便在足够的时间内采取行动并且在诉讼程序中进行辩护，判决是在被告缺席且未得到合法传唤的情况下作出的，那么外国法院的判决就不会在我国得到承认。②

6. 判决必须不是基于诈欺而取得

尽管判决在它的实质方面是确定的，"诈欺毁灭一切"这项古老的法则仍然适用于外国判决。在英国，诈欺地利用判决和诈欺地利用法律是没

---

① 德国法律体系区分最后判决、非最后判决和临时性判决。匈牙利和其他一些国家的法律区分终局判决、部分判决和中间判决，所有这些判决均可以获得最后的效力。终局判决用来终止某一诉讼程序，部分判决则用来裁定诉讼请求的某些独立部分，中间判决只裁定某一特定法律情况，但不最后裁定有关诉讼请求。英国法规定，外国法院判决必须是终局的和最后的，这是承认的一个条件，但这里仅指法院不可能再修改该判决。当依据外国法不应该因为上诉而延误执行时，亦可对正在上诉的某外国判决开始一个承认和执行的诉讼。但依据法国法的规定，甚至并不要求外国判决是终局的，因为可以对正在上诉的判决，或已经被提出反对的判决，甚至临时判决，即一个非终局性判决和可以被修改的判决等，发给执行许可书。不过，如有关的外国法院推迟有关判决的执行，在请求执行许可书的诉讼中，法国法院应该延期裁决，直到已经对上诉作出判决。法国的理论认为，终局性并不是执行的一个条件，因为当依据外国法允许非最后的执行时，即使发生上诉或异议，仍可得到执行。

② 其他许多国家的法律都规定了类似条件。德国法规定，如果德国被告人由于未得到出庭的传票或法院的命令，而没有参与案件的审理程序，在这种情况下，外国法院所作出的判决将不会被德国所承认。英国法规定，作为被告的被要求执行人在第一审案件审理时，由于没有及时接到出庭通知而未能出庭，在这种情况下外国法院作出的判决，英国将拒绝予以登记。依苏联法律，如果法院审理案件时，当事人任何一方因未被通知关于开庭时间和地点而未能出席，判决应予以撤销（苏俄民事诉讼法典第308条）。海牙《关于承认与执行外国民事和商事判决公约》规定："在未给予任何一方当事人足够的机会以使其公平地陈述其意见的情况下作出的"判决，缔约国可拒绝承认。参见费宗祎、唐承元主编《中国司法协助的理论与实践》，人民法院出版社，1992，第124页；李双元、金彭年《中国国际私法》，海洋出版社，1991，第609页；〔苏联〕隆茨、马蕾舍娃、萨季科夫《国际私法》，吴云琪等译，法律出版社，1986，第282页。

有区别的。不可以把法律当作诈欺的工具使用，所以，法院不能"撤销国会的法案，而盯住依照该法案取得权利的个人，并强加给他一种个人的义务"，"在诈欺地利用判决的情形下，法院也采取类似的行动"。[1] 诈欺有两种类型：一种是现在的诈欺，另一种是过去的诈欺。在第一种情形下，胜诉的债权人利用他并未使用诈欺而得到的判决来实施诈欺，例如，判决是在被告缺席的情况下作出的，原告曾经许诺不请求强制执行这个判决，但是原告在胜诉之后改变了他的意思并违反了他的许诺。在第二种情形下，胜诉的债权人由于他的诈欺而取得胜诉的判决，例如，原告贿赂了法官，或者诈欺地诱使被告在诉讼程序中不到场，或者明知一些文书是伪造的而把它们提出作为证据，或者明知证人会作出虚伪的陈述或即使只是抱有偏见因而易使法官误解，但仍请他作证。如果原告在诉讼程序中的行动原是出于善意，而后才知道他的主要证人在法院的证言不符合事实，他仍可请求强制执行判决，而对方不能对他提出诈欺的抗辩。

7. 不存在互相矛盾的判决

在复杂的国际民事诉讼中，有时可能发生如下情事：几个相同的当事人之间或者他们的关系人之间有关同一标的的诉讼，是在两个国家的有管辖权的法院中进行的，而这些法院的判决却并不一致。例如，一个原告为了就被告坐落在中国和韩国的财产行使他的权利，在这两个国家都对被告提起了诉讼；中国法院驳回了原告的请求，而韩国法院却作出了原告胜诉的判决。在上述不同国家作出两个互相矛盾的外国判决的情况下，如果债权人在中国请求承认和执行韩国的判决，将会遭到中国法院的拒绝[2]。如果我国已经承认了第三国法院对相同当事人之间就同一标的的案件所作的生效判决，第三国法院的判决即在我国取得了与我国法院判决同等的效力，在这种情况下，我国也不能再承认与执行第三国之外的

---

[1] 〔英〕马丁·沃尔夫：《国际私法》，李浩培、汤宗舜译，法律出版社，1988，第385页。
[2] 关于这点，有一种见解认为，在国内法的范围内，同一国家的两个法院如果作出了两个互相矛盾的判决，而这两个判决都已确定，且不能上诉，那么时间较近的判决将代替时间较远的判决。马丁·沃尔夫批评了这种观点。他指出，这种观点，在互相矛盾的判决是在不同国家中作出的情形下，肯定是错误的。以作出判决之时间的先后作为是否承认和执行的标准，是行不通的。参见〔英〕马丁·沃尔夫《国际私法》，李浩培、汤宗舜译，法律出版社，1988，第388页。姚壮、任继圣：《国际私法基础》，中国社会科学出版社，1981，第223页。

外国法院的判决。这一点，在我国对外缔结的司法协助条约中都作了明确规定。

8. 该外国法院判决必须不违反我国法律的基本原则或者公共政策

任何一个国家的法律都认为，外国判决的承认和执行，不应与有关国家的法律和社会的基本原则与秩序相抵触，这是一个必要条件[①]。我国亦是如此。如果外国法院的判决违背了我国的主权、安全和公共秩序，被请求法院有权拒绝承认和执行。例如，如果外国法院的判决带有种族歧视性质，或维护男女不平等地位，或承认一夫多妻、同性恋以及卖淫为合法，均被视为违反我国的公共秩序而予以拒绝承认和执行。

应当注意的是，公共政策的概念具有相对的性质，在适用这一条款时，起决定作用的并不是外国法律规范的内容，而是指外国法律规范在某一具体案件中的适用将损害内国法的基本制度。我国对要求承认和执行的外国判决实行形式审查制度，即对外国法院判决的案件的实质并不进行审查，在这种情况下，为了承认外国判决，我国法院当然只能依赖于那些已经由外国法院作出认定的案件事实，即只能在这些事实的基础上，来决定有关外国判决的内容如得到承认，是否会违反我国的公共政策。[②]

9. 该判决国须与我国缔结了关于承认和执行各自判决的双边条约，或者是同一国际条约的共同缔约国，或者双方有互惠关系

至1998年，我国已与波兰、法国、比利时、蒙古、古巴、罗马尼亚、俄罗斯、乌克兰、白俄罗斯、意大利、西班牙等国家签订了司法协助条约。这些条约大都涉及对法院判决的承认和执行问题。我国还是1969年《国际油污损害民事责任公约》的参加国，该公约中订立了关于承认和执行成员国法院判决的条款，凡该公约参加国所作的有关油污损害民事责任的判决请求我国法院承认和执行的，我国法院应依该公约的规定审查该外国判决，符合我国法律的即给予承认和执行。

[①] 各国在承认外国法院判决的法律效力时都表现得极为谨慎，因为除了一般地不信任外国法院外，它们还为了保护各方当事人的利益，为了保护自身的利益。事实上，没有任何国家会承认与其保护公共利益的立法或与有关国家的道德观念相抵触的外国诉讼判决的法律效力。

[②] 李双元、谢石松：《国际民事诉讼法概论》，法律出版社，1988，第503页。〔英〕马丁·沃尔夫：《国际私法》，李浩培、汤宗舜译，法律出版社，1988，第383页。

此外，我国与许多国家都依互惠原则来相互承认和执行各自的判决。所谓互惠，是指两国间在互利基础上对某种特许或特权的互相交换，给予对方以方便的条件。①

对于与我国没有司法协助协议或互惠关系的国家的法院作出的判决或裁定，我国法院能否承认呢？我国诉讼法学界通常认为，不应予以承认。有人认为，把作出判决的法院所在国同我国存在共同缔结或参加的国际条约，或者存在事实上的互惠关系，作为该国法院判决在我国得到承认和执行的条件，这在原则上是正确的。但法院对当事人申请承认和执行外国法院判决的受理，应采取灵活态度。对没有司法协助条约，目前也尚无互惠实践的外国法院判决，特别是涉及我国公民人身关系的判决，也不应当一律不予承认和执行。其理由有两个：一是保护本国公民权益的需要；二是促进对外开放，积极进行司法协助互惠实践的需要。近年来，有些国家已不再将互惠作为承认和执行外国法院判决的条件，如阿根廷、巴西。德国只对特定的外国法院判决的承认才要求互惠。考虑到国际上的这种变化，特别是从保障我国公民的权益出发，最高人民法院1991年7月15日在《关于中国公民申请承认外国法院离婚判决程序问题的规定》中，对于中国公民申请我国法院承认外国法院作出的离婚判决，没有规定以互惠为前提。

（二）承认和执行外国法院判决的程序

1. 案件的接受和管辖

（1）案件的接受。依法提出申请承认和执行外国法院判决的当事人，应该是该判决的当事人。当事人不在境内的，可委托代理人提出申请。请求承认与执行判决的一方向法院提交的诉讼委托书应该经我国驻外使领馆

---

① 在大多数国家里，如奥地利、日本、西班牙、智利、墨西哥以及瑞士若干州，实质性互惠的存在是承认和执行外国判决的一个条件。根据这一原则，要求外国应像内国一样，用同样的方式承认和执行外国的司法判决。在某些国家，如匈牙利及瑞士的苏黎世州，互惠只是执行判决而不是承认判决的一个条件。另有一些国家，如德国则规定，对那些与财产有关的判决才要求存在互惠，而对于与财产无关的案件所作出的外国判决的承认，不要求互惠。授权内国法官对外国判决进行实质性审查的法律制度不要求互惠，如法国法和仿效法国法的国家的法律，以及比利时、葡萄牙、希腊、巴西、阿根廷、印度等国的法律，都是这样。

认证。请求承认与执行判决的一方向法院提出申请，须提交书面申请书，并须提交下列文件。

其一，判决的副本。如果副本中没有明确指出判决已经确定，则应附有由法院出具证明其效力已经确定的正式文件。

其二，证明判决已经送达的送达回证原本或者其他证明文件。如果是缺席判决的，应当提供证明已经合法传唤缺席一方当事人出庭应诉的传票副本。

其三，前两项所指文件经证明无误的译本。请求承认与执行判决的一方不在我国境内的，其寄交的申请书还须经我国驻外使领馆的认证。

（2）案件的管辖。申请承认和执行外国法院离婚判决的案件，由申请人居所地的中级人民法院接受。申请人住所地与居所地不一致的，由居所地中级人民法院接受。申请人不在境内的，由申请人原住所地中级人民法院管辖。对其他有执行内容的涉及财产的案件，由被执行人住所地或者财产所在地的中级人民法院接受。

法院接到当事人的申请书，经审查符合接受条件的，应在7日内立案；不符合条件的，在7日内通知申请人不予接受，并说明理由。

2. 案件的审理

法院审理承认和执行外国法院判决的案件，实行一审终审，由三名审判员组成合议庭审理。法庭首先要询问申请人，对有关承认和执行事项的案情作必要的了解。对申请人所持的判决书，原则上不进行实质审查，而仅进行程序性审查。就是说，对于案件的事实和所适用的法律是否清楚、正确，不予审查；仅对判决书的真实性、确定性进行审查。经审查，具有下列几种情况之一的，裁定不予承认和执行：

第一，判决尚未发生法律效力，或者不具有执行力；

第二，依照我国法律规定或者与外国签订的司法条约，作出判决的外国法院对案件没有管辖权；

第三，判决是在被告缺席且未得到合法传唤的情况下作出的；

第四，该当事人之间的同一案件作出的判决已经为我国法院所承认；

第五，判决必须不是由于诈欺而取得；

第六，承认判决将损害我国法律的基本原则或者公共政策。

法庭在作出不予承认和执行的裁定时，要向申请人说明理由，反之，经审查，如果没有上述情况的，法庭即作出裁定，承认外国法院判决书的拘束力。

3. 承认外国法院判决的效力

承认外国法院判决的效力，就是使该外国法院判决具有与我国法院判决同等的效力。这种效力体现在确定了该判决涉及的有关当事人在我国领域内的民事权利义务关系，判决书作为对当事人争议的确定结论，对当事人、社会均具有普遍的约束力。有关当事人不得就同一标的再次向法院提起诉讼。对有执行内容的外国法院判决，经承认后，如果被执行人拒不履行判决规定的义务，另一方当事人有权请求法院强制执行。法院在接受当事人的执行申请后，即发出执行令，按照民事诉讼法规定的执行程序予以执行。[①]

（三）我国承认和执行外国判决制度的特点

1. 请求承认和执行的途径较为灵活

根据我国民事诉讼法第 266 条和 267 条的规定，允许当事人直接向被请求法院提出请求，也允许通过作出裁决的法院提出请求。在这两种途径中采用何种做法，一方面取决于当事人本人的选择，另一方面也取决于有关外国的法律规定。

在请求承认与执行外国法院判决的途径问题上，我国针对不同国家法律制度的要求，在我国民事诉讼法允许的范围内，在司法协助条约中作出了四种不同规定。第一，承认与执行外国判决的申请，既可由当事人向裁决执行地一方法院提出，也可由当事人向作出该项裁决的缔约一方法院提出，由作出裁决的缔约一方法院通过中央机关向缔约另一方法院提出（中国与波兰司法协助条约第 18 条第 1 款、中国与罗马尼亚司法协助条约第 24 条第 1 款）。第二，承认与执行外国判决的申请，原则上应由申请人向作出裁决的缔约一方法院提出，由该法院通过中央机关向缔约另一方法院提出，但如果申请人在裁决执行地国境内有住所或居所，也允许该申请人直接向被请求承认与执行的法院提出（如中俄司法协助条约第 17 条第 1

---

① 关于被承认和执行的判决的效力问题，我国与法国、意大利、波兰、西班牙等国家签订的司法协助条约中都作出了明确规定。费宗祎、唐承元主编《中国司法协助的理论与实践》，人民法院出版社，1992，第 242~323 页。

款、中蒙司法协助条约第 20 条)。第三,承认与执行外国判决的申请,只能由当事人向被请求承认与执行的法院直接提出。为了便于上述请求的提出,这些条约还规定,双方中央机关应相互提供必需的情况,例如有管辖权的法院名称以及请求方式等(中国与法国司法协助条约第 20 条第 1 款、中国与意大利民事司法协助条约第 23 条第 1 款、中国与西班牙民事、商事司法协助条约第 19 条第 1 款)。第四,承认与执行外国判决的申请,应一律由作出裁决的法院通过中央机关向缔约另一方法院提出(如中国与土耳其司法协助条约)。

我国在与上述有关国家相互承认与执行对方法院判决时,应当按照各项条约的规定办理。

2. 实行形式审查制度

关于承认和执行外国法院的判决,就国内的法律规定而言,大体采用两种不同的制度。一种是形式审查制度,审查的范围仅限于外国法院判决是否符合被请求国法律规定的承认和执行外国法院判决的条件,对原判决中的事实认定和法律适用问题不予审查。它不对案件作任何实质性变更,不改变原判决的裁判结果。如德国、意大利和英国,只对外国法院判决进行一般性监督,即在承认与执行外国法院判决之前,先对该判决进行一番审查,看看判决是否已经生效,有无与本国的公共秩序相违背,两国间是否存在着互惠等,若没有发现不妥之处,即由有关法院发给执行状,依照执行本国法院判决的程序予以执行。[1] 与此相反,有的国家采用实质性审查制度,即被请求国对申请执行的外国法院判决,要从事实认定和法律适用两方面进行全面审查。被请求国只要认为该判决认定事实不准确或法律适用不当,它就有权根据本国的法律予以部分变更,或全部推翻,或拒绝执行。[2]

我国采用第一种制度。例如,《中华人民共和国与西班牙王国关于民事、商事司法协助的条约》第 23 条规定:"一、裁决的承认与执行,由被请求的缔约一方法院依照本国法律规定的程序决定。二、被请求的缔约一

---

[1] 姚壮、任继圣:《国际私法基础》,中国社会科学出版社,1981,第 222 页。
[2] 实质性审查制度过去只是被法国、比利时和卢森堡等少数国家所采用。为了简化程序,以适应国际经贸交往日益发展的需要,卢森堡于 1957 年废除了实质审查制度,改而采用形式审查制度。法国于 1964 年也取消了实行一个半世纪之久的实质审查制度,改而采用形式审查制度。参见林欣、李琼英《国际私法理论诸问题研究》,中国人民大学出版社,1996,第 216~217 页。

方法院应当审核请求承认与执行的裁决是否符合本条约的规定，但不得对该裁决作任何实质性审查。"此外，在我国与其他一些国家签订的司法协助条约中都对此作出了明确规定。

3. 承认外国法院判决和执行外国法院判决，是两种不同的行为、两个不同的阶段

根据我国民事诉讼法第268条规定，由我国法院对外国法院判决进行审查，如认为符合承认与执行的条件，则裁定承认其效力，需要执行的，发出执行令，依照该法的有关规定执行，否则，不予承认和执行。[①] 可见，我国对于外国法院判决的承认与执行分为两个程序：承认程序和执行程序。承认外国法院判决的效力是该外国法院判决在我国得到执行的基本前提。凡是经过审查后得到承认，需要在我国执行的外国法院判决，即获得如同我国法院所作的判决一样的法律效力；对于需要执行的外国判决，我国法院应同执行本国法院判决一样，依照民事诉讼法规定的执行程序严格予以执行。

（四）存在的问题

1. 管辖权问题

管辖权在国际私法上是指一个国家审理、裁判涉外民事案件的权力。从各国的普遍实践和理论来看，它是一个判决的先决条件，在一定程度上关系到国家主权的行使，直接关系到当事人权利的取得，所以，各国在确立承认和执行外国判决的条件时，都把司法管辖权原则放在重要的位置，在一些重要的国际条约中，管辖权原则几乎都是承认和执行外国法院判决的重要条件。如澳大利亚非常重视这一条件，它不仅在普通法中加以规定，而且在成文法中对国际意义上的管辖权条件特别作了详尽规定。

我国民事诉讼法对确定外国判决管辖权的问题原则上未作任何规定。虽然我国同一些国家签订的司法协助条约中规定了一些标准，而使这一问

[①] 刘甲一先生指出，外国法院判决的承认可分为可执行的承认与不可执行的承认。经承认可执行的外国判决，通常只是处于可执行的状态，但未必当然能执行及应执行。因此，只有内国法院就其承认的外国判决作出准许执行的意思表示时，该外国判决才能被执行。不执行的承认，如离婚诉讼的外国判决、婚姻无效的外国判决，以及驳回诉讼请求的外国判决，在性质上不能执行。内国法院只承认其在内国有效，但不予执行。见刘甲一《国际私法》，台湾三民书局，1983，第456页。

题有所缓解，但由于在不同的司法协助条约中规定了不同的标准，反而增加了这一问题的复杂性。因此，如何确定一般性标准，仍须进一步探索。

2. 互惠问题

在互惠原则方面，我国究竟采用整体性互惠还是可分性互惠？对等原则与互惠原则的界限是什么？在没有互惠关系的情况下，如有些外国判决已构成承认和执行的条件，若不承认和执行则对正义一方，特别是我方公民的合法利益造成损害时，应采取何种对策？此外，对外国法院判决的诉讼程序是否公正，以及取得外国法院判决的手段是否合法或存在诈欺等，我国民事诉讼法没有具体规定。

从国际民事诉讼的历史和发展前景来看，过分严格地坚持互惠原则的观点是不可取的，除非这种坚持是因为某些特别的政治原因或经济原因。虽然互惠的要求并不意味着违反外国的主权权力，但也毫无疑问，互惠条件在某种程度上阻碍了国际合作，并且不利于在外国诉讼中胜诉的一方当事人。显然，私人不能因为作出判决的法院所属国没有实行互惠而承担责任；受害的一方当事人也并不必然是法院所属国的国民，他也可能是被请求承认国的国民，在这种情况下，该国的国民将因其本国的法律规定而受到损害。

总的来说，我国民事诉讼法对外国法院判决的承认和执行作出了一些规定，司法实践中也有一些实例，但由于这方面的规定比较原则、简单，不利于我国司法协助工作的开展，还须尽快加以完善。

第六章 行政诉讼论

一 新中国建立行政诉讼制度的特殊意义

中华人民共和国行政诉讼制度是于1982年3月8日《中华人民共和国民事诉讼法（试行）》公布时建立的。到1988年底，我国已有130多个法律和行政法规规定了对行政处理决定不服可以向人民法院起诉。《中华人民共和国民事诉讼法（试行）》第3条第3款规定："法律规定由人民法院受理的行政案件，适用本法规定。"该规定体现了以下几层含义：①公民可以控告行政机关，人民法院有权审理行政案件；②公民的起诉和法院的受理，必须依照单行法律的规定，单行法律规定可以起诉的才能起诉和受理，如果没有规定，就不能起诉和受理；③人民法院受理行政案件后，依照民事诉讼程序进行审理。

《中华人民共和国民事诉讼法（试行）》的上述规定，开创了中国行政诉讼的历史，确定了我国行政诉讼受案范围的模式。根据《中华人民共和国民事诉讼法（试行）》的规定，自1982年以来，我国人民法院受理的行政案件逐年增加。例如，1986年收案632件，1987年收案5000多件，1987年收案数是1986年的830%。短短几年的行政诉讼实践，对增强公民行政诉讼意识、提高行政机关依法行政的水平和促进人民法院积累审判行政案件的经验，起到了良好的作用。与此同时，自1982年人民法院审理行政案件以来，到1989年初，各级人民法院陆续建立了1400个行政审判庭，培养了大批行政审判人员。

1986年全国人大常委会法制工作委员会受委员长会议的委托，组织有关专家成立了行政立法研究组研究和起草行政诉讼法,经过3年努力,《中华人民共和国行政诉讼法》于1989年4月4日由第七届全国人民代表大会第二次会议通过。《中华人民共和国行政诉讼法》的颁布,标志着中国行政诉讼制度逐步走向成熟。

根据《中华人民共和国行政诉讼法》的规定,公民、法人或者其他组织认为行政机关及其国家公务员的具体行政行为侵犯其合法权益,有权依照该法规定向人民法院提起诉讼。这一规定对于建设中国特色社会主义法制具有非常重要的理论意义和实践意义。

(一) 行政诉讼制度的建立,破除了"民不得告官"的封建传统

"民"是否可以告"官",这个问题直接涉及公民和政府之间的法律关系。在近代宪法产生之前,政府所行使的国家权力从理论和法律实践两个角度来看都不是来自人民,国家权力要么来源于君主,要么来源于超自然的神,即"君权神授"。因此,在奉行"君权至上""君权神授"的社会中,国王或皇帝的权力是不受限制的,官吏只是代表国王或皇帝行使其意志、实现其利益的工具,所以,作为君权拘束的对象——臣民就不能对官吏的统治行为提出疑义,因为臣民无权这样做。近代宪法是在反封建斗争的过程中产生的,以最早的不成文宪法英国1215年《自由大宪章》为例,它第一次确定了对王权加以限制的统治原则。到1791年法国资产阶级大革命胜利后制定的第一部宪法,则明确地把1789年《人权宣言》作为1791年宪法的基石。法国1789年《人权宣言》的本质特征就是反对封建君权,强调人民主权,主张民主和人道的近代法治国应该建立在"民有、民享、民治"的法治原则基础上。随后,公民和政府之间的法律关系发生了根本性的变化,即立足于政府行使的国家权力来自人民,因此,当政府行使国家权力时,人民有权予以监督。这种人民监督在法律制度上的一个重要表现形式,就是公民可以对政府的非法行为提出控告、起诉,要求有关国家机关予以纠正,并获得相应的法律救济。简而言之,就是建立了"民告官"的制度。近代各国的行政诉讼制度就是基于"民告官"的原理建立起来的,它保证的是近代宪法所肯定的人民主权原则。"民告官"原则在后来的法治国家中都得到了充分肯定,并基于"人民主权"原则建立了符合各国特色的行政诉讼制度。

"民告官"的法治原则早在新中国成立初期颁布的《中国人民政治协商会议共同纲领》中就已得到体现。《共同纲领》第 19 条明文规定，"人民和人民团体有权向人民监察机关或人民司法机关控告任何国家机关和任何公务员的违法失职行为"。1954 年中华人民共和国第一部宪法第 2 条明确规定，"中华人民共和国的一切权力属于人民"，该规定以宪法的形式确立了"民可告官"的合法性和合理性。1954 年宪法基于"人民主权"原则，在第 97 条明文肯定了"民告官"的合宪性。该条规定，"中华人民共和国公民对于任何违法失职的国家机关工作人员，有向各级国家机关提出书面控告或者口头控告的权利。由于国家机关工作人员侵犯公民权利而受到损失的人，有取得赔偿的权利"。"民告官"的法治原则在 1975 年宪法和 1978 年宪法也得到了肯定。1982 年宪法总结了新中国成立后 30 多年来社会主义法制建设的经验和教训，对"民告官"法治原则进一步具体化和明确化。1982 年宪法第 41 条分 3 款详细地规定了"民告官"原则的法律含义。第一，中华人民共和国公民对于任何国家机关和国家工作人员，有提出批评和建议的权利；对于任何国家机关和国家工作人员的违法失职行为，有向有关国家机关提出申诉、控告和检举的权利，但是不得捏造或者歪曲事实进行诬告陷害。第二，对于公民的申诉、控告或者检举，有关国家机关必须查清事实，妥善处理，任何人不得压制和打击报复。第三，由于国家机关和国家工作人员侵犯公民权利而受到损失的人，有依照法律规定取得赔偿的权利。

当然，应该看到，在 1989 年《中华人民共和国行政诉讼法》正式颁布前，我国的"民告官"法治原则并未在法律制度上得到完整地体现。这主要是因为我国是一个有着几千年封建传统的国家，而封建的诉讼制度是否定"民告官"法治原则的。因此，这种封建传统对于我国"民告官"法律制度产生了两个方面的消极影响。一是缺乏"民告官"的法律意识。从"民"的角度来看，公民作为国家行政机关行使行政职权的管理相对人，在思想意识中只有行政机关管我，我必须绝对服从的观念；从"官"的角度来看，国家行政机关及其国家公务员习惯了对行政管理相对人发号施令，尤其是在传统计划经济体制下，行政机关行使行政职权的行为，公民必须无条件服从，否则就是犯法。二是缺乏"民告官"的法律制度建设的经验。由于"民告官"法律制度从未在具体的法律实践中存在过，因此，怎样将"民告官"法治原则落实到具体的法律制度中去，缺乏这方面的实践经验。因此，行政诉讼制度的建立真正地解决了封建传统给"民告官"法律制度的建立所造成的消极影响，以行政诉讼法为核心的行政诉讼法律规范将"民告官"法治原则具体化、规范化，使"民告官"法治原则由仅仅停留于理论意义阶段，而变成为有中国特色社会主义法制的一项重要内容。

（二）行政诉讼制度的建立，使公民合法权益有了救济保障

公民的合法权益受到国家行政机关及其国家公务员违法行为的侵犯应该得到法律上的有效救济。这是我国现行宪法保障公民所享有的一项基本权利。公民合法权益在法律上给予的救济包括两层含义：一是公民权益的合法性应当得到有权国家机关的法律确认和肯定，任何组织和个人不得非法侵犯；二是公民合法权益受到的损失必须得到赔偿。

行政诉讼制度的建立从法律制度上保障了公民合法权益可以获得法律上的有效救济。这种救济体现在以下两个方面。

1. 行政诉讼制度保障公民的合法权益不受侵犯

行政诉讼法第2条规定，"公民、法人或者其他组织认为行政机关和行政机关工作人员的具体行政行为侵犯其合法权益，有权依照本法向人民法院提起诉讼"。该条规定对于保障公民合法权益的法律意义在于，只要公民认为行政机关及其国家公务员的具体行政行为侵犯了其合法权益，就有权依照行政诉讼法的规定向人民法院提起诉讼。至于说，行政机关及其国家公务员的具体行政行为在事实上有没有侵犯公民的合法权益并不是公民向人民法院提起行政诉讼的法律条件。因此，该条规定有利于维护公民的合法权益。行政诉讼法第5条规定，"人民法院审理行政案件，对具体行政行为是否合法进行审查"。该条规定突出强调了人民法院审理行政案件以审查具体行政行为是否合法为主要任务。作为行政管理相对人，公民的合法权益很容易受到国家行政机关及国家公务员具体行政行为的非法侵犯。人民法院在对具体行政行为合法性进行审查过程中，对于公民的合法权益予以充分肯定，从而保障了公民的合法权益不受侵犯。

2. 行政诉讼制度保障公民合法权益受到的损失得到必要的赔偿

行政诉讼的这种保障制度体现在：①行政诉讼法第67条规定，公民、

法人或者其他组织的合法权益受到行政机关及其国家公务员作出的具体行政行为侵犯造成损害的,有权请求赔偿;②行政诉讼法第68条规定,行政机关及其国家公务员作出的具体行政行为侵犯公民、法人或者其他组织的合法权益造成损害的,由该行政机关或者该行政机关国家公务员所在的行政机关负责赔偿;③行政诉讼法第69条规定,赔偿费用,从各级财政列支;④国家赔偿法具体规定了公民合法权益受到损失可以获得必要赔偿的法律程序的保障等。

因此,行政诉讼制度的建立,使公民合法权益的法律救济获得了现实的、具体的和可靠的法律保障和物质保障。

(三) 行政诉讼制度的建立,促进了行政机关依法行政

依法行政是现代法治国家对国家行政机关及国家公务员行政行为的基本要求,是国家行政机关及国家公务员依法行使行政职权进行活动的一项基本原则。依法行政要求国家行政机关及国家公务员依据法律的规定准确、及时和有效地行使行政职权,加强对行政机关及其国家公务员依法活动的监督是保障行政机关依法行政的一条有效途径。行政诉讼制度的建立,对于促进行政机关依法行政起到了积极的作用,这种积极的促进作用主要体现在以下两个方面。

1. 行政诉讼制度的建立有利于维护行政机关依法行使行政职权

行政诉讼制度建立的目的是解决行政主体与行政管理相对人之间产生的行政争议,人民法院在行政诉讼中一项重要的职权就是通过对当事人之间行政争议的审理,审查行政机关及国家公务员所作出的具体行政行为的合法性。如果人民法院在审理行政案件中发现具体行政行为证据确凿,适用法律、法规正确,符合法定程序,以判决维持行政机关及其国家公务员所作出的具体行政行为。这样就通过人民法院所作出的裁决维持了行政机关依法行使行政职权的行为,有效地防止了行政管理相对人因行政争议而与国家行政机关纠缠不休,提高了行政管理活动的效率,维护了国家行政机关依法行使行政职权的法律权威。

2. 行政诉讼制度的建立有利于监督行政机关依法行使行政职权

行政诉讼制度具有监督行政的法律意义。这种监督行政的作用突出地体现在人民法院通过审理行政案件,对具体行政行为是否合法进行审查。

如果人民法院通过审理行政案件，发现具体行政行为主要证据不足的，适用法律、法规错误的，违反法定程序的，超越职权或滥用职权的，可以判决撤销或部分撤销具体行政行为，并可以判决行政机关重新作出具体行政行为。如果行政机关不履行或者拖延履行法定职责的，判决其在一定期限内履行。行政处罚显失公正的，可以判决变更。此外，人民法院在审理行政案件中，认为行政机关的主管人员、直接责任人员违反政纪的，应当将有关材料移送该行政机关或其上一级行政机关或者监察、人事机关；认为有犯罪行为的，应当将有关材料移送公安、检察机关。人民法院在行政诉讼中的上述活动，对于监督行政机关依法行使行政职权具有非常重要的作用。

（四）行政诉讼制度的建立有利于健全和完善中国特色社会主义行政法制

我国的行政诉讼制度是继刑事诉讼制度、民事诉讼制度之后建立起来的三大诉讼制度之一。行政诉讼制度的建立为行政主体和行政管理相对人解决相互之间的行政争议提供了一条有效的司法途径，这就改变了在传统体制下由行政机关自身来解决行政争议造成的不公正现象，有力地促进了行政管理的"民主化"。行政诉讼制度的建立也为人民法院通过审理行政案件，审查具体行政行为的合法性来监督行政机关依法行使行政职权提供了可靠的法律保证，加强了我国国家行政机关依法行政的外部监督，为保障和促进行政机关依法行政、健全和完善行政法制提供了必要的法律条件。

二 行政诉讼制度的基本原则

我国行政诉讼制度的基本原则是行政诉讼制度的指导思想和基本出发点，它并不简单地等同于行政诉讼活动的原则，是行政诉讼制度建立和赖以存在的基本原则。它的内容必须紧紧地围绕着行政诉讼制度建立的目的。因此，我国行政诉讼制度的目的性是行政诉讼制度基本原则设定的前提。基于建立行政诉讼制度的目的，我国行政诉讼制度的基本原则主要有以下几个方面。

（一）人民法院独立行使司法审查权原则

行政诉讼制度的特点首先在于它的"诉讼"性。行政诉讼制度是一种诉讼法律制度，诉讼法律制度突出强调人民法院司法审判权在解决法律争议中的作用。在诉讼法律制度中，人民法院作为诉讼法律关系主体始终处于诉讼活动的主导和支配地位。诉讼法律制度是紧紧地围绕着人民法院的司法审判权的行使来实现的。

在行政诉讼制度中，人民法院作为行政主体和行政管理相对人之间的行政争议的裁决者，在诉讼活动中处于主导和支配地位。行政诉讼活动的开展是伴随着人民法院司法审判权的行使而进行的。与一些法治国家的行政诉讼制度不同的是，中国的行政诉讼制度并非建立在三权分立学说的基础上。因此，人民法院对行政案件行使司法审判权不同于对民事案件行使司法审判权。根据我国现行宪法和有关法律、法规的规定，我国的根本政治制度是人民代表大会制度。中华人民共和国的一切权力属于人民；人民行使国家权力的机关是全国人民代表大会和地方各级人民代表大会。国家行政机关、审判机关、检察机关都由人民代表大会产生，对它负责，受它监督。由于人民代表大会作为国家权力机关所行使的国家权力在权能上是统一的，所以，我国的国家权力机关之间存在监督与被监督的关系。

人民法院在行政案件中行使司法审判权，除了具体行政行为系行政处罚行为显失公正的可加以变更外，不能对国家行政机关依法行使行政职权所作出的具体行政行为进行变更。这样，与人民法院审理民事案件的司法审判权的权能内容不同的是，人民法院审理行政案件的司法审判权是有限的司法审判权，依照行政诉讼法的规定，它只是一种司法审查权，即人民法院审理行政案件，对具体行政行为是否合法进行审查。

人民法院对行政案件行使司法审查权，它的法律意义在于：①行政诉讼制度并不只具有单纯地解决行政争议的诉讼功能，还具有对具体行政行为是否合法进行审查的司法审查作用；②人民法院对行政案件所行使的司法审查权不能简单地理解为人民法院所享有的司法审判权对行政机关行使行政职权的制约，人民法院的司法审查权是依法对行政机关行使行政职权的法律监督；③人民法院对行政案件行使司法审查权并不意味着人民法院可以用司法审查权来代替行政机关的行政职权，行政机关也不能用行政职权来对抗人民法院对行政案件行使司法审查权。

人民法院对行政案件行使司法审查权其重要的法律意义是在行政机关外部建立了一套解决行政争议的法律制度。这种制度突出了人民法院在维护和监督行政机关在行使行政职权中的促进作用，是中国特色社会主义行政法制建设的一个重要特征。

（二）当事人在行政诉讼中地位平等原则

当事人在行政诉讼中其诉讼地位是否平等，直接关系到行政诉讼制度赖以建立的国家权力理论。在不承认"主权在民"的封建社会中，民不能告官，因此，官吏的权力也就成为"特权"的代名词。在以"人民主权"原则为前提建立起来的现代行政诉讼制度中，因为政府权力最终来源于人民，所以政府及其官吏就不能高高在上。具体到行政诉讼制度，"人民主权"法治原则就要求当事人的诉讼地位平等，即公民和国家行政机关在法律面前的平等受保护，如果没有平等的诉讼地位，就不可能体现法的平等原则，也不可能保障人民的合法权益获得有效的法律救济，更无法去监督行政机关依法行政。所以说，当事人在行政诉讼中诉讼地位平等体现了"民告官"原则的真实性、可靠性，同时也反映了以解决行政争议为主要目的的行政诉讼制度确立了人民法院在诉讼活动中的主导和支配的地位。

当事人在行政诉讼中如果诉讼地位不平等，就会出现下列违背行政诉讼制度建立目的的不正常现象：①如果行政管理相对人的诉讼地位优于行政机关的诉讼地位，就很容易造成人民法院司法审判权对行政机关行政职权的侵犯；②如果行政机关的诉讼地位优于行政管理相对人，就不利于行政管理相对人的合法权益受到有效法律保护，同时还可能造成作为行政诉讼被告的国家行政机关蔑视人民法院对行政案件行使司法审查权的不正常现象的发生。所以，当事人在行政诉讼中诉讼地位平等，既利于维护当事人的合法权益，又利于确立人民法院在行政诉讼中的核心地位和主导作用。

（三）检察机关对行政诉讼实行法律监督的原则

人民检察院是国家的法律监督机关。行政诉讼法第 10 条明文规定，

"人民检察院有权对行政诉讼实行法律监督"。根据行政诉讼法第64条的规定，人民检察院对行政诉讼实行法律监督的主要方式是，"人民检察院对人民法院已经发生法律效力的判决、裁定，发现违反法律、法规规定的，有权按照审判监督程序提出抗诉"。

三　行政诉讼的受案范围

我国宪法规定，国务院即中央人民政府是最高国家权力机关的执行机关，是最高国家行政机关。地方各级人民政府是地方各级国家权力机关的执行机关，是地方各级国家行政机关。行政诉讼制度的建立是为了对国家行政机关及国家公务员在行使行政职权过程中所做出的行政行为是否侵害公民合法权益进行裁决。

（一）行政诉讼中可诉行政行为的性质

国家行政机关及国家公务员在依法行使行政职权的过程中所作出的行政行为种类很多，不同种类的行政行为的性质也不一样。常见的行政行为有以下几种形式。

1. 具体行政行为和抽象行政行为

根据行政行为法律效力拘束的行政相对人的特定性，可以将行政行为分为具体行政行为和抽象行政行为。具体行政行为是指国家行政机关及其国家公务员在依法行使行政职权过程中所作出的行政行为是对特定的行政相对人生效的，如警察对违反交通规则的驾驶员处以罚款，工商登记机关对符合企业登记条件的企业予以登记并发给营业执照。抽象行政行为是指国家行政机关在依法行使行政职权的过程中所作出的行政行为是对不特定的行政相对人生效的，如行政机关制定规范性文件的行政行为等。

2. 内部行政行为和外部行政行为

根据行政行为法律效力拘束的行政相对人与行政主体之间的法律身份关联性，可以将行政行为分为内部行政行为和外部行政行为。内部行政行为是发生在国家行政机关内部的行政行为，作为行政行为法律效力拘束的行政相对人或者是行政主体的下级行政机关或者是行政主体的所属国家公务员，如国家行政机关对国家公务员的任免、培训、奖惩行为都属于内部行政行为的范畴。外部行政行为是发生在行政主体和行政管理相对人之间的行政行为，作为行政管理相对人的公民、法人或者其他组织，与行政主体在法律身份上不存在任何关联性，二者关系是在行政主体要求公民、法人或者其他组织履行某项法定义务，或公民、法人或者其他组织要求行政主体履行某项法定职责的过程中产生的。外部行政行为是国家行政机关及其国家公务员行使行政职权进行行政管理活动中产生的行政行为，如残疾军人依法要求行政机关发给抚恤金，行政机关要求公民拆除违章建筑等，都属于外部行政行为。

3. 国家行为和非国家行为

根据行政行为所实现的利益与国家利益的关系，行政行为可以分为国家行为和非国家行为。国家行为指行政机关实施的国防和外交行为，这些行为与国家安全、统一和国家利益有着密切的联系。

国家行政机关及国家公务员实施上述种类的行政行为必须做到以下三点。一是要合法。国家行政机关及其国家公务员在实施行政行为时必须要有明确的宪法、法律和法规依据，不依法而产生的行政行为属于无效的行政行为。二是要依职权行使。国家行政机关及其国家公务员的行政行为要做到合法，一个重要的条件就是行政行为应该是国家行政机关及其国家公务员依法定职权而产生的，超越职权或滥用职权都可能导致行政行为的违法。在依职权实施行政行为问题上，还有一个重要的问题应特别予以重视，即宪法、法律和法规规定应由国家行政机关行使的行政职权，任何组织和个人不得非法干涉。这是行政机关依法行政的一个重要保证，也是国家行政机关作为国家权力机关的执行机关的法律功能的集中体现。三是要合理。国家行政机关及国家公务员行使行政职权而作出的行政行为除了要合法外，还应充分体现公正原则，即行政行为要合理，行政机关所行使的自由裁量权应符合一般社会道德准则的要求。

鉴于国家行政机关行使的行政职权的特点和依职权所作出的行政行为的性质不同，我国的行政诉讼法将行政诉讼可诉行政行为的性质定为有范围限制的具体行政行为，行政诉讼法作如此规定主要是基于以下几个方面的考虑。

第一，现行宪法、法律中已经规定了对行政机关所实施的抽象行政行为合法性的具体监督措施，因此，只要认真地实施宪法和法律的有关规定就可以保障行政机关抽象行政行为的合法性。另外行政机关的抽象的行政行为是针对不特定的行政相对人生效的，因此，如果人民法院有权审查行政机关的抽象的行政行为，就可能因可诉的抽象的行政行为太多而缺乏审查力量，同时，由于大量的抽象行政行为被审查，在实践中将不利于行政机关贯彻实施其制定的规范性文件的法律权威性。因此，与一些法治国家的司法审查制度相区别，抽象的行政行为不属于我国行政诉讼的受案范围。

第二，行政诉讼法规定在行政诉讼中可诉的行政行为应是行政机关及国家公务员作出的具体行政行为，但并不是行政机关及其国家公务员依职权所作出的全部具体行政行为，其中，下列几项具体行政行为是不可诉的。

其一，国防、外交等国家行为。

国家行为又称"政治行为""统治行为"，行政机关实施国家行为通常是直接以国家名义作出的，涉及国家主权或重大国家利益，政治性很强。行政诉讼法未将国家行为作为可诉的具体行政行为，其法理理由是：一是国家行为具有紧急性，由人民法院进行审查可能会耽误有效实施国家行为的时间，从而贻误时机，导致国家利益的重大损失；二是国家行为如国防、外交行为往往保密性强，而行政诉讼要求人民法院审查具体行政行为合法性的法定程序公开化，这样就可能因泄漏国家机密而给国家利益造成重大损失；三是国家行为政治性很强，一般不仅仅基于法律上的考虑，政策和策略上的考虑居多，因此，在许多情况下，国家行为要突破法律规定的界限，对于这种突破法律规定的做法要进行合法性审查显然是不恰当的；四是国家行为影响的往往不是某一个或某几个相对人的利益，而是一定地区、一定领域、一定行业多数相对人或全体相对人的利益，虽然有时也影响特定人的利益，但此种利益可以通过国家补偿的方法加以救济，并不需要通过行政诉讼来实现。

其二，内部行政行为。

内部行政行为是指行政机关对其所属机构及其国家公务员所实施的不直接涉及行政管理相对人权益的组织、指挥、协调、监督等行为。内部行政行为分为两类：第一类是工作性质的，如上级机关对下级机关或行政首长对所属机构人员工作上的指示、命令、批准、批复等以及行政机关的内部工作安排、计划等；第二类是人事性质的，指行政机关对国家公务员的任免、培训、奖惩等。

第一类内部行政行为纯属行政机关的内部事务，是行政机关依法行使行政职权进行行政管理活动的制度保证和前提条件，因此，人民法院无权对这种内部行政行为进行合法性审查，这也是司法审查权不得干涉行政机关内部事务原则的体现。

第二类内部行政行为虽然涉及了国家公务员的权益，但由于我国行政机关内部已经建立了比较系统的对国家公务员权益实现法律救济的机制，如各级受理申诉、控告、检举的机构，各级信访机构，各级监察机构，公务员不服行政处分的复审、复核制度等。另外，我国国家行政机关内部管理实行行政首长负责制，因此，将此类内部行政行为作为可诉的具体行政行为势必会破坏行政机关的行政首长负责制的工作制度，影响行政首长负责制的法律权威和工作效率。再有，由于行政机关的此类内部行政行为往往是依照行政机关内部纪律作出的，因此，人民法院不便处理。

其三，终局行政行为。

终局行政行为是指法律规定由行政机关最终裁决的具体行政行为。行政诉讼法第12条排除了终局行政行为的可诉性，其主要理由有三点。一是终局行政行为是由法律规定的，它是法律赋予行政机关行政职权肯定性的体现，即终局行政行为是行政机关行使的行政职权的法律权威性和法律拘束力的体现，是法律对行政机关依法行使行政职权所作出的行政行为的法律效力的肯定。如果人民法院有权对终局行政行为进行合法性审查，就等于否定了法律赋予该种终局行政行为的法律约束力，这样的司法审查与人民法院在行政诉讼中对具体行政行为的合法性审查的审查目的不相符合。二是终局行政行为的技术性、政策性特点都比较强，一般属于行政职权的专有范围，由人民法院来审查其合法性缺乏技术上和政策上的保障。三是终局行政行为的范围也不是固定的，因此，随着形势的变化，法律可以对一些需要进行司法审查的具体行政行为改变其终局性，所以，从这一点上来看，将法律规定的由行政机关作出的终局具体行政行为排除在可诉具体行政行为范围之外，并不意味着法律对人民法院司法审查权的限制，而是从维护行政机关依法行使行政职权的权威性和重要性的角度加以考虑的。

（二）行政诉讼中可诉具体行政行为的种类

属于我国行政诉讼法所规定的可诉具体行政行为的范围分为三类：第一类是行政诉讼法第 11 条第 1 款第 1 至 7 项列举的 7 种具体行政行为；第二类是第 11 条第 1 款第 8 项概括性规定的涉及人身权、财产权的具体行政行为；第三类是第 11 条第 2 款规定的其他法律法规确定为受案范围的具体行政行为。

1. 行政诉讼法列举规定的 7 种具体行政行为

这 7 种具体行政行为分别是：行政处罚行为，行政强制措施，相对人认为侵犯其法定经营自主权的行为，颁发证照行为，相对人认为不履行保护其人身权、财产权法定职责的行为，发放抚恤金行为，相对人认为违法要求其履行义务的行为。

（1）行政处罚行为。行政处罚是行政主体对违反行政法律、法规或合法有效规章的行政管理相对人所给予的一种行政制裁。行政诉讼法第 11 条第 1 款第 1 项规定，人民法院受理公民、法人和其他组织"对拘留、罚款、吊销许可证和执照、责令停产停业、没收财物等行政处罚不服"提起的诉讼。由于行政处罚是一种惩戒行为，因此，它很容易侵犯公民、法人或者其他组织的合法权益，尤其是行政机关"乱罚款"的现象在一些地方受地方保护主义和部门利益的驱动屡禁不止，成为人民群众反映的热点问题。行政诉讼法将行政处罚行为列入可诉的具体行政行为范围之列，一是有利于人民法院对行政处罚行为的合法性和合理性进行司法审查，二是有利于保护作为行政管理相对人的公民、法人或者其他组织的合法权益不受行政机关及其国家公务员做出的非法的行政处罚行为的侵犯。

人民法院对行政处罚行为的审查是全面审查，即进行合法性和合理性审查。审查的范围至少包括：其一，行政主体是否合法；其二，行政主体是否具有处罚权；其三，行政主体实施处罚行为所依据的事实是否清楚，证据是否确凿；其四，适用法律、法规或参照规章是否正确；其五，是否违反法定程序；其六，是否超越职权；其七，是否滥用职权；其八，处罚是否显失公正。人民法院对行政处罚行为的审查范围，不受原告起诉内容的限制，无论原告起诉状中是否提到，只要涉及该行政处罚行为合法性、公正性的内容，都必须进行审查。

（2）行政强制措施。行政强制措施是指行政机关及其国家公务员或法律、法规授权的组织，为保证行政管理活动正常进行，维护社会秩序，依法对特定人的人身、财产采取一定的强制手段，迫使其履行义务，或达到与履行义务相同状态的具体行政行为。行政强制措施主要包括对人身自由的强制措施和对财产的强制措施两大类。对人身自由的强制措施包括强制拘留、限期出境、驱逐出境、强制约束、强制遣返、强制隔离、强制治疗、强制戒毒、强制传唤、强制履行等。对财产的强制措施包括冻结、扣押、查封、划拨、扣缴、强行拆除、强制销毁、强制检查、强制许可、变价出售、强制抵缴、强制退还等。

人民法院在行政诉讼中对行政强制措施的司法审查只审查合法性，不审查合理性。因为行政强制措施属于羁束的行政行为，因此，人民法院只审查行政强制措施是否有明确的法律依据，是否依据法律规定的程序和方式对特定的人或物所实施。此外，人民法院对行政强制措施的审查结果只能是判决维护或撤销，而不能判决变更，因为行政强制措施是行政处理决定，不是行政处罚，如何作出行政处理决定是行政机关行政职权范围内的事，而不属于司法审查权的范畴。

（3）相对人认为侵犯其经营自主权的行为。经营自主权也称生产经营自主权，又称经营管理自主权，是指企业、经济组织或公民依法享有调配和使用自己的人力、物力、财力组织生产经营，不受他人干涉的权利。经营自主权常常是行政机关行使行政职权侵犯的对象，尤其是一些地方在政府体制改革的过程中，政企不分或者用行政职权干涉生产经营者自主权的行为时有发生，行政机关行使行政职权侵犯行政管理相对人生产经营自主权的行政行为往往会造成生产经营者无法按照社会主义市场经济本身的经济规律的要求去组织生产，不仅束缚了生产经营者的手脚，严重地还破坏生产经营者正常的生产经营活动，导致生产经营活动无法进行。

行政诉讼法第11条第1款第3项明确将行政机关侵犯法律规定的经营自主权的具体行政行为列为可诉的具体行政行为，一方面有利于保障生产经营者的合法权益；另一方面又有利于保证政府体制改革的顺利进行，从司法审查的途径来促进政企分开。

（4）颁发证照行为。行政诉讼法第11条第1款第4项规定，人民法院受理公民、法人或者其他组织对认为符合法定条件申请行政机关颁发许可证和执照，行政机关拒绝颁发或者不予答复的具体行政行为提出的诉讼。颁发证照行为属于行政许可行为，它是行政机关或法律、法规授权的组织，根据法律、法规，依照行政许可相对人的申请，对一般或特种禁止行为的解禁行为。行政机关颁发证照行为应该保证合法、公正，并且通过颁发证照行为积极地为行政许可相对人提供必需和有效的法律服务，保障行政许可相对人通过证照获得的合法权益。作为可诉的具体行政行为，颁发证照行为受人民法院司法审查的主要有两种形式：一是拒绝颁发行为，二是不予答复行为。

不予答复是指行政主体在法定或合理期限内对申请不答复或不明确答复。对于行政许可相对人因行政机关不予答复提起的行政诉讼，只要人民法院通过审查发现被诉行政机关有答复的责任，那么，即可判定行政机关败诉。因为在行政许可制度中，不论申请人是否符合取得证照的资格都不能成为行政机关不予答复的理由，不可抗力等原因也不能成为不予答复的理由。所以，对不予答复行为的司法审查有利于监督行政机关主动地履行法定职责。

对于拒绝颁发的司法审查，人民法院应当对被诉的具体行政行为的事实依据、职权行使、适用法律以及程序进行全面审查，如果发现拒绝颁发理由不成立的，即应判定被告在一定期限内给申请人颁发证照。

（5）相对人认为不履行保护其人身权、财产权法定职责的行为。这种行为属于行政机关的不作为。依照法律、法规规定有职责保护行政管理相对人人身权、财产权的行政机关没有履行这种法定职责就属于违法，它是人民法院司法审查的重要内容。由于这种不作为体现了相对人申请、对相对人侵害的事实存在以及行政机关有保护相对人人身权和财产权的法定职责的特点，因此，人民法院在审查这类行为的合法性时应注意：其一，原告当事人已向有关行政机关明确提出过申请，行政机关在对致害行为尚不知情的情况下不作为的，不能承担相应的法律责任；其二，致害行为必须具有客观性，表现为极有可能发生或正在发生过程中或已发生，而不是想象中的侵害行为；其三，被申请机关必须具有相应的法定职责，申请人向无相应法定职责的机关申请保护，被申请机关不作为的，不承担法律责任。

（6）发放抚恤金行为。抚恤金是指军人、国家机关工作人员、参战民兵、民工等因公牺牲或病故，或伤残后，由国家对死者家属或伤残者本人发给的专项费用。行政诉讼法将"行政机关没有依法发给抚恤金"列为可诉的具体行政行为，其实质在于通过对行政机关不作为行为的合法性监督，防止行政机关不依法履行法定职责。

"行政机关没有依法发给抚恤金"的法律内涵包括三点。第一，代表国家履行发放抚恤金职责的是各级政府的民政部门，只有对民政部门发放抚恤金的行为不服才可提起行政诉讼，要求人民法院进行司法审查。企业、团体或其他组织对所属成员死亡或伤残后未按规定发给抚恤金或困难补助费的，不属于行政诉讼的受案范围。依法领取抚恤金的只能是符合法律、法规规定的优抚对象，也只有这些公民本人才能作为这类不作为案件的原告。第二，"依法"一词是指依据国务院颁发的《革命烈士褒扬条例》《军人抚恤优待条例》以及地方政府或民政部发布的规章。第三，"没有依法发给"的具体含义是指没有按照上述规范性文件规定的内容、条件、对象、数额、程序发放抚恤金的行为，具体表现为：认为符合法定条件办理抚恤登记，民政部门不予审查或不予答复的；拖延发放抚恤金影响了优抚对象正常生活的；未按规定的数额发放抚恤金的；违反法定条件停止或取消发放抚恤金的；认为符合法定条件申请恢复原来享受的抚恤和优待，民政部门不予答复或无故拖延的；抚恤金发放对象错误而拒不改正的。行政机关不依法发给抚恤金，就不能使宪法赋予公民获得物质帮助的权利落到实处，也是对公民合法权益的侵犯，因此，优抚对象有权对这种不作为提起行政诉讼，人民法院也应该对此进行司法审查。

（7）相对人认为违法要求其履行义务的行为。违法要求履行义务就意味着使相对人的合法权益遭到损失，因此，行政诉讼法将相对人认为违法要求其履行义务的行为列入可诉的具体行政行为之内，其意义在于：一方面可以通过人民法院的司法审查保护相对人的合法权益，另一方面又可以对行政机关要求相对人履行义务行为的合法性进行审查，可以有效地防止行政机关对特定的管理相对人任意设定义务侵犯相对人合法权益的行为发生。

在行政诉讼实践中，对行政机关违法要求相对人履行义务的理解可以分为以下几种情况：第一，违法要求相对人履行某种行为义务，如违法征工；第二，违法要求相对人履行不作出某种行为的义务，如违法要求企业不作某项经营活动；第三，要求相对人履行某种法律、法规未规定，甚至法律、法规加以禁止的义务，如乱集资、乱摊派、乱收费行为；第四，违反法律、法规规定的条件、程序、标准、数额、时限等，要求相对人履行某种有法律、法规规定的义务，如不按法定税种和税率收税等。

2. 对认为行政机关侵犯其他人身权、财产权的具体行为提起的诉讼

行政诉讼法第11条第1款第8项规定，人民法院受理公民、法人或者其他组织对认为行政机关侵犯其他人身权、财产权的具体行政行为提起的诉讼。这里的规定可以说是对可诉具体行政行为"有限制的、不完全概括式规定"。

说该项规定所概括的可诉其他行政行为是"有限制的"，即指该项所指的"行政机关侵犯其他人身权、财产权"的具体行政行为仍然要受到第12条关于国家行为、内部行政行为和终局行政行为的限制，即"行政机关侵犯其他人身权、财产权"的具体行政行为属于国家行为、内部行政行为和终局行政行为的都是不可诉的。

说该项规定所概括的可诉其他行政行为是"不完全概括式"，是突出强调以下几点内容：第一，该项规定的"行政机关侵犯其他人身权、财产权"的具体行政行为显然指不包括第11条第1款第1项至第7项中所列举的具体行政行为；第二，第11条第1款第1项至第7项中所列举的可诉具体行政行为既可能侵犯人身权、财产权，也可能侵犯属于这两种权利之外的其他权益；第三，不属于第11条第1款第1项至第7项所列举的可诉具体行政行为范围内的，除了属于法律、法规规定可以提起行政诉讼的外，必须具备侵犯原告人身权、财产权的条件才可诉。这里的"人身权"包括生命权、身体健康权、姓名权、名称权、肖像权、名誉权、婚姻自主权等；"财产权"是指所有权、土地权、地役权、抵押权、质权、留置权、典权等物权以及债权、继承权、专利权、商标权、版权等。其中专利权、商标权、版权等智力成果权既包括财产权的内容，也包括人身权的内容。

3. 行政诉讼法第11条第2款之规定

该款规定："除前款规定外，人民法院受理法律、法规规定可以提起诉讼的其他行政案件"。上述规定的具体法律含义包括以下几个方面。

（1）行政诉讼法目前所规定的可诉的具体行政行为的范围是有限的，主要是第11条第1款第1项至第7项列举的7种具体行政行为以及第8项

以概括方式规定侵犯相对人其他人身权、财产权的具体行政行为，大量的具体行政行为还不在行政诉讼的受案范围之内。

（2）在行政诉讼法规定的可诉具体行政行为之外，如果其他法律、法规规定可以提起行政诉讼法的，相对人可以根据其他法律、法规的规定提起行政诉讼。

（3）在行政诉讼法实施之前原有140多个法律、法规规定行政管理相对人对有关具体行政行为可以提起行政诉讼，这些依原法律、法规规定具有可诉性的具体行政行为，不管现在是否属于行政诉讼法所规定的行政诉讼受案范围之内，相对人都可以依照原法律、法规提起行政诉讼。

（4）随着我国行政法制建设和社会主义民主建设的不断发展，行政诉讼的受案范围将逐步扩大，导致新的法律、法规会不断地将行政诉讼法规定的属于行政诉讼受案范围之外的具体行政行为确定为可诉性具体行政行为，从而使相对人可以依据新法律、法规的有关规定提起行政诉讼。

（5）规定排除某一具体行政行为可诉性的只能是法律，规定将某一具体行政行为纳入行政诉讼受案范围的可以是法律，也可以是法规。但规章既不能将某种具体行政行为纳入受案范围，也不能从受案范围中排除。

四　行政诉讼案件的审理程序

行政诉讼制度和刑事诉讼制度、民事诉讼制度构成了我国以人民法院行使司法审判权为核心的诉讼制度。但是与刑事诉讼制度、民事诉讼制度不一样的是，行政诉讼制度在解决诉讼当事人之间的行政争议时必须处理好人民法院司法审判权和国家行政机关行政职权的关系。

为了充分实现行政诉讼制度维护和监督行政机关依法行使行政职权的功能，确保国家行政机关依法行政并就行政管理相对人不服行政主体依法行使行政职权所作出的具体行政行为合法性和合理性进行审查，我国建立了与行政诉讼制度相配套的行政复议制度，并将行政复议作为行政诉讼的前置程序。因此，就一个具体行政行为是否侵犯了公民、法人或者其他组织的合法权益以及该具体行政行为是否合法、合理，公民、法人或者其他组织可以通过两个相互关联的监督行政法律制度，即行政复议制度和行政诉讼制度获得法律救济。因此，因具体行政行为侵犯其合法权益的行政管理相对人可以经过行政复议程序、行政诉讼一审程序和二审程序以及审判监督程序等法定程序主张自己的合法权益。这一系列法定程序也有效地保障了对具体行政行为合法性和合理性审查结论的准确性。

（一）行政诉讼的前置程序——行政复议

行政复议制度是为了加强行政机关的自身监督，提高行政机关依法行政水平，维护公民、法人或者其他组织合法权益而建立起来的监督行政法律制度。行政复议（也称诉愿）是指公民、法人或者其他组织（相对人），不服行政机关的具体行政行为提出申诉，上一级行政机关或者法律、法规规定的其他机关，根据相对人的申请，依法对原具体行政行为进行复查并作出决定的一种具体行政行为。中国的行政复议制度始建于20世纪50年代初，80年代初得到了巨大发展。从80年代初到1991年1月1日起正式施行的行政复议条例的出台，标志着行政复议制度成熟。我国已有100多个法律、行政法规规定了行政复议。这些规定，对有效地解决行政争议，加强行政机关自身监督，发挥了积极作用。据调查，在向法院提起诉讼的行政案件中，有近90%是经过复议的；在治安行政案件中，有85%是通过复议解决的。

但是，行政复议制度作为一种监督行政法律制度，是行政机关自律的制度，因此，行政复议的受案范围要比作为外部监督行政法律制度的行政诉讼制度的受案范围广。行政复议受案范围与行政诉讼受案范围的关系是，凡是可以提起行政诉讼的具体行政行为都是可以申请复议的具体行政行为，但可以申请复议的具体行政行为则不一定成为行政诉讼中可诉的具体行政行为。一方面，有些具体行政行为只能申请复议，而不能提起行政诉讼。例如，《中华人民共和国集会游行示威法》规定，申请举行集会、游行、示威不被许可不能提起行政诉讼，但是，"集会、游行、示威的负责人对主管机关不许可的决定不服的，可以自接到决定通知之日起三日内，向同级人民政府申请复议，人民政府应当自接到申请复议书之日起三日内作出决定"。另一方面，有些具体行政行为，当事人可以自由选择行政复议或行政诉讼来解决争议，但当事人如果选择了行政复议，则行政复议的裁决为终局裁决，当事人不得提起行政诉讼。如《中华人民共和国外国人入境出境管理法》第29条规定："受公安机关罚款或者拘留处罚的外国人，对处罚不服的，在接到通知之日起十五日内，可以向上一级公安机关提出申诉，由上一级公安机关作出最后的裁决，也可以直接向当地人民法院提起诉讼"。

行政复议制度作为行政机关内部的监督行政法律制度，在对行政管理相对人的合法权益进行行政救济的同时，并没有排斥行政管理相对人的合法权益获得司法救济的可能性，而是在制度上与行政诉讼制度紧密地结合起来，从而充分地肯定了行政机关依法行使行政职权所产生的具体行政行为应接受人民法院的司法审查这一现代行政法治原则。行政复议条例第36条明确肯定了行政复议是行政诉讼的前置程序这一复议原则，从两个方面确定行政复议的前置性。一是法律、法规规定应当先向行政机关申请复议，对复议不服再向人民法院提起诉讼的，申请人对复议机关不予受理的裁决不服，可以在收到不予受理裁决书之日起15日内，向人民法院起诉。二是法律、法规有明确的规定，按照这种规定向人民法院提起行政诉讼。

行政诉讼法则将行政复议的前置性进一步具体化。行政诉讼法第37条规定，对属于人民法院受案范围的行政案件，公民、法人或者其他组织可以先向上一级行政机关或者法律、法规规定的行政机关申请复议，对复议不服的，再向人民法院提起诉讼，也可以直接向人民法院提起诉讼。法律、法规规定应当先向行政机关申请复议，对复议不服再向人民法院提起诉讼的，依照法律、法规的规定办理。此外，行政诉讼法为了保障作为行政诉讼前置程序的行政复议对行政监督的作用，对行政复议作为行政诉讼前置程序时效性作了严格的要求。第38条第1款规定，公民、法人或者其他组织向行政机关申请复议的，复议机关应当在收到申请书之日起2个月内作出决定。法律、法规另有规定的除外。这是从保证行政诉讼的司法救济作用的角度对行政复议的时限作出的法律要求。第38条第2款规定，申请人不服复议决定，可以在收到复议决定书之日起15日内向人民法院提起诉讼。复议机关逾期不作决定的，申请人可以在复议期满之日起15日内向人民法院提起诉讼。法律另有规定的除外。这是从保证行政复议的行政救济作用的角度对行政管理相对人请求司法救济所作的时限要求。上述两种时限要求对充分发挥行政复议和行政诉讼各自监督行政的作用以及突出行政复议作为行政诉讼的前置程序的法律特征具有非常重要的意义。

（二）人民法院对行政案件的两审终审制

两审终审制是我国诉讼活动的一项重要法律原则，行政诉讼也不例外。

1. 起诉和受理

与民事诉讼不一样的是，行政诉讼的起诉只能由行政争议当事人一方，即行政管理相对人提出，而行政争议当事人另一方行政主体则不能对行政管理相对人提起行政诉讼。这一点充分反映了行政诉讼是因监督行政的需要而产生的。

根据行政诉讼法的规定，作为行政管理相对人的公民、法人或者其他组织有权提起行政诉讼。公民、法人或者其他组织直接提起行政诉讼的，应当在知道作出具体行政行为之日起3个月内提出。公民、法人或者其他组织就行政争议先申请行政复议，再向人民法院起诉的，应当在收到复议裁决书之日起15日内向人民法院提出诉讼，如果是复议机关逾期不作决定的，申请人可以在复议期满之日起15日内向人民法院提起诉讼。

作为行政管理相对人的公民、法人或者其他组织所提起的行政诉讼，人民法院是否予以立案主要取决于提起诉讼是否符合法律规定的必要条件，即：第一，原告是认为具体行政行为侵犯其合法权益的公民、法人或者其他组织；第二，有明确的被告；第三，有具体的诉讼请求和事实根据；第四，属于人民法院受案范围和受诉人民法院管辖。人民法院接到起诉状，经审查，应当在7日内立案或者作出裁定不予受理。原告对裁定不服的，可以提起上诉。

2. 一审审理程序

一审审理程序也就是一审人民法院对行政案件行使司法审查权，对行政主体的具体行政行为的合法性进行审查的程序。行政诉讼法对行政诉讼一审审理程序的内容作了以下规定。

（1）发送起诉状、答辩状副本。人民法院自立案之日起5日内将起诉状副本发送被告。被告应在收到起诉状副本之日起10日内向法院提交作出具体行政行为的有关材料，并提出答辩状（被告不提出答辩状，不影响法院审理）。法院应在收到答辩状之日起5日内，将答辩状副本发送原告。

（2）送达开庭通知和发布开庭公告。人民法院审理行政案件，应当在

3 日前通知当事人和其他诉讼参加人。公开审理的,应公告当事人姓名、案由和开庭时间、地点。

(3) 法庭调查和法庭辩论。行政诉讼的法庭调查顺序可参照民事诉讼法第 124 条的规定进行,法庭辩论可参照民事诉讼法第 127 条的规定进行。

(4) 合议庭评议,作出判决或裁定。合议庭评议由审判长主持,实行少数服从多数的原则。评议中有不同意见的,应如实记入笔录。但判决或裁定依合议庭多数成员的意见作出。

(5) 宣判。宣判可以当庭进行,也可以定期进行。当庭宣判的,应在 10 日内发送判决书;定期宣判的,应在宣判后立即发给判决书。

由于行政诉讼只是一种监督行政的法律制度,在行政诉讼中,人民法院行使司法审查权对具体行政行为是否合法进行审查,而不是人民法院通过行使司法审查权来制约行政机关行使行政职权,因此,行政诉讼法规定,在诉讼期间,不停止具体行政行为的执行,除非有下列情形的:其一,被告认为需要停止执行的;其二,原告申请停止执行,人民法院认为该具体行政行为的执行会造成难以弥补的损失,并且停止执行不损害社会公共利益,裁定停止执行的;其三,法律、法规规定停止执行的。

由于行政诉讼是行政管理相对人的合法权益的司法救济手段,因此,作为行政诉讼前置程序的行政复议的行政救济效力就可能在行政诉讼中被否定,这样就容易造成行政主体或者是复议机关利用行政职权干涉行政诉讼活动的情况产生。为了保证行政诉讼活动的正常开展,维护人民法院行使司法审查权的法律权威性,行政诉讼法第 49 条规定,诉讼参与人或者其他人有下列行为之一的,人民法院可以根据情节轻重,予以训诫,责令具结悔过或者处 1000 元以下的罚款,15 日以下的拘留;构成犯罪的,依法追究刑事责任。其一,有义务协助执行的人,对人民法院的协助执行通知书,无故推拖、拒绝或者妨碍执行的;其二,伪造、隐藏、毁灭证据的;其三,指使、贿买、胁迫他人作伪证或者威胁、阻止证人作证的;其四,隐藏、转移、变卖、毁损已被查封、扣押、冻结的财产的;其五,以暴力、威胁或者其他方法阻碍人民法院工作人员执行职务或者扰乱人民法院工作秩序的;其六,对人民法院工作人员、诉讼参与人、协助执行人侮辱、诽谤、诬陷、殴打或者打击报复的。

针对行政诉讼随行政争议的变化而变化的诉讼特征,在行政诉讼过程中，经人民法院两次合法传唤，原告无正当理由拒不到庭的，视为申请撤诉；被告无正当理由拒不到庭的，可以缺席判决。人民法院对行政案件宣告判决或裁定前，原告申请撤诉的，或者被告改变其所作的具体行政行为，原告同意并申请撤诉的，是否准许，由人民法院裁定。

3. 二审程序

二审终审制是我国司法审判制度公正性的体现，通过二审对一审判决和裁定的合法性进行审查，正确、及时地解决当事人之间的行政争议。为了确保行政诉讼二审的顺利进行，行政诉讼法从下列几个方面突出了二审程序的法律特征。

（1）规定一审时限。行政诉讼法第57条规定，人民法院应当在立案之日起3个月内作出第一审判决。有特殊情况需要延长的，由高级人民法院批准，高级人民法院审理第一审案件需要延长的，由最高人民法院批准。

（2）规定上诉期限。行政诉讼法第58条规定，当事人不服人民法院第一审判决的，有权在判决书送达之日起15日内向上一级人民法院提起上诉。当事人不服人民法院第一审裁定的，有权在裁定书送达之日起10日内向上一级人民法院提起上诉。逾期不提起上诉的，人民法院的第一审判决或者裁定发生法律效力。

（3）二审书面审原则。行政诉讼法第59条规定，人民法院对上诉案件，认为事实清楚的，可以实行书面审理。

（4）规定二审时限。行政诉讼法第60条规定，人民法院审理上诉案件，应当在收到上诉状之日起两个月内作出终审判决。有特别情况需要延长的，由高级人民法院批准，高级人民法院审理上诉案件需要延长的，由最高人民法院批准。

4. 再审程序

行政诉讼法对行政诉讼再审程序的启动条件作了详细规定，主要包括四种情况。

（1）当事人对已经发生法律效力的判决、裁定，认为确有错误的，可以向原审人民法院或者上一级人民法院提出申诉，但判决、裁定不停止执行。

（2）人民法院院长对本院已经发生法律效力的判决、裁定，发现违反法律、法规规定认为需要再审的，应当提交审判委员会决定是否再审。

（3）上级人民法院对下级人民法院已经发生法律效力的判决、裁定，发现违反法律、法规规定的，有权提审或者指令下级人民法院再审。

（4）人民检察院对人民法院已经发生法律效力的判决、裁定，发现违反法律、法规规定的，有权按照审判监督程序提出抗诉。

五　行政诉讼的判决及其法律适用

（一）行政诉讼判决的种类及其内容

1. 一审判决

行政诉讼法规定，人民法院审理行政案件，除非有特殊情况，经高级人民法院或最高人民法院批准延长期限外，必须从立案之日起 3 个月内作出一审判决。一审判决的形式包括维持判决、撤销判决、履行判决、变更判决四种。

维持判决指人民法院经过对具体行政行为的审查，认定相应具体行政行为证据确凿，适用法律、法规正确，符合法定程序，从而作出否定原告对相应具体行政行为的指控，维持被原告指控的具体行政行为的判决。

撤销判决指人民法院经过对具体行政行为的审查，认定相应的具体行政行为具有行政诉讼法第 54 条第 2 项规定情形之一的，作出满足原告请求、撤销被告所作出的具体行政行为的判决。行政诉讼法第 54 条第 2 项规定的 5 种情形为：①主要证据不足；②适用法律、法规错误；③违反法定程序；④超越职权；⑤滥用职权。这与维持判决适用于具有行政诉讼法第 54 条第 1 项规定的各种情形（而不是情形之一）不同。撤销判决有三种形式，即：判决全部撤销；判决部分撤销；判决撤销并责成被告重新作出具体行政行为。撤销判决既反映了人民法院在行政诉讼中通过行使司法审查权对行政机关依法行使行政职权合法性的法律监督作用，又体现了通过司法审查途径实现的监督行政作用并不等于司法审判权对行政机关行政职权的制约和干预，而是从监督行政机关依法行使行政职权合法性的角度来促进行政机关依法行政。

履行判决适用的是两种情形：行政机关不履行法定职责；行政机关拖延履行法定职责。就行政诉讼的受案范围而言，履行判决是针对三项不作为行为作出的裁决：①行政机关拒绝颁发许可证、执照或对相对人一方的相应申请不予答复的行为；②行政机关拒绝履行保护人身权、财产权的法定职责或者对相对人一方的相应申请不予答复的行为；③行政机关不依法发给相对人一方抚恤金的行为。履行判决体现了人民法院运用司法审查权监督行政机关积极行政的促进作用。

我国行政诉讼法原则上并没有赋予人民法院对具体行政行为的变更权。具体行政行为违法，人民法院只能判决撤销，对相应违法行为处理的问题需要重新作出处理决定的，判决行政机关重新依法作出处理决定，而不是由人民法院直接改变行政机关原作出的处理决定。但对于行政机关作出的行政处罚决定，我国行政诉讼法赋予人民法院以有限的变更权，即对显失公正的行政处罚可以变更。这种规定主要出于行政处罚自由裁量的幅度较大，因此，相对于其他具体行政行为来说更容易侵犯行政管理相对人的合法权益。

2. 二审判决

行政诉讼法规定，人民法院审理上诉案件，除非有特殊情况经高级人民法院或最高人民法院批准延长期限外，必须自收到上诉状之日起两个月内作出二审判决，即终审判决。二审判决只有两种形式：维持判决和改判。二审判决虽然具体内容并没有直接指向行政主体和行政管理相对人之间的行政争议，但判决的法律效力是直接针对行政主体和行政管理相对人之间的实体法律关系的。

（二）中国行政诉讼的法律适用

行政诉讼制度设置的主要目的是通过行政诉讼活动来解决行政主体和行政管理相对人之间的行政争议。在行政诉讼活动中，行政争议的解决是通过人民法院行使司法审查权来实现的。因此，行政诉讼能否有效地解决当事人之间的行政争议，关键在于人民法院能否依法行使司法审查权进行司法审查。人民法院要依法行使司法审查权，首先就要正确地适用法律。这里正确地适用法律进行司法审查主要包括两层含义：一是正确地依照程序法，保证司法审查程序的合法性；二是正确地适用实体法，确保司法审查结论的合法性。

1. *司法审查适用的程序法*

人民法院对具体行政行为进行合法性审查是在行政诉讼过程中进行

的。因此，其司法审查程序的进行必须依据行政诉讼法律规范。在我国，行政诉讼法律规范主要集中在《中华人民共和国行政诉讼法》内。此外，《中华人民共和国民事诉讼法》以及其他有关法律、法规也为行政诉讼确立了许多必须遵循的程序法律规范。

现行行政诉讼法吸收了某些民事诉讼法律规范。但是，民事诉讼法中还有一些应为行政诉讼法中司法审查适用或可适用的法律规范，现行行政诉讼法并未反映，也未直接规定它们的法律适用力。依据人民法院行使司法审判权原则，人民法院在行政诉讼中应该适用或稍作变通加以适用。如民事诉讼法关于合议庭评议案件的规范、人民法院指定代理人的规范、诉讼保全和先行给付的规范、诉讼中止和诉讼终结的规范、再审程序的规范等都可以适用于行政诉讼中的司法审查。

在行政诉讼中，司法审查在程序上除依据行政诉讼法和民事诉讼法的部分规范外，还要依据有关法律、法规。这些法律、法规主要涉及下列程序规范，如相对人可以对一定具体行政行为提起行政诉讼的规范、一定具体行政行为由行政机关作出最终裁决的规范，诉讼期间停止具体行政行为执行的规范、人民法院对一定行政案件不公开审理的规范等。

2. 司法审查适用的实体法

司法审查是人民法院根据一定的标准判断具体行政行为的合法性，因此，人民法院要保证司法审查结论准确、合法、有效，就不能任意地对具体行政行为的合法性进行评价，而必须依照一定的调整具体行政行为的实体法进行审查和依法作出判断。行政诉讼法第52条对司法审查适用的实体法作了原则性规定，人民法院审理行政案件，以法律和行政法规、地方性法规为依据。地方性法规适用于本行政区域内的行政案件。人民法院审理民族自治地方的行政案件，并以该民族自治地方的自治条例和单行条例为依据。

与行政复议相比，行政诉讼所适用的实体法其法律效力要求高。根据行政复议条例第41条的规定，复议机关审理复议案件，以法律、行政法规、地方性法规、规章，以及上级行政机关依法制定和发布的具有普遍约束力的决定、命令为依据。复议机关审理民族自治地方的复议案件，并以该民族自治地方的自治条例、单行条例为依据。行政诉讼并没有规定以规章为依据，因为规章是由部门行政机关或地方行政机关制定的，对人民法院行使司法审查权的行为不应该有法律约束力。但考虑到相当多的具体行政行为是直接依据规章产生的，因此，人民法院对具体行政行为进行合法性审查，如果完全不考虑规章的法律效力会给司法审查工作造成巨大不便，因此，行政诉讼法第 53 条规定，人民法院审理行政案件，参照国务院部、委根据法律和国务院的行政法规、决定、命令制定、发布的规章以及省、自治区、直辖市和省、自治区的人民政府所在地的市和经国务院批准的较大市的人民政府根据法律和国务院的行政法规制定、发布的规章。行政机关制定的具有普遍约束力的决定、命令，则不能作为人民法院司法审查的依据，否则会降低司法审查监督行政的作用。

六　行政诉讼的执行及赔偿责任

（一）行政诉讼执行的条件及种类

1. 执行条件

行政诉讼的执行必须在当事人拒绝履行判决、裁定或行政赔偿调解书的情形下才能进行。这一执行条件包括以下几层含义。

（1）需要执行的判决、裁定或行政赔偿调解书应该是已经发生法律效力的。如果判决、裁定还在法定上诉期中，尚未发生法律效力，人民法院或行政机关均不能强制执行。

（2）当事人拒绝履行判决、裁定或行政赔偿调解书。判决、裁定、行政赔偿调解书虽已发生法律效力，但如果当事人已经开始履行，或表示愿意履行，并正在作履行的准备，人民法院或行政机关也不应对之采取强制执行措施。

（3）法院对发生法律效力的行政判决、裁定、行政赔偿调解书的强制执行，通常应以一方当事人的申请进行。

（4）人民法院执行员接到申请执行书或移交执行书，应当在 10 日内了解案情，并通知执行人在指定期间内履行，逾期不履行的，强制执行。

2. 执行种类

行政诉讼的执行分为两类：一类是对作为原告的公民、法人或者其他组织的执行措施；另一类是对作为被告的行政机关的执行措施。两种执行由于被执行人性质不同，其具体措施也有所差异。

（1）对公民、法人或者其他组织的执行措施。行政诉讼法第65条第2款规定，公民法人或者其他组织拒绝履行判决、裁定的，行政机关可以向第一审人民法院申请强制执行，或者依法强制执行。第66条又规定，公民、法人或者其他组织对具体行政行为在法定期限内不提起诉讼又不履行的，行政机关可以申请人民法院强制执行，或者依法强制执行。

依照最高人民法院司法解释的有关规定，对公民、法人或者其他组织强制执行的内容主要包括：裁定冻结、划拨被执行人的存款；扣留、提取被执行人的劳动收入；裁定查封、扣押、冻结、拍卖、变卖被执行人的财产；强制被执行人迁出房屋，拆除违章建筑，退出土地。

（2）对行政机关的执行措施。根据行政诉讼法第65条的规定，人民法院对拒绝履行行政判决、裁定的行政机关，可以采取下述强制措施：对应当归还的罚款或者应当给付的赔偿金，通知银行从该行政机关的账户内划拨；在规定期限内不履行的，从期满之日起，对该行政机关按日处50～100元的罚款；向该行政机关的上一级行政机关或者监察、人事机关提出司法建议。接受司法建议的机关，根据有关规定进行处理，并将处理情况告知人民法院。拒不履行判决、裁定，情节严重构成犯罪的，依法追究主管人员和直接责任人员的刑事责任。

（二）行政机关侵权赔偿责任的起诉及追究

行政机关及其国家公务员在依法行使行政职权的过程中所作出的具体行政行为侵犯行政管理相对人合法权益的，根据行政诉讼法的规定，除了由人民法院通过行使司法审查权对具体行政行为的合法性予以监督纠正之外，对于因具体行政行为给行政管理相对人合法权益造成损害的，行政管理相对人有权请求赔偿。行政诉讼法的上述规定使行政管理相对人的合法权益得到了实质的司法救济。

对于行政机关侵权赔偿责任的起诉，主要有两种情形。①根据国家赔偿法第9条第2款规定："赔偿请求人要求赔偿应当先向赔偿义务机关提出，也可以在申请行政复议和提起行政诉讼时一并提出。"②根据行政诉讼法第67条第2款的规定："公民、法人或者其他组织单独就损害赔偿提出请求，应当先由行政机关解决。对行政机关的处理不服，可以向人民法院提出诉讼。"

对于侵权赔偿责任的追究，行政诉讼法第 68 条明确规定，"行政机关或者行政机关工作人员作出的具体行政行为侵犯公民、法人或者其他组织的合法权益造成损害的，由该行政机关或者该行政机关工作人员所在的行政机关负责赔偿"。上述规定明确了我国行政侵权赔偿责任的承担主体是国家行政机关，而不是实施具体行政行为的国家公务员。这种规定，一方面体现了国家公务员所作出的具体行政行为是代表国家行政机关依法行使行政职权产生的，因此，国家行政机关应该对国家公务员依法行使行政职权的行为负责；另一方面，由于国家行政机关具有较强的赔偿责任能力，因此，由国家行政机关承担侵权赔偿责任有利于保护公民、法人或者其他组织的合法权益。

当然，对于行使行政职权中存在着故意或重大过失的国家公务员，行政诉讼法规定了行政机关享有对其的追偿权，即行政机关赔偿损失后，应当责令有故意或者重大过失的国家公务员承担部分或全部赔偿费用。国家赔偿法则进一步规定，对有故意或重大过失的责任人员，有关机关应当依法给予行政处分；构成犯罪的，应当依法追究刑事责任。

七　健全和完善我国行政诉讼制度的若干建议

自行政诉讼法于 1990 年 10 月 1 日正式实施以来，人民法院审理了大量的行政案件，维护了行政管理相对人的合法权益。同时还对行政机关执法活动的合法性进行了有效的法律监督。[1] 行政诉讼制度在贯彻依法治国、建设社会主义法治国家的治国方略的过程中起着重要的保驾护航作用。随着社会主义市场经济的不断发展和体制改革的不断深入，行政诉讼制度中一些不适应新形势、新情况需要的地方越来越成为社会公众关注的焦点，有必要在总结行政审判工作实践经验的基础上对现行的行政诉讼制度加以

---

[1] 以北京市行政审判的实际情况来看，截至 1997 年 5 月，全市行政审判机关共审理了数以千计的行政诉讼案件，这些案件的类型已经达到 57 种，涉及从国务院部、委、办、局、署到地方的四级政府的 140 多个行政机关和法律、法规授权的组织；行政机关和法律、法规授权的组织在多年的行政审判中的败诉率均在 10% 左右（在全国处于低比例）。参见北京市高级人民法院编《首都法院有影响的行政审判案件精选（1997 年）》。

健全和完善。当前,需要在行政诉讼制度中加以解决的问题主要涉及行政诉讼的原告和被告资格问题、行政行为的可诉性问题、司法变更权的适应性问题、行政诉讼的检察监督问题、行政诉讼制度与其他诉讼制度和法律制度的衔接问题以及行政审判方式改革问题等等。上述这一系列问题都是在行政审判的实践中产生的,由于行政诉讼法立法时技术上的欠缺和当前行政诉讼制度所遇到的新问题,在行政审判的实践中对上述各项问题的处理出现了争议和不同的看法,已经在某种程度上严重地影响了行政诉讼制度功能的有效发挥,必须在认真调查研究的基础上,对行政诉讼法和有关的法律、法规的规定作出修改和加以完善。

(一)行政诉讼的原告和被告资格问题

1. 行政诉讼的原告资格应该扩大

目前基于行政诉讼法和有关法律、法规的规定,可以向人民法院提起行政诉讼案件的是作为行政管理相对人的公民、法人和其他组织。这样的规定基本上将行政诉讼的原告资格定位在与行政机关相对应的行政管理对象上,也就是说,如果作为行政机关直接管理对象的公民、法人和其他组织的合法权益受到行政机关和行政机关工作人员的具体行政行为的侵害时,可以向人民法院提起行政诉讼,要求行政机关停止侵权行为。但是,在实际的行政管理过程中,受到行政机关和行政机关工作人员所实施的违法具体行政行为侵害的对象并不限于作为行政管理相对人的公民、法人和其他组织。与行政机关和行政机关工作人员所作出的具体行政行为相关的利害关系人的合法权益也容易遭到侵犯,因此,如果在制度上不肯定利害关系人(即行政诉讼中的第三人)的行政诉讼原告资格,就很可能造成利害关系人的合法权益得不到法律的有效保护。在实际中出现的行政机关和行政机关工作人员所实施的具体行政行为对利害关系人的合法权益产生影响的情况,最突出的现象是行政执法机关对作为行政管理相对人的外商投资企业或者联营企业作出某种行政处罚决定时,外商投资企业或者联营企业的合作方对行政执法机关的行政处罚决定的态度是不一致的,对行政执法机关的行政处罚决定有意见的合作方很可能由于另一方不同意以外商投资企业或者联营企业法人的名义提起行政诉讼而导致自己的合法权益受到侵害。① 另外，行政机关和行政机关工作人员所作出的具体行政行为涉及的第三人的合法权益，与民事诉讼中的第三人的合法权益的法律保护有所不同。在民事诉讼中，不论是因原告而产生的第三人，还是因被告而产生的第三人，其利益都是与原告和被告在诉讼中的结果相关的。原告和被告在民事诉讼中如果不能维护第三人的合法权益，那么，第三人还可以另行通过民事诉讼来维护自己的合法权益。但是，在行政诉讼中就不一样。如果有资格作为原告的行政管理相对人不提起行政诉讼，那么，第三人的被侵害的合法权益就无法寻求有效的法律保护。因为在行政诉讼中，侵权的主体是行政机关，这一点是非常明确的。因此，不论行政诉讼审判的结果如何，作为行政诉讼的被告，如果第三人可以提起行政诉讼，理论上第三人的合法权益是可以受到法律的有效保护的。因此，有必要在行政诉讼法中肯定第三人的独立的行政诉讼原告资格，即第三人可以独立地向人民法院提起行政诉讼，不受行政管理相对人是否向人民法院提起行政诉讼的影响。

2. 被告资格需要进一步明细化

行政诉讼法所确定的行政诉讼的被告资格涉及直接有权作出具体行政行为的国家行政机关，法律、法规授权的组织，行政机关委托的组织等，直接有权作出具体行政行为的国家行政机关当然符合行政诉讼被告资格，法律、法规授权的组织在授权范围内也符合行政诉讼被告资格，行政机关委托的组织所作的具体行政行为由委托的行政机关作为被告。上述关于行政诉讼被告资格的规定在实践中并没有包括依法有权作出具体行政行为的所有行政主体，如综合执法机构所进行的行政处罚、社会公益组织所行使的部分行政管理职能都没有很好地纳入行政诉讼的范畴。

就综合执法机构所进行的行政处罚而言，行政诉讼法并没有明确这种行政执法主体的法律地位，但是，《中华人民共和国行政处罚法》（以下简称行政处罚法）对此有比较明确的规定。行政处罚法规定，国务院或者经国务院授权的省级人民政府可以决定一个行政机关行使有关行政机关的行

---

① 如1997年发生的全国最大偷税案，深圳宝安宝日高尔夫有限公司在收到税务机关的行政处罚决定后，由于中外方对税务机关的行政处罚决定的态度不一致，外方欲以深圳宝安宝日高尔夫有限公司的名义对税务机关提起行政诉讼无法实现，而人民法院又没有受理由外方直接提出的行政诉讼。类似的情况还在很多外商投资企业中发生过。

政处罚权（除限制人身自由的行政处罚只能由公安机关行使外），上述规定为综合执法机构行使行政处罚权提供了最直接的法律依据。在实践中综合执法机构能否成为行政诉讼的被告，一直存在争议。实践中，一种情况是从各个有行政处罚权的行政机关抽调执法人员共同组成综合执法机构，政府任命或者专派领导人员主持或协调综合执法机构的工作，各被抽调的执法人员分别代表自己所在的原执法机构实施处罚，综合执法机构仅具有形式上的意义。一旦引起行政诉讼，通常由各执法人员的原行政机关充任被告。这种性质的综合执法机构实质上是多余设置的机构，而且还会产生综合执法机构与原执法机构之间互相推诿法律责任的现象。另一种情况是政府因需要成立综合政府机构后，该机构有自己的独立性，却没有法定的行政处罚职权，在具体的工作中只能占用其他执法机构的职权，并容易引起职权纠纷。至于这种综合执法机构产生了侵权行为，在实际中有以人民政府作为被告的，也有以综合执法机构为被告的，但是，以综合执法机构为被告，由于综合执法机构没有固定的法定处罚权，所以，对这样的行政诉讼案件的受理也缺少法律依据。[①] 所以，从完善行政诉讼制度的角度出发，综合执法机构不能简单地作为相关执法机构执法职能的相加，而应该视为人民政府的执法机构，由设立综合执法机构的人民政府承担法律责任，只有这样，综合执法机构的法律地位才能清晰，受综合执法机构执法行为侵害的行政管理相对人才能通过行政诉讼途径获得被侵害权益的有效救济。

公益组织并不是行政机关，按照行政诉讼法的规定，行政诉讼中的被告只能是国家行政机关或者是法律、法规授权的组织。但是，在立法实践中，存在许多规章授权产生的公益组织，这些公益组织根据规章的授权，行使部分行政管理职能。如1991年建设部、劳动部、公安部联合发布的《城市燃气安全管理规定》第38条、第39条分别规定了城市燃气生产、储存、输配、经营单位对违反该规定的行为有权加以制止、限期拆除违章设施、责令赔偿或恢复原状，甚至采用暂停供气的措施。第40条又规定了当事人不服处罚的，可以依照行政诉讼法的规定向人民法院起诉。再如《全国供用电规则》和能源部农电〔1989〕1286号文件，分别给予供电局

---

① 丁丽红、黎军：《试析行政处罚法所带来的行政诉讼变化》，《法商研究》1996年第4期。

（企业）和乡电管站一定的电力管理职能。而且，行政复议条例将规章授权的组织与法律、法规授权的组织放在同等法律地位。由此可见，关于授权组织能否成为行政诉讼的被告问题由于法律、法规和规章之间作了矛盾性的规定，致使在实践中出现了执法不一致的情况。如果从依法行政的角度出发，应该坚持行政诉讼法以及行政处罚法中关于法律、法规可以授权的规定，至于规章，由于在行政审判中仅仅是处于参照的地位，所以，一般不宜再规定授权事项。已经规定规章可以授权的，应该在一定的时间内尽快撤销。

（二）行政行为的可诉性问题

行政诉讼法对行政行为的可诉性是通过列举和排除两种方式加以确定的。根据行政诉讼法的规定，行政机关和行政机关工作人员实施的行政行为中只有部分具体行政行为可以被提起行政诉讼。这样的规定在行政诉讼实践中所引起的法律问题主要集中在两个方面：一是可诉的具体行政行为的范围不清，没有上下限；二是抽象行政行为被完全排除在行政诉讼之外，结果触发了行政机关大量规避行政诉讼的现象。对于上述两个问题，行政法学界进行了多次反复的研讨，最突出的问题就是行政诉讼法与行政复议条例没有完全衔接，对抽象行政行为的性质认识存在分歧。

从行政机关和行政机关工作人员所实施的具体行政行为来看，大量的行政不作为和行政裁决案件不能进入行政诉讼之中。行政不作为表现在行政机关没有认真地维护社会公共利益，如税务机关对偷税者听之任之，公安机关对违反治安管理规定的违法者采取放纵的态度，结果造成了行政管理秩序的失序。上述行政不作为，社会公众的意见和反应非常大，但是，由于在制度上缺少相应的诉讼制度与之衔接，所以，行政不作为尽管属于具体行政行为的范畴，但是，却大量地被排斥在人民法院司法审查范围之外。行政机关以调解人的身份参与公民之间的民事法律纠纷，常常会出现采用强迫、欺骗手段进行的调解、显失公正的调解和规避法律的调解现象，而《最高人民法院关于贯彻执行〈中华人民共和国行政诉讼法〉若干问题的意见（试行）》第6条规定，行政机关对公民、法人或者其他组织之间以及他们相互之间的民事争议作调解处理，当事人不服向人民法院起诉的，人民法院不作为行政案件处理。所以，行政机关所进行的行政调解和行政裁决案件很容易侵犯当事人的合法权益。如行政机关在处理交通事故的过程中，对于涉及赔偿问题进行调解时常常是带有强制性的，不论当事人彼此是否接受，行政机关先入为主的结论在很大程度上限制了当事人继续通过民事诉讼程序向人民法院提起民事诉讼。此外，行政机关内部行政行为也被排除在行政诉讼的范围之外，这种制度在实际中产生的问题是行政机关工作人员的合法权益常常不能得到有效的法律救济。如有些行政机关的领导官僚主义作风严重，听不进不同意见，对于持不同意见者采取管、卡、压的方式，由于受害人只能通过行政机关内部来陈述自己的冤情，加上行政机关领导的打击报复行为往往是通过合法的形式出现的，所以，一旦遭到行政机关个别领导的暗算只能投诉无门。因此，对于行政机关内部行政行为侵权的应该给予司法上一定的救济渠道。

从行政机关所实施的抽象行政行为来看，行政法学界没有在抽象行政行为与行政立法行为之间划清界限。许多人将抽象行政行为等同于行政立法行为。[①] 其实，从法律行为的性质来看，抽象行政行为与行政立法行为是有区别的。从广义上来看，由于行政立法的指向是针对不特定对象的，所以，行政立法行为具有抽象行政行为的性质。但是，如果将抽象行政行为与行政诉讼制度结合起来，就可能发现，行政立法行为根本不属于行政诉讼的范畴，因为根据我国现行宪法和法律的有关规定，对行政立法行为的法律监督是国家权力机关及其常设机构的法定职责，人民法院是无权进行司法审查的。否则，就会产生对行政机关所实施的抽象行政行为是否合法的两种不同的监督结论。这种理解不符合我国现行宪法所确定的人民代表大会制度的本质内涵。所以，从我国目前宪法制度的实际情况出发可以看到，抽象行政行为不应该包括行政立法行为，而只应指行政机关所实施的除了制定行政法规和规章之外的所有的针对不特定的对象采取的行政行为，如各种行政决定、行政决策行为等。这些行为目前尚未包括在行政立法行为中。由于行政诉讼法立法时行政法学界对抽象行政行为的内涵理解存在较大分歧，结果，抽象行政行为没有被纳入行政诉讼的范围。但是，由于抽象行政行为侵害行政管理相对人的合法权益，法律、法规中又没有明确规定具体的救济办法，致使行政诉讼法实施后，行政机关千方百计地

---

① 马原主编《行政审判实务》，北京师范大学出版社，1993，第51页。

规避行政诉讼的规定，也就是说在行政管理的实践中，出现了行政机关大量制定决定、命令的行为，并且由于规章在行政诉讼中只有参照作用，还可能会因为行政案件的审理被发现违法，所以，有些行政机关连制定规章的行为也很少进行。

由于行政诉讼法对于行政行为的可诉性规定得比较粗糙，致使在实际中，一些应该得到行政诉讼制度救济的当事人无法得到法律的有效保护，而行政机关规避法律、法规的现象却屡禁不止。为了全面监督行政机关行政行为的合法性，保护公民、法人和其他组织的合法权益不受行政机关和行政机关工作人员违法行政行为的侵犯，应该扩大行政行为的可诉性。具体而言，除了行政立法行为和有关国防、外交的行政行为不具有行政诉讼的可诉性之外，其他一切由行政机关和行政机关工作人员所实施的行政行为一旦侵犯了公民、法人和其他组织的合法权益，受害人都可以依据有关法律、法规的规定对侵权的行政机关在人民法院提起行政诉讼。当然，扩大行政诉讼的可诉性可能会造成行政案件的大量增加，对此，应该通过行政复议制度加以分流，或者是建立行政诉讼的初审制度，也可以设立行政诉讼审判的简易程序，提高行政诉讼案件审判的效率。不从根本上对行政行为的可诉性作出规定，因利用法律规定的空隙而侵犯公民、法人和其他组织的合法权益的现象就不可能从根本上加以杜绝。[1]

（三）司法变更权的适应性问题

行政诉讼法在1989年颁布后，人民法院和其他国家机关、部门做了大量的法制宣传工作，行政诉讼的观念逐步深入人心。1990年，全国法院审结一审行政案件13006件，1991年审结25667件[2]，但是，从1992年开始，行政案件仅增长7.5%，而1993年1～6月开始则出现了负增长，比上年同期下降了5.68%。从行政案件与民事案件受案的比例来看，行政案件不仅数量少，甚至出现了一些地方行政审判庭为了完成全年的任务而动员有关的行政管理相对人到法院起诉的不正常的现象的产生。行政案件减少与人民法院在行政诉讼中的作用弱化相关。根据行政诉讼法的规定，人

---

[1] 高鸿：《抽象行政行为可诉性研究》，《法律科学》1997年第4期，第33～39页。
[2] 《上海法制报》1993年11月19日。

民法院只有对行政机关作出的行政处罚显失公平的才能予以变更，而在行政管理的实践中，行政机关任意行使自由裁量权的行为却无法得到人民法院的纠正，这就使行政管理相对人对人民法院在行政诉讼中的作用产生了怀疑。而且，在行政审判的实践中，要证明行政机关所作出的行政处罚行为显失公平也并非是一件轻而易举的事情。以江西省抚州地区各级法院审理的354件一审行政案件来说，仅有2件得以作出变更的判决，占一审行政案件总数的0.56%，而全国法院的情况也与此相似，1991~1994年，全国法院"变更具体行政行为的有2269件，占结案总数的1.79%"。①

　　从依法行政的角度来看，行政机关过度地行使自由裁量权而不受法律的控制，就很容易破坏行政法治原则。因此，二战后，一些法治国家都扩大了法院的司法变更权的内容，如英国行政法上的特权救济手段是，法院可以以英王的名义发布要求公共权力机关遵守法律、修正错误的特别命令。法国行政法制度中也存在法院可以根据利害关系人的申请，纠正违法的和不当的行政行为。对于日益膨胀的行政自由裁量权设定司法变更权的控制，能够更好地保证行政机关依法行政。我国目前行政诉讼制度仅仅将司法变更权局限于行政处罚，而对于行政机关所实施的其他自由裁量权行为不能变更，这就在制度上无法防止行政机关自由裁量权在其他行政行为领域中的滥用。如在行政强制措施、行政许可等行政行为领域中，行政机关滥用行政自由裁量权很容易侵害行政管理相对人的权利。像公安机关、工商执法机关和计划生育执法机构在行政管理的实际中都很容易产生行使自由裁量权过度的问题，人民群众对这方面的问题的意见很大。所以，应该在行政诉讼制度中扩大人民法院的司法变更权，这样可以更好地发挥人民法院通过司法审查手段对国家行政机关的行政行为进行司法审查所起到的司法监督作用。

（四）行政诉讼的检察监督问题

　　我国的检察机关是国家的专门法律监督机关，其任务是通过监督国家权力的合法行使以维护国家法律得到统一正确的行使。行政诉讼法第10条规定，人民检察院有权对行政诉讼实行法律监督。从行政诉讼的实践来

---

① 高行征：《论行政审判工作与改革发展稳定的关系》，《中国法学》1995年第3期。

看，人民检察院介入行政诉讼的活动并不很多，主要是人民检察院在行政诉讼中的法律地位缺少明确的法律程序予以保障。根据行政诉讼法第64条的规定，人民检察院对人民法院已经发生法律效力的判决、裁定，有权按照审判监督程序提出抗诉。但是，现行的法律、法规中并没有规定人民检察院通过审判监督程序对行政诉讼案件提起抗诉的具体法律程序。如不服人民法院的判决和裁定的当事人能否直接向人民检察院提起申诉，人民检察院能否直接调阅人民法院审理行政案件的案卷及判决书、裁定书，人民检察院以抗诉人的身份如何参加行政诉讼以及人民检察院参加行政诉讼在案件审理过程中如何询问当事人等都缺乏明确有效的法律规定，而人民检察院参与行政诉讼的程序也不应该简单地参照人民检察院参与民事诉讼的程序。因为在行政诉讼中，人民检察院担负着监督国家行政机关执法和人民法院司法是否都合法的责任。这种监督是全方位的，尤其是人民检察院对行政机关所出作的具体行政行为的合法性可以独立地作出法律上的判断，而不仅仅限于对人民法院审判行政案件是否依法进行监督，所以，为了保障人民检察院能够全面地介入行政诉讼，对行政机关的行政行为和人民法院的司法审查行为的合法性进行有效的监督，应该在修订行政诉讼法的过程中将人民检察院监督行政诉讼的具体权限和法律上的程序明确予以肯定，或者是通过必要的司法解释予以明确，否则，行政诉讼制度确定的行政诉讼中的检察监督只能流于形式。

（五）行政诉讼制度与其他诉讼制度和法律制度的衔接问题

要从制度上进一步健全和完善我国的行政诉讼制度，除了对行政诉讼法中的若干与实践要求不相适应的规定加以调整，同时对实践所需要加以补充规定的内容及时地规定到法律中外，注重行政诉讼制度与相关法律制度的衔接也是健全和完善行政诉讼制度所必须加以强调的。具体说，行政诉讼制度应该注意与关系比较密切的几个法律制度的配套和衔接，如行政诉讼与刑事诉讼的衔接、行政诉讼与行政赔偿诉讼的衔接和行政附带民事诉讼等问题，都必须加以认真的研究。

1. 行政诉讼与刑事诉讼的衔接问题

根据行政诉讼法和刑事诉讼法以及有关的行政法律、法规的规定，目前，行政诉讼与刑事诉讼经常可能发生冲突的问题集中在三个方面：一是公安机关对行政管理相对人采取的拘留措施,如果当事人提起行政诉讼,那么,公安机关很可能马上就改为刑事拘留,以规避行政诉讼;二是对于公安机关所处理的行政治安案件,受害人认为构成轻伤害的,坚持要到人民法院提起刑事自诉,造成行政诉讼与刑事诉讼的冲突;三是人民法院在审理行政案件的过程中发现当事人的行为已经构成犯罪的,遂将案件移交公安机关作为刑事案件进行侦查,但是,公安机关不将这类案件作为刑事案件处理。对于行政诉讼与刑事诉讼可能出现的上述三个方面的冲突,如何从法律上加以妥善处理,是在健全和完善行政诉讼制度的过程中值得加以认真研究的。

对于上述行政诉讼与刑事诉讼可能出现的三种冲突,应该在法律上规定更加具体的制度来避免。如对于公安机关利用自己所具有的行政拘留和刑事拘留的两种职能规避行政诉讼,可以以当事人向人民法院提起行政诉讼时公安机关是否已经立案侦查为判断标准。因为根据刑事诉讼法的规定,公安机关对当事人进行刑事拘留的前提是已经进行刑事性质的立案,所以,不进行刑事立案,公安机关无权对当事人进行刑事拘留,这样就可以避免公安机关临时改变决定而侵犯当事人的合法权益。对于第二种可能出现的冲突,可以采取刑事吸收行政的原则,也就是说,如果在行政诉讼过程中,受害人提起了刑事自诉,行政诉讼应该中止,如果刑事自诉成立,那么,行政行为自然是违法的;如果刑事自诉不能成立,那么,当事人的行为可能是违法的,也可能不违法,所以,行政诉讼应该继续审理。如果在行政诉讼结束以后提起刑事自诉的,刑事自诉成立的话,就应该按照审判监督程序撤销行政诉讼判决。对于第三种冲突,人民法院可以根据已经查实的证据,判决撤销具体行政行为,以终结行政诉讼,同时,附带提出司法建议,将案件材料移送侦查机关处理。

2. 行政诉讼与行政赔偿诉讼的衔接问题

我国行政诉讼法和国家赔偿法都规定,行政赔偿之诉可以单独提起,由赔偿义务机关先行处理,也可以在提起行政诉讼的同时,附带提起行政赔偿诉讼,由人民法院一并审理。但是,在处理行政诉讼和行政赔偿诉讼的实际过程中,常常会出现行政赔偿诉讼与行政诉讼在时序上的关系问题。主要的问题有:行政管理相对人在提起行政诉讼时,因不知道行政侵权可以赔偿的规定,没有提起行政侵权赔偿诉讼,对于这种现象,应该建立人民法院审查行政案件立案条件的权利告诉制度，即由人民法院在立案时明确告知当事人如果行政诉讼撤销了行政机关的具体行政行为，当事人可以对行政机关作出具体行政行为给自己造成的损害提出赔偿要求。当事人自己主动放弃行政赔偿诉讼的，人民法院可以免责。对于当事人在行政诉讼期限届满后提起行政赔偿诉讼的，应该根据侵权的具体行政行为的违法性质予以不同对待。如果具体行政行为明显违法的，应该允许当事人提起行政赔偿诉讼；如果具体行政行为的违法情况比较复杂的，应该要求当事人向有赔偿义务的机关请求赔偿。对于行政管理相对人在提起行政诉讼和行政赔偿诉讼后，行政机关撤销了具体行政行为，相对人申请撤回行政诉讼但是仍坚持要求行政机关赔偿的，人民法院应当继续审理行政赔偿诉讼。因为行政赔偿诉讼成立的前提就是行政机关的具体行政行为违法，如果行政机关自己主动撤销了违法的具体行政行为，这就充分肯定了行政机关所实施的具体行政行为违法性的存在，如果受害人要求赔偿的，赔偿诉讼请求完全符合法律所规定的条件。

总之，为了保障当事人的行政赔偿权利，有必要在修改行政诉讼法的过程中将行政赔偿诉讼可能遇到的各种法律问题予以明确，或者是通过最高人民法院的司法解释来解决当事人提起行政赔偿诉讼的各种法律问题。

3. 行政附带民事诉讼问题

行政附带民事诉讼是指在行政诉讼过程中，人民法院根据当事人或者利害关系人的请求，受理与被诉具体行政行为密切相关的民事权益争议，将两种性质不同的争议并案审理。就行政附带民事诉讼的诉讼性质而言，它涉及两种性质的诉讼，即行政诉讼和民事诉讼，但是，行政诉讼是主诉讼，而民事诉讼是从诉讼。所以，从两种诉讼发生的时序上来看，只有行政诉讼成立，才能产生附带民事诉讼问题。如果行政诉讼不成立，有关当事人可以直接向人民法院提起民事诉讼，而不需要在行政诉讼过程中加以并案审理。行政附带民事诉讼的目的，就是通过将两种具有内在关联性的不同性质的诉讼结合在一起审理，从而提高人民法院审理行政案件和民事案件的效率。行政附带民事诉讼的范围在司法实践中认识并不一致，目前大致上有三种意见：第一种意见人民法院在审理行政诉讼案件的过程中，可以附带的民事诉讼仅限于因被诉具体行政行为引起的行政赔偿诉讼；第二种意见认为，行政附带民事诉讼，既包括因被诉具体行政行为引起的行政赔偿诉讼，又包括因被处罚人违法行为而引起的民事赔偿诉讼；第三种意见认为，在行政诉讼中可以附带的民事诉讼仅限于被处罚人或者是被侵害人在提起行政诉讼的同时，附带提起的因被处罚人违法行为引起的民事赔偿诉讼。①

对于上述三种意见，前两种意见都将行政赔偿诉讼视为行政附带民事诉讼的内容，这是不符合行政附带民事诉讼的本意的。虽然行政赔偿诉讼也涉及赔偿问题，但是，这种赔偿与一般的民事赔偿不同，它是因为行政机关实施了违法的具体行政行为而产生的，并且行政赔偿问题可以单独存在，还可以先于行政诉讼而存在。所以，行政赔偿诉讼不以行政诉讼的存在为先决条件。行政附带民事诉讼主要包括两种情况，一是受害人对被处罚人提起的民事诉讼，二是存在权益争议的当事人由权益受到人民法院保护的一方提出的民事诉讼。上述这两个行政附带民事诉讼的特点是如果行政诉讼中行政机关的具体行政行为违法，那么，有关的行政附带民事诉讼就很难产生。如被处罚人在行政诉讼过程中被证明是没有实施违法行为，那么受害人提出的民事赔偿请求也就相应地失去了事实依据和法律根据。再如，人民法院在行政诉讼中判决行政机关重新作出确权决定的，那么，权益发生争议的当事人也就无法向另一方请求民事赔偿，只能等到行政机关重新作出确权决定后再主张权利。对行政附带民事诉讼性质的界定有助于提高人民法院审理行政案件的效率，防止因行政附带民事诉讼问题影响行政诉讼案件的审理。对于行政附带民事诉讼案件提出的条件应该在有关的立法或者是司法解释中予以明确，防止在这个问题上给具体的行政审判工作造成麻烦。

（六）行政审判方式改革问题

从目前行政审判的实际情况来看，人民法院在行政案件的审判方式上还存在一些问题。如一些地方仍然实行院长、副院长立案制度；一些法院往往将在庭前核实原告是否违法作为调查的重点，甚至有的法院还在庭前

---

① 王保礼、刘德生：《行政附带民事诉讼问题探讨》，《行政法学研究》1996年第3期，第38页。

为被告主动收集和补充证据；在行政案件的庭审过程中不是将审判的重点放在审查行政机关的具体行政行为是否合法上，而是紧紧围绕着原告人是否实施了违法行为穷追不放，结果，行政诉讼本来是对行政机关的具体行政行为进行监督，而实际上成了审查原告人的违法行为；行政案件的判决和审理分离，合议庭在行政案件审判中的作用被淡化；等等。[1] 种种不正常的现象都涉及人民法院惧怕与行政机关弄僵关系，对行政案件的立案和审理加以制度上的种种限制，这样做的结果使得原告人对行政诉讼的结果失去信心，客观上造成"官官相护"的严重后果。所以，从依法行政、强化人民法院通过行政诉讼加强对行政机关行政行为进行司法审查的监督作用角度来看，有必要对人民法院审判行政案件的工作方式加以改革。具体说，可以从以下几个方面着手：由行政庭负责行政案件的立案，取消院长或者是副院长审查决定立案的制度，最大限度地保证当事人提起行政诉讼的权利；把行政案件的审判权交给合议庭，实行审理和判决合一制度，同时可以采取当庭宣判的形式，防止行政案件的审判结果受到有关行政机关的非法干涉；建立行政案件的简易审判程序，增加人民法院对行政案件的审判力量；强化行政案件庭审阶段质证的作用，加强对被告举证责任的要求，避免法官在庭前非制度化的处理方式出现；等等。

总之，健全和完善行政诉讼制度，直接关系到"依法治国，建设社会主义法治国家"的治国方略取信于民。我国行政诉讼制度作为与民事诉讼制度和刑事诉讼制度并行的三大诉讼制度之一，它承担着通过法律程序来有效地保护公民权利的重任，同时，作为"民告官"的主要法律渠道，其作用发挥得如何又与保障人民当家作主的权利紧密地结合在一起。不论是行政诉讼制度本身的建设，还是行政诉讼制度与其他法律制度的关系的协调都是社会主义行政法制建设的重要组成部分。参照国内外行政诉讼制度运作的经验，及时地改革和完善我国的行政诉讼制度是我国行政法制建设今后相当长的一段时间内的重要任务，必须根据行政管理活动的实际需要和保障公民权利的要求认真地加以对待。

---

[1] 王景龙、李刚：《行政审判方式改革浅谈》，《法制日报》1997年8月4日。

第七章 行政执法论

一 行政执法的含义与行政执法行为

(一) 行政执法的含义与特征

行政执法是20世纪80年代中后期我国出现的新提法和新概念。[1] 对于行政执法的含义，目前学术界的理解并不一致，大致有两种认识。一种认为"行政执法是行政机关执行法律的行为"。[2] 其他观点，如"行政执法指国家行政机关及其他得到行政授权的非行政组织，按照法定程序执行、适用行政法律规范的行政行为"[3]，"行政执法是指行政主体实施宪法、法律、行政法规、地方性法规、自治条例和单行条例、规章等法律规范的行为"[4] 等基本上也属于同一类型。按照这一认识，行政执法行为既包括抽象行政行为，也包括具体行政行为，行政执法实际上是与行政行为相当的概念。另一种认为行政执法是行政机关及其他行政主体针对特定的人和事实施法律规范的具体行政行为。如行政执法"即是主管行政机关依法对相

---

[1] 在1983年出版的我国首部行政法学教科书《行政法概要》以及同一时期的其他行政法著作中尚无行政执法的提法，20世纪80年代中期开始有人在行政法学研究中使用行政执法的概念，讨论行政执法问题，1988年以后行政执法成为行政法理论界与实务界普遍使用的一个术语。

[2] 罗豪才主编《行政法学》，中国政法大学出版社，1996，第183页。

[3] 黄子毅、陈德仲主编《行政法学基础教程》，中共中央党校出版社，1992，第123页。

[4] 王连昌、吴中林主编《行政执法概论》，中国人民公安大学出版社，1992，第16页。

对人①采取的具体的直接影响其权利义务或者对相对人权利义务的行使和履行情况进行监督检查的行为"② 是此类认识中具有代表性的观点。习惯上将第一种对行政执法的认识称为广义的行政执法，将第二种对行政执法的认识称为狭义的行政执法。由于我国行政法学界流行采用行政立法、行政执法、行政司法这一组概念去架构行政行为的理论体系，因此，在行政法学中，行政执法一般是狭义上的，特指行政机关以及其他行政主体作出的、除去制定法律规则和处理法律纠纷以外的其他具体行政行为。③

本文中的行政执法概念采用行政法学界的通说，即从狭义的角度理解行政执法，将行政执法定义为行政机关以及其他行政主体为执行有关法律规范，依照法定职权就特定的具体事项对特定的公民、法人或其他组织作出的直接或间接影响其权利义务的行为。

行政执法与行政立法、行政司法一起构成了行政行为的三大类型，④作为与行政立法和行政司法并列的一个概念，行政执法有以下基本特征。

第一，行政执法的对象具有特定性。行政执法对象的特定性表现在对人和对事两个方面：在对人方面，行政执法所指向的对象必定是具体而特定的公民、法人或其他组织；在对事方面，特定行政执法行为所涉及的事务必定是具有各种个性特征的具体事务，而不是具有共性特征的某一类事

---

① 相对人，也称行政相对方或相对一方，行政法学常用术语，指处在被管理地位、为行政行为所指向的公民、法人和其他组织。参见罗豪才主编《行政法学》，中国政法大学出版社，1996，第20页。

② 应松年、朱维究主编《行政法与行政诉讼法教程》，中国政法大学出版社，1989，第164页；罗豪才主编《行政法学》，中国政法大学出版社，1996，第183页。

③ 最高人民法院对行政诉讼法中的具体行政行为已作出司法解释〔最高人民法院关于贯彻执行《中华人民共和国行政诉讼法》若干问题的意见（试行）〕，依此解释，具体行政行为仅指在特定具体事项上直接影响特定的公民、法人或者其他组织权利义务的单方行为，范围较窄。而在学理上，具体行政行为的含义与最高人民法院的司法解释有所不同，其范围更宽泛一些，除直接影响特定公民、法人或组织权利义务的单方行为外，还包括对公民、法人或其他组织的权利义务无直接影响的行政监督检查行为、行政机关的内部管理行为、无强制性的行政指导行为以及双方性的行政合同行为。

④ 尽管有人将涉及国家行政管理的立法活动统称为行政立法，将涉及国家行政管理的司法活动统称为行政司法或者将行政司法理解为行政诉讼，但在行政法学中，行政立法与行政司法的含义通常是特定的，其中，行政立法特指特定行政机关依法制定行政法规和规章的活动，行政司法特指行政机关依法处理有关法律纠纷的活动（如行政复议），与行政诉讼有较大差别。

务。行政执法的特定性在对人和对事两个方面缺一不可，倘若某一行政行为只有对人的特定性而无对事的特定性，或者只有对事的特定性而无对人的特定性，那么该行为就不是狭义上的行政执法行为，而属于抽象行政行为。相比之下，行政立法和其他抽象行政行为的对象则是不特定的，不限于具体的人和事，只要在其适用范围之内，无论何人或何事都属其指向对象。行为对象是否具有特定性、是否具体，是区分行政执法和行政立法的主要标准之一。

第二，行政执法的效力具有特定性。所谓行政执法效力的特定性是指行政执法行为在特定事项上依法所决定的权利、义务或责任只能由具体的公民、法人或其他组织享有、履行或承担，不具有普遍约束力。相反，行政立法以及其他抽象行政行为则具有普遍约束力，只要符合特定行政立法或其他抽象行为规定的条件，任何公民或组织在任何事项上均可享有该行政立法或抽象行政行为规定的权利，均须履行该行政立法或抽象行政行为规定的义务，以及承担该行政立法或抽象行政行为规定的责任。

第三，行政执法无定纷止争之内容。行政执法与行政司法都是具体行政行为，它们的对象和约束力都具有特定性，但是，行政执法没有处理纠纷的内容，而行政司法则特指行政机关或其他行政主体依法处理行政争议或其他法律纠纷的活动。换言之，在具体行政行为中，除行政主体依法处理纠纷的行为外，其他行为即为行政执法行为。

（二）行政执法行为的表现形式（类型）

为适应各种纷繁复杂的行政现象，行政法所规定的行政执法行为的表现形式呈现出较为明显的多样性：有的是要式，有的是不要式；有的由行政主体单方决定，有的却须与相对一方协商一致；有的由行政主体主动进行，有的则须在相对一方提出申请的前提下才能发动；有的有强制性，有的无强制性；有的效力仅限于行政执法系统内部，有的效力则可及于社会上的组织和公民；有的须依法律规范的严格规定作出，有的却出自行政主体的自由裁量；有的须事先通知相对一方，有的则无须事先通知；等等。现将行政执法行为的几种主要表现形式略述如下。

1. 要式行为与不要式行为

除少数不带有强制性的执法行为外,[①] 绝大多数执法行为属于要式行为，它们或是必须具有某种书面形式（含文书、签名或盖章、日期等要素），或是必须经过某些特定程序（如审批程序、告知程序、征求意见程序及听证程序等），否则，执法行为无效或产生执法主体必须承担补正程序上之欠缺的法律责任。[②] 与民事行为的要式相比，行政执法行为的要式具有以下特点。

（1）绝大多数行政执法行为的形式要件是法律明确规定的，执法主体不得随意增加或减少，一般也不得与相对一方约定。而在民事行为中，当事人双方在不违反法律硬性规定的情况下，可就行为的形式要件加以约定。

（2）由于大多数行政执法行为是单方行为，因此，行政执法行为的形式要件通常只是单方面约束行政主体一方，而多数民事行为的形式要件当事人双方都须遵守。

（3）除书面形式外，行政执法行为大量的形式要件属于程序方面的要件，相比之下，民事行为的程序要件较少。

（4）执法主体违反法定行政程序影响相对一方合法权益的，执法行为无效。[③] 而在民事行为中，当事人一方违反其单方面的行为程序一般不能对抗善意第三人。

2. 单方行为与双方行为

单方行政执法行为是指依照行政主体单方面意思表示即可成立的执法行为，如行政强制执行行为、行政处罚行为等。双方行政执法行为是指须与相对一方协商一致或者须经相对一方同意方能发生法律效力的执法行为，如行政合同行为。有些执法行为的发动需要相对一方提出申请，有时执法机关在采取执法措施之前也会征求相对一方的意见，这些都不影响执法行为最终的单方性，不要把它们误认作双方行为。双方行政执法行为的

---

① 一般而言，不要式的行政执法行为多属行政主体向相对一方提出建议、忠告、劝导的行为，不涉及运用行政强制措施的执法检查行为，纯属自由裁量的授益性事实行为等不具强制性的执法行为。
② 《中华人民共和国行政复议条例》第42条第（2）项。
③ 《中华人民共和国行政复议条例》第42条第（4）项第3目，《行政诉讼法》第54条第（2）项第3目。

出现是行政执法手段私法化的产物，其适用范围有逐渐扩大的趋势，但无论如何双方行政执法行为都不可能发展成为行政执法行为的主要形式，它只能作为单方行为的一种补充形式而存在，这是由维护执法机关威信、保障执法效能的客观社会需要所决定的。

3. 依职权行为与依申请行为

行政主体依法无须公民、法人和其他组织提出申请，而可依职权主动采取的执法行为是依职权行为，如行政征收行为、行政处罚行为等。依申请行为，广义上说，包括行政主体依法既可主动采取措施，又可依照相对一方的申请采取措施，而实际上是依相对一方的申请实施的执法行为，如公安机关应公民的申请对被拐买的妇女、儿童采取解救措施即是；以及行政主体依法必须依相对一方申请才能实施的执法行为，如工商管理机关颁发营业执照的行为。狭义的依申请行为，仅指行政主体依法必须依相对一方申请才能作出的执法行为。区分上述两类行为的意义在于：如果行政执法行为是广义依申请行为，则在相对一方提出申请以后，行政主体负有在法定或合理时间内答复或采取行动的义务，拒不履行或者拖延履行该义务，构成渎职；如果行政执法行为是狭义的依申请行为，则在相对一方提出申请之前，行政主体负有不作为义务，否则构成越权。

4. 内部行为与外部行为

内部行政执法行为是行政主体内部依法进行的组织管理行为，其对象是国家行政组织以及国家行政工作人员。外部行政执法行为是行政主体对国家行政系统以外的组织和人员依法行使职权的行为。内部行政执法行为的发动者（管理者）与承受者（被管理者）之间存在组织上的隶属关系，须受行政组织内部章程、纪律和其他管理规则的约束。外部行政执法行为的管理者与被管理者之间不存在组织上的隶属关系，被管理者具有独立的法律人格，管理者与被管理者之间的关系由法律加以调整，行政组织的内部规范不能作为向被管理者发号施令的依据。由于内部行政管理关系涉及行政机关的内部管理事务，并且不直接与公民、社会组织的合法权益相关，因而，我国法律规定，对内部行政行为不服，如公务员对事关其职务升降的人事管理措施有异议，可以申诉，但不能提起行政复议和行政诉讼。

5. 羁束裁量行为与自由裁量行为

行政主体依法没有选择余地，必须按照法律规范的明确规定实施的行政执法行为是羁束裁量的行政执法行为，简称羁束裁量行为。行政主体依法有一定的选择余地，在法律规范许可的范围内自行决定行为方式或内容的行政执法行为是自由裁量的行政执法行为，简称自由裁量行为。羁束裁量行为的形式和内容完全由相关的法律规范予以明确规定，如果某一行政执法行为依法属于羁束裁量行为，则该行为的形式和内容必须完全与法律规定一致，否则，即属违法。自由裁量行为如不超越法律规范许可的限度，则始终是合法行为，不会发生是否违法的问题，但它有可能是不合理、不适当的。法院在行政诉讼中有权对此类行为的合法性进行审查，但对其是否适当、合理的问题则无权过问。需要指出的是，自由裁量行为的法律界限并不局限于相关法律规范的明文规定，除法律规范的明文规定外，各国往往还从法律目的、公正原则、行政惯例、公序良俗等方面加以约束，明显违反法律目的、公正原则、行政惯例或公序良俗的自由裁量行为，即使在法律规范明文规定的界限之内，同样构成违法。根据我国行政诉讼法第54条第（4）项规定的原则精神，行政处罚行为即使没有越出法律规范明文规定的范围，如果显失公正，也属于违法行为。从学理上讲，显失公正构成违法的标准也应当适用于其他自由裁量的行政执法行为。

6. 管理行为、服务行为以及权利保障行为

根据行政执法行为彼此之间在功能或作用上的差异，可将其划分为管理行为、服务行为和权利保障行为三种主要形式。管理行为是行政主体为实现行政目的而依法规定公民或组织的权利义务，对其行使权利履行义务的状况进行检查监督，以及根据检查监督结果采取行政奖励或制裁措施的行为。这种行为具有直接或间接影响相对一方行政法权利或义务的性质，以及单方性和强制性的特点。[①] 管理行为又可进一步分为规范行为、[②] 检查监督行为、奖惩行为。服务行为是行政主体依法为公民、组织提供便利的

---

① 少数以私法手段（如签订合同）进行的行政管理行为虽然具有平等自愿、等价有偿的特点，但它仍然是以行政行为的单方性和强制性为后盾的。契约这种私法形式并不能从根本上约束国家行政权力的行使，出于公益的考虑，行政主体可以依其公法上的职权单方面变更或解除合同（当然应有法律对行政主体的这一权力给予严格限制，并规定或许可合同双方约定相应的补偿措施），也可以对不履行合同义务的当事人给予公法上的制裁，这对普通民事契约行为而言是不可想象的。

② 这里的规范行为是指行政主体在其职权范围内依法确认、设定、变更、撤销具体公民、组织权利义务的行为，不具有普遍约束力，与抽象行政行为不同。

行为，如修路、建桥、派飞机喷洒农药、提供气象服务等。这类行为不具有改变公民、组织行政法权利义务状况的内容，也不具有监督公民、组织行使其行政法权利，履行行政法义务的目的。权利保障行为是行政主体实施的以保障具体公民、组织合法权益为目的的行为，也即行政主体对特定公民、组织依法（包括依照法院的行政判决和裁定）履行法定义务，承担法律责任的行为，如保障相对一方程序权利的行为，纠正违法或不当行政措施的行为，对相对一方因行政行为所受的损失依法予以赔偿或补偿的行为，以及为名誉权、荣誉权受到行政行为不法侵害的公民、组织消除影响、恢复名誉、赔礼道歉的行为等。

（三）行政执法行为的效力

所谓行政执法行为的效力，即行政执法行为生效后所产生的法律效果。其内容表现在以下四个方面。

1. 公定力

公定力也称先定力，意指行政执法行为一经成立，即应推定其为合法有效，有关各方即使有异议，也应在有权机关作出最终裁决之前先行遵照执行的一种效力。现行法律关于具体行政行为不因相对一方提起行政复议和行政诉讼而停止执行的规定①为行政执法行为的公定力提供了法律依据。

法律认可并维护行政执法行为的公定力主要有两点理由：一是为了申明相对一方不具有自行判断行政执法行为是否有效并自行决定是否服从行政执法行为的权利，借以维护行政执法行为的权威，达到稳定行政秩序的目的；二是为了保障行政执法行为的连续性，避免因行政执法活动的延迟或中断而损害公共利益。当行政主体与相对一方之间就行政执法行为的适当性或合法性发生争执时，这种争执不影响行政执法行为公定力的存在，相对一方如拒绝服从，执法机关有权采取强制执行措施，甚至可依法对相对一方实施行政处罚。

当然，为避免发生不必要的损失，行政执法行为可在以下几种情况下暂停执行：作出行政执法行为的行政主体认为需要停止执行的；行政复议

---

① 《中华人民共和国行政诉讼法》第44条、第39条，《中华人民共和国行政处罚法》第45条。

机关认为需要停止执行的；行政复议机关或法院根据当事人申请作出停止执行的裁决或裁定的；法律、法规、规章规定停止执行的。暂停执行只是暂时免除了相对一方对具体行政行为的执行义务，此时有关行政执法行为仍应视为法律上的有效行为，其公定力并未丧失。因而，行政主体有权根据需要采取必要的执行保全措施，倘若发现当事人作出不利于将来执行相关行政行为的举动（如隐匿、转移财产等），行政主体有权依法采取制止和处罚措施。

需要指出的是，并非一切行政执法行为都绝对具有公定力，存在极少数法律明确规定的例外情形。例如，行政处罚法第49条规定，行政机关及其执法人员当场收缴罚款，不出具财政部门统一制发的罚款收据的，当事人有权拒绝缴纳罚款。也就是说，在这种情况下，当场收缴罚款的执法行为不得被推定为合法有效，当事人有权否定该行为的公定力而径直采取抗拒措施（拒缴）。

2. 确定力

确定力也称不可变更力，指行政执法行为成立后所具有的非依适当程序和理由不得变更或撤销的效力。单方性的行政执法行为自行政执法机关向相对一方发出通知或以其他方式使相对一方知晓之日起成立。当行政执法行为采用公告方式通知相对一方时，自公告指定的期限届满之日起，无论相对一方是否实际知晓公告内容，均推定该行政执法行为已送达有关相对一方。在行政执法机关内部已作出行政执法决定，而尚未将决定通知相对一方之前，该决定没有对相对一方发生法律效力，此时执法机关如更改或撤销决定，相对一方不能因此而主张权利。双方性的行政执法行为由于需要相对人同意才能成立，因此，双方性的行政执法行为的成立时间为相对人受领行政执法行为之时。对于已经成立的行政执法行为，由于它具有确定力，行政执法机关不能随意加以改动或撤销，或作出与已有行政执法行为相抵触的新的行政执法行为。如确有必要改动或撤销，需有法律依据、正当理由并遵守法定程序，对相对一方合法权益造成损害的，应依法给予补偿。否则，相对一方有权要求行政复议机关或法院撤销行政执法机关对原具体行政行为予以变更、撤销或者通过作出新的行政执法行为变更、撤销原具体行政行为的行为，并就其合法权益所受的损害要求行政赔偿。行政执法行为确定力的作用对象主要是作出该行为的行政主体，此外还包括其他行政执法主体以及其他国家机关,故而,行政执法行为的确定力具有一定的普遍性。前述公定力也具有同样的性质。

3. 拘束力

拘束力即行政执法行为约束相关具体行政法关系主体各方的效力。它通过行政执法行为发挥确认、设定、变更、撤销、废止特定行政法关系主体权利义务,并把对藐视行政执法的行为追究责任、予以制裁的作用表现出来。也就是说,行政执法行为所指向的有关各方必须按照该行为确定的具体规则行使权利、履行义务,否则必须依法承担法律责任,如赔偿被害人损失,受到行政处分、行政处罚甚至刑事制裁等。与具有普遍约束力的抽象行政行为不同的是,行政执法行为是具体行政行为,因此,它的约束力仅限于个案中的特定人员或组织。不仅如此,由于行政执法行为主要功能在于通过具体地立、改、撤、废特定人员或组织的权利义务实施国家行政管理,因而行政执法行为的拘束力主要是针对相对一方的,有的行政执法行为甚至完全没有涉及行政主体权利义务的内容,对行政主体没有拘束力。这是行政执法行为与双务民事行为的区别,也是需要特别强调监督行政执法的理由。当然,在行政主体不受自己作出的执法行为拘束的情况下,并不意味着行政主体可以不受法律、法规、规章以及其他抽象行政行为的约束;也不意味着行政执法行为整体上对行政执法主体没有效力。因为,此时行政执法主体仍然处在行政执法行为确定力的作用之下。有一种流行观点认为,有效的行政执法行为对个人、组织和行政机关具有相同的拘束力,个人、组织必须按照行政决定的要求履行义务,行政机关也有义务维护原决定,除非经法定程序予以变更或撤销。① 这显然是将行政执法行为的拘束力与确定力混淆了。

4. 执行力

执行力即行政执法行为所具有的通过行政执法主体或法院强制相对一方履行义务的效力。通常情况下,行政执法行为的执行力须在相对一方不履行义务成为既成事实以后才起作用,一般在程序上要给予相对一方自己履行义务的机会,相对一方不履行义务超过规定的期限以后,还应当通知、催促、警告其履行义务,如其仍不履行,方可采取强制执行措施。在

---

① 罗豪才主编《行政法学》,中国政法大学出版社,1996,第189页。

某些特殊情况下,① 行政执法主体可不待相对一方自己履行,不经通知、催告程序而采取直接强制执行措施。行政执法行为具有执行力并不表明所有行政执法主体均享有强制执行权,行政执法主体对相对一方采取强制执行措施必须有明确的法律依据,否则,只能申请人民法院强制执行。

5. 不可争力

即相对人在一定条件下不得对行政执法行为提起争议,以寻求法律救济的效力。现代法治社会高度重视公民的权利保障与救济,任何行政执法行为都不具有拒绝相对人提出争议的绝对效力。因此,行政执法行为的不可争力是相对的、有条件的。其发生的情形有以下几种。

(1) 具有不准提起行政复议和行政诉讼的不可争力。这类行为包括:a. 国防、外交等国家行为;b. 行政机关对行政机关工作人员的奖惩、任免等决定;c. 行政执法机关对民事纠纷的调解、仲裁或处理,但对土地、矿产、森林等资源的所有权或使用权的归属所作的处理决定除外。②

(2) 具有不准提起行政诉讼的不可争力。这类行为包括:a. 法律规定由行政机关最终裁决的具体行政行为③;b. 侵犯公民、组织人身权、财产权以外的其他权利,法律、法规没有规定可以提起行政诉讼的具体行政行为,如公安机关拒绝批准集会、游行、示威的行为。

(3) 当事人超过提起行政复议、行政诉讼、行政申诉的时效后,行政执法行为产生不可争力。行政复议条例第29条规定,公民、组织申请行政复议应当在知道具体行政行为之日起15日内提出,法律、法规另有规定的除外;行政诉讼法第38条规定,公民、组织经行政复议而提起行政诉讼的,诉讼时效为15日;直接起诉的,诉讼时效为3个月,法律另有规定的除外。对于行政申诉,法律、法规一般没有时效规定,只有个别单行法规

---

① 一般认为此类特殊情况包括两类情形:一是通知、催告依当时的具体情况已无实际意义,客观上对当事人不起作用,如当事人处于不省人事的醉酒状态,人民警察为保护酒人的人身安全而将其约束至酒醒;二是在紧急状态下没有时间等待并催告当事人履行义务,如为防止火灾蔓延,消防部门采取拆除周围房屋的紧急避险措施。
② 参见行政复议条例第10条第(2)(3)(4)项,行政诉讼法第12条第(1)(3)项,《最高人民法院关于贯彻执行〈中华人民共和国行政诉讼法〉若干问题的意见(试行)》第6、7条。相对人对行政法规、规章或者行政机关制定、发布的具有普遍约束力的决定、命令也不得提起行政复议和行政诉讼。由于这里讨论的是具体的行政执法行为的效力问题,故未将行政法规等抽象行政行为列举在内。
③ 行政诉讼法第12条第(4)项。

对相对人设置了时效限制,如国家公务员暂行条例第81条规定,国家公务员对涉及本人的人事处理决定不服,向原处理机关申请复核,或者向同级人民政府人事部门提出申诉(对行政处分决定不服,也可向行政监察机关申诉)的期限为30日。

行政执法行为的不可争力只对不服行政执法行为的公民、组织起作用,对行政执法机关无约束力,并不妨碍行政执法机关或其上级机关对已经生效的执法行为进行审查及作出撤销、变更的处理决定。另外,当公民、组织因不可争力而不能提起行政复议、行政诉讼或行政申诉时,还可以通过信访的途径对行政执法行为提出争议,由信访部门启动国家机关内部的监督程序督促有关执法机关对其作出的执法行为进行审查,并纠正错误。

(四)行政法执法行为的生效要件与时间

1. 行政执法行为的生效要件

对于行政执法行为的生效要件不能简单理解为行政执法行为发生法律效力的必要条件。在行政法学上,行政执法行为的生效要件也就是行政执法行为为达适当、合法之标准所应具备的条件。由于公定力的缘故,行政执法行为即便具有不适当、不合法的情形,只要未至重大且明显的程度,也能发生法律效力,直至其依法定监督程序被撤销为止。如果简单地把行政执法行为的生效要件定义为行政执法行为发生法律效力所必须具备的条件,将会出现两个方面的问题:其一,引起行政执法行为是否适当、合法不是行政执法行为生效要件的误解,从而背离行政法学提出行政执法行为生效要件理论的初衷;其二,当人们看到行政法学实际列举的生效要件都是行政执法行为适当、合法的要件,而依照生效要件的简单定义不适当、不合法的行政执法行为也能生效时,便会对行政执法行为生效要件理论的周密性产生怀疑,认为它不能自圆其说,从而损害该理论的说服力。

准确地说,所谓行政执法行为的生效要件应当是行政执法行为能够持久发生法律效力,不因自身缺陷而被撤销或变更所必须具备的条件。这一定义可将适当、合法行政执法行为的生效与不当、违法行政执法行为的生效严格区分开来,即前者的效力是持久的,可以一直延续到行政执法行为实现其预期目标为止;而后者虽可生效一时,但其效力不能持久,可随时被有关机关依法撤销或变更,并使执法机关乃至执法人员承担因其行为不当或违法带来的法律后果。

能够持久发生法律效力的行政执法行为必然是适当、合法的行为,因此,行政执法行为的生效要件与行政执法行为适当、合法的要件是一致的。正因为如此,行政执法行为的生效要件理论不仅可为行政执法机关作出适当、合法的行政执法行为提供指导,而且也为执法监督机关以及作为相对人的公民、组织判断行政执法行为是否违法、不当提供了依据。

具体而言,行政执法行为的生效要件包括下述四个方面的内容。

(1) 主体要件,即执法主体有无从事特定执法活动的资格。包括:a. 行政执法行为的作出者和实施者必须是依法享有国家行政职权的组织和个人,普通公民、组织非经合法的特别授权不得从事行政执法活动。b. 必须以行政机关或者法律、法规授权行使行政职权的组织的名义从事执法活动,行政机关的内部机构以及行政工作人员不得以自己的名义作出和实施行政执法行为。例如,在一起行政案件中,以某市城乡环境保护委员会办公室的名义对外作出的环保处罚被法院认定为主体不合法而撤销。[①] c. 必须在自己的职权范围内作出和实施执法行为,不得越权行事。例如,工商机关依法不具有实施治安管理处罚的资格,如其对违反治安管理的某公民实施治安管理处罚,即属执法主体不合法(越权)。

(2) 事实要件。行政执法行为总是基于一定社会事实作出的,因此,行政执法机关对行政执法行为原因事实的把握必须十分准确、清楚,这是正确适用法律的前提,否则,就将导致行政执法行为违法或不当。为此,行政执法机关在事实的认定上必须符合以下条件。a. 所采事实与行政执法行为的结论之间须有相关性。所谓具有相关性的事实,即该类事实对行政执法行为的结论能够起到支持或反对作用。凡对行政执法行为的结论既不起支持也不起反对作用的事实,即为无关事实,应予排除。b. 所采事实须全面、充分。所谓"全面",要求行政执法机关必须客观收集、考虑正反两个方面的事实,不能带有偏见,先入为主;而所谓"充分",则要求行政执法机关收集、认定的事实能够有力支持行政执法行为的结论,排除一

[①] 张志诚、刘天兴主编《被告席上的启迪——行政诉讼百案精析》,黄河出版社,1990,第187页。

切合理的怀疑。c. 所采事实具有可靠性。即行政执法机关采集的事实须是客观存在的，而不是主观臆断、虚伪不实的。为使作为行政执法行为基础的事实具有可靠性，行政执法机关必须收集和保全充足的、无可置疑的证据，并且对事实的叙述必须连贯、一致，脉络清楚。

（3）法律要件。行政执法行为生效的法律要件包括实体法律要件和程序法律要件两个部分。实体法律要件是对行政执法行为内容的法律要求；程序法律要件是对行政执法行为的形式和过程的法律要求。行政执法行为必须同时符合两方面的要求方能合法。行政执法行为法律要件的基本要求是行政执法行为与法律规定不相抵触。关于行政执法行为要不要有法律依据的问题则比较复杂，不能一概而论。行政活动与面向过去、处理已发生之法律纠纷的司法审判活动不同，行政活动在总体上是面向未来的活动，法律对于未来可能发生的事情不可能预测得十分准确，因而也就不可能详细规定处理未来事情的具体措施，严格要求行政执法机关的每一行为必须像司法活动那样都能在法律条文中找到具体法律依据是不现实的。当然，如果允许行政执法机关对于法律没有明确规定的事项可以自由行事，公民、组织的合法权益又将面临行政专横的严重威胁。因此，确定哪些行政执法行为可以在没有法律依据的情况下作出，哪些行政执法行为没有法律依据就不能作出的界限是十分必要的。目前，我国法律没有就此问题作出总体性规定，学理上的观点也不尽相同。对于侵益行为，学者一致认为须有法律依据，而对侵益行为之外还有哪些行为应划入"非有法律依据不得进行"的范围，观点有所分歧。[①] 其中，授益、侵益行为须有法律依据的意见较有代表性。

（4）适当性要件。这一要件要求行政执法行为必须合理、公正，决定行政执法行为是否适当，用以规范行政执法机关的自由裁量行为。具体要求是：a. 行为符合法律规定的目的，即不与法律精神相抵触；b. 行为没有歧视和偏见以及未受人情世故和私利的影响；c. 行为尺度统一，具有可预测性，没有畸轻畸重、反复无常的现象；d. 行为无拖沓、迟延，效率低下；e. 未与上级指示、命令相抵触。原则上，行政法应当维护行政体制内

[①] 有所谓"侵害保留论""重大事项论""授权、侵益保留论（权力行政保留论）""全部保留论"等诸种观点。见〔日〕南博方《日本行政法》，杨建顺、周作彩译，中国人民大学出版社，1988，第10页。

部的命令服从关系，不允许下级随意质疑上级指示、命令的合法性和适当性，尤其不允许下级根据自己的判断，拒绝执行上级的指示、命令。[①] 因此，违反上级指示、命令的行为一般是不当行为。

2. 行政执法行为的生效时间

（1）区分行政执法行为成立与生效两个概念的必要性。生效，不能望文生义地理解为效力的发生。这一概念有约定俗成的含义，通常特指法律行为拘束力的发生。拘束力不过是法律行为效力构成中的一种，在非即时生效的情况下，法律行为的确定力先于拘束力发生作用。也就是说，在法律行为生效之前，它的效力已经产生了，只不过这种效力不是拘束力，而是确定力而已。这也是我们强调不能把"法律行为效力的发生"混同为"法律行为生效"的原因所在。

鉴于"效力发生"与"生效"的不一致性，单纯研究行政执法行为的生效现象而不对其生效之前的效力发生情况加以考虑显然是不全面的，为同时对"效力发生"与"生效"两种现象加以研究，并显示它们之间的区别，有必要引入行政执法行为成立的概念。

"行政执法行为的成立"是指行政执法行为意思形成与意思表示过程已经完成，并发生确定力的状态。而"行政执法行为的生效"则是指行政执法行为的拘束力发生作用，当事人可以实际享有行政执法行为赋予的权利，必须实际履行行政执法行为决定的义务的状态。二者之间的关系很容易使人联想到法律、法规等立法文件的"通过"与"生效"之间的关系，它们彼此之间的道理是相同的。

（2）行政执法行为的成立时间。行政执法行为的成立时间也就是行政执法行为的确定力开始发生作用的时间。那么，行政执法行为的确定力什么时候开始发生作用呢？有人认为始于行政机关首长批准之时，也有人认为应以行政执法行为的书面形式正式形成之时为准，这两种观点都是不正确的。对于单方性行政执法行为而言，其确定力开始发生作用的时间应当始于行政执法行为的意思表示及于相对人之时；而少数双方性行政执法行为则自相对人受领时发生确定力。

[①] 如下级认为上级的指示、命令违法或不当，应依一定程序，在合理时间内逐级向上反映，否则，下级采取的抗命措施即便客观上合法并且适当，也将依法受到行政处分。

行政执法行为的作出包括意思形成与意思表示两个阶段。行政执法机关首长的审批以及书面形式的作成（并非所有执法行为都须有书面形式），均属于行政执法行为意思形成过程中的活动。行政执法行为的书面形式经执法机关首长批准，并盖上机关印章，说明行政执法行为的意思形成阶段已经结束。但是，行政执法行为是由意思形成与意思表示两个阶段构成的一个完整过程，二者缺一不可。在执法机关将已经形成的意思表达（示）于相对人之前，不能说行政执法行为已经最终成立或作出。对于内部已经决定，但尚未向相对人表达的行政执法行为，应当认为它没有对相对人的合法权益产生影响，此时的行政执法行为仍处在形成过程之中，因此，执法机关可以更改、撤销内容已经决定的行政执法行为，而不必对相对人承担任何责任。行政执法行为确定力的约束对象是行政执法机关等有权撤销、变更行政执法行为的机关，行政执法行为对外公开后，为保护公民、组织的合法权益，维护行政执法行为的权威及其严肃性，必须规定行政执法行为的确定力。

行政执法行为如果是书面形式表现的，则其成立时间一般应以正式的书面文件送达相对人为准。如果行政执法人员以较为正式的方式代表行政执法机关事先将已作出决定的行政执法行为向相对人作了宣告，由于工作疏忽或其他原因没有当场将行政执法行为的书面文件交于相对人的，此时行政执法行为的成立时间应以宣告时间为准。关于送达方式，目前尚无统一规定，行政处罚法第40条规定行政处罚决定的送达依照民事诉讼法的有关规定进行。从学理上讲，这一规定也可以适用于其他行政执法行为。送达的目的在于使相对人知晓行政执法行为的内容，同时是相对人获知行政执法行为已经成立的证据。因此，送达不以相对人同意受领（在送达回证上签收）为前提，在某些情况下（如当事人下落不明或者送达时本人不在现场），甚至可以不必直接送达于当事人本人，只要完成法律规定的步骤即可。此时法律推定行政执法文书已送达于当事人。

如果行政执法行为的表现为当场进行的活动，如公安机关对行人进行治安检查，则意思表示无须以书面方式进行，活动本身具有意思表示作用。

行政执法行为一经成立，即发生如下法律后果。a. 执法机关有义务维护既定行政执法行为的稳定性，轻易不改动既定之行为。b. 行政执法机关确有必要变更、撤销行政执法行为，应当考虑相对人因素，应向相对人说明理由。如已对相对人合法权益造成损害，则应给予补偿或赔偿。c. 相对人可依法行使对行政执法行为的争议权，包括对执法机关变更、撤销既定执法行为之行为提出异议。

（3）行政执法行为的生效时间。行政执法行为的生效时间常常由行政执法机关在行政执法行为的内容中加以规定。具体可分为即时生效和延时生效两种情形。一种是即时生效。即在行政执法行为成立的同时生效。行政执法行为属于具体行政行为，事务性强，特别讲究效率以及强调行政事务的不间断性，因此，即时生效对行政执法行为而言比较常见。这与立法行为，特别是比较重要的立法行为一般都将成立时间与生效时间分开，使得有关各方有一定时间做好贯彻实施相应法律规则的准备工作的特点形成较为明显的对照。另一种是延时生效。也称延迟生效，即行政执法行为不在告知相对人时立即生效，而以其后的某一时间为生效时间。这里又可细分为两种情况：一是行政执法行为明确规定生效时间，二是规定行政执法行为自某一条件成就之时开始生效，在这种情况下，行政执法行为的生效时间在其成立之时并不能十分确定。需要指出的是，即时生效并不意味着相对人必须立即开始履行义务，行政执法行为有时会给予相对人履行义务的期限，相对人可在规定的期限内开始并将义务履行完毕。如果相对人履行义务的期限不是起自行政执法行为成立之时，而是起自其后的某一时间，则属于延时生效。①

（五）行政执法行为的瑕疵及其法律后果

行政执法行为所具有的能够妨碍其发生预期效力或者引起行政执法主体补正义务的不适当、不合法情形即为行政执法行为的瑕疵。如行政执法行为不符合法定程序、主要事实不清、适用法律不当等。不适当是一个含义很广的用语，行政执法行为如未达至尽善尽美的地步，我们就可以说该行为存在某种不适当的成分，即存在瑕疵。当然，如果这样理解行政执法行为的瑕疵，未免过于苛刻，而且，也并不是所有瑕疵都是行政法学研究的对象，比如行政执法机关没有采用最具效力的执法方案，但未对相对人

---

① 也有学者将行政执法行为的生效时间分为即时生效、告知生效、受领生效、延迟生效四类，但即时生效、延迟生效的分类标准与告知生效、受领生效的分类标准显然不同，将它们并列在一起欠妥当。

合法权益造成实际影响，这种单纯的效率上的瑕疵即属于行政学讨论的问题，行政法学所定义的行政执法行为的瑕疵特指行政执法行为具有的能够引起一定法律后果的不适当与不合法情形。

依照行政复议条例第42条的规定，行政执法行为的瑕疵是指：①主要事实不清；②适用法律、法规、规章和具有普遍约束力的决定、命令错误；③违反法定程序影响相对人合法权益；④有程序上的不足，但尚未影响相对人合法权益；⑤超越职权；⑥滥用职权；⑦明显不当；⑧不履行法定职责。

行政执法行为如果只有程序上的不足，没有对相对人的合法权益造成实际影响，那么这一轻微瑕疵不会影响行政执法行为的效力，只会引起行政执法机关对程序上的不足予以补正的义务或者给相对人带来某些程序上的利益，[①] 而行为本身的效力不受影响。除此之外，行政执法行为的其他瑕疵都将影响行政执法行为的效力，导致行政执法行为全部或部分无效。无效意味着行政执法行为从一开始就不能发生法律效力，即"自始无效"。除极少数重大且明显违法的行政执法行为无须有权机关确认，相对人可自行认定其无效以外，绝大多数行政执法行为的无效需要有权机关予以确认，并采取撤销或变更的措施。行政执法行为因瑕疵而无效产生如下法律后果：①如行为因公定力的缘故已经对相对人发生作用，则执法机关负有赔偿责任；②如执法人员对于瑕疵的形成犯有故意或严重过失，将引起责任人员的个人责任，包括受到行政处分、承担全部或部分行政赔偿责任、承担刑事责任等；③如依法必须作出行政执法行为，而原行为被认定无效，则执法机关有义务作出新的无瑕疵的执法行为。

（六）行政执法行为的废止与消灭

废止与消灭是行政执法行为效力终止的两种形式。撤销虽然也使行政执法行为丧失效力，但它与废止和消灭的适用条件、后果均不相同。撤销适用于有瑕疵的行为，并且不仅使行为自撤销后失去效力，而且溯及既往，使行为自始无效。废止与消灭是无瑕疵行为终止效力的两种方式，只

[①] 例如，行政机关在作出执法行为时未向当事人告知诉权或起诉期限，当事人可获得时效上的利益。

能使行为自废止或消灭时起丧失效力,不能溯及既往,废止或消灭前的行为仍然有效。

废止也称撤回,实践中也有用语不严谨,以撤销之名行废止之实的。废止是行政执法机关因为事后情况发生变化而采取的宣布成立时并无瑕疵的特定行政执法行为效力终止的一种行政行为。行政执法行为的消灭是指行政执法行为效力的自然丧失,一般发生于执法行为的内容和目的已经充分实现,以及由于对象不复存在等原因,行政执法行为无须宣布废止,显然不能继续发挥作用的情形。

为维护行政法律秩序的稳定性,保护公民、组织的合法权益不受专横的、反复无常的行政行为的侵害,行政执法机关废止行政执法行为的权力应当受到一定限制。首先,执法机关在废止行政执法行为之前应向利害关系人说明理由,如利害关系人认为理由不正当,可采取阻止行政执法机关废止有关执法行为的法律措施。其次,如执法机关废止执法行为的理由成立,则应当考虑给予合法权益因此而受到侵害的当事人适当补偿。当然,我国现行法律对于行政执法机关废止执法行为的权力没有给予明确规范和限制,这并不等于说执法机关可以随意废止已作出的行政行为,执法机关应当遵守体现法治行政原理的上述基本要求。

二　行政执法与法治行政

(一) 法治是行政执法不可偏离的方向

行政执法不能偏离法治方向,这是研究行政执法行为之前必须明确的一个原则。法治的英文名称 rule of law 清楚地表明了它的基本含义,即"法律的统治"。也就是说,在国家政治、经济和社会生活中应当树立法律的最高权威,当个人权威与法律权威发生冲突时,应当否定个人权威而遵循法律权威。因此,法治与强调个人权威至上的人治是根本对立的。然而,法律至上不过是形式意义上的法治,没有反映法治的全部内容。完整的法治除了强调"法律的统治"以外,还对法律的性质、内容提出了要求。在性质上,居于统治地位的法必须是人民代表机关制定的法或者是人民公决的法。这当然不等于说一个国家除了代议机关或者人民公决的法以外，不允许其他法律规则的存在。但是这些法律规则必须以代议机关以及人民直接公决的法为根据，并不得违反之。在内容上，法治所言之法必须尊重和保障公民的基本人权，其所定规则依照社会一般观念应当是公正、合理的，不允许统治者把公益的重要性推至极致，漠视、蔑视公民的人权，不允许统治者随意以公益为借口限制和剥夺公民的权利和自由，此即实质意义上的法治。健全、完整的法治应当是形式法治与实质法治的统一。

法治作为民主国家应当实行的基本政治原则，在国际上早已得到公认。法治观念在我国的推行虽然遭受过很大的挫折，人们甚至不敢从正面研究和推广法治思想。20 世纪 70 年代末我国走上改革开放的道路以后，局面开始改观，在加强社会主义法制建设的口号下法治理论的积极意义逐步为人们所认识、肯定。进入 90 年代后，特别是最近几年来，法治的提法已经得到比较普遍的认同，尽管在国家领导人的讲话以及党和国家的政治文件中很难直接见到法治的提法，但在实际上"法治"一词的使用及其一般原理的传播已不再属于禁区，并且越来越多的人认为社会主义法治与社会主义法制相比，前者在提法上更科学、更优越。法治观念在我国影响日趋扩大是不可否认的事实。但是，如果就此得出法治思想在我国已经深入人心，特别是已为广大手握权力的国家工作人员所深刻理解，并已能转化为自觉的行动的结论，绝对为时过早。

在我国，行政执法应当遵循法治的方向，沿着法治的轨道进行，这不仅是由我国人民民主的国家性质所决定，而且是建立、健全社会主义市场经济体制，促进经济繁荣和社会稳定的必然要求。然而，在行政实践中，行政执法偏离法治轨道的危险是客观存在的。行政执法与法治在客观上并无不可分割的联系，行政执法并不必然导致法治的结果。自从人类社会有了法律规则，就有了执法现象，而资产阶级法治国家迟至 17、18 世纪才陆续建立起来，在此之前漫长的历史时期里，行政执法不过是推行人治的工具，它不可能与法治有任何联系。而当一个国家的民主政体甚至法治的框架确立以后，也绝不意味着行政执法一定是符合法治精神的，同样存在人治的行政执法与法治的行政执法两种可能性，因此，一旦放松对行政执法保持法治方向的警惕性，它就很容易滑向专横的、漠视人权的歧路。

对于我国现阶段的行政执法而言，强调行政执法必须保持法治方向尤其重要。法治的要点是对掌握国家权力的国家机关及其工作人员予以控制和约束，因此法治不会为国家机关工作人员自发接受，对于国家机关及其工作人员而言，他们当然希望国家权力所受的限制越小越好，而他们所承担的责任越少越好。倘使外部环境缺乏逼迫国家机关及其工作人员遵守法治的压力，或者虽有这种压力但没有大到足以保证他们遵守法治的程度，那么，法治受到破坏的情形自然会发生，这是不言自明的道理。我国目前的情况不容乐观。

首先，我国虽然在新中国成立初期就确立了人民民主的政治制度，但是贯彻执行法治原则的制度框架可以说时至今日也还没有最终形成。行政机关享有相当大的立法权，它们不仅依照宪法享有广泛的自主立法权，而且全国人民代表大会及其常务委员会制定的法律以及地方人大制定的地方性法规也多依靠行政机关制定实施细则加以贯彻实行。与行政机关庞大的立法权形成明显反差的是，全国人大和地方人大对行政机关立法权的监督非常薄弱，没有审查和监督行政立法的专门机构和人员，各级人大对行政立法以及其他行政行为的监督也缺乏切实可行的制度，以致新中国成立以来没有一例人大对行政机关的行政立法和其他抽象行政行为进行审查，并裁撤违法行政立法以及其他行政行为的记载。另外，依照我国宪法体制，人民法院对于行政立法等抽象行政行为又没有司法审查权[①]，这样，行政机关制定法律规则的行为受到的来自其他国家机关的监督十分有限，随着行政立法的不断膨胀，出现了行政立法架空人大系统制定的法律、法规的不良倾向。

其次，改革开放以来我国法律法规加强了对行政行为的规范和控制，尤其是规范和控制具体行政行为的法制建设取得了长足的进步，如建立了行政诉讼制度、行政复议制度、行政处罚制度以及行政赔偿制度等，使得国家公务员普遍感受到法治的压力，法治意识普遍增强，但是这些进步只能表明我国的行政法制建设开始走上法治的正轨，国家行政管理的人治局面并没有得到根本性的扭转。由于法治监督制度不完善，约束行政机关及其工作人员权力的法律规则在执行过程中受到削弱，"不符合中国国情"

[①] 1990年《中华人民共和国行政诉讼法》实施以后，法院对于违反法律、法规的行政规章有权不予适用，许多学者认为这是一种"隐性"的或"事实上"的司法审查权。之所以这种审查权是"隐性"的或"事实上"的，是因为它在理论上不被承认，不过在事实上发挥了相当于司法审查的作用而已。

"给行政执法造成不便""立法过于超前"是一些行政机关和政府公务员搁置、拖延甚至拒绝执行制约行政权力法律规则的常用借口,给行政法治的推行造成极大的阻力。法律是否科学、是否超前可以研究、可以批评,但是,行政执法部门怀疑法律的正当性,并且在行动中不尊重法律权威,采用种种借口和变通措施阻碍法律充分实施的情形在法治完备的国家是很少发生的,而行政机关不经立法机关同意,擅自不执行或不充分执行法律的行为事后竟能得到支持而不承担法律责任的更是罕见。

再次,我国对于行政机关是否遵守法治的社会监督机制不健全,不能对行政机关遵守法治造成足够的社会压力。我国大众传播媒介对行政机关和国家公务员的影响力比较小。当然,行政机关破坏法治的事实和内幕一旦被新闻媒介揭发出来,其影响力也是很大的,有关部门不能坐视不管。

最后,我国国家公务员依法治精神对自身行为予以自律的水平总的说来还不够高。观念的东西不是天生的,对于国家公务员来说,接受法治思想无异于一场自我革命,没有一定的压力是不可能实现的。我国国家公务员长期在人治的环境下工作,人治的传统和习惯有很深的基础。尽管我国法治建设取得了一定的成绩,特别是行政诉讼的开展,已使越来越多的公务员认识到行政行为遵守法律的重要性,这是事实。但是,法治因素在制度上没有占到优势,在实践中进一步受到限制,这也是事实。在这上述两方面事实的作用下,法治观念对于公务员的思想已经有所触动,但没有从根本上动摇他们的人治意识和习惯。法治从新中国成立后到改革开放的最初几年一直受到排斥和批判发展到今天大家普遍承认法治的重要意义,认同法治应当取代人治而成为我国法制与社会发展的方向,这是一大进步。然而,实践中时常发生的国家公务员以及其他国家工作人员对法治口头承认行动违反、原则承认具体违反的事实也告诉我们,法治的启蒙阶段在我国不是已经结束,而是刚刚开始,距离包括国家公务员在内的国家工作人员养成法治习惯,自觉依照法治精神办事的目标还需要走一段很长的路。

我国是一个行政主导的国家,政府行政权相当大,而它受到的外部约束和控制又很薄弱。因此,我国行政法的首要任务应当是加强对行政权的法律控制和约束,应当高举控权的旗帜,但事实却不免令人失望。控制和约束行政权在新中国成立初始阶段就受到批判,行政法不过是国家对社会实施行政管理的法律手段。改革开放以后,行政法的控权性质得到理论界的承认，但这种承认是十分有限的。一些学者认为行政法具有保障行政权与控制行政权两方面的作用，不应当片面强调其中的一种作用，以此反对行政法本质上是控权法的观点。的确，行政法的两种功能不可偏废，但我们应当注意到我国行政法对行政权的保障作用长期以来被片面强调，行政法沦为行政权的附庸。正因为行政法的控权作用在我国十分微小，行政法的两种功能处于"保强控弱"的失衡状态；也因为行政机关及其工作人员滥用行政权的危险性始终存在，所以才必须重视行政法的控权作用，必须旗帜鲜明地提出控权口号。

我国行政执法中的人治现象是比较普遍、比较严重的。法治的目标经常被忘却，法治的方向经常被偏离。有鉴于此，我们在谈及行政执法问题时应当首先明确行政执法的法治方向，并且要把它突出出来。只有这样，才能分清什么是真正的中国国情，什么是应当去除的不良现象，什么是权宜之计，什么是长远目标。否则，我们的研究就将失去积极意义，甚至沦落到自觉或不自觉地为人治的行政执法现象辩护的地步。

（二）行政法治的内涵

行政法治是国家行政管理活动服从独立于行政机关之外的法律的最高权威的一种状态。其具体内容不十分确定，学者之间的看法有所不同。

19世纪末20世纪初的英国著名学者A. V. 戴西认为英国的法治包括三点内容：①政府没有专横的自由裁量权，所有的人除非依法审明破坏法律，不受民事或刑事处分；②法律平等，官吏执行职务的行为与私人行为一样，受同一法院管辖，适用同一法律原则；③公民的权利不是来源于宪法，而是由普通法院的判例所形成。戴西法治思想的前两点直接涉及政府行政行为。

尽管戴西的观点后来受到不少批评，但其对于当代英国行政法的影响仍然很大。表现在：①戴西认为行政自由裁量权是专横的，反对给予行政机关自由裁量权，这一观点显然过于保守，但是英国以及其他英美法系国家的法律对行政自由裁量权的约束与大陆法系国家相比仍然是比较严格的，一切行政行为必须经过法律授权，授权的条件和标准比大陆法系国家具体、明确，不像一些大陆法系国家那样允许行政机关在无明确法律依据的情况下依职权自主立法。②戴西认为政府机关与私人之间的纠纷必须与私人之间的纠纷一样由普通法院管辖，适用同样的普通法规则的观点已经落后于当代英国行政法的某些发展变化。例如，二战以后英国设立了不少行政裁判所处理行政机关与公民、组织之间的法律纠纷，但是，当事人如不服行政裁判所的裁决有依法向普通法院上诉的权利，即使成文法没有规定当事人可向普通法院上诉，普通法院仍依普通法享有对行政行为的司法审查权。在法律规则的适用上，虽然适用普通法以外的特殊法律规则（由成文法规定）的情形有所增多，但适用普通法仍然是原则。

戴西关于英国法治构成要素的理论中没有涉及法律本身应当具备的标准和内容，当代英国的法治理论认为法治原则不仅要求政府的活动遵守法律，而且还要求法律必须符合一定标准，即要求政府遵守尊重公民自由和权利的法律。[①]

美国法学家对于行政法治的理解与英国法学家相似，认为法治就是法律至上，尤其强调公民有权在普通法院提起对政府机关的行政诉讼是行政法治不可或缺的内容。一位美国法学家在其著作中写道，"对于法律至上来说，再没有什么东西比一切公民有权对政府官员在普通法院中提起诉讼更重要的了"。[②] 除此之外，美国非常重视行政机关遵守正当法律程序，重视行政行为的公开性。为此，美国建立了居于世界领先地位的行政公开制度，这是美国行政法治的特色。

法国行政法治则具有三个方面的特点：①在普通法院之外建立独立的行政法院系统行使对行政行为的审查权；②行政法是在私法以外独立存在的法律体系，而在英美法系国家，行政活动原则上适用和私人活动相同的法律；③行政法的重要原则由行政法院的判例产生。[③]

日本著名法学家南博方认为行政法治原则包括三点内容。①法律的保留。要求行政活动必须有国会制定的法律根据。至于是否要求一切行政行为都须有法律依据，日本学者观点不一，南博方的观点是无论侵益行政还是授益行政，在行政享有首次法律适用权时，便应该有法律依据，这也是多数日本学者所持的看法。②法律的优先。要求一切行政活动都不得违反

---

① 王名扬：《英国行政法》，中国政法大学出版社，1987，第 11 页。
② John Dickinson, *Administrative Justice and the Supremacy of Law in the United States*, Harward University Press, 1927, p. 33.
③ 王名扬：《法国行政法》，中国政法大学出版社，1988，第 16~20 页。

法律，且行政措施不得在事实上废止、变更法律。③司法审查。要求行政法上的一切纠纷均服从司法法院审判的统制。① 还有一些日本学者把现代日本行政法治的基本原则概括为以下四点：①行政权依宪法的规定而存在，不承认行政权在宪法规定之外享有任何自由活动的空间；②行政活动的目标是实现由国会制定的法律所体现的国民意志，不允许法律对行政机关给予一般性的空白授权；③法律以及基于法律的行政活动都直接接受宪法的约束；④为保障国民的人权，要求扩大和强化司法权。②

我国一些权威行政法学者认为行政法治原则由行政合法原则、行政合理原则、行政应急性原则组成。行政合法原则的具体要求是：①任何行政职权都必须基于法律的授予才能存在；②任何行政职权的行使都依据法律、遵守法律；③任何行政职权的授予、委托及其运用都必须具有法律依据、符合法律要旨；④任何违反上述三点规定的行政活动，非经事后法律认许，均应宣告为无效。行政合理原则的具体要求是：①行政行为的动因应符合行政目的；②行政行为应建立在正当考虑的基础上；③行政行为的内容应合乎情理。而行政应急性原则是指在某些特殊的紧急情况下，根据国家安全、社会秩序或公共利益的需要，行政机关可以采取没有法律依据的或与一般性法律相抵触的行为。③

行政法治在我国行政法学中是一个较新的提法，我国大多数学者惯常使用"依法行政"一词来表述我国行政权与法之间的关系，不少学者认为依法行政就是我国的行政法治原则，甚至认为没有必要在依法行政之外再提出行政法治的概念。关于依法行政的含义，新近出版的一本行政法教科书认为，行政合法原则也称依法行政原则，具体包括三点内容：其一，行政权力的存在必须有合法的根据；其二，行政权力的行使必须符合法律规定；其三，行政权力的行使违反法律规定即构成违法，须承担相应的行政法律责任。④ 有趣的是，法院有权对行政行为进行司法审查在欧美及日本等国的学者眼中是行政法治必不可少的要素，而我国学者在列举行政法治

---

① 〔日〕南博方：《日本行政法》，杨建顺、周作彩译，中国人民大学出版社，1988，第10~11页。
② 〔日〕室井力主编《日本现代行政法》，吴微译，中国政法大学出版社，1995，第22页。
③ 罗豪才主编《行政法学》，中国政法大学出版社，1996，第56、58、62、64页。
④ 胡建淼主编《行政法教程》，法律出版社，1996，第34、36~38页。

或依法行政原则的内容时则鲜有涉及。体会两者之间的差异，也许我们可以从中得到一些有益的启示。

就行政法治的基本目标和精神实质而言，各国不应有什么不同，在这方面应当有一个国际公认的标准。但实现行政法治的途径和方式不一定千篇一律，各国有各国的国情。例如，对行政行为的司法审查是公认的行政法治的基本要素之一，但英美法系国家对行政的司法审查由普通法院进行，而法国等一些大陆法系国家则由独立的行政法院进行。分析各国学者关于行政法治的理论表述，可从中抽象出行政法治具有共性的基本内涵。

第一，法律至上。这里的法律是狭义的，特指国会制定的成文法以及法院的判例法。法律至上包括两方面内容。一是一切行政权力来源于宪法和法律，当代行政法治理论不承认行政具有独立于宪法和法律之外的固有权力，这就要求任何行政权力的行使都必须具有法律依据。当然，要求行政行为具有法律依据并不排除法律给行政主体留下一定自由活动的空间，并不要求每一行政行为都必须直接从法律那里找到明确的法律依据，行政行为也可依照法律授权制定的其他法律规则，如依地方人民代表机关以及行政机关制定的法律规则进行。但是，如果行政行为直接依据的不是法律，一般认为，这时须遵守两项原则：其一，任何直接影响公民权利自由的权力性行政行为的行使最终可从法律那里找到明确的根据；其二，法律对于其他机关制定从属性法律规范不得进行"空头支票"式的授权，换言之，作为行政行为直接依据的立法规则不能没有法律依据，也不能根据法律的空白授权作出。二是任何行政行为均不得与法律相抵触，行政行为违法必须承担法律责任。按照国际上通行的观点，"违法"并不单纯指违反法律条文，还包括违反法律精神，即行为缺乏客观上的正当性，这与我国学者把行政行为遵守行政合理性原则视为行政法治一项内容的理解是一致的。

第二，作为行政行为依据的法律以及其他附属性立法规则必须尊重公民个人的权利和自由。法律至上要求法律在形式上具有最高权威，但如果法律本身是反民主、反人权的，是统治者恣意妄为的工具，那么这种法律至上绝不是法治。我国一位著名的比较行政法学家说得好，"法治原则不局限于合法性原则，还要求法律必须符合一定标准，具备一定内容。否则，专制主义是典型的法治国家。因为那里的政府随意制定法律，那里的秩序和纪律较其他国家良好。但那里公民的人格和价值完全被忽视"。① 任何破坏法治的行为都是与践踏公民的人权联系在一起的。因此，法治不仅有形式上的法律至上的要求，而且更要求法律以及依法律制定的其他附属性法律规范的内容必须体现尊重公民个人权利和自由的精神。指出这一点在我国尤显重要。我国缺乏尊重人权的传统，历来重视国家利益和社会利益，而漠视个人的权利自由，这在专制社会是很容易解释的，因为专制社会的出发点是维护统治者的专制权力，而所谓国家利益和社会利益不过是专制权力的外化，它们理所当然与个人权益相对立并凌驾于个人权益之上。然而，当我国确立了社会主义民主制度以后，国家利益、社会利益就不可能离开公民个人利益而独立存在，否则，我们无法理解国家的民主性质。

怎样才能判断一部行政性法律及其附属性立法是否具有尊重人权的精神呢？我们认为可以通过以下几个标准加以衡量：①是否侵犯公民依宪法享有的基本人权；②对行政机关的授权是否漫无边际，以致行政机关得以随意限制、剥夺公民的权利和自由；③是否将任何行政行为排除在法治监督的范围之外，是否合理设置防范行政行为违法、不当的约束、监督措施；④对行政行为的受害人是否规定了合理的救济渠道和救济手段。

第三，行政行为必须接受法院的司法审查。有无独立的司法机构对行政行为的合法性进行审查，是国际公认的行政法治的重要标志。当然，行政法治要求行政行为受到广泛而严密的外部监督，以使法律条文规定的行政法治转化为现实生活中的行政法治，法院的监督不过是外部监督的手段之一，除此之外，还有议会对行政行为的政治监督、社会舆论的监督以及公民参与等监督形式。按照国际通行的观点，行政行为不受外部监督的国家无行政法治；行政行为受到外部监督，但若缺乏司法监督形式，同样不能承认有行政法治的存在。

最后需要特别指出的是，我国不少人以为依法行政就是行政法治，实则不然。依法行政与行政法治也许在字面上可将两者解释为含义相同，但实际上它们产生的社会影响却颇为不同。依法行政的口号促进了我国国家行政管理由政策行政、指示行政向法制行政（而非法治行政）的转变，对

---

① 王名扬：《英国行政法》，中国政法大学出版社，1987，第11页。

于引导国家、社会尤其是政府机关及其公务员重视发挥法在国家行政中的作用，对于基本结束我国国家行政管理活动无法可依的状态起到了积极作用。另外它的消极作用随着改革开放的深入也日渐暴露出来，由于我国行政机关享有庞大的立法权，因此，依法行政（不管学者如何解释）给予行政机关的第一感受不过是行政方式的变化，即由依政策、上级指示命令行政为主转化为依法行政为主。这对于缓解以往行政的封闭性和不确定性是一大进步，然而，如果把依法行政理解为一种行政方式，则依法行政并非只是民主和法治社会的特有现象，专制社会一样可以实行依法行政，历史上也不乏其例。这样看来，依法行政与法治行政就没有必然联系，喊出依法行政的口号对于增强政府官员的法治意识，加深他们对法治的理解，提高他们遵守国家宪法和法律以及尊重公民权利自由的自觉性的作用十分有限。有人也许会说依法行政不是中国的发明创造，它也是西方行政法的一项原则，这个观点是有疑问的。依法行政的英文是 administration according to the law，其中 law 的含义在西方国家比较明确，虽然也有人对 law 作宽泛的理解，但通常只有国会制定的成文法（statute law）或者法院判例形成的普通法（common law）才可以称为 law,[①] 行政机关制定的法一般称为 regulation 和 rule，用词上的区分是很清楚的，administration according to the law 不会让人产生"依行政机关所定之法行政"的歧见，而中文"依法行政"中的"法"含义却十分广泛，包括行政机关制定的法律规则在内。打个比方说，假使法律和地方性法规对行政管理问题全无规定，国家行政所依据的法律规范均由行政机关自己制定并负责执行，至少在字面上也还是符合"依法行政"的要求的，但 administration according to the law 在字面上就可将这种情况排除。西方国家不是不允许行政机关立法，而是要求行政机关制定法律规则的活动必须在 administration according to the law 的原则下进行。因此，administration according to the law 与法治行政原则关于法律至上的要求是一致的，而中文中的"依法行政"却没有将法律至上的精神突出出来。它在词义上不能使政府官员立刻想到"法律至上"，相反，却促使行政机关加强了自己的立法活动以及利用立法巩固和拓展地方和部门利

[①] 例如，牛津大学出版社出版的《简明法律词典》（第二版）将 *statute law*（成文法）解释为"包含在国会法案中的法律规则"。参见 *A Concise Dictionary of Law*, second edition, Oxford University Press, 1990, p. 395。

益。据此，我们认为，依法行政与行政法治不是两个等价的概念，前者有利于提倡和加强行政法制建设，但未突出指明行政法制建设的法治方向，在我国行政法体系已经基本形成，行政法需要进一步深化对行政权的规范和约束的现实条件下，可以说依法行政这一提法的历史使命已经完成，应当更新为行政法治或法治行政。

（三）行政法治原理对于行政执法的基本要求

第一，凡涉及公民、组织合法权益的行政执法行为必须有具体明确的法律依据。行政执法行为属于具体行政行为，其法律依据不限于狭义的法律，在我国，地方性法规、自治条例、单行条例、行政法规、规章以及最高人民法院有关行政法的司法解释等都是行政执法机关实施执法行为的法律依据。行政机关在行政法规、规章以外作出的具有普遍约束力的命令、指示、决定不能成为行政执法行为的法律依据，如果行政执法行为只有命令、指示、决定作依据，而不能在法律、法规、规章中进一步找到根据，则该行为违法。执法机关在引用法律依据时应当注意，宪法虽然是行政法的渊源之一，但不能直接根据宪法条文作出执法行为，因为宪法的条文太过抽象，允许执法机关直接引用宪法条文既不严肃，也会导致行政执法机关的自由裁量权过大，进而使法治流于形式。此外，我国参加的涉及国家行政管理的国际条约和协定也是我国行政法的渊源。一般情况下，国家会将其转化为国内法加以实施。直接引用国际条约和协定进行行政执法的情形非常少见，只有在极少数特定的涉外场合才有可能发生，目前还没有行政执法机关直接依据条约和协定对我国公民、组织实施行政行为的先例。

第二，行政执法行为不得违反法律规定。行政执法违法有广、狭二义。狭义的违法是指行政执法行为与法的明文规定相抵触。行政法律规范像其他法律规范一样在结构上由假定、处理、制裁三部分组成，违反其中的任何一部分都构成违法。例如，执法机关认定的事实不存在（缺乏证明事实存在的证据）以及认定事实错误必然会违反相关行政法律规范的假定部分而构成违法，这就是行政诉讼法为什么将主要证据不足作为法院撤销具体行政行为的一个理由的原因所在。广义的违法不仅包括行政执法行为在外表上与相关法律条文相抵触，而且还包括行政执法行为在实质上违反法律原则或精神。也许执法者会感到为难，以为法律原则、法律精神看不见、摸不着，实践中难以操作，这种担心是完全没有必要的。法律精神和原则是隐藏在法律条文深处的抽象的东西，但不等于说它们是没有标准、捉摸不定、神秘莫测、不可预知的。按照学者的一般理解，行政法精神的基本内涵是要求行政行为必须具备必要限度的正当性，① 否则，行政行为便不再属于自由裁量的范围，而发生违法与否的问题，法院有权介入。至于对"必要限度"的理解，各国尺度不一。日本法院的判例确认：滥用行政权、违反信义原则、违反职务上的义务属于违法行为。② 美国法院的判例认为，行政机关滥用自由裁量权的行为违法，应受法院司法审查。滥用自由裁量权的类型有：①不正当的目的；②错误的或不相干的原因；③错误的法律或事实根据；④遗忘了其他有关事项；⑤不作为或延迟；⑥背离了既定的判例或习惯。③ 我国目前在广义违法问题上的观念比较保守。原则上认为，在法律条文勾勒的框架之内行政机关享有自由裁量权，而自由裁量权的行使只有合理不合理的问题，与是否违法无关，仅有一点例外，即行政处罚如显失公正，则构成违法，法院有权进行审查并作出裁决。由此我们得到一点启发：所谓违反法律精神或原则实际上可以通过限定法院对行政自由裁量权进行司法审查的范围加以确定。

第三，行政执法行为应当遵守正当法律程序。按理说，行政执法行为只要结果合法、公正，不严格规定行为应当遵守的程序也未尝不可。我国过去对待行政程序就一直采用实用主义的态度，只要结果正确，"一好遮百丑"，对于行为过程中的问题一般不予认真追究。然而，许多实体上违法的行政执法行为恰恰是因为行为过程不择手段造成的，执法机关还可以

---

① 有人认为法律精神和原则应从立法的动机、背景中去寻找和确定，这不完全正确。从法律解释学的理论看，法律解释不一定非恪守立法原意不可。法律解释尚且如此，在把握与法律解释关系密切的法律精神、原则时当然不能拘泥于最初立法时的动机和背景。此外，倘若过分专注于通过研究具体法律文件的动机、目的、背景及其条文内部的逻辑关系把握法律精神，反而会把问题复杂化。现在民主国家的法律理所当然地包含要求国家权力正当、合理行使的基本精神，这一精神是通过具体条文体现，而又不依赖于具体条文的。如果我们的眼光仅仅盯在某一法律文件上，就有可能看不到条文背后普遍的法律精神，反而导致对不当行政行为的放纵。

② 〔日〕南博方：《日本行政法》，杨建顺、周作彩译，中国人民大学出版社，1988，第104～105页。

③ 〔美〕伯纳德·施瓦茨：《行政法》，徐炳译，群众出版社，1986，第568、571页。

通过设置对相对人不利的程序或者在办事的过程中采用拖的办法，使法律赋予公民的合法权益不能实现。事实证明，程序并不是可有可无的，它对于保障公民的合法权益有着特别重要的意义，为此，西方发达国家十分重视程序对于法治的作用。西方学者甚至认为，"自由的历史基本上是奉行程序保障的历史"，① "正是程序决定了法治与肆意的人治之间的基本区别"，② 从而将程序推至很高的地位。在我国，行政行为应当遵守正当程序的观点已经得到普遍认同，并在行政处罚法中有明显体现。正当程序（due process）是美国的叫法，英国将正当程序原则叫作自然公正原则（natural justice），名称不同，但含义和源流基本相同，都是通过普通法院的判例发展起来的普通法原则。英国的自然公正原则包括两个基本的程序规则。其一，任何人或团体在行使权力可能使别人受到不利影响时必须听取对方意见，每个人都有为自己辩护和防卫的权利。其二，任何人或团体不能作为自己案件的法官。其中，第一项程序规则又包含三项内容：①公民有在合理时间内得到通知的权利；②公民有了解行政机关论点和根据的权利（即行政机关采取行政行为之前有向当事人阐述其理由的义务）；③公民有陈述意见、为自己申辩的权利。第二项规则是避免偏私（bias）的必要程序，与大陆法系国家的回避制度较为相近，它要求行政决定不得由与决定事项有利害关系的官员作出，以及任何人不能就同一事件同时作为追诉人和裁判官。禁止偏私，原本是一项司法原则，由于行政活动的特殊性，该原则适用于行政机关时有若干例外。③ 美国正当程序的基本要求与上述自然公正原则相似，为贯彻正当程序原则，美国建立了听证制度，并认为"听证是正当法律程序的主要内容"。④ 而听证的基本内容就是事先告知当事人行为的理由，并听取他的意见和申辩。程序的正当性是个弹性的概念，上述内容不过表明了程序符合正当性所必须具备的基本要求，而不是全部。例如，行政执法行为应当在合理期限内完成，不得毫无理由地拖延，自然也是衡量程序是否正当、是否公平合理的标准之一。

---

① Felix Frangkfurter, *United States Supreme Court Report* (87 Law. Ed. Oct. 1942 Term), The Lawyers Cooperative Publishing Company, 1943, pp. 827–828.
② William, O. Douglas, *United States Supreme Court Report* (95 Law. Ed. Oct. 1950 Term), The Lawyers Cooperative Publishing Company, 1951, p. 858.
③ 王名扬：《英国行政法》，中国政法大学出版社，1987，第153~155页。
④ 王名扬：《美国行政法》（上），中国法制出版社，1995，第383页。

由于有正当程序原则的存在，西方国家，尤其是英美法系国家，即使在成文法无明文规定时，法院也可要求行政机关在行使行政职权过程中依公正合理的程序办事，否则，将宣布行政行为无效；法院甚至还有权依据正当程序原则对成文法规定的行政程序进行审查，如其违反正当程序原则，可宣布该成文法规则违法或违宪。

我国是一个严格实行成文法制度的国家，不承认法官有根据抽象原则判案的权力，也不允许在成文法之外由法官根据习惯、学说、自身法律意识再建立一套判例法体系。因此，我国法院只能对行政行为是否遵守法定程序进行审查，在无约束行政机关的程序，或该程序不合理时，法院无能为力。不过，西方正当程序原则在得到我国法律界认同后，可对立法产生影响，通过在立法上革新原有不合理的程序规则的办法，使正当程序原则在行政活动中得到运用。从行政处罚法的实践看，事实也是如此。

第四，行政执法违法应当承担与公民违法相当的法律责任。法律面前人人平等是法治的基本要素，法治国家作为具有独立人格的组织体与公民的法律地位是平等的，而不像专制国家那样凌驾于法律之上，不受法律约束。因此，代表国家进行行政管理的行政执法机关必须像普通公民一样遵守法律，承担法律责任，不得享有任何特权。

英国法学家戴西为什么如此强调行政机关必须与普通公民遵守同样的法律规则，承担同样的法律责任？为什么对法国的行政法院制度严加谴责？原因很简单，就是因为担心法治国家的行政机关像封建专制国家的行政机关那样享有特权、不负责任、专横无忌地践踏人权。戴西认为行政法院是行政系统内的一个机构，与行政机关有共同利益，因此它在处理行政机关与公民之间的法律纠纷时必然会竭力维护行政机关的特权，为行政机关开脱。在戴西看来，法国行政法院认为应当适用不同于民法的特殊规则追究行政机关的法律责任就是法国行政法院护短偏私的明证。戴西对于行政法的认识当然失之偏颇。国家行为因为具有公益性质，与私人行为不可能完全相同，片面追求两者之间绝对平等有时反而不利于民权的保护。戴西以后的英国行政法学者正是由于看到法国行政法的实践不仅没有导致戴西预言的那种沦为专横行政权的帮凶的结局，反而在保护民权方面比英国行政法更为优越，转而对戴西的理论进行反思的。尽管戴西的观点今天看来有些偏激，但是，他不仅提出行政机关应当守法和承担法律责任，而且还对行政机关承担法律责任的程序提出了要求。这是戴西理论的合理内核。我们不能像戴西那样追求行政机关与个人在承担法律责任方面的形式平等、绝对平等,但要求行政机关承担的法律责任与个人承担的法律责任基本相当,应当是不过分的。不错,行政机关是为公益服务的,但是行政机关的违法侵权行为哪一件不是以公益的名义进行的?即使公益的原因确实存在,又有何理由认为作出违法行为的执法机关可以不负责任或者少负责任呢?如果是这样,岂不是说行政机关只要具备正当的目的就可以不负责地行事?这显然与法治精神相去甚远。

行政机关与公民承担的法律责任相当包含下述具体要求。①法律约束行政机关与法律约束公民的强度应大致相当。例如,专制国家的法律片面规定行政机关的权力、公民的义务及其违反义务应承担的责任,没有或很少规定行政机关在行使权力过程中对公民承担的义务和违反义务应承担的法律责任。这种情形即属法律对行政机关和公民的约束不相当。只有在法律上专门规定了行政机关对公民的义务和责任,而且其细密严谨程度接近或不亚于法律对公民的约束时,方可认为对两者的约束是相当的。②行政机关承担的法律责任除足以使行政机关停止侵害外,对于公民合法权益遭受之侵害应有充分赔偿的规定。换言之,其赔偿水平总的说来应与民事赔偿相当。③合理规定公务员的个人责任制度。按照各国行政赔偿法的通例,公务员在有故意或重大过失时应在国家赔偿公民损失后承担全部或部分赔偿费用,这是对公务员的经济惩戒。此外,各国还规定了行政处分制度,行政处分不以故意或重大过失为限。公务员的职务行为违法后一律豁免其个人责任,以及一律追究其个人责任,甚至规定国家不负任何责任,完全由公务员个人对受害人负责,都是不合理的极端规定。

第五,对合法行政执法行为造成的特定损害给予合理补偿。国家、集体、个人三者之间存在一种利益上的连带关系。国家的活动归根到底还是为了谋求和增进每个社会成员的福利,国家活动的效能受损,最终受到损害的还是社会成员的个人利益。因此,每个社会成员均有义务对国家作出贡献和牺牲。因为这个缘故,各国的法学理论和法律实践一般都遵循法律或政策所造成的合法的普遍性损害不予补偿的原则。有西方学者将这种损害比喻为社会成员为获取更大利益而作出的一种"投资"。但是,如果合法执法的结果只能是造成特定公民的损害,则另当别论。因为社会多数成员通过特定个别或少数人的牺牲获得了利益,若不对受害人予以适当补偿,既不道德也不公平。在解释国家为什么要对合法行为造成的特定损害予以补偿的问题上,法国的"公共负担平等学说"具有广泛的影响。该学说认为,政府的活动是为了公共利益而实施,因而,应由社会全体成员平等地分担费用。行政活动对公民造成的损害,实际上是受害人在一般纳税负担以外的额外负担,这种负担不应当由受害人个人承担,应平等分配于全体社会成员。其分配方式就是由国家以全体纳税人缴纳的税金补偿受害人蒙受的损失。[①] 从政治的角度看,法律是根据多数人的意志决定的,如果法律的规定损害少数人的利益而不给予补偿,那就形成多数人对少数人的专制。这是违反社会正义与人权原则的。另外,合法执法行为对公民合法权益造成的特定损害最容易为人所忽视,因此,无论在理论还是在实践的层面上,国家对合法执法行为造成的特定损害承担补偿责任理应成为行政执法法治的一项基本内容。

第六,具有以司法审查为核心、以社会监督为基础的有力的监督机制。如果没有对行政执法机关的外部监督,行政执法行为是否违法以及违法后承担何种责任,完全由行政执法机关说了算。那么,法律条文对行政机关的约束和对公民权益的保护就将成为具文,行政机关对公民承担法律责任的性质就会从它应尽的义务蜕变为对公民的恩赐,公民依法向行政机关主张权利就会异化成对违法者的乞求,所谓行政执法法治,充其量也不过是纸上的东西。因此,有无超脱于行政意志的外部力量对行政机关的守法情况进行监督,并追究其违法责任,是行政执法法治、行政法治乃至国家整体法治状态生死存亡的关键。

在对行政执法行为的外部监督中,法院对行政执法行为的司法审查是核心。原因有以下四个。①法院独立于行政系统之外,不受行政意志的控制。②司法审判活动有其自身的规律性,尽管司法行为不能完全排除政治的影响,但其政治性毕竟与议会的行为无法比拟,对社会情绪的反应也不像议会那样敏感,也就是说,司法活动比较中立和"冷静"。③司法审查可以通过不断发生的诉讼案件保持对行政机关的经常性监督,而议会或人民代表机构的活动方式是断续的,虽然它们也可以通过设立议会督察专员

[①] 皮纯协、冯军主编《国家赔偿法释论》,中国法制出版社,1994,第27~28页。

一类的办法保持对行政行为的经常性监督。但是，对行政机关作出有约束力的决议必须在会议期间以表决的方式进行，这一特点决定了议会监督不能成为公民可以依赖的主要的日常性监督手段。④社会监督在民主健全的社会可以对行政机关施加巨大的影响力，但是，舆论批评不能直接改变或撤销行政执法行为。另外，行政执法行为的受害人要想使自己所受的冤屈赢得普遍的舆论同情与支持，也不是一件容易的事情。尤其是那些轻微的或一般性的行政侵害以及违法性不明显、有争议的侵权行为，公民通过舆论监督获取有效救济的可能性不大。以上因素决定一般情况下司法审查是公民在受到不法行政执法行为侵害，而又无法通过行政机关解决问题时寻求救济的最直接、最有效的常规途径。议会监督、社会舆论监督通常是作为司法监督的补充手段和公民寻求救济的最后手段使用的，即在通过法院无法得到救济时，当事人方可考虑转向议会的监督机制以及谋求社会舆论的帮助。

在强调司法审查的重要性的同时，对舆论监督的基础性作用也必须给予高度重视。人心向背决定政权存亡，社会舆论是人心向背的晴雨表，无论是专制国家还是民主国家都不敢对社会舆论采取坐视不理的态度。两者的区别在于，前者采取压制的办法防止于己不利之社会舆论的形成和传播；后者则遵循舆论自由的原则，对社会舆论更多地采取迎合的态度，主动纠正为舆论所诟病的行为，调查、惩戒为舆论所攻击的官员，以争得社会舆论的谅解与支持。如果没有舆论监督作后盾，行政与司法之间的关系就会偏离正确轨道，从而违背国家建立司法审查制度的目的。比如，在行政机关占有优势的情况下，它可能会干预司法，拒不执行法院的判决；而当国家重视发挥行政诉讼的效能，提高法院地位，抑制和打击行政机关不服从司法裁决的行为时，又会发生司法人员滥用司法审查权，肆意干预行政，形成司法对行政"专制"的局面。只有在舆论监督有力、健康的环境下，行政、司法两权才能保持自律，协调运行，不发生对抗，司法审查以外的其他监督手段，如行政机关的内部监督、议会对行政机关的政治监督、公民依法对行政的民主参与等才能够落到实处。所以说，舆论监督是对行政行为的整个监督体制正常发挥作用的基础。缺乏这个基础，单纯依靠行政机关的自我监督，依靠其他国家机关对行政机关的监督，不可能稳定、持久地达到监督的目的。这是早已为事实所证明了的。

（四）法治理想与现实的结合

　　以上关于行政法治和行政执法法治内容的论述，表明了建设行政执法法治以及整个行政法治的努力方向。对于尚未建成法治的国家而言，它们只是一些理想和目标，我们不能指望通过将这些理想和目标简单的规定在法律之中，通过法律革命而在一夜之间实现法治。脱离实际的法律，无论其内容多么先进、多么完美，在实践中都不会得到应有的尊重，只会起到损害法律权威的消极作用。客观地讲，我国是一个正在向法治目标迈进的国家，社会生活中的许多现象用法治的绝对标准衡量是令人失望的，以这种方法论分析、研究我国的行政执法制度必然会抹杀改革开放以来行政执法在制度建设方面取得的成就，得出全盘否定、消极悲观的结论。此非客观公正的研究态度。改革开放沿着建立、健全社会主义市场经济体制的方向深化，为我国早日建成行政执法法治提供了前所未有的良机。但是，排斥法治、妨碍法治发展的因素远未消失，它们在现实生活中还继续发挥着作用。这些因素可以被改造，但不能无视其存在。因此，我国行政法治建设不能盲目与西方发达国家攀比，片面追求执法制度的先进性，试图跨越过渡阶段而实现所谓的"一步到位"。通向法治的正确途径应当是瞄准先进方向，立足我国具体国情，着意追求具体措施的现实合理性与相对先进性。

　　如前所述，国际上关于法治、行政法治、行政执法法治衡量标准的一般观念，只能为我国行政执法法治建设指明方向，而不能作为判断具体行政执法行为是非优劣的尺度。因为，如果用行政执法法治的绝对标准衡量，符合标准的行政执法行为往往是不切实际、难以实施的行为，而能够得到实施的行为只要它达不到理想的标准，不管是否具有现实合理性，又都是不合格的行为。这种看问题的方法极易导致是非不分的结果，理论对实践的指导作用自然也无从谈起。倘若采用行政执法法治的相对标准，就可以避免使用绝对标准所产生的问题，从而对行政执法制度和行为作出客观、公允的评价。这就是说，在特定现实条件下，某一行政执法制度或行为如果既坚持了法治方向，又具有良好的可操作性，即使该制度或行为不能达到法治的绝对标准，也应当确认它是符合法治原则的；反之，如果某一行政执法制度或行为虽然具有可行性，但在规范和约束行政执法行为，减少行政执法的人治性质方面没有取得任何进展，甚至退步，就应对其作出违反法治原则的评价。

概而言之，在评判具体行政执法制度或行为的现实合理性与相对先进性时，不妨从以下五个方面入手。其一，该制度或行为是否具有保障相对人合法权益、制约行政执法主体的功能。其二，该功能与过去的情况相比，是增强还是减弱，换言之，该制度或行为对于原来的状况是否具有革新作用。其三，体现法治精神的举措是否标准太高，以致明显超出特定现实条件的承受能力，而无法实施。其四，制约行政执法行为的措施是否内容空洞，仅为一般性的原则规定，而无切实可行的操作制度与之配套。其五，在不损害行政执法制度的可行性及操作效能的前提下，行政执法行为所受的约束是否已达最大限度，是否具有进一步加强约束的必要性和可能性。

三　对中国行政执法状况的分析

（一）改革开放以来的发展变化

1. 行政执法主导地位的确定

照理讲，有行政法就有行政执法。新中国成立初期就制定了一批行政法律法规，行政法的历史甚至还可以追溯到革命战争年代。然而，严格讲，我国行政执法的起点却不在新中国成立之初，而应从20世纪80年代初起算。

为什么会出现有行政法而无行政执法的奇怪现象？原因就在于，改革开放之前法律没有真正地确立自己的权威，在法律与政策的关系上，政策的实际效力高于法律，政策是行政管理的主要依据。国家行政工作人员主要依据内部文件（俗称"红头文件"）行使职权，根据内部文件的指示执行法律。由于此类内部文件不受法律的严格拘束，它们常常突破法律的规定，决定某一法律是否适用，对法律进行废改。因此，对普通行政工作人员来说，重要的是准确理解和执行党和国家的政策、上级的指示，至于法律是如何规定的则与他们关系不大。20世纪80年代中期曾有某个地方的行政机关拒绝执行国家法律，理由是没有接到上级实施该法律的"红头文件"，报纸上公布的不算数。这件事情曾被作为一个违法的反面典型加以报道。可是，在改革之前的二三十年间，法律须借助"红头文件"才能实施，是当时的惯例。有一句至今仍流行于行政机关的俗语对我国人治状态下法律的窘境以及行政活动的实际依据作了形象的描述，"黑头（法律）不如红头（文件）、红头不如白头（特定范围的传阅件）、白头不如口头（领导口头指示）"。① 在这种情况下，国家行政工作人员当然只知有政策、有领导的指示，而不知有法律。行政既然不是以法律为依据的，当然也就不存在行政执法。所谓行政，不过是行政机关及其工作人员执行政策和上级指示的活动而已。

让我们看一组数据：1949~1952 年我国颁布行政法律法规 100 多件，1953~1956 年激增至 700 多件。此后开始走下坡路，1958 年减至 147 件，1960 年又减为 50 件，1966 年仅为 8 件，而 1966 年 4 月至 1976 年 10 月，除 1975 年 1 月有 1 件以外，其余皆为零。② 上述数据表明，在 1956 年以前，法的作用受到重视，但从当时没有产生行政执法的概念分析，政策、上级命令和指示仍然是行政管理的主要依据。1956 年是新中国成立初期法制建设的分水岭，法制的发展终于在 1956 年前后引起了法律权威与个人权威的冲突，如果当时的国家领导人选择前者，那么，50 年代后期就会产生行政执法。遗憾的是，当时国家发起了批判资产阶级法权的运动，从此法律的威信急剧下降，在国家行政管理中的作用越来越小，及至"文化大革命"时期不仅作用尽失，在形式上也丧失了生存余地。

"文化大革命"的惨痛教训使新一代党和国家领导人认识到只有下定决心加强法制建设，切实维护宪法和法律的尊严，才能避免"文化大革命"之类的悲剧重演。邓小平同志在"文化大革命"结束后不久即指出，"为了保障人民民主，必须加强法制。必须使民主制度化、法律化，使这种制度和法律不因领导人的改变而改变，不因领导人的看法和注意力的改变而改变"；要做到"有法可依，有法必依，执法必严，违法必究"，③ 从而将法律的地位提到前所未有的高度。随着行政法制的恢复和发展，国家行政工作人员逐渐产生了行政执法的意识，理论上也出现了行政执法的提法。

国家行政工作人员自觉产生执法意识以及行政执法概念在行政法理论

---

① 李培传主编《行政执法监督》，中国法制出版社，1994，第 34 页。
② 张庆福主编《行政执法中的问题及对策》，中国人民公安大学出版社，1996，第 5~7 页。
③ 《邓小平文选》（一九七五——一九八二年），人民出版社，1983，第 136~137 页。

体系中的出现，表明我国国家行政管理方式发生了重大转变，即国家行政由内部文件、领导指示主导转向法律主导，执法成为改革开放新时期国家行政工作的基本特征。

行政执法并不排斥内部文件以及领导指示、命令的作用，但是，文件、指示与法律的关系与改革前相比发生了根本性的变化。改革前，文件、指示的实际效力优于法律，在"文化大革命"期间甚至完全取代了法律；改革后，法律取得对文件、指示的凌驾地位，文件、指示必须在法律的框架内发挥作用，必须有法律依据并且不得与法律相抵触。尽管实践中仍然存在以言代法、以权压法的现象，但这种现象无论在理论上、政治上还是在舆论上均遭到谴责，国家也一直在积极采取措施杜绝此类现象。这与改革前把党的领导、党的政策与法律对立起来，公开在理论、政治和舆论上批判法对国家权力的规范和约束，为以言代法、以权压法制造理论依据的情形截然不同。改革前，党的机关直接向行政机关下发文件，甚至党报上发表的社论也是国家行政管理的依据，而国家领导人发表在报纸上的"最高指示"，则是行政以及其他国家活动、社会活动乃至个人活动的最高依据。在当时个人崇拜盛行的背景下，多数社会成员认为这种情况是正常的、本应如此的。改革后，党不再直接向行政机关下发要求行政机关具体执行的文件，党报上的社论、领导人公开发表的言论都不再是行政工作的直接依据，更重要的是，领导人的言论也必须合乎宪法和法律，否则，将招致舆论的批评。改革前，法律不得与中央文件相抵触，故而，政府官员只要遵守并执行文件和领导指示即可，并无必要知道法律的内容。改革后，行政工作必须有法律依据，文件和领导指示只能在行政机关有自由裁量权的范围内起作用，否则，行政机关的具体行政行为将会被法院撤销，而抽象行政行为也将面临人大的监督。因此，行政人员在执行文件和指示时必须了解法律的规定，从而使行政机关执行文件、指示的行为在性质上仍然是行政执法行为。改革前，行政权力高度集中，行政活动以内容具体、明确的内部文件和领导指示为依据，对于上级指示不明，而又会造成一定后果的行政事务，必须请示汇报，基层行政机关的自主权较小。改革后，基层行政机关可直接适用法律、法规、规章处理行政事务，而不必事事请示汇报，而法律、法规、规章在内容上一般都较内部文件、指示、命令抽象，因而行政机关的自主权与独立性较大。改革前社会控制严密，公民隶属于各种社会组织,这些组织由国家行政机关领导,协助行政机关执行国家政策,性质上属于国家行政机关的外围组织,没有独立的法律人格,行政机关透过这类组织与公民发生管理关系,因而,当时的行政管理关系是一种以组织隶属为基础的命令服从关系。鉴于公民对组织、组织对政府的依附性,这种命令服从关系基本上是无条件的。改革后,社会组织与国家相分离,个人与社会组织相分离,行政执法开始摆脱以社会组织为中介的状态,而较多地与公民直接发生管理关系,除少数依法享有某些行政权能的社会组织外,大多数组织在法律上与公民处于同等地位,行政执法关系不再以组织隶属关系为基础,而转变为无组织隶属性的法律关系。这种关系虽然也具有命令服从的特性,但与过去不同的是,行政执法关系的命令服从性受到法律的限制,因而是有条件的。在法律许可的范围之外,行政执法机关不得干预公民、组织的自由,并且有义务对公民、组织依法享有的权利给予保障。

上面的比较不仅反映了改革前后国家行政管理活动的主要差别,而且从总体上阐明了行政执法已经带给以及将来必然带给我国国家行政管理活动的积极变化。通过对比体现出来的反差,将有助于我们全面、准确地理解行政执法的本质及其意义。

2. 行政执法机构的发展与人员素质的提高

为适应改革开放和加强社会主义民主法制建设的需要,我国行政执法机构在组织上发生了一系列变化,主要表现在三个方面。

第一,宏观管理部门增加,微观管理部门减少。改变计划经济体制下政企不分的状况,实行政企分开是发展社会主义商品经济,建立社会主义市场经济体制的必要前提。为此,必须对行政机关政企不分的职能进行调整。从 20 世纪 80 年代初开始,国家相继设立工商、税务、环保、国有资产管理、证券监督等新的宏观经济行政管理机关,大量合并裁减直接介入、参与企业经济活动的微观经济行政机关。以国务院的机构改革为例,原核工业部、航空工业部、航天工业部、煤炭工业部等已转化为公司,纺织工业部、轻工业部等已转化为行业协会。剩下的行业主管部门,如电力部、铁道部、邮电部等也面临着按照政企分开原则加以改组的局面。行政执法机关由微观转向宏观,割断与企业之间的利益关系,以免执法机关"既当裁判员又当运动员",从而为公正执法,保障企业公平竞争,建立健康的市场经济秩序创造了条件。

第二，具有司法性质的行政职能日益与行政执法职能相分离，行政司法机构在组织上日趋专门化。人们已经认识到行政机关一面直接参与企业的经营活动，一面又代表国家对其竞争对手行使行政管理权是不公正的，所以要求政企分开。同样道理，行政执法机关既执行法律又处理由此引起的法律纠纷，行政执法机关既当法律纠纷的一方当事人，又当审理纠纷的裁判，也是不公平的。

在西方发达国家，行使司法性职能（即审理纠纷的职能）的行政机关与行政执法机关在组织上通常是分离的，前者享有相对独立的地位。有的国家，如美国，甚至给予从事裁判工作的行政官员类似于普通法院法官的地位，行政裁判的程序也与普通行政程序不同，而比较接近于司法程序，因而不少学者将此类行政机关称为"准司法机关"。

我国几乎在出现行政执法概念的同时也出现了行政司法的概念。在中国行政法理论中，行政司法不是指法院审判行政案件的活动，而是特指"行政机关审理、裁决争议案件的活动"。[①] 行政执法与行政司法是各具特点的两类行政活动，尽管在理论上这两种行为早就被分开研究，但在组织上却没有分离。我国行政系统内既没有专门审理法律纠纷的行政机关，在同一行政机关内也不设立专门处理纠纷的机构和人员，常常是哪个职能机构的工作出了问题就由哪个机构负责处理。公民的申诉、控告几经辗转，最后落到被告人手里，由被告人处理，以致引起打击报复的事件过去也时有发生。随着行政执法制度的不断完善，我国行政司法也出现了从行政执法中分离出来的趋势。例如，1982年商标法规定，国务院工商行政管理部门商标局主管全国商标注册和管理的工作（第2条），另外设立商标评审委员会，负责处理商标争议事宜（第20条）；1984年专利法规定，专利局设立专利复审委员会，负责受理专利申请人不服专利局驳回其专利申请的决定而提出的复审请求（第43条），以及任何单位和个人要求宣告专利权无效的请求（第48条）；而1990年颁布的《行政复议条例》更是统一规定，"复议机关应当根据工作需要，确立本机关的复议机构或者专职复议人员"（第23条）。行政执法机构与行政司法机构分离倾向的出现表明我

[①] 罗豪才主编《行政法学》，中国政法大学出版社，1996，第235页。

国行政执法制度正逐步走向成熟。当然，目前两者的分离程度较发达国家的水平还是很低的，基本上还处在起步阶段。

第三，行政机关以外的其他执法组织有所发展。西方国家近现代行政管理的特点之一就是由独立于行政机关之外的非政府组织行使部分行政权力，美国独立管理机构便是其中的典型。我国没有类似美国独立管理机构的行政组织（香港地区例外），但非政府机关的执法组织自改革开放以来也有所发展，一些法律、法规直接规定由不属于行政机关的特定组织行使部分执法权力，像卫生防疫站、食品卫生监督检验所、物价检查所、工商所等都是常见的经法律授权行使行政执法权的事业单位，它们本身在性质上并不是行政机关。还有些法律、法规允许行政机关委托其他组织和个人行使其部分权力，如国务院家畜家禽防疫条例规定，农牧部门及其畜禽防疫机构可以委托有条件的饲养户（或饲养单位）检疫，家畜家禽出售者可持被授权检疫的饲养户的检疫证明进入市场。行政诉讼法、国家赔偿法进一步明确了此类机构和人员行使行政执法职权的诉讼地位和法律责任的归属，行政处罚法则规定了法律、法规授权及行政机关委托行政机关以外的其他组织行使处罚权的一般限制性条件。这三部重要法律均涉及非政府性执法组织的事实表明，我国行政机关以外的其他组织和人员行使行政执法权的现象已具有一定普遍性，而其授权委托与监控制度也日渐规范化。

行政执法相对扩大了执法人员的权力。在高度集权的计划经济体制下，下级人员必须严格依照上级的命令、指示行事，其发挥主观能动性的余地较小。而在行政管理转为以执行法律为主以后，执法人员从机械执行命令转变为依照自己对法律的理解执行法律，因而行政执法人员素质的高低直接影响国家行政管理的质量。为适应市场经济形势下对行政机关工作人员高素质要求的需要，我国在 20 世纪 80 年代后期开始试行国家公务员制度，并于 1993 年颁布实施国家公务员暂行条例，正式在全国推行公务员制度，行政机关工作人员选拔任用标准由"政治挂帅"转向"德才兼备"，选拔任用程序从过去以政治审查为主的传统转为以对候选人才能、业绩的考试、考查为重点，大批受过高等教育的优秀人才通过公务员考试进入国家公务员队伍，国家公务员任职后的培训体系也已基本形成。因此，改革开放以来，特别是 90 年代以来，我国行政执法队伍的整体素质与计划经济时代相比有了较大的改善。当然，在这方面也存在发展不平衡的问题，新进入行政机关的优秀人才过分集中在中高级机关，尤其是省一级机关和中央机关，而直接在县（区）、乡（镇）两级一线工作的机关人员素质提高得较慢，有的地方任人唯亲，甚至卖官鬻爵，以致一些素质极差、心术不正的人员混入国家行政执法队伍，造成恶劣影响。

3. 非权力性执法手段受到重视

行政执法的传统手段具有命令服从的特征，即执法机关作出决定、发布命令，相对人必须服从，否则，执法机关有权直接或通过法院运用国家强制力强迫相对人履行义务，并对相对人予以制裁。由于传统手段具有强行性，不管相对人的意愿如何，也不容其讨价还价，因而，这类手段在学理上称为"权力性手段"，权力性手段是行政执法机关的经常性手段。但是，在现代民主和法治国家，出于对相对人人权的尊重，引导和鼓励相对人心悦诚服地履行其行政法上的义务，避免因强制手段的适用引起行政执法机关与相对人之间不必要的矛盾和冲突，树立行政执法机关通情达理的良好形象，有时也是为了规避法院或其他机构对权力性行为的严密监督，增强执法活动的灵活性。国家行政机关纷纷在执行公务的过程中采用私法性质的手段实现公务目的，其中常用的手段是行政指导与行政合同。

行政指导是行政执法机关为实现行政目的而向相对人提出的意见和建议；行政合同是行政机关为实现行政目的而与相对人在平等自愿基础上达成的有关双方权利义务的协议。行政指导没有强制性，相对人可以接受，也可以拒绝接受指导，而不必承担任何法律责任。而行政合同与普通民事合同一样，须相对人同意方可成立。这两种手段与传统执法手段的由执法机关一家说了算的单方面性特点迥然相异，因而它们在学理上被称为"非权力性手段"。改革开放以后，行政指导与行政合同都在我国行政执法实践中得到自觉不自觉的运用。例如，我国行政法学者认为，全民所有制工业企业承包契约、全民所有制小型工业企业租赁契约、土地有偿转让契约、农村土地承包契约和粮食定购合同、人事聘用契约等都是我国行政执法机关运用合同形式进行行政管理的常见实例。① 而行政指导在我国行政执法实践中也屡见不鲜。

行政合同与行政指导在我国最初是以各种不规范的形式存在的，开始

---

① 应松年主编《行政行为法》，人民出版社，1993，第615~640页。

并没有引起行政法学的注意。20世纪80年代中后期，日本行政法关于行政指导的研究成果以及法、德等国的行政契约理论传入中国，我国学者因此而受到启发开始研究我国行政执法实践中的行政合同与行政指导现象，行政法学教科书中也随之普遍性地增设了行政合同与行政指导的章节。在理论研究的影响和推动下，我国行政执法实践中的行政合同和行政指导行为正在朝着规范化的方向发展。全国人大常委会法律工作委员会行政立法研究组近年来已就是否需要制定适用于行政合同的特殊法律规则的问题进行了研讨。预计在不远的将来，行政合同在遵循合同法一般规则的基础上将会产生一些特殊规则，从而在规范和推广运用行政合同这一具有浓厚私法性质的行政执法手段方面取得重大突破。

4. 规范行政执法过程的程序规则不断完善

在改革开放之前以及改革开放初中期，我国不重视运用行政程序规范和约束行政执法行为，行政执法机关受到的法律约束主要是实体方面的，包括对行政执法机关进行一般性授权的行政组织法规范，授权行政机关实施行政管理的单行法规范，规定行政执法机关法律责任的规范以及各单行法中规定相对人权利义务和责任的法律规范。其中，第四类规范虽然直接以相对人为对象，但间接规定了行政执法机关实施行政执法行为的条件和范围，因此这类规范在规范约束行政执法行为的过程中发挥着重要作用。然而，如果对行政执法机关在行政执法过程中所承担的义务缺乏法律规定，那么，法律对行政执法行为的控制和约束是有严重缺陷的。实体法对行政执法行为的约束和控制属于目标和结果方面的控制，缺乏关于行政执法机关程序义务的规定意味着放弃对行政执法行为的过程控制，这将导致两方面的严重后果：一方面，行政执法机关可以通过随意设置相对人的程序义务以及对相对人的请求拖延不办的办法推卸其法定职责，妨碍相对人权利的实现，此类不良行为常常被人们斥责为官僚主义；另一方面，由于缺乏程序约束，行政执法机关在执法过程中可能不作深入细致的调查研究，不认真听取相对人及其他利害关系人的意见，草率行事，造成行政执法行为违法。换言之，行政执法行为违反实体法的后果几乎都可以从行政执法的过程中找到原因，实体性违法与程序上的疏漏是密切联系在一起的。要想控制和减少实体性行政违法行为，防患于未然，提高行政执法质量，就必须重视对行政执法过程的制度建设，加强对行政执法行为的程序约束。为此，20世纪80年代后期以后我国行政执法程序制度的建设明显加大了力度，取得了一系列成果。

第一，行政诉讼法和行政复议条例明确规定，行政执法行为违反法定程序构成撤销行政违法行为的理由，从而为树立行政执法程序的权威奠定了基础。

第二，在法律滞后、国家未及制定统一的行政执法程序制度的情况下，各地结合本地特点制定了一批有关行政执法程序的地方性法规、规章，如吉林省人大常委会1990年制定的《吉林省行政执法条例》、石家庄市人大常委会1992年制定的《石家庄市行政执法条例》、北京市人民政府1990年制定的《行政执法监督暂行规定》、天津市人民政府1991年制定的《行政执法和行政执法监督暂行规定》、山东省人民政府1989年制定的《关于加强行政执法和行政执法监督检查的暂行规定》等，其中不乏值得推广的经验。如：行政执法人员执法时须佩戴标志、出示证件的制度，行政执法情况的报告制度、行政执法统计制度、行政处罚备案制度、行政执法重大案件督察制度以及行政执法投诉制度等。这些地方性法规和规章填补了我国行政执法行为长期缺乏程序控制的空白，为国家制定统一的行政程序制度积累了经验。

第三，行政处罚法对行政处罚程序的规定取得多项突破。①首次在一部全国性法律中系统地规定了约束行政执法机关的程序规则，从而一改我国法定行政程序以规定相对人程序义务为主的传统，标志着我国行政程序立法的指导思想已从单向约束相对人为主，转为对行政机关和相对人的双向约束并重。②借鉴国外先进经验，吸纳了正当法律程序的基本精神。规定行政机关在作出行政处罚决定之前，应当告知当事人作出行政处罚决定的事实、理由及依据，并告知当事人依法享有的权利；规定当事人有权进行陈述和申辩，行政机关有听取当事人意见的义务，并且不得因当事人申辩而加重处罚；第一次在我国行政执法程序中规定了听证程序；明确规定执法人员与当事人有利害关系的应当回避。③对行政处罚行为规定了比较严格的时间限制，如规定违法行为在两年内未被发现的，不再给予处罚；行政机关对证据先行采取登记保存措施的，应在7日内作出处理决定；行政机关应当在听证的7日前通知当事人举行听证的时间、地点；执法人员当场收缴的罚款，应当自收缴罚款之日起2日内交至行政机关，行政机关应在 2 日内将罚款缴付指定的银行等。而过去的法律、法规和规章一般都不对行政执法行为施以严格的时间限制,甚至完全不予限制,为行政执法机关迟延履行法定职责开了绿灯。④规定作出罚款决定的机关应当与收缴罚款的机构分离。其意义在于通过程序上的适当安排,在行政执法机关之间形成一定的制衡机制,切断行政执法的利益关系,预防腐败的发生。⑤明确规定了行政处罚机关违反法定程序的法律后果。行政处罚法第 3 条规定"没有法定依据或者不遵守法定程序的,行政处罚无效";第 41 条又特别强调行政机关及其执法人员在作出行政处罚决定之前,不向当事人告知行政处罚的事实、理由和依据,或者拒绝听取当事人的陈述、申辩,行政处罚决定不能成立。行政处罚法在行政处罚程序上取得进展打开了全面革新我国行政程序制度的大门。目前行政法理论研究的热点和立法动态预示:行政处罚法所贯穿、体现的正当法律程序精神将陆续推广到其他行政执法程序之中,我国行政法治建设将进入一个以健全、完善行政程序为重点,大幅强化行政执法行为程序约束的新阶段。

5. 行政执法机关法律责任体系的发展

行政执法机关及其工作人员违法所引起的法律责任可分为两类。一类是外部责任,由行政执法机关对受到行政执法行为不法侵害的相对人承担。包括纠错性责任,如撤销、变更与重新作出行政执法行为,补正行政执法程序的不足等,以及赔偿性责任,这是一种以恢复原状或金钱赔偿的方法消除违法后果的责任。行政执法人员个人即使在执法过程中作出违法行为也不直接对相对人负责,就是说,行政执法人员不承担外部责任。另一类是内部责任,主要由对违法行政执法行为的发生负有责任的行政执法人员个人对国家承担,包括行政责任与刑事责任两种。此外,根据《国家赔偿费用管理办法》(国务院 1995 年 1 月发布)第 10 条的规定,行政执法机关在作为赔偿义务机关对受害人履行赔偿责任时,因故意或重大过失造成国家赔偿,或超出国家赔偿法规定的范围和标准赔偿的,应自行承担部分或全部赔偿费用,这也是一种内部责任。

改革开放以来,我国在行政执法机关法律责任制度建设方面取得的最大的成就就是建立了一套比较完整的行政赔偿制度,虽然我国 1954 年宪法以及个别单行条例曾对国家赔偿作过规定,但由于缺乏行政诉讼制度,实际上无法操作。因此,在改革开放以前我国没有包括行政赔偿在内的国家赔偿制度。当然，国家赔偿的实践是有的，国家在纠正反右扩大化以及"文化大革命"等政治运动的错误，平反冤假错案时，对受害人以补发工资等形式进行了赔偿，不过这类赔偿不是依既定法律制度，而是依政策进行的。

1982年以后我国才真正开始了建立国家赔偿制度的实践。现行宪法第41条第3款规定，"由于国家机关和国家工作人员侵犯公民权利而受到损失的人，有依照法律规定取得赔偿的权利"，为建立国家赔偿制度提供了宪法依据。此后1986年治安管理处罚条例、1987年民法通则、1989年行政诉讼法等一些单行法律相继规定了国家赔偿责任。1994年5月12日国家赔偿法的颁布标志着我国确立了全面而统一的国家赔偿制度。就行政执法赔偿而言，在国家赔偿法颁布实施之前就已通过行政诉讼法第9章得到全面确立，国家赔偿法进一步完善了行政诉讼法第9章的规定。在内部责任方面，新中国成立初期就建立了国家工作人员的奖惩制度。1957年国务院颁布的《关于国家行政机关工作人员的奖惩暂行规定》一直沿用到90年代初。1993年国务院颁布的国家公务员暂行条例第7章规定了对公务员的行政处分制度。与过去的行政处分制度相比，新的处分制度取消了降职和开除留用察看两种处分形式，同时规定行政处分与公务员的其他利益挂钩，即在受处分期间，不得晋升职务和级别，其中除受警告以外的行政处分的，并不得晋升工资档次；受撤职处分的，必须同时降低级别和职务工资。而依国家赔偿法第14条的规定，行政执法人员在行使职权时因故意或重大过失造成行政赔偿的，应承担全部或部分赔偿费用。这一规定是过去没有的，是对行政执法人员个人责任制度的新发展。关于行政执法人员的职务犯罪行为，新刑法作了更加严格的规定，如新增"贪污贿赂罪"一章，并且对国家工作人员贪污贿赂犯罪和渎职犯罪的各种形式规定得更加具体，打击力度加大。除此之外，行政执法人员中的中国共产党党员在行政执法过程中作出违法不当行为除可能承担个人法律责任外，还可能受到党纪处分，这是一种政治责任。它的存在丰富了行政执法内部责任的内容，加重了行政执法内部责任的强度。①

---

① 我国实行党管干部体制，行政执法人员所受党纪处分虽不具有法律处分之性质，但将影响行政执法人员行政上的地位，从而间接产生行政法律后果。因此，在分析行政执法人员的个人责任时，对其党内责任不应忽视。

6. 新的权利救济渠道的设立

改革开放之前，公民、组织受到不法行政行为的侵害只能依申诉的途径求得问题的解决。但是由于申诉的处理机关是作出被申诉行为的机关的上级机关甚至是作出被申诉行为的机关本身，而且申诉处理程序的透明度很差，"官官相护"的现象比较严重，公民、组织通过申诉寻求权利救济的效果不佳，侵权行为若非十分明显而且严重，常常得不到纠正。

20 世纪 80 年代以后行政诉讼制度发展起来，80 年代末 90 年代初又建立了与行政诉讼相配套的行政复议制度，为受到不法行政执法行为侵犯的公民、组织寻求权利救济提供了两种新的更加有效的法律武器。法院独立于行政系统之外，其审判程序贯穿公开、公正原则，透明度高，公民、组织有权在诉讼过程中充分了解行政执法机关作出被诉行为的理由和依据，有权与被告行政机关对质和辩论并获得律师的帮助。因此，向法院起诉，由法院处理公民、组织与行政执法机关之间的纠纷是公正性最有保障的一种权利救济方式。

行政复议是在行政机关内部解决公民、组织与行政执法机关之间争议的一种制度。1990 年国务院颁布行政复议条例，在我国行政系统内全面建立了行政复议制度。1994 年，为方便公民、组织提起复议，提高复议效能，国务院又对行政复议条例作了局部修改。行政复议虽然也是由行政机关负责处理公民、组织与行政主体之间的争议，但它的可信度要高于传统的申诉制度。这是基于三点原因：①行政复议一般由原处理机关的上级机关设立专门的机构或人员进行，复议职能与执法职能分离，因而复议人员与执法人员之间的工作关系不密切，因工作原因形成特殊感情和利益关系导致"官官相护"的可能性相对较小，从而有利于复议机构或人员提出较为公正的处理方案；②行政复议按照准司法程序进行，有一定的透明度，公民、组织在复议过程中的了解权（知情权）和陈述、申辩权较有保障；③行政复议有行政诉讼作后盾，有利于形成行政复议机关公正处理案件的动力和压力。

也许有人会产生这样一种疑问：既然行政诉讼的救济效果是最好的，鼓励甚至硬性要求公民、组织把所有行政纠纷都拿到法院去，岂不是对于保障公民、组织的合法权益更有利，何必还要建立和发展行政复议制度呢？其实，行政诉讼与行政复议之间是相辅相成的关系，缺了谁都不行。行政诉讼固然可信度最高，但因为程序复杂，办案速度慢，法院能处理的案件数量有限，对于公民、组织而言，如果与行政执法机关之间的纠纷迟迟得不到解决，行政诉讼即使再公正也没有什么意义。因此，为切实保障公民、组织的合法权益，就有必要建立行政复议制度，使大多数行政案件分流到行政复议程序中解决。但是，行政复议不能脱离法院的监督，否则，行政复议的公正性将失去有力保障，最终无法取信于民。行政诉讼和行政复议制度的建立和发展是我国行政执法开始走上法治轨道的标志，与无行政诉讼和行政复议的时代相比前进了一大步。但是，行政诉讼和行政复议的发展与公民、组织充分保障自己合法权益的需要之间尚存差距，这是在肯定行政诉讼和行政复议的成就时必须注意的另一面。

7. 行政执法监督机制的进步

健全的行政执法监督机制分为内部监督和外部监督两大部分。内部监督是行政机关在其系统范围内对行政执法行为进行的自我监督。外部监督则是行政机关以外的组织和公民对行政机关执法行为的监督。

20世纪50年代初中期我国的监督行政机制曾有一定程度的发展，在内部监督方面，成立了专门的行政监察机构和政府法制机构，制定了人民群众来信来访制度。在外部监督方面，各级党组织、各级人大、政协、民主党派和群众团体、企事业单位以及普通公民均依照宪法享有对国家行政机关的监督权。从50年代后期起，正常的监督行政机制逐渐遭到破坏，监察部门以及政府法制部门被撤销，人大的监督名存实亡，外部监督逐渐偏离法制轨道而代之以群众运动、大鸣大放等极端民主的形式，结果国家行政秩序以及社会秩序大乱，人权横遭践踏。"文化大革命"结束以后，包括行政执法监督机制在内的国家监督机制重新走上正轨，不仅恢复了行政监察部门和政府法制部门，而且新设审计机关，对国务院各部门和地方各级政府的财政收支，对国家金融机构和企业事业组织的财政收支，依照法律规定独立行使审计监督权。随着1991年1月1日行政复议条例的实施，全国县以上依法享有行政复议权的行政机关普遍按照条例第23条的要求确立了本机关的复议机构或者专职复议人员，这些机构或人员通过审理行政复议案件对有关行政执法机关①进行监督，一旦发现被监督机关的执法行为违法或不当，则报请本机关行政首长决定撤销或变更该违法或不当行为，并依行政权限追究或报请有关部门追究有关执法人员的个人责任。

信访是保障人民群众对党政机关及其工作人员行使申诉控告权的一项传统制度，具有帮助上级机关了解下情，以便上级机关准确、及时行使监督权的辅助监督功能。但在改革开放以前这项制度的规范化程度不高，对于信访人以及信访处理机关权利、义务、责任的规定均不够明确。1982 年中共中央办公厅、国务院办公厅联合下发《党政机关信访工作暂行条例（草案）》，初步将信访工作纳入规范化、法制化轨道。1995 年 10 月国务院发布《信访条例》，并于次年 1 月 1 日起施行，结束了信访工作无法可依的状态，对于提高信访工作的效能起到了促进作用。

此外，许多地方和部门也在健全行政执法内部监督制度方面进行了积极的尝试，如设立行政执法违法乱纪举报制度、规范性文件备案制度、重大行政执法事件情况报告制度、行政处罚备案制度、重大行政执法案件督查制度等。最近公安机关又在本系统内部全面推广了督察制度，各地公安机关建立了专职督察队伍。这一举措加快了公安执法内部监督检查制度正规化建设的进程，实现了由消极等待群众举报到主动寻查案件的转变。

与此同时，行政执法的外部监督机制也逐步得到完善，其中最引人注目的成就是通过建立和发展行政诉讼制度实现了人民法院对行政执法行为的司法监督。法院通过受理和审判行政案件审查具体行政行为是否合法，有权运用撤销、变更行政决定，责令重新作出具体行政行为，限期履行法定职责，判令行政赔偿等司法手段纠正行政执法行为的违法错误，追究行政执法机关的违法责任；并就法院无权处理的事项，如对有关责任人员给予行政处分，对违法或不当的行政规范性文件加以处理等向有权部门提出司法建议。

此外，人大的监督也日益活跃起来，这也是我国行政执法监督机制乃

---

① 通常是行政复议机关领导下的下一级机关，仅当被申请复议行为由国务院各部门或省、自治区、直辖市人民政府作出时，复议机关是它们自身。

至整个国家监督机制正在发展进步的重要表现。可以说，80年代全国人大以及享有立法权的地方人大的工作重点在于立法，以建立和健全法制解决"无法可依"的问题，执法的检查监督工作没有得到应有的重视。随着实践中"有法不依，执法不严，违法不究"现象的充分暴露，进入90年代以后，全国人大的领导同志意识到立法与执法检查必须齐头并进。七届全国人大常委会委员长万里同志指出，"一定要把制定法律同对法律执行情况的监督检查放在同等重要的地位"。① 八届全国人大常委会委员长乔石同志又重申，"要继续把法律实施情况的检查监督放在同立法同等重要位置"。② 为此，1993年9月全国人大常委会通过《关于加强对法律实施情况检查监督的若干规定》，其主要内容有九点。①全国人大常委会和全国人大专门委员会对全国人大及其常委会制定的法律和有关法律问题的决议、决定贯彻实施情况，应围绕改革开放和社会主义现代化建设的重大问题，以及人民群众反映强烈的问题，有计划、有重点地进行检查监督。②执法监督通过组织执法检查组进行，检查组不直接处理问题。③执法检查组采用听取汇报、召开座谈会、个别走访、抽样调查、实地考察等多种形式开展活动。④检查结束后，由执法检查组组长主持，写出执法检查报告。⑤全国人大常委会执法检查组的执法检查报告由委员长会议提请常委会决定列入会议议程。全国人大专门委员会执法检查组的执法检查报告由委员长会议决定是否提请常委会决定列入会议议程，未列入议程的，由专门委员会审议。⑥列入常委会会议议程的执法检查报告，由执法检查组组长向常委会全体会议汇报，并在分组会议和全体会议上审议。法律实施主管机关应到会听取意见，回答询问。常委会组成人员可以就法律实施中存在的重要问题提出质询，必要时可作出有关决议。⑦全国人大常委会会议审议的执法检查报告和审议意见，由委员长会议以书面形式交法律实施主管机关。有关机关应在6个月内将改进的措施和取得的效果向常委会作出书面报告。必要时，由委员长会议提请常委会决定列入会议议程，进行审议。全国人大专门委员会审议的执法检查报告和审议意见，由专门委员会转法律实施主管机关。有关机关应向专门委员会汇报改进执法的措施和效

---

① 万里：《在七届全国人大常委会第二十四次会议上的讲话》，《人民日报》1992年2月26日。
② 乔石：《在八届全国人大一次会议上的讲话》，《人民日报》1993年4月2日。

果。专门委员会如对汇报不满意,可向常委会提出议案,提请常委会会议审议。⑧对执法检查中发现的重大的典型的违法案件,委员长会议可以交由专门委员会或常委会办事机构进行调查,调查结果应向委员长会议报告,由委员长会议根据情况要求有关机关限期处理,有关机关应及时报告处理结果。对特别重大的典型违法案件,常委会可依法组织特定问题的调查委员会,但常委会不直接处理具体案件,具体案件仍由法律实施主管机关严格依照法律程序办理。⑨新闻媒介要对全国人大常委会的执法检查活动及时进行宣传和报道,全国人大办公厅可就执法检查举行新闻发布会,对执法检查中发现的重大典型违法事件及处理结果可公之于众。除上述组织执法检查组进行检查监督的方式外,全国和地方人大还广泛通过人大代表质询、视察、组织对行政执法机关的评议等方式行使对行政执法机关的监督权。

目前,全国人大常委会正在组织起草监督法,相信该法的颁布实施将使人大系统对行政执法的监督一改以往默默无闻、软弱无力的状态而跃升为社会关注的热点。

中国共产党的监督始终是国家监督体制中的重要力量。改革开放以后它的发展主要有三个方面的表现。①各级党委成立了专门的纪律检查机构。②20世纪90年代以后党的纪律检查机构与政府部门的行政监察机构实行合署办公,两者出现了党政合一的倾向。应当说,这一变化抬高了行政监察机关的实际地位,从而增强了行政监察的效能。近几年来中纪委与监察部联手查处的一批大案、要案证明了此点。③中共中央近些年来明显加强了党内纪律的制度化建设,颁布了一系列以廉政肃贪为目的的规范性文件,内容涉及财产申报、个人重要事项报告、党员领导干部廉政准则以及党内纪律处分等诸多方面。

舆论监督是外部监督机制中的一种极其重要的监督形式,它的强弱甚至能够决定其他监督方式(如人大的监督、法院的监督、行政机关内部的法制监督)能否发挥其应有的作用。社会舆论虽然不能作出任何有法律约束力的决定,但它的威力大到可以决定政权的存亡、政府的更替、法制的变革,小到能够断送普通官员的声誉和前程。因此,专制主义、官僚主义、贪污腐败最怕的就是舆论监督。"文化大革命"期间,我国的舆论监督广泛采用"大鸣、大放、大字报"的形式,导致舆论监督权的滥用,引发严重后果。"文化大革命"以后,"大鸣、大放、大字报"的形式被取消,舆论监督主要通过大众传播媒介进行。由于历史和体制的原因,我国对大众传播媒介的管制严格,大众传播媒介的自主权极小,这种做法有效地防止了有害言论的扩散、传播,对于保障国家政治稳定、社会稳定,保障公民、组织的精神权利不受非法侵犯发挥了积极作用,但另一方面也导致了舆论监督软弱无力的后果。最近一段时间以来,随着反腐败斗争的深入,舆论监督的地位和价值已开始为人们所认识,党和国家领导人也开始重视传播媒介的舆论监督,在此背景下,广播、报纸、电视等传播媒介对行政执法的监督逐步活跃起来,有不少行政执法人员的违法乱纪案件就是经广播、报纸、电视揭露以后得到处理的,舆论监督的良性作用得到普遍肯定。目前,我国舆论监督行政主导与政策主导的传统格局没有变化,但新闻机构在监督国家活动,尤其是行政执法活动方面实际表现出来的自主权与自由度却呈现出扩大的趋势。尽管现时在大众传媒的立法,特别是在排除不当干预,保障大众传播媒介合法权益的立法方面未见大的动作,然而,切实提高舆论监督效能的社会共识正在达成,这预示着我国的舆论监督将会取得更大的进展。

(二) 存在的主要问题

简单地讲,我国现阶段行政执法过程中存在的问题有两点:第一,执法不严肃,执法过程中的腐败与渎职现象严重;第二,法律赋予的执法手段不足,不能有效制止行政违法行为。其中,社会反映强烈、后果比较严重、迫切需要解决的是第一个问题。关于这一点,有多位中央领导同志在其讲话中作过精辟的阐述,国务院的有关文件也作了深刻的总结。

万里同志在1991年指出,"执法当中我看就这么三个问题:有法不知道,知道不执行,即使执行也不严格"。[①] 那么,这三个问题在实践中究竟严重到何种程度?在它们背后更深层次的问题是什么?对此,我们可以从罗干同志1993年在第二次全国政府法制工作会议上的讲话中找到答案。他说,"必须严肃指出,有法不依、执法不严、违法不究的现象一直存在,有些地方、部门甚至以言代法、以权压法、执法犯法、徇私枉法,问题相

---

① 《人民日报》1991年12月21日。

当严重，已经引起人民群众的强烈不满。尤其值得注意的是，在实行社会主义市场经济的新形势下，有些地方、部门，特别是行政执法部门、经济管理部门和垄断性行业，不正之风严重，对严格执法的冲击和破坏很大"，"有的甚至变本加厉，对已有的法律、法规规定也采取以小团体和个人的利益作为是否执行的'标准'，对自己有利就执行，对自己不利就不执行，连起码的组织性、纪律性也不讲了"。[①]

国务院1993年10月《关于加强政府法制工作的决定》是与行政法规具有同等地位的规范性文件。在这一具有法律效力的正式文件中，国务院对行政执法中存在的问题作了如下概括："当前，行政执法的问题很突出。有法不依、执法不严、违法不究的现象比较普遍，有些地方和部门甚至以言代法、以权压法、徇私枉法，问题相当严重。尤其值得注意的是，在发展社会主义市场经济的新形势下，有些地方和部门，特别是有些行政执法部门、经济管理部门和垄断性行业，在利益的驱使下，利用职权和行业垄断地位，搞权力进入市场、权力商品化、权钱交易。这些不正之风和腐败现象，严重地损害法律的尊严和政府的权威，已经引起广大人民群众的强烈不满。"[②]

由上可知，当前我国行政执法中的突出问题是行政执法机关及其工作人员在不当利益的驱动下执法犯法，已经到了非治理不可的程度。行政执法人员执法犯法的具体表现有以下几点。①不执行法律规定。如当公民、组织要求公安机关履行其保护人身权、财产权的法定职责时，因当事人没有"进贡"，而被拒绝采取行动。②拖延执行法律规定。如一些地方的执法人员为与当事人进行"权钱交易"，故意对当事人的合法申请拖着不办，迫使当事人就范。③从宽执行可能对一己私利产生不利影响的法律规定。如一些地方、部门的执法人员因为怕当被告，而姑息迁就行政违法行为，该罚的不罚，该重罚的轻罚。④公然违反法律规定自行其是。这种现象最为普遍，群众反映也最为强烈。如在公路上乱设站卡、乱罚款、乱收费、乱集资、乱没收、乱减免税、乱设开发区等，引起人民群众强烈不满。

行政执法中的另一个问题是法律规定的执法手段不足，如没有规定必

---

① 《中国法律年鉴（1994）》，中国法律年鉴社，1994，第23~24页。
② 《中国法律年鉴（1994）》，中国法律年鉴社，1994，第577~578页。

要的强制措施，以致行政执法机关不能排除妨碍进行必要的检查和取证活动，以及在当事人不自觉履行行政法义务时无能为力，从而使执法机关及其执法人员在执法时陷入两难境地：要么放弃履行职责而违法，要么为履行职责采用法律未曾规定的强制手段而违法。再如，有的执法部门依法最多只能对本部门职责范围内的违法行为处以数量不大的罚款，因而对那些获利很高的违法行为（如贩卖私盐）很难收到震慑之效，因为违法者只要一次漏网，便能轻而易举地弥补被行政执法机关查处后的罚没损失。这方面的问题与行政执法人员缺乏整体观念、全局观念，自私自利的动机无关，主要是立法上的缺陷造成的。然而，纯粹因执法手段的不足造成的问题在执法过程中毕竟处于次要的地位，造成的社会负面影响相对较小，完全可以通过改进立法，特别是加强法律解释工作得到解决，绝不能因为立法上的某些缺陷而冲淡了应将惩治锋芒指向行政执法人员主观方面的问题。

（三）产生问题的原因

一些同志认为，行政执法过程中之所以会产生"有法不依、执法不严、违法不究"的问题，法律、法规规定的行政执法机关的权限不清、责任不明是主要原因之一，从而将行政执法中产生执法违法问题的责任在很大程度上推向了立法层次，这也正是少数违法乱纪的行政执法人员经常使用的借口。因为，既然造成法律、法规不能贯彻执行的原因在于法律、法规本身，那么有法不依、执法不严、违法不究的责任就不能落到行政执法人员身上。这是推卸责任的一个极好的理由。但是，深究之下，这个理由是站不住脚的。

现行法律、法规对于行政执法权的规定确实存在着职权不清、分工不明的现象，但对此应作具体分析。有一些职权不清、分工不明的现象的确是因为法律规定本身不明确造成的，对于特定事项究竟应由哪一个部门行使执法权，法律规定模棱两可，似是而非。这种情况固然可以通过提高法律规范具体化的程度而得到改善，却不可能从根本上消除，这是由成文法不可能预见并规定生活中的每一细节及其变化的固有缺陷所决定的。

另有一些所谓职权不清、分工不明的情况属于认识上的问题，一些人认为，同一行政执法事项的执法机关必须统一，不能数个机关都有执法权。面对法律、法规规定的行政执法权在某些领域出现的交叉重叠现象，他们认为这就是"职权不清、分工不明",结果造成执法机关在执法过程中有利的事争着管,无利的事都不想管,有的甚至片面扩大部门职权,保护部门利益。这一看法是错误的。法律、法规有时规定两个以上的执法机关对同一行政事项都有执法权是出于行政法调整复杂社会生活的需要。以对贩卖黄色出版物的处罚为例,假使依其性质、情节、后果,必须处以罚款、吊销许可证和营业执照并予以治安拘留方能使处罚到位,那么按照我国现行行政处罚体制就必须由公安、工商、文化执法部门齐抓共管才能达到目的,因为拘留的处罚权只能由公安机关行使,吊销从事特定文化活动的许可证只能由文化执法部门行使,而吊销营业执照的处罚只有工商机关才能作出。此外,对于那些具有一定专业性且社会危害性较大的行政违法行为,规定数个执法部门都有执法权,也有利于增大发现此类违法行为的概率,提高惩治效能,并且有利于在行政执法机关之间形成相互监督的机制。因此,不能不加分析地将行政执法权的交叉重叠现象都视为"职权不清、分工不明"。当然,我们不能说现行法律、法规在行政执法权的分配上毫无问题,法律规定不明确、不合理的现象确实存在,但绝非行政执法有法不依的主要原因和主要矛盾。现在的问题是,一部分行政执法人员的心态不对,行使职权以是否对己有利为标准,心中根本无"法",东窗事发以后,方始心中有"法",但不是想着如何依法检讨自己的行为,而是想方设法找法律的毛病,钻法律的空子,甚至不惜曲解法律,强词夺理。如果这种心态不能从根本上加以扭转,改进立法工作的努力就会付诸东流。因为成文法的规定永远只能做到相对明确、相对具体,不可能达到绝对明确、完美的地步,想从立法上找借口,总是有机会的。

　　行政执法实践中有法不依的行为大多数属于违反法律、法规明确规定的行为,公然违反法律、法规明确规定的案件屡屡发生充分说明行政执法中执法违法的主因绝不在于法律规定明确、完美与否。对此,罗干同志说得好,"我在这里想强调的是,对近期出现的问题要作具体分析。有些的确有法制不够健全的问题。但是,不少突出的问题并非无法可依、无章可循,而是有法不依、有章不循、有令不行、有禁不止、法纪松弛、政令不通的结果"。[①] 为什么行政执法人员敢于有法不依、有章不循、有令不行、

---

① 《中国法律年鉴(1994)》,中国法律年鉴社,1994,第24页。

有禁不止？有两点原因：一是利益驱动，即行政执法人员利用手中掌握的执法权力为自己谋取不正当利益；二是国家对行政执法行为的监督乏力，揭露、制止行政违法行为的效能不高，对于揭露出来的违法行为处理偏轻。这实际上降低了违法风险，意味着违法者从违法行为中获取的不当利益大于他可能为此而付出的代价，意味着违法比守法更为有利。

行政执法中的利益驱动现象应当说是改革开放以后出现的新问题，改革开放以前不甚明显，这是因为：第一，改革开放以前，极左思潮长期占据主导地位，对私有观念和私有制度的排斥和批判达到登峰造极的程度，此起彼伏的群众性政治运动使得以权谋私者必须承担极大的风险。因此，那一时期权钱交易、腐化堕落的现象不能说绝对没有，但也绝没有形成人们普遍诟病的社会问题。第二，改革开放以前，私营经济几乎绝迹，国家对经济活动实行高度集中的计划管理，企事业单位几乎没有自主权，也没有必要自负盈亏，因而行贿的社会诱因较小。第三，当时的党政领导体制也是极端强调一元化领导，强调下级服从上级，全国服从中央，对地方主义、本位主义的批判、打击很严厉，因此不可能存在地方保护主义和部门保护主义的问题。最后，当时的生活方式实际上也是一元化的，国家不但提倡艰苦朴素，反对吃喝玩乐，而且将生活是否朴素上升到政治品质的原则高度，成为对干部政审的一项重要内容，因而，党政干部为个人享受挥霍国家资财、骄奢淫逸的现象比较少见。当然，改革开放之前干部队伍的相对廉洁是以牺牲经济发展以及损害人权为代价的，得不偿失。解决当前行政执法以及其他领域内的腐败问题不能走过去的老路。

改革开放以后，原来抑制国家工作人员将国家权力私有化、追逐私利的种种因素在国家大力推进社会主义市场经济，提倡尊重人权以及努力建设社会主义法治国家的新形势下，陆续受到削弱。首先，国家为发展经济，在意识形态上摒弃了激进的、教条化的社会主义理论，提出并倡导社会主义初级阶段的理论，从而为私有观念与私有经济成分的复活与发展提供了理论依据。这是积极的一面。与此同时，也产生了消极的一面。由于放松了对私有观念的控制，极端利己主义、拜金主义、享乐主义趁机抬头，国家工作人员廉洁奉公，自觉抵御自私自利以及享乐主义思想侵蚀的心理防线受到冲击。其次，经济成分和经济利益的多元化，使得一些个人和组织为谋求法外特权而向行政执法人员、司法人员大肆行贿，诱使国家工作人员腐化堕落的不良因素明显增多。再次，国家行政管理方式由执行政策和上级命令转为执行法律以后，行政执法人员的自由裁量权增大；另一方面，由于监督制度不健全，行政执法人员行使权力时实际受到的制约较小。这使得行政执法人员有条件进行权钱交易以及利用权力谋取不正当利益。最后，为调动"条条"（部门）和"块块"（地方）的积极性，中央对权力高度集中的领导体制进行了改革，向地方和部门下放了一部分权力，其中，不仅包括经济管理权，而且包括人事管理权。在地方和部门的人事管理权限内，行政执法人员为了自己的政治前途肯定会优先执行本地方或部门的规定，而中央和上级政府在行使其保留的人事管理权，考察任用干部时，对于被考察对象也不像过去那样突出审查其组织纪律性，而比较注重其政绩，即其领导一个部门或一个地方所取得的成绩，由此滋生了部门保护主义和地方保护主义。与行政执法人员私下进行的权钱交易、徇私枉法、腐化堕落相比，部门保护主义和地方保护主义表面上不是维护任何个人的私利，而是为了保护一个部门或地方的"公利"，正因为如此，部门保护主义者和地方保护主义者往往自认为其错误行为具有道义上的基础，故而常常明目张胆地进行。其实，部门保护主义和地方保护主义实质上仍然是一种利己主义。它们保护的是部门保护主义者和地方保护主义者的政治私利，是一种严重的腐败行为，其危害性丝毫不亚于执法人员谋取个人非法经济利益和腐化堕落的行为，而且具有很强的欺骗性，很容易诱使人们将其视为一种基于可以理解的动机而作出的违纪行为，以致在处理时心慈手软，有意无意姑息之。目前，地方保护主义和部门保护主义已经发展成为行政执法的一大公害。

然而，利益的驱动不一定必然导致行政执法人员作出违法行为。一个心智健全的行政执法人员在追逐私利时必然要衡量所获利益与所冒风险或所付代价之间的得失关系。假如得不偿失，他就不会将其以权谋私的动机落实为具体行动。在我国，由于目前正处于新旧体制转轨时期，国家对行政执法人员的监控制度不够健全、不够有力，对于执法犯法行为常常揭露不出来，对于已发现的案件处理又偏轻。因而，在利益诱惑面前，一些执法人员敢于以权谋私，甚至不怕被发现，不怕被处理。此外，导致执法人员铤而走险的另一个原因是国家给予执法人员的合法利益（收入、福利、各种保障等）过低，与执法人员利用职权可以获取的非法利益相比反差太大。这也导致执法人员在衡量违法的得失时得出违法有利的结论。不过，对于预防执法人员违法，仍以健全监控机制最为重要。

不少同志认为，行政执法出现执法犯法问题的主因在于利益驱动。实际上这是不准确的。从执法犯法的发生过程看，利益驱动必须经过利益衡量才能最终演变为行动，而试图以权谋私的执法人员在利益衡量时主要考虑的问题就是判断特定监控机制对其威胁的大小。因此，行政执法有法不依问题的产生主要是因为针对行政执法的监控不力，以致执法人员得出违法有利的结论，进而做出违法行为。

（四）对我国行政执法状况的总体评价

我国行政执法法治建设的时间不长，如果以行政诉讼为标志，不过十多年的历史，而统一的行政诉讼制度更是在 20 世纪 80 年代末 90 年代初才建立起来。在这短短十多年时间里，我国基本上结束了行政管理无法可依的状态，建立并发展了规定行政执法机关法律义务与责任规则体系，监督与追究行政执法机关法律责任的机制也在不断地完善，可以说现代行政法的主要原则均已在我国行政法制度中得到体现，行政执法法治建设取得的成绩有目共睹。但是，行政管理过程中长期形成的人治积弊不可能简单地通过改变法律制度而在短期内予以消除。人治的因素不仅在立法上牵制着我国法制现代化的步伐，而且还使写在法律条文中的法治规则难以在生活中得到兑现。行政执法现实中有法不依、以权压法、以言代法现象普遍存在表明，要真正实现由人治向法治的转变还需要走相当长的路。

我国行政执法中存在的问题是相当严重的。这些问题发生于改革开放以后，但根子却在权力不受约束的旧体制。行政执法出现的问题归根到底是旧体制不能适应新形势的外在表现。改革开放以来，权力不受约束的人治传统不是在继续发展，而是在逐步削弱，行政诉讼的存在与不断完善，使越来越多的行政执法人员直接感到了法治的压力。尽管行政诉讼本身也存在种种问题，法院慑于行政机关的压力不敢受理行政案件、不敢判处被告行政机关败诉的事例时有发生，但毕竟有相当一部分违法的执法行为未能逃脱法院的监督，被法院撤销或变更。因此，至少在法院判决执法机关败诉的案件所涉及的行政行为上"法"显示了大于"权"的威力。如今行政案件的数量在增加，执法机关的败诉率在提高，逐步在向理论上应有的正常概率接近，执法机关以及其他组织非法干预行政审判的难度也越来越大。这意味着在人治的基本格局下，法治的领地正在不断扩大。这是在评价我国行政执法状况时必须看到的，否则，就不能得出客观公正的结论。

行政执法暴露的问题越突出，说明人治的行政执法与改革开放的矛盾越尖锐。改革开放、发展市场经济、建设法治国家，最初因党和国家领导人的远见卓识而发动，如今已深入人心，不可逆转。既然改革开放必须坚持，那么行政执法的人治状况就必须改变。所以，尽管我国行政执法法治具有自上而下、领导推动、群众响应的表面特征，但并不表明我国行政执法法治的大厦建立在领导人善良愿望的脆弱基础上。市场经济的发展不仅呼唤法治化的行政执法，更为行政执法法治提供了坚实的保障。我国行政执法法治化的发展方向不会动摇，前景也必然是乐观的。

四　推进行政执法法治建设的若干措施

既然我国行政执法的突出问题是行政执法人员有法不依、以言代法、以权压法、以一己私利决定是否执法，下一阶段的行政执法法治建设自然应当有针对性地围绕如何解决这些问题而展开。此外，在完善行政执法手段，提高行政执法效能方面也应采取一些切实有效的措施。

（一）重视对行政执法人员的道德品质审查以及职业道德教育

这似乎是老生常谈，但改革开放以来恰恰被忽视了。过去选拔国家干部必须经过严格的政审，除了考察选拔对象政治上是否积极可靠以外，一般也附带考察其道德品质。当然，"文化大革命"期间，道德品质的内容具有浓厚的政治色彩，其评判标准也被严重扭曲，一些品质恶劣之徒混入干部队伍，不过这是另一回事。

行政执法人员勤政、廉政的动力只有来自公务员献身公益的理想与荣誉感，来自公务员对待本职工作的诚信态度，勤政、廉政才能转化为自觉的、高质量的行为。如果行政执法人员本无勤政、廉政之心，而存谋私之念，法律制度的外在威慑和逼迫能够起到多大的作用？法律是要靠人执行的，如果执法者处处从如何钻法律的空子、如何谋私利而不必负责任的角度学法、用法，那么法律本身再完美又有何用？现在的勤政、廉政法律规范以及对国家工作人员的纪律处分规范与新中国成立初期相比不可谓不多，但腐败现象却比新中国成立初期多得多，可见，法制不是万能的，它取决于什么样的人以什么样的心态来对待和执行法律。法制本身在惩处违法者的时候有教育作用，但它代替不了正面教育。制裁可使执法人员产生畏惧而不敢违法，但它并不能促使执法人员积极主动地去贯彻法律的内在精神。

普通公民在进入公务员队伍之前，其价值观、人生观、个人品质以及性格已经定型，行政机关的人事部门完全可以通过审查选拔对象的生活和工作经历，通过对选拔对象周围的人士进行访谈的办法，确定其个人品质的状况以及性格特征，决定其是否适合行政执法的工作。虽然人都是有物质需求的，但品质高尚者与唯利是图者对于物质需求的满足程度以及获取物质利益的方法截然不同：前者注重做人的原则，轻物质而重精神，不愿用不正当的方法获取利益；后者鄙视道德的束缚，重物质而轻精神，为达目的而不择手段。行政机关若将前者大量选入，即可于无形之中构筑一道奉公守法、拒腐防变的坚固的思想防线；反之，若将后者大量选入，即便法制完备，执法的质量也得不到保证。在进行个人品质审查时有必要把性格审查作为一项重要内容。执法工作事关执法机关的公共形象。执法人员对公民、组织采取简单粗暴、冷漠无情的态度在民主国家是不允许的。因此，在选拔公务员时，必须将性情暴躁或冷漠者拒于门外，对于有心理缺陷者更应采取措施加以防范。总之，必须改变目前选拔公务员忽视审查、测评候选人个人品质和性格，片面强调其知识、能力的做法，加强对候选人品质、性情的审查、测评工作。对于已进入公务员队伍而品质与性格不适于从事执法工作的人，不应当消极等待其犯下大错，然后将其开除，而应积极地通过调动工作岗位、劝说辞职以及辞退的办法使其退离执法第一线或将其淘汰出公务员队伍。

对公务员职业道德的教育同样受到忽视。许多执法部门的领导同志可能认为对公务员进行职业道德教育不过是讲一些大道理，没有什么用处，因而采取漠然置之的态度。其实，对公务员经常讲一些大道理是十分必要的，关键在于怎么讲。如果教育者对其讲述的东西自己就不相信、不理解，只是为了应付差事，肯定没有任何效果。如果教育者本身对于教育的意义认识深刻，责任心强，自信心足，教育内容紧密联系实际，生动活泼，就一定抓住被教育者的思想，收到成效。如前所述，惩罚不能取代教育，因此，行政执法机关必须提高对公务员进行教育的主观能动性，将教育措施制度化，常抓不懈。要经常组织对公务员，特别是新的公务员的职业道德轮训，主管领导以及执法机关首长在日常工作中要注意掌握下属人员的思想动向，经常组织执法人员自查、互查，谈认识、谈体会，采取表彰以及其他能够足以激发公务员遵守职业道德的荣誉感的措施，及时纠正其各种职业道德方面的"小毛病"，从而在执法机关内部形成遵守职业道德、讲究职业道德的浓郁气氛。如能做到这一点，执法工作中的许多问题都将迎刃而解。

（二）明确地方保护主义和部门保护主义的定性，加大打击力度

在法律、法规许可的范围内维护和发展地方或部门的利益，是正当的，不应当受到谴责。所谓地方保护主义和部门保护主义，是以公然违法的方法损害其他地方或部门的利益，保护本地或本部门利益的行为。相当一部分人认为地方保护主义和部门保护主义主观动机是为了搞好地方或部门的工作，不是为了谋取个人私利，情有可原，性质上不是以权谋私，而是组织纪律观念不强的问题。基于这种认识，不仅查处者对地方保护主义和部门保护主义打击不力，而且被查处者往往还振振有词，对处理不服。正是因为地方保护主义和部门保护主义具有所谓"为公不为私"的欺骗性，所以，一些地方和部门往往明目张胆地进行，使得地方保护主义和部门保护主义成为行政执法中的严重问题。可以这么说，地方保护主义和部门保护主义问题不解决，行政执法有法不依、执法不严、违法不究的现象就不可能从根本上加以消除。

遏制地方保护主义和部门保护主义必须纠正将其视为一般违纪行为的错误认识，必须看到地方或部门领导人实行地方保护主义和部门保护主义的"私"的内在本质，必须认识到地方保护主义和部门保护主义破坏的是国家法制的统一与尊严以及市场经济的正常秩序，对国家造成的危害远甚于执法人员个人的以权谋私，是一种严重的政治腐败现象。只有明确并坚持对地方保护主义和部门保护主义的这一定性，才能恰如其分地对其予以打击。目前对地方保护主义和部门保护主义的处理偏轻，有姑息成分。为此，应当提高打击力度。第一，应明确规定搞地方保护主义和部门保护主义而公然作出违法决定和实施违法行为者一经发现，即予以撤职处分，改变目前笼统规定给予行政处分，以致实际处分不力的局面。第二，要将情节十分严重的地方保护主义和部门保护主义行为规定为犯罪，运用刑罚手段予以打击。第三，地方保护主义和部门保护主义行为始作俑者是相应地方和部门的领导人，因此，打击锋芒应直指作出地方保护主义和部门保护主义决策的地方和部门负责人，以纠正目前主要打击地方保护主义和部门保护主义的执行者，姑息迁就甚至包庇决策者的偏差。以上三点触动了地方保护主义者和部门保护主义者的根本利益，如能贯彻实行必可收到遏制乃至铲除地方保护主义和部门保护主义的效果，从而维护行政执法的合法性、公正性。

（三）加强行政执法程序建设，提高行政执法的透明度

行政执法过程中产生专横和腐败现象的一个重要原因就是行政执法过程过于封闭，既不利于行政执法机关以外的组织和人员对行政执法进行监督，也不利于执法人员自律。因此，改善执法质量的有效办法之一便是开放行政执法程序，提高行政执法的透明度。具体可采取以下措施。①凡有可能损害特定组织、公民合法权益内容的行政执法行为，在作出之前，执法机关必须向当事人阐明行为的理由及法律依据。②执法机关在阐明理由之后，应给予当事人申辩或陈述意见的机会，除非依法当场实施的行政执法行为以及在紧急状况下，执法机关应给予当事人合理时间为申辩或陈述意见作准备。对于当事人提出的意见和申辩，执法机关应给予充分考虑。③执法机关须将告知当事人的理由以及当事人的申辩和意见记录在案，并由当事人签字。对于没有告知当事人的理由不得作为对当事人实施不利执法行为的依据。执法人员在向主管领导或机关首长报批执法行为时，应将当事人申辩和意见的情况同时报告。若事后证明执法人员根本没有理睬当事人的意见，使执法行为本可避免违法而未能避免的，有关责任人员应受行政处分。④对于可能严重损害公民、组织合法权益的执法行为，当事人可以要求正式的听证，即在执法机关首长指定的第三方的主持下由准备行政执法行为方案的执法人员先阐述作出执法行为的理由，然后由当事人陈述意见，由执法人员对当事人的质疑给予解释，全部过程类似于法院依诉讼程序进行的法庭调查。主持人不作决定，而是负责将听证情况向机关首

长报告，并提出自己的意见。⑤明确规定执法机关在作出有损当事人利益的行为之前未向当事人告知理由和依据以及未给予当事人申辩和陈述意见的合理机会的，执法行为无效。⑥执法结果应当公开。执法决定除应送达当事人外，也应送达其他利害关系人。执法机关保存的执法文件和数据，除依法应予保密者外，应允许公众查阅。

（四）执法机关内部监督指标的确定应避免简单化

一些地方和部门把下级执法机关卷入行政诉讼的次数以及向相对人给付的行政赔偿金额作为测评其工作好坏的指标，结果下级机关为避免被诉，对于相对人的违法行为不是不处罚，就是从轻处罚，以牺牲国家利益的方法换取相对人不提起行政诉讼。当执法行为违法侵害相对人合法权益，相对人要求行政赔偿时，则想方设法开脱责任，力争不赔或者少赔，从而违反国家制定行政赔偿制度，保障公民、组织合法权益的宗旨。鉴于行政事务的复杂性，要求执法人员一点不犯错误是不现实的，如果对执法人员提出不切实际的过高要求，只能损害执法人员积极、主动履行职责的能动性，导致执法人员以消极无为的态度对待其职责，最终受损失的仍然是国家。因此，不能简单地以执法机关被诉或败诉的数量以及行政赔偿金额作为判断其工作好坏的标准。在分析执法机关的被诉、败诉数量以及赔偿金额时，应同时考虑以下因素：①执法的难度；②被诉、败诉数量在执法机关作出的全部同类行为中所占的比例；③违法的结果起因于执法人员故意、重大过错、一般过错、轻微过错抑或无过错；④执法机关预防执法人员做出违法行为的规章制度是否健全，导致行政执法行为违法的原因是否属于重复出现；⑤执法机关有无放纵相对人的违法行为，放纵的程度如何。只有在对上述因素予以综合考虑之后，执法机关被诉、败诉数量，赔偿金额等统计数据才有意义。

（五）明确规定有公务牵连关系的多个执法机关之间的职权分工规则和公务协助义务，消除执法机关争权夺利与推卸责任的现象

我国法律、法规有关执法机关职责权限的规定在某些领域或方面存在交叉重叠现象，从而在多个执法机关之间引起了公务上的牵连关系，大致有以下几种类型。①数机关对同一行为具有可以兼容的管辖权。这种情况一般发生在不同系统的执法部门之间，如对于贩卖黄色出版物的书店，公安、文化、工商部门分别作出拘留、罚款、吊销营业执照的处罚，三个处罚决定可以同时并存。②数机关对同一行为具有不可兼容的管辖权。这种情况一般发生在同一系统不同地域的执法机关之间，即地域管辖的问题。如法律规定某一违法行为由行为发生地的执法机关负责查处，假定该行为的发生地在两处以上，则两个以上的执法机关对该行为都有管辖权，但实际行使执法权的机关只能是其中的一个，原则上由最先发现该行为的机关实际行使执法权。③同一案件包括应由不同执法机关分别管辖的数行为。如假冒他人商标贩卖伪劣商品，其中假冒商标的行为由工商部门查处，而产品质量的问题则由技术监督部门查处。④法律规定本身没有职权交叉的现象，由于对特定事实的定性各有不同解释，结果在不同执法机关之间发生权限争议。如依照有关法律规定，对于在河岸上营造建筑物的行为，水利部门有执法权，假定对建筑物所占土地是否属于河岸有不同理解，则产生本案由水利部门还是土地部门管辖的问题。不同执法机关执法权的交叉、重叠，有的是因为立法时欠缺通盘考虑造成的，有的则是出自行政执法的客观需要，完全从立法上消除执法权的交叉重叠现象是不可能的。为了解决由此引起的矛盾，消除"有利争着执法，无利相互推诿"的不良现象，必须规定在职权交叉或管辖权不明情况下，执法机关之间进行公务协作的义务和责任。可以考虑确定以下几点规则。①在执法权限不十分明确的情况下，首先发现或接到群众举报的机关，情况紧急时，应径直行使执法权。非紧急情况，该机关应向其认为最适合管辖该案件的机关移送案件，如对方拒绝接受，该机关有义务向它们共同的上级机关申请裁决。②对某一需要执法的事项，无法确定谁先发现，而执法机关之间又相互推诿的，应同时追究这些机关的责任，以迫使它们积极、主动地履行其职责，积极、主动地与相关执法机关协商解决问题。③任何执法机关在执法过程中发现应由其他机关执法的事项，有义务向该机关发出通报，并移送案件有关材料。应当发现由其他机关查处的行为而未发现，或发现后未向有关机关通报的，责任人员应受行政处分，严重的应追究其渎职的刑事责任。④数机关对同一违法行为享有可兼容的管辖权时，所有机关均有义务将案件情况向其他机关通报，其他机关接到通报后应依法决定是否需要在自己的权限范围内对当事人再行执法。⑤法律规定经主管部门批准后，工商部门方可颁发营业执照的，主管机关在执法过程中吊销当事人许可证后应立即通知工商部门，工商部门接到通知后应随即吊销当事人的营业执照。

（六）采取有力措施，提高行政复议效能

行政复议是对行政执法行为实施内部监督的有效手段，但目前行政复议的监督作用没有充分发挥出来，原因就在于行政复议偏袒执法机关的倾向较为严重，有的复议机关负责人竟公然要求复议机构对于公民、组织的复议申请"能不受理的就不要受理，即使受理，也要维护原决定"，[①] 因而行政复议未能赢得公民、组织的普遍信任，造成行政复议申请过少，一些地方和部门的复议机构或专职复议人员甚至无事可做。

为扭转行政复议的低迷状态，提高行政复议的效能，充分发掘行政复议监督行政执法的潜力，可考虑采取以下几点措施。①行政复议机构独立行使职权是发达国家推行行政法治所得出的经验之一。目前我国行政复议机构和人员几乎没有独立性，像其他普通行政机构一样听命于行政机关首长，这就抵消了在组织上专门设立复议机构和人员，使之超然于具体执法过程，以便公正复议的积极意义。加强行政复议机构和人员行使职权的独立性是健全我国行政复议制度的必然方向。当前我国行政复议机构的独立性不可能一下子扩大到英美等国的程度，现阶段可研究制定一种行政复议机关首长领导复议机构工作的特别程序，抑制行政首长干预复议工作的随意性，将行政首长与复议机构之间的关系主要定位于事后监督审查关系，而不是事先、事中的命令服从关系。②对于行政复议人员的身份给予特别保障，这也是国外通行的做法。应明确规定没有法定理由不得作出对复议人员不利的工作调动，不得降低其工资待遇以及妨碍其正常晋升，以增强复议人员抗干扰的能力，消除其秉公办案的后顾之忧。③改革目前行政复议主要实行书面审理的制度，规定行政复议应以公开的言词审理为主。书面审理的程序封闭，不利于当事人对复议机构和人员进行监督，易造成复议人员偏听偏信，主观臆断，而公开审理有利于当事人和公众对复议过程实施民主监督，也有利于增强公众对行政复议的信心。④加强对行政复议

---

① 李培传主编《行政执法监督》，中国法制出版社，1994，第36页。

的监督，分清行政复议机关首长以及行政复议机构和人员各自的责任。行政复议机关所属人民政府的法制部门以及上一级人民政府的法制部门应负起对行政复议的监督检查责任，确保行政复议制度正常运转。凡行政执法行为有明显错误，而行政复议机关未予纠正的，应将其定性为行政事故，并严肃追究事故责任。如果复议机构和人员拟议的复议决定错误，复议机关首长照准的，则追究复议人员的责任（除非复议人员能证明在复议过程中受到行政首长的干扰，在复议过程中曾指出行政首长的错误并提出正确建议），如果复议机构和人员对复议申请的调查处理正确，复议机关首长改动其拟议的复议决定而导致"护短"行为发生的，应追究复议机关首长的责任。这样可在一定程度上缓解行政复议人员不讲原则、不负责任，一味附和、顺从复议机关首长的弊端。

（七）通过加强法律解释工作弥补立法的疏漏，纠正机械理解法律条文的错误，打击少数执法人员钻法律空子的企图

成文法无论制定得多么完美，都不可能穷尽其调整对象的每一细节，更不可能及时跟上调整对象的发展变化。这就是说成文法的疏漏是难以避免的，必须通过法律解释才能补救。行政执法机关以及行政执法监督检查机关在行使职权过程中不断地进行着法律解释，只不过在许多情况下执法人员、执法监督人员并没有意识到他们在解释法律。许多执法人员和执法检查人员对于执法的理解十分机械，认为执法就是执行法律条文的字面规定，对法律条文咬文嚼字、死钻字眼，而不知法律精神为何物的现象在实践中绝不鲜见。一些执法人员在对公民、组织执法的时候随意对其义务、责任作扩大解释，而对其权利则以种种理由予以限制，甚至全然不顾法律的规定。而当自己的不当行为被发现后，则想方设法从法律条文的字面规定上做文章，以法无明文规定作借口规避责任，逃脱制裁。更为严重的是，一些纪检人员也机械根据法律、法规、规章的字面规定判定执法人员有无违法违纪，结果使许多执法人员的违法乱纪行为漏网，[①] 并反过来又

---

① 例如，刑法规定，国家工作人员利用职务上的便利索取他人财物的，或者非法收受他人财物为他人谋取利益的，是受贿罪。那么，"借"他人汽车供自己使用，并为他人谋取利益的，是否构成犯罪呢？一些纪检人员抱怨对这种情况法律无明文规定，不好处理，而实际上这是一个通过法律解释很容易解决的问题。

助长了执法人员钻法律空子的不良习气。为此,首先必须破除执法就是机械执行法律条文的错误观念,执法人员和执法监督检查人员应当认真领会法律条文字面规定背后所体现的目的和精神。其次,应尽快确定行政执法中法律解释的指导原则,即对涉及公民、组织权利自由的法律规定应从宽解释,对涉及公民、组织义务责任的法律规定应从严解释。反之,对涉及执法人员义务、责任的法律规范则应作扩大解释,将法虽无明文禁止,但依法的精神属于法律规范默示禁止的行为包括进去,以期在打击执法人员的违法乱纪行为时收取"法网恢恢,疏而不漏"之效。再次,拥有对法律规范作规范性法律解释的机关应及时针对实践中发生的问题,加强法律解释工作,并对执法机关在处理个案时进行的法律解释保持经常性监督。

(八) 完善和强化外部监督机制,以期根本改变对行政执法行为监督乏力的局面

我国行政执法的外部监督长期处于为内部监督充当配角的地位。由于外部监督与内部监督一样处在各级党委的集中领导之下,我国又长期实行党政不分的政治体制,因此外部监督检查所起的实际作用不太理想。这是我国行政执法检查监督体制的一大缺陷。外部监督检查包含的内容很广,强化外部监督机制应以其中的人大监督、法院监督和舆论监督为重点。

1. 加强人大监督的措施

①在不损害党的领导的前提下,改革党委对人大的领导模式,保障人大依法行使职权。是否可以考虑实行地方党委和上一级人大常委会党委对下一级人大的双重领导体制,以增强地方人大对地方政府的制约能力,提高人大的实际地位。②加强各级人大在行政执法监督检查方面的工作联系,建立上级人大在行政执法监督检查过程中对下级人大的督导以及下级人大在遇到困难时请求上级人大支持的机制。人大系统内部纵向联系的密切将有助于克服各级地方人大可能产生的地方保护主义倾向,保障全国性法律的贯彻实施。③建立、健全各级人大监督检查行政执法的工作制度,保证行政执法监督检查成为各级人大的工作重点。各级人大应经常性地组织对行政执法状况的调查、检查、质询活动,并将活动过程、结果通过新闻媒介、公开出版物等途径向社会公开,努力使人大对行政执法的检查监督活动成为公众关注的热点,从而形成促使行政执法机关重视人大监督检

查，认真依法办事的社会压力。此外，还可考虑建立由人大主持的行政执法监督检查听证会制度，以及在人大年度工作报告中对具体行政机关的执法状况公开点名表扬或批评的制度。④建立类似于西方国家议会行政督察专员公署的专门行政执法监督检查机构，确保人大监督检查行政执法工作的经常性和有效性。人大内设立的专门检查监督机构的任务是：第一，受理人民群众对行政执法行为违法或不当的申诉、检举和控告；第二，组织协调人大对群众反映强烈、带有普遍性的行政执法问题的调查、质询和听证；第三，组织对重大行政执法案件查处工作的监督检查；第四，协调党政系统及司法系统对行政执法的监督检查工作；第五，就行政执法监督检查的实施情况以及在监督检查中发现的问题向人大或人大常委会提交报告。

2. 加强法院监督的措施

法院在监督行政执法过程中遇到的主要问题是审判活动受地方的干预和影响过大，不能正常发挥对行政执法的监督和制约作用，一些地方法院的审判活动甚至有明显的地方保护主义倾向。因此，加强法院对行政执法的司法监督应从保障法院独立行使审判权方面入手。目前，法院受地方的牵制过大，应考虑对现行司法体制作适当的改革：①将法院的党组织由地方党委领导改为由上一级法院党委领导，地方党委保留对本地法院的监督权；②法院院长、副院长由上一级法院院长提名并经上一级人大批准；③通过法律明确规定审判人员的任职资格、免职事由、奖惩条件、考核制度等，尽量减少审判人员人事管理中的主观因素；④法院的人事管理由受地方领导改为受上一级法院领导，也即由地方领导改为系统垂直领导。为解决行政执法部门藐视法院判决，拒不执行司法判决的问题，还应以法律明确规定行政执法机关拒不执行法院生效判决、裁定构成解除该行政执法机关负责人行政职务的硬性事由，情节严重的，应追究其藐视法庭的刑事责任。此外，还应规定行政违法行为的受害人以及其他利害关系人也有权提起行政诉讼，以此遏制执行机关因为怕当被告或其他不正当考虑而与行政违法者做交易，轻纵违法者的现象。

3. 加强舆论监督的措施

由于种种原因，我国舆论监督制度不发达，社会舆论的实际监督作用也不十分理想。这既不符合发扬社会主义民主、健全社会主义法制的要求,也不能满足建立高效能的行政执法监督机制的需要。在我国,加强舆论监督已成必然之势。从完善社会舆论监督制度的角度看,加强舆论监督必须做好两项工作。一是建立完备、合理的新闻法律制度,规定新闻媒介的权利及其在监督行政执法活动时的独立自主性。二是必须建立促进新闻媒介自律的法律制度,防止新闻媒介滥用新闻监督权。

(九)严格实行执法所得与执法部门脱钩的制度,同时保障执法人员享有统一、稳定、合理的物质待遇

为调动执法机关执法的积极性,解决执法经费不足的实际困难,我国一直实行允许执法机关对执法过程中征收的税费、罚没收入提留的政策。实践证明,这种政策的副作用很大,不仅导致执法机关在利益驱动下滥用执法权,而且还引起执法机关的腐败行为,严重损害执法机关的社会形象。执法机关"小金库"的建立,使得执法机关得以逃脱国家的财政监督,为其从事各种违法乱纪活动打开了方便之门。因此,执法所得必须与执法机关脱钩,才能彻底铲除执法机关在小集团利益驱使下执法的弊害。行政处罚法首次在国家基本法律中有针对性地采取了立法措施。行政处罚法规定,作出罚款决定的行政机关应当与收缴罚款的机构相分离,除依法可以当场收缴的罚款外,作出行政处罚决定的行政机关及其执法人员不得自行收缴罚款,当事人应当自收到行政处罚决定书之日起15日内到指定银行缴纳罚款,并将罚款直接上缴国库(第46条);行政机关及其执法人员当场收缴罚款的,必须向当事人出具省、自治区、直辖市财政部门统一制发的罚款收据,否则,当事人有权拒缴(第49条);执法人员当场收缴的罚款应当自收缴罚款之日起2日内交至行政机关,行政机关应在2日内将罚款缴付指定银行(第50条);罚款、没收违法所得或者没收非法财物拍卖的款项,必须全部上缴国库,任何行政机关或者个人不得以任何形式截留、私分或者变相私分;财政部门不得以任何形式向作出行政处罚决定的行政机关返还罚款、没收的违法所得或者返还没收非法财物的拍卖款项(第54条)。以上规定还应当扩展到执法机关征收各种费用的活动中去。行政处罚法的上述规定表明了国家革除行政执法利益驱动弊害的决心,但由于这些规定触动了执法机关的根本利益,在执行中遇到很多阻碍,一些执法机关以经费不足为由消极怠工,迫使财政部门

不得不以各种变相手段向执法机关返还罚没款项，有的执法机关甚至无视行政处罚法的规定，依然故我，将罚没款项隐瞒不交，尤其是擅自处理没收的财物。

为制止此类违法行为，应考虑进一步采取以下措施。①加重处罚。目前只是笼统规定给予行政处分，而行政处分的弹性很大，小到警告，大到开除都是行政处分，加上一些执法机关的领导人员自认为不是谋取个人私利而有恃无恐，难以起到威慑作用。因此，应当向执法人员，特别是领导人员明确：作为公务员，无论是否具有谋私的目的，故意违法是绝对不能容忍和宽宥的。对于违反规定者，应明确规定给予撤职处分，或者第一次违反规定给予记大过或降级处分，第二次予以撤职。如发现有谋私行为（如占为己有或私分给小集团成员），则应坚决绳之以法。②加强对执法机关的财政监督。财政主管部门和审计部门应密切配合，根据执法机关的任务对其所需经费进行认真测评，经常性地检查执法机关开支情况，对于执法机关是否真的经费不足做到心中有数，并严禁执法机关建立逃避国家财政监督的"小金库"。③财政部门对于执法机关所需经费，应足额划拨，决不能预留缺口，而要求执法机关自己以罚没款和设立收费项目补足。④财政部门对执法机关的经费申请审查属实的，应从预备金中拨款，绝不能与执法机关的罚没款及收费情况挂钩，在支出项目上应予分离。⑤严惩以经费不足为借口，不认真执法，意在要挟财政部门返还罚没款和所收费用的行为。

保障执法人员享有统一、稳定、合理的物质待遇，是保证执法质量，增强执法人员拒腐防变意识的另一个重要问题。发达国家公务员物质待遇的普遍规律是低级公务员的待遇略高于民营机构的同类人员，中级公务员与民营机构的同类人员大致持平，高级公务员略低于民营机构的同类人员，但职位比民营机构的高级管理人员更有保障，社会名望及退休后的待遇也非民营机构的同类人员可比。这种制度不仅能够吸引最优秀人才为政府工作，而且增大了公务员违法的成本，有效地抑制了公务员以权谋私、违法乱纪行为。与西方发达国家相比，我国公务员的物质待遇过低，不仅不利于吸引优秀人才，而且也是造成执法人员、司法人员腐败现象普遍化的重要原因之一。一些执法机关为稳定队伍，利用手中的权力谋取所谓集体"福利"，不仅造成了执法人员物质待遇不公正的部门差别，而且使腐败现象变本加厉。因此，国家应尽快采取措施提高公务员的待遇，消除执法人员的待遇因权力结构的差异造成的部门差别，制止执法部门自己想办法提高本部门人员物质待遇的不良现象，而不应因为一时的财政困难而让执法人员的物质待遇拿在"暗处"。

（十）完善行政强制与行政处罚法律制度，保障执法机关享有足够的执法手段

这里所说的执法手段是指执法机关完成其法定职责所需要的法律手段，也即强制手段，不涉及如何改善执法机关的物质条件问题。目前我国有关行政处罚的法律制度的发展速度大大领先于有关行政强制措施的法律制度。实行行政诉讼制度以后，没有明确法律依据，行政机关不能采取行政强制措施和对当事人实施行政处罚。现阶段有关行政强制措施的立法不完备，许多立法规定了执法机关的职责，却没有赋予其履行职责所必需的强制手段。例如，有的法律、法规要求执法机关对行政相对人的行为予以监督并查处其违法行为，却没有授权执法人员有权在未经当事人许可的情况下进入当事人的办公场所或住宅，也没有授权执法机关可以采取强制措施保全证据（行政处罚法规定执法机关可对证据采取登记保全措施，但缺乏具体内容和程序，容易导致权力滥用），从而造成了两方面的消极后果：一方面导致一些执法人员缩手缩脚，影响执法效果；另一方面，一些执法人员认为既然法律规定了执法机关必须履行的职责，它就必然默示赋予执法机关履行职责所需的强制手段，结果导致强制权的滥用，使公民、组织的合法权益受到侵害。在行政处罚方面，行政处罚法继续实行分散处罚权的体制，导致无法根据行政违法行为的社会危害性使用相应罚种的弊病。例如，对于倒卖私盐的违法行为，假定依其性质、情节和后果，应当给予拘留的处罚才能体现"过罚相适应"的原则，然而，盐政部门或工商部门并无拘留处罚权，拥有该种处罚权的公安机关又无权管辖，结果造成对违法行为的放纵。为解决上述问题，国家应加紧制定行政强制措施法，完善有关行政强制措施的法规体系，同时对行政处罚体制实行必要的改革，由现行分散的体制改为分散与统一相结合的体制，建立一个统一行使行政拘留权和大额罚款权的准司法机构，使两种重要的处罚手段能够广泛适用于各个执法领域，进而大大提高行政处罚在预防、惩治行政违法行为中的作用。

参考文献

〔美〕埃尔曼：《比较法律文化》，贺卫方、高鸿钧译，三联书店，1990。
〔美〕艾伦·德肖微茨：《最好的辩护》，唐交东译，法律出版社，1994。
〔美〕伯纳德·施瓦茨：《行政法》，徐炳译，群众出版社，1986。
蔡定剑：《国家监督制度》，中国法制出版社，1991。
蔡定剑、刘星红：《论立法解释》，《中国法学》1993年第6期。
蔡定剑：《中国人大制度》，社会科学文献出版社，1992。
陈兴良：《刑法哲学》，中国政法大学出版社，1992。
《当代中国》丛书编辑部编辑《当代中国的审判工作》，当代中国出版社，1993。
《邓小平文选》第1卷，人民出版社，1994。
《邓小平文选》第2卷，人民出版社，1994。
《邓小平文选》第3卷，人民出版社，1993。
《邓小平文选》（一九七五——一九八二年），人民出版社，1983。
丁丽红、黎军：《试析行政处罚法所带来的行政诉讼变化》，《法商研究》1996年第4期。
费宗祎、唐承元主编《中国司法协助的理论与实践》，人民法院出版社，1992。
高鸿：《抽象行政行为可诉性研究》，《法律科学》1997年第4期。
高行征：《论行政审判工作与改革发展稳定的关系》，《中国法学》1995年第3期。
龚祥瑞：《比较宪法与行政法》，法律出版社，1985。
顾培东：《社会冲突与诉讼机制》，四川人民出版社，1991。

郭道晖：《中国立法制度》，人民出版社，1988。

郭华成：《法律解释比较研究》，中国人民大学出版社，1993。

韩延龙、常兆儒编《中国新民主主义革命时期根据地法制文献选编》第三卷，中国社会科学出版社，1981。

〔德〕黑格尔：《法哲学原理》，范扬、张企泰译，商务印书馆，1982。

胡建淼主编《行政法教程》，法律出版社，1996。

黄子毅、陈德仲主编《行政法学基础教程》，中共中央党校出版社，1992。

〔法〕霍尔巴赫：《自然政治论》，陈太先、眭茂译，商务印书馆，1994。

孔令望等：《国家监督论》，浙江人民出版社，1991。

〔法〕勒内·达维德：《当代主要法律体系》，漆竹生译，上海译文出版社，1984。

李步云：《法治概念的科学性》，《法学研究》1982年第2期。

李步云：《法治和人治的根本对立》，《西南政法学院学报》1981年第2期。

李连科：《哲学价值论》，中国人民大学出版社，1991。

李培传主编《行政执法监督》，中国法制出版社，1994。

刘海年等主编《依法治国与精神文明建设》，中国法制出版社，1997。

吕世伦主编《西方法律思潮源流论》，中国人民公安大学出版社，1993。

〔法〕罗伯斯庇尔：《革命法制与审判》，赵涵舆译，商务印书馆，1965。

罗豪才主编《现代行政法的平衡理论》，北京大学出版社，1997。

罗豪才主编《行政法学》，中国政法大学出版社，1996。

〔英〕罗杰·科特威尔：《法律社会学导论》，张光博、张文显译，华夏出版社，1989。

〔美〕罗斯科·庞德：《通过法律的社会控制》，沈宗灵译，商务印书馆，1984。

〔英〕洛克：《政府论》（下篇），叶启芳、瞿菊农译，商务印书馆，1982。

〔英〕马丁·沃尔夫：《国际私法》，李浩培、汤宗舜译，法律出版社，1988。

《马克思恩格斯全集》第1卷，人民出版社，1956。

《马克思恩格斯全集》第4卷，人民出版社，1958。

《马克思恩格斯选集》第 2 卷,人民出版社,1972。

马原主编《行政审判实务》,北京师范大学出版社,1993。

《毛泽东选集》第 4 卷,人民出版社,1991。

〔法〕孟德斯鸠:《论法的精神》(上册),张雁深译,商务印书馆,1978。

〔美〕米尔顿·德·戈林:《美国民事诉讼程序概论》,法律出版社,1988。

〔英〕培根:《培根论说文集》,水天同译,商务印书馆,1987。

皮纯协、冯军主编《国家赔偿法释论》,中国法制出版社,1994。

乔石:《在八届全国人大一次会议上的讲话》,《人民日报》1993 年 4 月 2 日。

全国人大办公厅新闻局:《省县两级地方人大情况问卷调查报告》,《法制日报》1994 年 9 月 14 日。

全国人大常委会法制工作委员会国家法、行政法室,湖北省社会科学院政治学研究所编译《各国议会制度概况》,吉林人民出版社,1991。

〔日〕兼子一、竹下守夫:《民事诉讼法》,白绿铉译,法律出版社,1995。

〔日〕南博方:《日本行政法》,杨建顺、周作彩译,中国人民大学出版社,1988。

〔日〕室井力主编《日本现代行政法》,吴微译,中国政法大学出版社,1995。

沈达明编著《比较民事诉讼法初论》(上册),中信出版社,1991,第 95、179 页。

沈宗灵主编《法理学》,高等教育出版社,1994。

石泰峰:《社会需求与立法发展》,《中国法学》1991 年第 1 期。

《孙中山全集》第 4 卷,中华书局,1985。

《孙中山全集》第 5 卷,中华书局,1985。

《孙中山全集》第 9 卷,中华书局,1986。

〔美〕汤姆·L.彼彻姆:《哲学的伦理学》,雷克勤、郭夏娟、李兰芬、沈珏译,中国社会科学出版社,1990。

唐孝葵、欧阳振、黄湘平主编《地方立法比较研究》,中国民主法制出版社，1992。

〔美〕托马斯·潘恩：《常识》，马清槐译，商务印书馆，1959。

万里：《在七届全国人大常委会第二十四次会议上的讲话》，《人民日报》1992年2月26日。

汪永清：《立法结构均衡问题初探》，《中国法学》1990年第4期。

王保礼、刘德生：《行政附带民事诉讼问题探讨》，《行政法学研究》1996年第3期。

王景龙、李刚：《行政审判方式改革浅谈》，《法制日报》1997年8月4日。

王连昌、吴中林主编《行政执法概论》，中国人民公安大学出版社，1992。

王名扬：《美国行政法》（上），中国法制出版社，1995。

王名扬：《英国行政法》，中国政法大学出版社，1987。

王名扬：《法国行政法》，中国政法大学出版社，1988。

〔英〕威廉·葛德文：《政治正义论》，何慕李译，商务印书馆，1991。

吴大英、刘瀚、陈春龙、信春鹰、周新铭：《中国社会主义立法问题》，群众出版社，1984。

吴大英、任允正、李林：《比较立法制度》，群众出版社，1992。

姚壮、任继圣：《国际私法基础》，中国社会科学出版社，1981。

叶孝信主编《中国民法史》，上海人民出版社，1993。

应松年、朱维究主编《行政法与行政诉讼法教程》，中国政法大学出版社，1989。

应松年主编《行政行为法》，人民出版社，1993。

袁建国：《法律创制论》，河南人民出版社，1989，第159页。

〔美〕约翰·罗尔斯：《正义论》，何怀宏、何包钢、廖申白译，中国社会科学出版社，1988。

张庆福主编《行政执法中的问题及对策》，中国人民公安大学出版社，1996。

张志诚、刘天兴主编《被告席上的启迪——行政诉讼百案精析》，黄河出版社，1990。

郑文：《全国人大及其常委会四十年立法工作历程》，《法制日报》1994

年 9 月 10 日。

《中国共产党第十三次全国代表大会文件汇编》，人民出版社，1987。

《中国共产党第十四届中央委员会第五次全体会议文件》，人民出版社，1995。

《中国法律年鉴（1994）》，中国法律年鉴社，1994。

中国社会科学院法学研究所：《国际人权文件与国际人权机构》，社会科学文献出版社，1993。

周振晓：《也论立法解释》，《中国法学》1995 年第 1 期。

《最高人民检察院公报》1995 年第 2 号。

A Concise Dictionary of Law, second edition, Oxford University Press, 1990.

Felix Frangkfurter, *United States Supreme Court Report* (87 Law. Ed. Oct. 1942 Term), The Lawyers Cooperative Publishing Company, 1943.

John Dickinson, *Administrative Justice and the Supremacy of Law in the United States*, Harward University Press, 1927.

William, O. Douglas, *United States Supreme Court Report* (95 Law. Ed. Oct. 1950 Term), The Lawyers Cooperative Publishing Company, 1951.

索 引

B

被害人 99，116，122～124，126，133，135，138～141，143，144，276

辩护制度 137，141，171

C

程序原则 297，298

D

党的领导 7，10，14，25，27，46，61，62，113，305，334

F

法治 1～11，13～18，20，23～25，28～30，33～36，41，43，59，60，63，68，129，130，158，162，173，228～231，233，234，237，246，255，262，267，277，285～295，297～300，302，303，309，312，315，323，325，326，332

法制 1，2，5，7～9，11，13～17，20，22，23，26～29，31～35，46～49，52～55，58，59，62，65，68～71，73，76，81，85～88，90～93，96，97，99，101～104，106～109，112～115，117，132，133，136，139，140，144～147，166，168，177，184，188，199，200，212，227～230，232，234，244，252，260～262，267，269，286～288，293，295，297，298，300，302～308，315～320，322，325，327，328，332，333，335

法治国家 1，4，9，10，17，18，23，28～30，33，34，36，59，60，63，129，130，158，228，231，233，237，255，262，267，286，292，298，309，323，326

法律体系 18，20，34，36，53，65，218，290

法治行政 285，293～295

法律至上 23，285，290，292～294

J

检侦分设 93，94

监督机制 19，26，27，36，64，69，100，101，103，288，300，301，315～318，334，336

L

立法 2，4，5，8，9，13，18～20，22，

23，25，27，29～73，76，78，80，82，91，96，97，102，104，105，108，109，111，117，128～130，133，144，145，153，159～164，169，172，175，178，180，181，185，192，202，207，208，210，220，228，256，258，260，261，266，269，270，281，283，285，287～289，292～294，296，298，310～312，317，319，321，322，325，331，333，336，338

立法价值 34，36～39，41，42

立法功能 35，45

立法权 18，19，31～34，38，46～57，65，66，70，71，78，102，287，294，317

立法模式 47，48

立法程序 36，44，54～57，59～61，63，65，108，109

立法解释 19，64～69，105

立法监督 53，68～73

M

民主政治 13，14，16，20，21，26，28，30，34，56，81，104

P

排除违法取证 126，129，130

Q

权利救济 314

R

人治 1～5，7，8，11，16，17，24，29，35，41，285～289，297，302，304，325，326

S

市场经济 10～12，16，20，28，29，35，42，48，58，59，80，81，88，91，96～103，115，159，185，188，240，255，286，302，306～308，320，323，326，328

司法权 75～78，86，87，89，91～95，100～103，106，107，113，213，291

司法体制 27，75～79，84～87，91，92，94～102，106，107，335

司法程序 86，92，95，97，98，100，104，106，107，113，170，307，314

司法监督 71，101，103～109，262，293，301，316，335

诉讼时限 138

死刑复核 79，110，111，145～158，162

诉讼手段 177，183，186

T

庭审模式 139，140，142

X

刑事诉讼 21，78，82，86，87，94，95，100，101，107，108，110～163，232，244，263，264，267

效率 41，42，52，56，57，62，63，116，117，121，131～135，138～142，144，145，159，165，167，172，173，180，182，183，210，231，238，261，265，266，280，283，284

行政诉讼 21，25，78，79，81，83，84，95，101，103，108，109，227，228～267，269，271～274，277～279，287，288，290，295，301，308，311～316，

325，330，335，338   130，158，255，267

Y   ## Z

依法治国 1，6~11，13~16，18，25，   正当程序 297，298
29，30，33，34，36，59，63，129，   制约机制 26，80，103

再版后记

《中国特色社会主义法制通论》一书初版于1999年，由李步云教授主编，是"21世纪法学文库"丛书之一，是中国社会科学院有中国特色社会主义理论研究中心所支持的"有中国特色的社会主义法制"项目的研究成果。

全书共分七章，前三章分述"依法治国论"、"立法论"和"司法体制论"，属于较宏观的通论部分，理论性较强；后四章从三大诉讼和行政执法入手论述，属于专门领域和制度性较强部分。由于出版时间较早，书中有些内容已经较为陈旧，但仍有一定的学术价值。

此次为修订再版，根据出版社要求，本书作了一定的修订。修订主要遵循了以下原则。一是符合现行出版规范。根据新的出版要求增加了再版序言、再版后记、索引和参考文献，并按规范尽可能对注释进行了修改。二是尽量保持原貌。基本上只作减法不作加法，对后四章理论论述中与前三章重复部分进行删减，对一些价值不大和过时的内容进行了删除，对一些与时代背景不能分开的论述均予保留。三是方便阅读。修订文字、符号的错漏，对过长的段落进行了重排。

李步云
2017年9月于北京

图书在版编目(CIP)数据

中国特色社会主义法制通论 / 李步云主编. -- 2 版. -- 北京：社会科学文献出版社，2020.7
（法治中国研究）
ISBN 978 - 7 - 5201 - 3417 - 0

Ⅰ.①中… Ⅱ.①李… Ⅲ.①社会主义法制 - 研究 - 中国 Ⅳ.①D920.0

中国版本图书馆 CIP 数据核字（2018）第 202306 号

法治中国研究
中国特色社会主义法制通论（第二版）

主　　编 / 李步云

出 版 人 / 谢寿光
责任编辑 / 芮素平
文稿编辑 / 郭瑞萍　王京美

出　　版 / 社会科学文献出版社·联合出版中心（010）59367281
　　　　　　地址：北京市北三环中路甲 29 号院华龙大厦　邮编：100029
　　　　　　网址：www.ssap.com.cn

发　　行 / 市场营销中心（010）59367081　59367083
印　　装 / 三河市尚艺印装有限公司

规　　格 / 开　本：787mm × 1092mm　1/16
　　　　　　印　张：22.25　字　数：356 千字

版　　次 / 2020 年 7 月第 2 版　2020 年 7 月第 1 次印刷
书　　号 / ISBN 978 - 7 - 5201 - 3417 - 0
定　　价 / 128.00 元

本书如有印装质量问题，请与读者服务中心（010 - 59367028）联系

▲ 版权所有 翻印必究